FOLIO POLICIER

Lars Pettersson

La loi des Sames

Traduit du suédois
par Anne Karila

Gallimard

Ceux qui connaissent cette région s'apercevront vite que tous les lieux de ce récit ne correspondent pas à la réalité. De même, tous les personnages et les faits décrits ici sont le pur produit de mon imagination.

Titre original :

KAUTOKEINO, EN BLODIG KNIV

Lars Pettersson a travaillé pour la télévision suédoise pendant de nombreuses années, en tant que réalisateur et scénariste. C'est d'ailleurs un tournage qui lui a fait découvrir, dans les années 1990, la région de Kautokeino. Il y passe depuis tous ses hivers.

Guovdageaidnu varra niibi
Kautokeino ; un sanglant couteau

(Extrait d'un *joïk* traditionnel dans lequel divers lieux du Sapmi sont décrits avec divers objets)

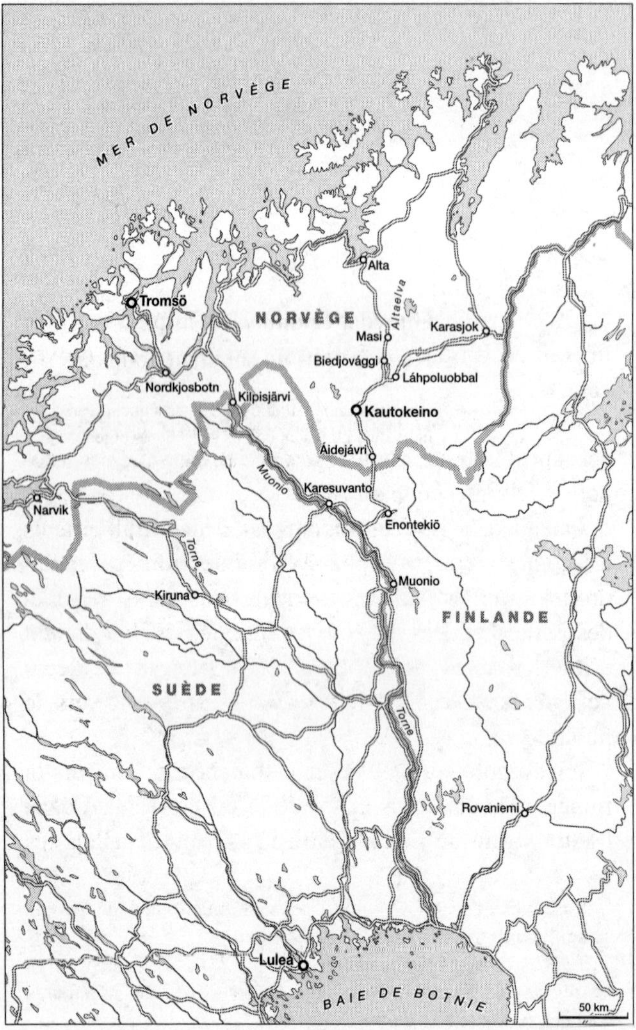
MER DE NORVÈGE
Alta
Altaelva
Tromsö
NORVÈGE
Karasjok
Masi
Biedjovággi
Láhpoluobbal
Nordkjosbotn
Kilpisjärvi
Kautokeino
Áidejávri
Muonio
Karesuvanto
Narvik
Enontekiö
Torne
Muonio
Kiruna
FINLANDE
SUÈDE
Torne
Rovaniemi
Luleå
BAIE DE BOTNIE
50 km

Le *joïk*[1]. Une force étonnante, d'affirmation et de libération. Railleur, sarcastique, ironiquement provocant.

Il n'avait encore jamais pensé à cela. Jamais ressenti cet aspect ludique. Cette légèreté. Jamais saisi ces intonations comme cette nuit-là.

Quand cela ne ressemblait pas à des braillements d'ivrogne, c'étaient le plus souvent des numéros maladroits, arrangés pour les touristes. Des petits vieux et des petites vieilles en kolt[2] de fête, qui psalmodiaient d'interminables descriptions de nature et de leurs petits-enfants tout en louchant nerveusement vers le public.

Ici, au pub, le *joïk* cherchait son chemin à travers la fumée, se mêlant aux échos de la musique disco dans l'autre partie de l'établissement, il papillotait tels les

1. Le *joïk* (prononcer « yoïk »), chant traditionnel du peuple same. *(Toutes les notes sont de la traductrice.)*

2. *Kolt* : costume traditionnel same, qui varie légèrement selon les régions du Sapmi (la Laponie), et dont les divers ornements sont des symboles d'identité.

reflets fugaces de la boule à facettes qui tournoyait au plafond. De brèves petites lueurs de vie et de clarté, perdues dans un flot sonore tel qu'une tronçonneuse en marche serait passée inaperçue. Tout à coup, le *joïk* devenait pour lui l'expression d'une joie.

Un sentiment de communauté et quelque chose comme la confirmation répétée d'une solidarité. Il n'avait jamais éprouvé cela auparavant. Jamais aussi nettement.

Dans la discothèque, quelqu'un fit tomber un plateau avec des verres. Une voix éméchée interpella une personne qui n'écoutait pas. Quelque part dans la salle, une chaise fut renversée, une table qu'on poussait racla le sol irrégulier.

Il prit son verre et traversa le pub jusqu'à la fenêtre. Ignora les chuchotements derrière son dos, laissa les gens murmurer et le montrer du doigt. Il s'en foutait, c'était fini maintenant. Terminé. Il n'avait pas la force de saluer ou de chercher des connaissances.

La pompe à bière ne fonctionnait pas. Il ne sortait du robinet chuintant que de la mousse blanche. C'était bientôt l'heure de la fermeture. Tous criaient leurs commandes à la serveuse en sueur, devant laquelle s'alignait une batterie de verres à moitié remplis de mousse.

Elle essayait désespérément d'obtenir pour chacun un demi-litre de bière sans faux col. À bout de nerf, elle appela le vigile qui tenta de se frayer un chemin à travers le local enfumé, une clé à molette à la main.

Derrière les vitres étroites, le vent de nord-est, qui avait balayé tout le plateau du Finnmark, arrivait par rafales en soulevant des tourbillons d'une neige fraîche qui s'accumulait en congères contre la façade de l'hôtel et l'entrée du pub.

Une voiture dérapa dans la neige fondue et ses phares projetèrent leur faisceau de lumière sur un couple debout, appuyé à un container. L'homme portait un pantalon de peau et le kolt caractéristique de Kautokeino, orné de bandes colorées, avec un col haut et beaucoup d'or à la ceinture. La femme était vêtue d'un simple blouson en cuir, de bottines et d'une jupe très courte. Ses cheveux blonds volaient au vent.

Dans le bref éclat des phares, on aurait dit que l'homme pleurait. La femme avait froid et essayait de l'entraîner à l'abri du vent, derrière le container. Une Volvo Amazon blanche, datant sans doute de la fin des années soixante, fit un demi-tour au frein à main sur le parking. Lui aussi en avait possédé une semblable un jour.

Celle-là avait des drapeaux norvégiens sur le pare-chocs avant. Ils revenaient peut-être d'un mariage. Ou d'un anniversaire. La femme à la jupe courte fit un signe au conducteur. Ensemble, ils aidèrent l'homme au kolt de Kautokeino à s'asseoir sur la banquette arrière. La femme monta à côté de lui. La voiture rejoignit la nationale en patinant sur la neige.

Il tira le rideau poussiéreux devant la fenêtre, masquant ainsi la vue sur l'extérieur, comme s'il fallait neutraliser le vent, la neige, le froid, le découragement, le désespoir et la frustration derrière la vitre sale. Il voulait rester au chaud, dans l'agitation du pub.

C'était donc comme ça, ici. Il avait oublié. Quatre ans, c'est long, beaucoup de choses ont le temps de changer. Aussi bien ce que l'on a emporté avec soi que ce que l'on a laissé. Il passa dans la partie discothèque.

Il y avait peu de monde sur la piste de danse, la plupart des gens étaient assis autour des tables. À genoux au milieu de la piste, un homme ivre, lunettes de soleil, kolt, jeans et santiags, tendait les mains vers la lumière scintillante des rampes d'éclairage.

Un homme plutôt âgé, vêtu d'une combinaison de scooter des neiges et de bottes yéti, entra par la porte extérieure dans un nuage de neige tourbillonnante. Lasso orange sur les épaules. Bonnet en peau de chien et gants à la main, couteau fiché dans le ceinturon usé. Chevelure noire moite de sueur et en bataille. Le vieux s'immobilisa sur le seuil et balaya la salle d'un œil attentif.

Il s'écarta, essayant d'éviter le regard du vieux, mais celui-ci le remarqua aussitôt.

— Ah, salut, t'es là… Dis, tu me paies une…

— Y en a plus. La pompe est cassée.

— On partage ?

Le vieil homme désignait la bouteille que l'autre tenait en main. Il se débarrassa avec peine de son lasso et ouvrit la fermeture Éclair de sa combinaison, en retira les manches et laissa pendre le haut du vêtement sur son ceinturon. Déposa bonnet, gants et lasso sur le sol, près de la porte.

— Alors, tu es revenu ?

L'autre trouva un verre vide sur l'une des tables. Dans la discothèque, quelqu'un alluma la lumière, transformant l'atmosphère intime en une triste ambiance de néon glauque dans un décor sali par la nicotine.

— C'était très dur ?

Il ne répondit pas, se contenta de fixer le verre qu'il avait emprunté à la lumière du nouvel éclairage, avant d'y verser une bonne moitié du contenu de sa bouteille et de le tendre à l'homme en combinaison de scooter.

Autour des deux hommes, les clients se levaient lentement des sièges en velours sale. La plupart étaient des jeunes qui, dans l'obscurité de la discothèque, avaient bu jusqu'à avoir le courage et la résolution nécessaires pour sortir dans la tempête de neige et le silence de la nuit.

L'homme à la combinaison extirpa de quelque poche secrète et étanche du papier à cigarette et du tabac.

— Tu vas rester ?

— Je ne sais pas, je n'ai rien décidé. On verra.

Il but à la bouteille et regarda la salle défraîchie. C'était le même mobilier. Les mêmes rideaux. La même moquette tachée. Jusqu'à la poussière accumulée dans les bouches d'aération asthmatiques, la même aussi sans doute. Quatre ans, cela peut aussi être court comme période.

Une fille pâle aux bras minces commença à rassembler les bouteilles vides et les verres. Dans la salle, les clients se levaient et se dirigeaient lentement vers la sortie.

Le *joïk* provenant du pub cherchait à pénétrer dans la partie discothèque aux murs écaillés telle une plante grimpante. Une liane verte, pleine de force vitale et d'arrogance, qui semblait se nourrir de cigarettes roulées, de tabac aigre et de bière éventée.

Un jeune homme soûl, avec une veste de scooter aux couleurs vives et deux blondes décolorées dans son sillage, s'avança pour demander du feu. Il s'adressa au vieux à la combinaison, mais toute son attention était dirigée vers l'autre. Il tira sur sa cigarette déformée, puis se tourna et lui demanda comme en passant :

— Alors, c'est terminé pour toi ?

L'homme à la combinaison lui lança un regard d'avertissement.

— Barre-toi !

Le jeune homme l'ignora, chercha des yeux les filles au comptoir. Elles l'encouragèrent d'un signe de tête.

— C'était toi, hein ?

— Fous le camp, espèce de morveux !

L'homme à la combinaison se redressa de toute sa hauteur peu imposante, mais le garçon fit quand même un pas en arrière, effrayé par la violence de ses gestes brusques. Il tourna les talons et rejoignit le groupe de jeunes au bar.

— C'est bon, Ovla, t'en fais pas, je peux me défendre tout seul.

Il était toujours assis, la bouteille de bière à la main, l'air calme et maître de lui-même. Comme s'il s'était attendu à tout cela. Les questions. Le glissement insidieux dans les intonations amicales. Il avait eu tout le temps de s'y préparer. Quatre ans. Il regarda le groupe, là-bas au comptoir. Chuchotements. Ragots à la con.

Tout à coup, il ressentit une fatigue terrible et regretta d'être venu là ce soir. Il aurait pu attendre une semaine ou deux. Laisser la rumeur faire le tour du patelin avant de se montrer à nouveau.

Et puis merde. De toute façon il était trop tard, maintenant.

Il exhorta Ovla, l'homme à la combinaison, à se rasseoir, et tourna le dos au garçon en blouson Lynx, reparti en ricanant vers le petit groupe qui l'attendait au comptoir du bar. Les autres jeunes se rassemblèrent autour de lui, curieux.

Devant eux, la serveuse se frayait un chemin, portant

un nouveau plateau de bouteilles vides et de verres poisseux. Elle essayait vainement d'attirer l'attention du vigile. Mais celui-ci était au vestiaire, occupé à rendre leurs vêtements aux clients, et ne regardait pas dans sa direction.

Harassée, elle passa derrière le comptoir, tout en maintenant en équilibre son plateau surchargé.

— T'occupe pas d'eux, tu sais comment c'est. À la tienne !

Ovla rit et leva son verre, mais son regard était sérieux et il surveillait attentivement ce qui se passait derrière le dos de l'autre homme.

Le garçon avait ouvert son gros blouson de scooter. Ses cheveux blonds étaient ébouriffés, son visage était rouge d'excitation et d'une trop grande quantité de bière. Soutenu par les signes de tête et les cris encourageants de ses copains, il revint vers les deux hommes. Posa la main sur son épaule.

— C'est toi qui l'as tué, hein ?

Ovla voulut se lever mais, d'un regard, l'homme en face de lui l'en empêcha.

— Maintenant que tu es sorti, tu peux bien le dire, non ?

Il ne bougea pas son siège, se décala juste un peu vers la gauche si bien que le garçon perdit l'équilibre, puis il se redressa vivement vers la droite, fit volte-face et, la bouteille bien en main, il frappa deux coups secs.

Le premier coup atteignit le haut du nez. Le second toucha la joue et l'épaule, le garçon bascula par-dessus la chaise et glissa sous la table basse. Le silence s'abattit dans la salle.

Le murmure venant du pub se perdait entre les murs gris.

Il reposa la bouteille sur la table et, sans se retourner, se dirigea vers la sortie.

*

Il y avait une photo de nous deux sur le pêle-mêle au-dessus du bureau de maman, au milieu de pense-bêtes illisibles, d'emplois du temps et de vieilles cartes de Noël. Je ne crois pas l'avoir vue auparavant, mais en rangeant les affaires de maman, le lendemain de son enterrement, j'ai trouvé la photo sous un vieux calendrier et son planning de cours.

Les couleurs avaient passé au soleil. Dans un coin, elles étaient presque complètement effacées. Il se pouvait aussi que le négatif ait été endommagé par la lumière.

Nils Mattis portait un kolt de travail usé. Dans son ceinturon, il avait des couteaux et sur les épaules un vieux lasso tressé. Moi, j'étais vêtue d'un anorak blanc et je regardais timidement l'objectif.

Je me souviens de ces manteaux. Pour les filles de l'école Ängskolan à Sundbyberg, c'était le dernier cri, cette année-là. Le mien avait une doublure à carreaux rouges et verts et il sentait particulièrement fort l'imperméabilisant, ou un produit de ce genre. Une odeur qui imprégnait les pulls de laine et tous les autres vêtements que je portais. Passé ce printemps, je n'ai plus jamais mis cet anorak que quand nous étions là-haut, chez grand-mère et grand-père. Il est peut-être toujours suspendu dans la remise de leur résidence d'été.

Sur la photo, Nils Mattis ne doit pas avoir plus de onze ans, douze peut-être, mais il a l'air plus vieux. Il est petit et robuste. Large d'épaules.

Nous nous tenons un peu à distance l'un de l'autre. Nils Mattis fixe le sol, se gardant de lever les yeux vers le photographe. Son bonnet tricoté est bien enfoncé sur les oreilles. Derrière nous, on aperçoit une partie du fumoir de grand-mère, un tas de peaux de rennes sur un traîneau cassé, une bâche pliée et un chien qui dort. Je crois qu'il s'appelait Zeppo.

Nous sommes sur le point de partir dans la montagne.

Quand papa eut pris sa photo, à sa manière un peu alambiquée, comme d'habitude, Nils Mattis avait sifflé le chien, ramassé le sac à dos et s'était engagé devant moi sur le sentier qui menait aux tourbières.

Je suis presque sûre que c'est la seule photo de Nils Mattis que j'aie jamais vue. Elle a été prise il y a plus de vingt ans.

J'avais trié les papiers de maman et rassemblé ses affaires de bureau dans quelques boîtes en carton achetées chez Ikea. J'avais probablement conservé cette photo dans l'une des boîtes.

Après la conversation téléphonique avec grand-mère, je montai au grenier pour essayer de la retrouver.

Il y avait de la poussière, il faisait froid, et la lumière s'éteignait toutes les cinq minutes. Je m'attardai quand même dans le grenier glacial à feuilleter les papiers.

Je n'avais jamais pensé à cela auparavant, mais il ne restait rien nulle part du monde qu'elle avait quitté. Pas une ligne. Aucun document officiel, pas de papiers personnels. Pas un bulletin scolaire ni une photo de classe. Aucune lettre de grand-mère ou de quelqu'un d'autre.

Il y avait eu une photo de sa communion solennelle sur un mur du séjour, là où nous avions grandi, à Sundbyberg. Après l'enterrement, j'en ai parlé à papa, mais il n'arrivait pas à se rappeler où elle était passée. Selon lui, maman avait dû la décrocher pour une raison ou une autre.

Sa vie semblait avoir commencé seulement lorsqu'elle était partie pour la Suède et avait entamé sa formation d'enseignante. Pourquoi avait-elle éliminé avec tant de soin toute trace de ses vingt-trois premières années ?

J'emportai la photo de moi et de Nils Mattis à l'appartement.

Je devais avoir quatorze ans, cet été-là. J'essayai de remonter dans le temps, mais ne parvins pas à retrouver quelle année c'était. Je ne me souvenais pas de lui, si ce n'est qu'il était timide et renfrogné, imprévisible, d'une certaine manière. À quoi ressemblait-il aujourd'hui ?

Grand-mère était bouleversée quand elle m'avait parlé de lui, au téléphone. Peu loquace, cherchant ses mots dans cette langue inhabituelle pour moi, avec en plus un ton implorant que je ne reconnaissais pas. Mais c'était peut-être simplement son manque d'habitude du téléphone. Ou bien elle pensait au prix de la communication avec l'étranger.

Je me réchauffai les mains sur ma tasse de thé, regardai la photo et commençai déjà à regretter d'avoir promis d'y aller. Je sentais que je n'avais pas de prise sur la situation. Pas la moindre idée de ce qu'ils attendaient de moi.

Mais la voix frêle de grand-mère, au téléphone, m'avait poussée à répondre sans trop réfléchir à ce à quoi je m'engageais.

— Oui, bien sûr, je peux venir. Pas de problème. Je vais prendre quelques jours de congé.

— C'est urgent, avait-elle dit. Il faut qu'on règle ça tout de suite, pour que ça ne se passe pas comme la dernière fois.

Je promis de partir le plus vite possible. Je n'avais aucune idée de ce qui s'était passé auparavant. Je pourrais bien le lui demander une fois sur place.

Le lendemain il pleuvait, une pluie lourde et morne de février. Un vent froid chargé de suie et de fumée ballottait les détritus sur le quai de la gare de banlieue de Flemingsberg, où les mouettes venaient de mettre à sac une poubelle qui débordait. Le train rapide à destination du sud passa dans un courant d'air glacial tandis que je m'éloignais promptement vers la sortie.

— Anna, Anna !

Kerstin me rattrapa dans l'escalier mécanique. Elle était secrétaire au tribunal de grande instance et m'avait aidée lorsque j'avais pris mes fonctions de substitut du procureur, il y avait bientôt un an. Je sortis de ma serviette la photo de Nils Mattis et moi et la lui tendis.

— Un huissier pourrait peut-être en faire un agrandissement ?

Kerstin regarda la photo pendant que nous traversions en hâte la passerelle vers la façade rutilante du tribunal de grande instance de Södertörn.

À l'intérieur, l'air était sec, et une forte odeur de détergent m'irrita le nez. Tandis que le juge Aronsson ânonnait mollement les motivations du tribunal et sa décision de rejeter l'accusation, Kerstin entra et m'apporta la photo agrandie ainsi que la réservation de mon billet d'avion dont je l'avais chargée de s'occuper.

« Arlanda-Luleå, 21 h 15. O.K. ? » avait-elle écrit sur l'enveloppe.

Je l'ouvris et regardai le cliché. Les couleurs étaient meilleures, mais je n'arrivais toujours pas à me faire une idée sur Nils Mattis. Pas seulement à cause de son regard fuyant. Tout dans son attitude corporelle marquait une distance vis-à-vis de moi et de papa qui prenait la photo. On aurait dit que nous l'avions forcé à poser là. Que nous l'empêchions de faire quelque chose de bien plus important.

— Vous partez ? chuchota Kerstin en s'asseyant à côté de moi à la place du procureur.

Elle regarda la photo. Pointa son doigt sur moi avec mon anorak.

— Vous avez l'air très jeune. Quel âge aviez-vous ?

— Treize ans, peut-être quatorze.

Le juge Aronsson fit une pause oratoire au milieu de son interminable exposé et nous adressa un regard désapprobateur. Je lui répondis par un petit sourire, mais il demeura imperturbable et se contenta de se racler la gorge plusieurs fois avant de reprendre sa filandreuse psalmodie.

Mes réquisitions seraient rejetées, je le savais déjà. Le procureur principal Börjesson m'avait expliqué qu'il ne vaudrait guère la peine de tenter de faire appel. L'enquête de police sur laquelle j'avais fondé mon accusation avait été menée trop négligemment et mal étayée. Une procédure en appel ferait s'écrouler l'accusation comme un château de cartes.

Il s'agissait d'un banal procès pour escroquerie. Le

prévenu avait vendu des parts d'un local industriel de la ville destiné à être reconverti en appartements de luxe. Un imbroglio dans lequel des fonctionnaires municipaux et des escrocs avaient essayé de faire main basse sur le bâtiment qui tombait en ruine. La question de la responsabilité était claire comme de l'eau de roche. Le prévenu était coupable. Cela ne faisait aucun doute. Mais la police avait oublié de placer les preuves sous scellés et de procéder aux auditions de témoins.

Aronsson en arriva enfin à la conclusion que l'accusation était rejetée, je rangeai la photo dans ma serviette et commençai à rassembler mes dossiers.

En sortant de la salle d'audience, le prévenu s'arrêta devant ma table.

— Alors, mignonne, c'est vraiment trop bête ! Vous vous ridiculisez et gaspillez l'argent public. Vous n'avez pas compris ?

Son avocat à cinq mille de l'heure rajusta son costume Hugo Boss, me serra la main avec un petit sourire ironique, et les deux aigrefins sortirent en riant dans la grisaille et la pluie vers la liberté.

— Vous serez absente combien de temps ?

Kerstin m'attendait à la porte du couloir.

— Je ne sais pas, mais j'ai encore dix jours de congé à prendre.

— C'est quelqu'un de votre famille, hein, sur la photo ?

— Oui, un cousin. Nils Mattis… Ils ont tous des noms composés là-haut. Je ne le connais pas. Ça fait vingt ans que je ne l'ai pas vu. C'est ma grand-mère qui m'a appelée, elle m'a demandé si je pouvais monter.

Nous entrâmes dans le bureau de Kerstin et elle ouvrit ma feuille de service dans l'ordinateur.

— Vous allez être absente combien de temps déjà ?

— Une semaine, dix jours peut-être. Il y a bien une réunion mercredi, n'est-ce pas ?

— Je vais arranger ça. Et puis vous avez une audience vendredi matin.

— Essayez de la déplacer.

— Il fait froid là-bas, en ce moment, hein ? Et sombre aussi, les jours sont courts en cette période de l'année, c'est sûr.

Elle regarda par les hautes fenêtres, comme pour s'assurer qu'il faisait encore clair sur la voie ferrée en bas, où l'omnibus de Södertälje était en train de passer. La pluie avait cessé mais il y avait de lourds nuages d'un gris de plomb au-dessus des arbres près de l'université, au-delà du talus de la ligne ferroviaire.

— Ce n'est sûrement pas si terrible.

— Vous avez travaillé là-bas auparavant, non ?

— Oui, j'ai fait mon stage et mes premières années au tribunal de grande instance de Gällivare.

— Vous avez regardé la météo ?

Je secouai la tête, et elle resserra la veste de son tailleur gris, montrant par ce geste combien tout cela, vu de Stockholm, lui paraissait froid, sombre et éloigné.

— Quand y êtes-vous allée pour la dernière fois ?

— Cela doit bien faire dix ans.

— J'ai consulté la météo nationale, il faisait moins trente-deux dans la matinée, aujourd'hui. Soyez prudente ! Promis ?

*

Cela se passa très vite. Étonnamment vite.

Seulement une brève lueur. Un éclat de lumière, qui

brilla une fraction de seconde sur l'obscurité et la blancheur de la neige. J'eus à peine le temps de l'apercevoir. Juste une silhouette sombre sur le talus blanc formé par le chasse-neige.

Puis tout se déroula beaucoup plus vite que l'on peut se l'imaginer.

L'aile avant heurta violemment le corps gris du renne qui fut projeté sur le capot et percuta le pare-brise. Les sabots et les pattes avant frappèrent le toit de la voiture, puis l'animal roula sur le capot et glissa lentement devant le véhicule.

Quand je pus enfin m'arrêter, il avait disparu. Il ne restait qu'une tache de sang sur le pare-brise et une épaisse touffe de poils gris coincée sous l'essuie-glace. Quelques bosses et éraflures sur le capot, mais je ne voyais de renne nulle part.

Je coupai le moteur. Dans le silence, j'entendis le cliquetis des éclats de verre du phare brisé qui tombaient sur la route verglacée.

Je restai assise quelques secondes à scruter l'obscurité. Le cône de lumière projeté par le phare intact s'enfonçait dans les ténèbres blanches devant moi. Les cristaux de neige vibraient à la lumière jaune. La tourbière semblait s'étendre à l'infini. Les contours hérissés des pins se découpaient sur le ciel. Une aurore boréale dessinait un énorme arc vert au-dessus de ce paysage désolé.

Mes mains tremblaient malgré moi quand je lâchai le volant.

Le froid faisait couler les larmes de mes yeux et, quand je sortis de la voiture chauffée, j'eus l'impression que mon nez et ma bouche gelaient.

Le renne, un faon de l'an dernier, aux bois minces

pas encore bien formés, était coincé sous la roue avant droite. Ses pattes arrière étaient cassées mais il vivait. Il donnait des coups de tête dans le vide et ses yeux papillonnaient à la lumière du phare, pleins d'une angoisse de mort. Il frappait le pare-chocs de la voiture avec l'une de ses pattes avant. Il avait une entaille à l'épaule, mais on ne voyait pas de sang dans la blessure blanche, ouverte. Le froid était peut-être trop intense.

À Kallax, l'aéroport de Luleå, il faisait moins trente et un, ici on atteignait sûrement les moins trente-cinq, et il était plus d'une heure et demie du matin. À vingt, peut-être trente kilomètres de Korpilombolo. Soixante-dix de Pajala.

Il pouvait s'écouler des heures avant qu'une autre voiture passe sur la route à cette heure-ci.

Mes chaussures étaient trop fines. Le froid de la chaussée montait dans mon corps et mes jambes tremblaient. Il émoussait mes terminaisons nerveuses, verrouillait mes articulations. Rendait mes gestes maladroits et raides.

Je rentrai dans la voiture et pris mon bonnet de laine. J'eus du mal à ouvrir le coffre, le couteau était dans la poche extérieure de mon sac à dos.

À cause de ce froid cru et mordant, mes mains collaient à l'armature du sac à dos et à la poignée du coffre. C'était un vieux couteau de Mora ordinaire, que j'avais hérité de ma mère. Étui en carton dur et manche usé, en bois rouge. La lame était légèrement rouillée et, du pouce, j'en vérifiai le tranchant avec précaution. Mon doigt était froid et insensible, mais le couteau avait l'air acéré. Suffisamment acéré.

Quand il me vit à la lumière du phare, le renne tressaillit. Il donna à nouveau des coups de tête et frappa l'avant de la voiture avec sa patte de devant.

Je fis le tour du véhicule en évitant de regarder les yeux de l'animal. Je m'accroupis derrière lui et essayai de lui caresser la tête pour le calmer.

— *Miesse, miesse, siivos miesse.*

J'ignorais ce que cela signifiait. J'avais sans doute entendu ma mère ou ma grand-mère prononcer ces mots un jour, et ils s'étaient imprimés quelque part dans mon subconscient.

Le renne agitait nerveusement la tête et je cherchais une prise autour de son cou avec mon bras gauche. Il se dégagea, les bois minces me griffèrent la joue et je vis l'effroi dans ses yeux noirs sous les longs cils.

Je tentai d'immobiliser sa tête, mais j'étais trop loin. Je n'osais pas me glisser assez près pour avoir une bonne prise à l'encolure.

Le renne se débattait, grognait, tremblait de peur, la vapeur de son souffle haletant se transformait en un nuage de cristaux qui scintillaient à la lumière du phare de ma voiture.

Je n'avais jamais fait ça moi-même. Mais j'avais vu mon grand-père et mon oncle le faire un nombre incalculable de fois.

— *Miesse, miesse.*

Je m'agenouillai et immobilisai la tête du renne dans le pli de mon coude. Tâtonnai avec les doigts de l'autre main sur son crâne. Sentis le petit creux derrière la plaque de corne dure, cherchai les premières vertèbres dorsales. Essayai de trouver le bon endroit.

Sous moi, l'animal dont la chaleur exhalait de la vapeur tendait tous ses muscles pour se libérer. Son corps maigre se nouait comme sous l'effet d'une crampe. Ses pattes arrière brisées refusaient d'obéir. Ses pattes de devant cognaient contre mon bras.

Je ne sais pas où j'ai puisé la force.

Soudain tout fut évident. Je resserrai ma prise autour du cou du jeune renne, pliai la jambe gauche et m'écrasai de tout mon poids sur la bête terrifiée.

Au moment où j'appuyai la tête de l'animal désespéré sur la route gelée, des gouttes de sang tombèrent de ma joue égratignée sur mes mains. De la gauche, je plaçai le couteau sur la nuque du renne et de la droite je l'enfonçai dans sa colonne vertébrale. Je dus donner plusieurs coups avant que la lame pénètre dans l'épine dorsale. Je tournai le couteau, pour sentir la lame bouger entre les cartilages et les vertèbres.

L'animal tressaillit, se raidit et retomba. Les muscles de son cou se détendirent. La tête s'écrasa lourdement sur ma jambe.

Je restai sur le corps sans vie jusqu'à ce que les soubresauts de l'agonie aient cessé. Je respirais avec peine, un goût de sang dans la bouche.

Le corps complètement engourdi, les mains brûlantes de froid, je me relevai et retournai à l'intérieur de la voiture. Sortis mon téléphone portable de ma serviette.

J'allumai le plafonnier et, tout en regardant mon visage fébrile dans le rétroviseur en train de se couvrir de givre, je composai le 112.

Le sang sur mon visage provenait d'une blessure juste au-dessous de l'œil.

Les services de secours me mirent en relation avec la police de Luleå. Le poste était à plus de cent cinquante kilomètres, mais c'était le plus proche à avoir une équipe de nuit.

— Ici Anna Magnusson, substitut du procureur au parquet de Södertörn. Je voudrais signaler que j'ai percuté un renne sur la route de Pajala. Au sud de Korpilombolo, à une trentaine de kilomètres environ.

— Il est mort ?

— Je l'ai achevé.

— Votre véhicule est endommagé ?

Il n'avait pas demandé si moi j'avais été blessée. Il pensait à la voiture. J'ouvris la portière et crachai du sang sur la route.

— Rien de bien grave.

— Vous allez à Pajala ?

— Je continue du côté finlandais. Il faut que je sois à Kautokeino demain.

— Pouvez-vous prélever les oreilles ?

— Mais il y a quelqu'un au poste de Pajala, à cette heure-ci ?

— Vous coupez juste les oreilles, vous les mettez dans un sac plastique et, quand vous serez à Pajala, vous les suspendrez à la poignée de la porte de la station-service, O.K. ?

Il s'occuperait de tous les détails. Je m'essuyai le visage avec une lingette que j'avais trouvée dans la boîte à gants et cherchai un moment le couteau, puis me rappelai que je l'avais déposé sur le capot.

Avec le froid, le corps du renne dégageait de la vapeur. Je marchai dans un amas brunâtre que l'animal mort avait régurgité, essuyai mes chaussures dans la neige granuleuse sur le bord de la route.

En découpant les oreilles, je fis déraper le couteau et m'entaillai légèrement la main.

Je regardai la blessure. Elle ne saignait pas. Le froid

tirait ma peau. Une encoche blanche à la pliure du pouce, voilà tout.

J'enroulai mon écharpe autour de la blessure et amorçai une marche arrière pour dégager la voiture du talus de neige compacte. Le corps du renne était coincé sous le train avant. Il fallut que je sorte du véhicule, que je m'allonge sur la route rainurée et fasse levier pour libérer les pattes arrière brisées qui s'étaient prises entre la suspension et l'amortisseur.

Après avoir traîné le renne mort au bord de la route, je voulus rentrer dans la voiture, mais d'un seul coup mes forces me quittèrent. Je tombai à genoux près de la portière et vomis.

J'eus tout juste assez d'énergie pour remonter dans la voiture.

Je dus bien rester dix minutes la tête appuyée sur le volant avant de pouvoir repartir. J'oubliai les oreilles du renne sur le bord de la route.

Ce qui m'avait effrayée, cette nuit-là, lorsque j'étais assise dans la voiture glacée, c'était la manière dont j'avais vécu cette mise à mort. Mes actes avaient été dictés par un schéma remarquable, conservé quelque part dans mon corps. Gestes, instinct et adrénaline s'étaient conjugués pour agir ensemble sans que je les contrôle. Je n'avais jamais rien vécu de semblable.

Le plus terrifiant, pourtant, ce qui me bouleversait le plus, était que cela n'avait nullement été une expérience désagréable. Au contraire. J'avais éprouvé un sentiment de satisfaction à tourner le couteau. Sentir les cartilages et les vertèbres se briser me confirmait que j'avais agi comme il fallait. Que j'avais trouvé le bon endroit sur la colonne vertébrale de l'animal.

Quand je terminai ma deuxième lecture de l'enquête, il était presque huit heures du soir.

Un seul témoignage avait été consigné. On aurait plutôt dit qu'il avait atterri par hasard parmi les documents de l'enquête. Une plainte avait été déposée contre le témoin pour voies de fait, le soir même où il avait jeté à terre un jeune homme au cours d'une bagarre dans le pub. Lors de l'interrogatoire au sujet des violences, il avait mentionné en passant avoir remarqué Nils Mattis plus tôt dans la soirée.

Je me levai du bureau, restai un moment à regarder la place déserte, dehors. Quelques fenêtres étaient éclairées dans la Maison communale, le néon défectueux au-dessus du distributeur automatique de billets clignotait, fatigué. Devant le bureau de poste abandonné, une voiture était ensevelie sous la neige. Plus bas, sur le fleuve, le phare d'une motoneige vacillait telle une étoile malheureuse. Elle disparut à une vitesse vertigineuse sous le pont, soulevant derrière elle un nuage poudreux étincelant dans la lumière jaune capricieuse des réverbères.

La lampe extérieure du funérarium de l'église était

allumée. Quelqu'un attendait son heure, le dégel et un temps propice pour des obsèques.

— Vous avez terminé.

Le policier était jeune, sa tenue, une sorte de mélange entre l'uniforme et les vêtements civils. Veste réglementaire et pantalon en laine foulée, pull polaire doublé et grosses chaussures montantes.

Il secoua la neige de son bonnet et posa un carton de pizza sur le bureau, un peu embarrassé, comme s'il ne savait pas vraiment si cela se faisait.

— Je pensais que vous auriez faim. On peut partager. Je vais juste la faire chauffer un peu d'abord… au micro-ondes. Elle a refroidi en chemin.

Il disparut dans l'une des pièces du poste de police désert.

J'étais arrivée à Kautokeino le matin. Le temps avait été clair et froid jusqu'à Kolari, du côté finlandais de la Muonio. À quelques dizaines de kilomètres en remontant la rivière vers le nord, il fit soudain plus doux et je tombai dans une tempête de neige, mur blanc barrant la route qui se creusait d'ornières, ce qui rendait la conduite difficile. Avec mon unique phare, je n'étais jamais sûre qu'il n'y eût pas d'autres rennes sur mon chemin. Pendant cent kilomètres, je ne vis pas une voiture. Seulement les lampes extérieures de quelques maisons isolées dans la forêt.

À proximité du village de Muonio, je croisai un grumier dans un nuage de neige et faillis sortir de la route. Je m'arrêtai près d'une station-service abandonnée pour dormir quelques heures, moteur allumé et chauffage au maximum.

Quand je me réveillai, j'étais en sueur et les vitres

couvertes de condensation. Dehors il faisait toujours noir mais, pendant que je grattais la neige qui avait gelé sur le pare-brise, plusieurs voitures passèrent sur la route.

Du côté norvégien de la frontière, la neige n'avait pas encore été déblayée et je dus attendre quelques heures dans le poste de douane de Kivilompolo que le chasse-neige arrive, sa lame d'acier soulevant une gerbe d'étincelles jaunes. Le chauffeur renonça à son café du matin, fit directement demi-tour à la frontière et repartit vers Kautokeino sans faire de pause.

Le plus sûr était que je le suive, me dit-il, pour ne pas rester coincée quelque part sur la nationale déserte. Il n'y aurait sans doute pas beaucoup de voitures sur la route à cette heure-ci. Par ce temps-là.

La neige formait des bandes blanches devant la voiture et j'essayai de trouver la bonne distance par rapport au chasse-neige pour avoir le plus de visibilité possible. Mais la seule chose que je voyais était un tourbillon de neige. Seule la lumière orange du gyrophare indiquait où était la route.

Nous étions arrivés vers neuf heures du matin à Kautokeino. Je ne m'étais pas souciée de contacter ma famille, étais allée directement à l'hôtel, avais pris une chambre, m'étais glissée dans le lit étroit de la pièce glaciale et aussitôt endormie.

Quand je me réveillai, il était trois heures de l'après-midi. La diaphane lumière bleutée que j'avais pu discerner en me mettant au lit avait disparu. La tempête de ncige s'était calmée, mais le vent persistait. Assise dans la salle à manger déserte, froide et humide de l'hôtel, et voyant osciller les rangées de réverbères jaunes à l'extérieur, je décidai de ne pas appeler ma grand-mère tout de suite. Cela pouvait attendre jusqu'à demain.

Certes, j'avais dit que j'essaierais de venir aujourd'hui, mais personne ne s'étonnerait que j'arrive un jour plus tard. D'une certaine manière, je sentais qu'il me fallait un peu de temps pour m'adapter à cet environnement sans avoir à m'imposer d'obligations sociales.

Après trois tasses d'un café léger allongé de lait, je descendis en voiture au commissariat.

Dans l'escalier, je faillis être renversée par l'employée de l'accueil qui partait en courant déposer des grilles de loto sportif. Je n'avais qu'à attendre devant la porte, elle serait de retour dans un instant.

La Coopérative avait changé de nom, elle s'appelait désormais Coop-Prix et avait des portes en verre pourvues de cellules photoélectriques. Le panneau annonçant les superpromotions du jour avait été arraché par le vent et claquait tristement contre l'angle du bâtiment.

L'employée revint au bout de quelques minutes. Le commissaire divisionnaire était en déplacement. Oui, Evald Eliassen était toujours commissaire dans cette circonscription.

— On ne se débarrasse pas de lui si facilement.

Elle fut prise d'un rire un peu hésitant tout en m'observant pour voir comment j'allais réagir à sa remarque facétieuse.

Pour l'heure en tout cas, Eliassen était à Alta, à une réunion sur l'organisation de la police dans le Finnmark, il rentrerait vendredi. En attendant, je pouvais voir un policier qui me conviendrait mieux, l'agent Kristiansen.

— Il est dans le garage.

Il y avait de la lumière dans tous les bureaux, mais je ne vis personne. Dans la pièce qui faisait l'angle, sûrement le bureau du commissaire, puisque c'était la plus spacieuse et qu'une grande carte de tout le district y était accrochée, une radio crépitait. Je n'avais aucune idée du nombre de policiers qui travaillaient ici. Mais cela devait être, par la superficie, l'une des plus grandes circonscriptions de police du monde. Un immense territoire de montagne et de toundra autour d'une petite localité centrale d'à peine trois mille habitants. Sur le bureau d'Eliassen se trouvaient quelques classeurs et une boîte de cartouches de chasse. Sur l'appui de fenêtre végétait une plante verte de nature indéterminée.

Je poursuivis dans le couloir.

— Houhou !

Personne ne répondit, seule la radio crépitait sur le bureau du commissaire divisionnaire. Au bout du couloir, une porte coupe-feu. Sans doute celle du garage.

À l'intérieur du garage, un dépeçage était en cours. Un jeune homme blond en pull de laine norvégien et un Same plus âgé, combinaison rabattue sur la ceinture, travaillaient ensemble. Sur la remorque de la motoneige était étalé un cadavre de renne fraîchement écorché, fendu sur sa longueur.

Au moment où j'entrai, l'homme plus âgé lançait l'épaule qu'il venait de découper dans une grande caisse en plastique.

Les dépouilles violacées de deux autres bêtes avaient été jetées sur le capot de la voiture de police.

Le Same essuya son couteau sur la jambe de sa combinaison et hissa le corps de l'animal écorché sur la remorque, puis il se tourna vers le plus jeune.

— Et la tête ? On s'en occupe ?

— On laisse tomber. Les dommages ont été déclarés.

— Kristiansen, c'est vous ?

Il se dirigeait déjà vers la porte où je me tenais. Ses manches étaient retroussées jusqu'aux coudes, il s'était essuyé la lèvre supérieure avec ses mains ensanglantées et il y avait du sang coagulé sur son pull.

Je n'arrivais pas à détacher mon regard de l'homme à la combinaison. En quelques incisions rapides avec son couteau, il trancha les tendons des pattes et d'un geste sec rompit les articulations.

L'agent de police Kristiansen était plus jeune que ce à quoi je m'attendais. Certainement pas beaucoup plus de vingt-cinq ans.

Des yeux bleus, un air candide. C'était sûrement sa mère qui lui avait tricoté le pull jacquard norvégien qu'il venait de tacher. Il tenait ses mains couvertes de sang devant lui.

— Qu'est-ce que je peux faire pour vous ?

Je lui exposai le but de ma visite. Que j'allais défendre quelqu'un qui était inculpé dans un procès et que je voulais consulter l'enquête de police. Était-il possible de lire le rapport ici ? Ça m'éviterait de faire la route jusqu'à Alta.

Sur la remorque de la motoneige, l'homme plus âgé débitait le corps du renne. Incisait entre les côtes avec son couteau tranchant.

— *Galga go guoikit vai suovastit*? C'est pour le faire sécher, ou pour le fumer ?

L'homme au couteau me regarda d'un air étonné. Il

ne s'attendait pas que je parle same. Il ne pouvait pas savoir qu'avec cette phrase minable j'avais plus ou moins épuisé tout mon vocabulaire dans cette langue.

— *Na, goakadit gal. Muhto galgá vuos sáltat.* Pour le faire sécher, ouais, mais d'abord on le met dans le sel.

— Attention avec le sel, ça ne sera pas bon s'il y reste trop longtemps.

— *Lja badjel duššе.* Une nuit seulement.

Kristiansen poussa la porte en tôle et m'accompagna dans le couloir. J'attendis devant les toilettes pendant qu'il se nettoyait du sang de l'animal, et, après avoir cherché un moment dans l'armoire d'archives d'Eliassen, il en retira le rapport de police que je voulais consulter.

— Vous pouvez vous asseoir là ?

Il désigna d'un geste vague le fauteuil du commissaire.

Je m'assis dans le siège défoncé et grinçant, et j'allumai la lampe du bureau.

Il resta un instant à me regarder tandis que je feuilletais le mince dossier. Mais il disparut bientôt à nouveau dans le garage. La radio crépita plusieurs fois. L'employée de l'accueil était rentrée chez elle. J'étais seule dans tout le commissariat.

Il s'agissait de mon cousin. Nils Mattis, Niilas Mahte en same. Le fils de Sara Marit, la sœur cadette de ma mère. Cela faisait vingt ans que je ne l'avais pas vu. Nous nous étions rencontrés plusieurs fois chez mes grands-parents maternels quand j'étais adolescente, le plus souvent pendant les grandes vacances, au pâturage d'été sur le littoral.

Il était timide, un peu farouche, avait un côté maladroit et presque quatre ans de moins que moi.

Ce dont je me souvenais, c'est qu'il ne me regardait pas dans les yeux. Sa poignée de main, molle. Il s'isolait. Restait dans son coin, en quelque sorte.

Mais j'avais aussi le souvenir d'un séjour chez grand-mère, là-haut, pendant les vacances de février. Sa tranquille assurance quand la motoneige était tombée en panne, un jour, lors d'une sortie dans la montagne.

Il m'avait emmenée à contrecœur sur le traîneau. Sur le chemin du retour, la vieille motoneige de grand-père avait calé. Dans l'obscurité croissante, il avait retiré le carburateur, soufflé dans le gicleur, et le moteur avait repris vie. Aucune hésitation dans ses gestes. Pas une manipulation inutile.

Peut-être était-il un peu plus vieux, alors, que sur la photo que j'avais trouvée sur le pêle-mêle de maman. Douze, treize ans, pas plus.

Mon souvenir de lui était-il tout simplement associé à l'image du garçon timide, maladroit, que j'avais rencontré la première fois dans la résidence d'été ? Celui qui, par-dessus le feu contre les moustiques, souriait d'un air mal assuré à la cousine inconnue venue de Stockholm.

Cet été-là, nous étions allés en voiture jusqu'à Skiboten, en passant par Kilpisjärvi. Avions suivi la route sinueuse de la côte, et fait le dernier tronçon en tracteur. Les averses arrivaient du fjord, et nous étions restés assis dans la tente, le *lavvu*, à écouter la pluie tambouriner et le vent tirer sur la toile. La fumée du feu mouillé ne parvenait pas à s'élever par l'ouverture du sommet, mais tourbillonnait à l'intérieur.

Ça, c'était du vivant de maman mais, parmi les femmes dans la tente, c'était sans conteste grand-mère qui commandait. S'occupait des repas et de l'aménagement. Régnait sur les peaux de rennes et les sacs de couchage, le bois pour le feu et les rameaux de bouleau. Prenait les décisions concernant les enfants et les petits-enfants. Tenait le porte-monnaie et la trousse à café. Veillait à ce que chacun soit assis à sa place dans le *lavvu*. À ce que les branchages sur le sol soient disposés correctement.

La bouteille de cognac apportée par papa fut la seule chose que grand-père réussit à escamoter sous les larges plis de son kolt. Du Grönstedts trois étoiles. Il le buvait comme un médicament, à petites rasades, dans le bouchon à vis.

Il y avait deux petites baraques et une remise pour les provisions, où l'on pouvait aussi dormir, mais grand-mère logeait dans la tente. Je ne l'ai jamais vue dormir.

Quelle que fût l'heure du jour ou de la nuit, elle était assise dans son coin, les mains toujours occupées. Réparait des vêtements, préparait le repas, décortiquait le *senna* – la paille pour les chaussures –, tressait des rubans ou cousait quelque chose.

Elle avait les cheveux noirs et les yeux clairs. Bleu-gris, ce qui n'est pas très courant. Ceux de maman étaient marron, comme les miens. Grand-mère avait un regard d'acier. Qui transperçait celui qu'elle regardait.

C'était toujours grand-père qui cédait, qui s'écartait. Faisait place aux autres, surtout à grand-mère. À nous les enfants, il adressait des clins d'œil entendus. L'humour était gravé dans les fines rides autour de ses yeux.

Nils Mattis était venu à la résidence d'été sans ses parents. Il était le seul fils de Sara Marit. Celle qui s'était mariée avec un éleveur de rennes.

La famille d'oncle Einar ne possédait certes pas autant de rennes que la nôtre, mais ces gens-là connaissaient le métier. S'occupaient des bêtes eux-mêmes. C'était Nils Mattis qui reprendrait l'exploitation. Il travaillerait comme aide-berger jusqu'à ce que ce soit à lui de prendre l'entière responsabilité du troupeau familial.

Je restai assise un bon moment, les mains posées sur le mince classeur d'archives, essayant de me faire une image de Nils Mattis d'après mes souvenirs. Mais c'était toujours l'image de lui le premier été qui me revenait.

On nous avait envoyés tous les deux aux tourbières dans la montagne, pour voir si les *multerne*, les baies polaires, étaient mûres. Si c'était bientôt le moment de les cueillir. Nous avions des sacs à dos et des provisions, et il n'avait pas dit un mot pendant sûrement dix kilomètres.

Bien que plus jeune, c'est lui qui marchait devant. Quand nous avions quitté les habitations, il bruinait mais, plus haut dans la montagne, le temps s'éclaircit et le soleil perça à travers les nuages bas. De la vapeur s'élevait des tourbières et des branches de saules humides. L'ombre des nuages passait devant nous sur les montagnes, la brume fine et légère se déplaçait le long des ruisseaux et des cours d'eau, semblable à des voiles blancs presque transparents. Le craintif pluvier doré suivait nos pas le long du sentier en poussant des cris aigus. Des labbes à longue queue tournoyaient au-dessus de nos têtes, prêts à l'attaque si nous nous approchions trop de leurs nids.

Nous nous arrêtâmes près d'un ruisseau assez large, pour faire du café.

Il alluma un feu, pendant que j'enlevais mes bottes et mes chaussettes, entrais dans l'eau glacée et y restais jusqu'à ne presque plus sentir mes jambes. J'avais alors treize ans, peut-être quatorze.

Je pris sa fiche signalétique dans le rapport de police pour voir sa date de naissance.

Une simple photo d'identité était fixée à la fiche par un trombone. Je regardai la photo mais ne le reconnus pas. Année de naissance : 1979.

La première fois que nous nous sommes vus, il allait donc avoir dix ans.

J'étais restée dans l'eau glacée et m'étais lavé le visage pendant qu'il s'occupait du feu. Au moment où je regagnai la rive en pataugeant, il arrivait pour remplir la cafetière.

— Tu ne vas pas dans l'eau ?

Il me regarda, perplexe, comme si j'avais parlé à quelqu'un juste derrière lui.

— Elle n'est pas froide.

Il se contenta de se pencher pour remplir d'eau la cafetière en aluminium, noire de suie. Lorgna vers moi, hésitant, sans me regarder dans les yeux, secoua la tête.

Nous bûmes le café et mangeâmes en silence. Quand nous poursuivîmes vers les hauteurs, c'est moi qui marchai en tête.

Un peu en amont sur le sentier, nous surprîmes une nichée de perdrix des neiges. La mère vola devant nos pieds en battant lourdement des ailes. Nils Mattis revint sur ses pas et chercha dans les broussailles. Il désigna les oisillons qui tournaient en rond dans les basses branches des bouleaux nains.

— Elle essaie de nous éloigner des poussins.

Ce furent les premiers mots qu'il m'adressa, une lueur apparut un instant dans ses yeux lorsqu'il se mit à fouiller dans les branches. Il saisit un des poussins et le tendit vers moi. De ses doigts noirs de suie émergeait seulement la petite tête mouchetée de brun.

— Attention, tu vas lui faire mal.

Il ne comprit pas ce que je voulais dire, et se contenta de lever l'oiseau devant moi dans son poing fermé.

— *Okta unna rievssas*. Une petite perdrix des neiges.

Je ne compris pas. Il répéta, s'impatienta, rigola lorsque j'essayai de redire l'expression en same. Serra la petite perdrix. La tint près de mon visage. Bien trop près, essayant de me faire peur avec. Se moqua de moi parce que je n'osais pas toucher le fragile poussin.

— Prends-la !

Je refusai, m'éloignai pour qu'il arrête. Quand je me retournai, il eut un sourire narquois dans ma direction. C'était un visage d'homme adulte dans l'enfant chétif. Il envoya l'oisillon dans les branches et l'effleura avec sa botte. Les poussins se traînèrent deçà delà, désorientés, tandis que la mère battait des ailes quelques mètres plus loin.

Je repartis à la hâte, de peur qu'il ne s'en prenne aux poussins rien que pour m'impressionner. Qu'il ne les tue juste pour que je voie combien la vie était fragile, dans la montagne. Qu'il ne les piétine pour me montrer que nous, les enfants gâtés de la ville, n'avions rien à faire ici. Que nous ferions aussi bien de rester chez nous.

Les baies polaires n'étaient pas mûres. Mais sur le versant nord, à l'ombre le matin, les fruits verts et les fleurs avaient déjà gelé, on était pourtant seulement début août. Nous en ramassâmes quelques litres dans des petites tourbières un peu plus bas.

Il ne dit plus rien de la journée. Je n'arrive pas à me souvenir si nous avons eu d'autres échanges cet été-là.

Maintenant j'étais là pour tenter de le défendre dans une affaire criminelle. Niilas Mahte.

Viol. Sous la menace d'une arme. Il a agité son couteau, avait dit grand-mère au téléphone.

— Ce n'est pas la première fois, il est déjà arrivé quelque chose de ce genre, avait-elle ajouté.

Mais cette fois, c'était allé assez loin pour qu'il y ait des poursuites judiciaires et un procès. La femme qui avait porté plainte venait de la côte, mais elle avait vécu un moment ici dans la région.

— Une *rivgu*. Ils devaient avoir bu, pensait grand-mère.

L'agent Kristiansen revint avec le carton de pizza et quelques bouteilles d'eau minérale. Il avait enlevé son blouson et son chandail jacquard. Il était vêtu d'un pull à col roulé portant l'emblème d'une équipe de base-ball américaine.

Apparemment familier des tiroirs du commissaire, il en ouvrit un dont il sortit un paquet de serviettes. Je lui empruntai le couteau de boucher et débitai la pizza en belles parts.

— Vous avez trouvé quelque chose ?

Il désigna de la tête le classeur contenant l'enquête de police, que j'avais posé sur le bureau.

— Cinq fautes d'orthographe et quelques exemples de syntaxe incorrecte.

Il ne trouva pas cela drôle du tout. Je sais très bien qu'on ne plaisante pas sur ces choses-là avec la police. A fortiori quand on est suédois, en Norvège, on n'a pas intérêt à trop la ramener. Alors nous nous passâmes le carton de pizza au fromage coriace et mastiquâmes les morceaux de saucisse grasse sans qu'aucun autre sujet de conversation ne nous vienne à l'esprit.

— Vous avez lu le rapport d'enquête ? tentai-je, pour rompre ce silence pesant.

La bouche pleine de pizza, il fit signe que oui. C'était lui qui l'avait rédigé.

— Vous savez que vous ne pouvez pas défendre quelqu'un dans un procès en Norvège ?

— Oui, mais je peux l'assister en tant que conseillère juridique.

— Vous avez une formation de juriste ?

Je lui déversai tout mon couplet sur l'histoire de mon enfance et de ma formation, pendant qu'il avalait les restes de la pizza en train de durcir. Expliquai que c'était la famille, ici, qui m'avait demandé de monter pour l'assister dans la défense, et que mes connaissances en langue same se limitaient à quelques jurons, deux trois expressions quotidiennes et « quelle heure est-il ».

Il n'en connaissait pas beaucoup plus. Il avait terminé sa formation de policier l'année précédente et demandé à être muté ici parce qu'il aimait la chasse et la pêche. Et puis la perspective d'avoir la neige d'octobre à mai l'avait aussi attiré ici. Il faisait du ski de fond, était arrivé neuvième au championnat de Norvège. Je compris que c'était une belle performance.

Sans savoir si c'était permis, je fis une copie du rapport de police avec les fautes d'orthographe. Kristiansen étant sorti pour charger les caisses en plastique remplies de morceaux de renne dans la voiture, il n'y avait personne à qui demander.

Quand j'entrai dans le garage, le vieil homme à la combinaison de scooter des neiges avait disparu, mais les peaux de renne étaient toujours là. Je pus profiter de la voiture de police pour regagner l'hôtel. Nous fîmes d'abord un détour par une maison dans un quartier résidentiel près de la rivière. J'attendis dans la voiture pendant que Kristiansen déposait les caisses contenant le renne découpé. Le vent soufflait toujours, un chien noir était enseveli sous une congère. Un moment, je crus qu'il était mort, mais quand Kristiansen sortit de la maison le chien se leva, s'ébroua et poussa quelques aboiements symboliques avant de se pelotonner à nouveau dans la neige.

— Le commissaire pensait qu'il était inutile d'aller en justice. Mais il y avait déjà eu des antécédents, alors je ne sais pas.

Il arrêta la voiture devant l'escalier de l'hôtel. Il n'avait rien dit du premier procès contre Nils Mattis et je n'avais rien demandé. Il ne savait donc pas vraiment à quoi s'en tenir avec moi et voulait voir de quel côté je me situais.

— Vous qui allez vous occuper de la défense, vous pensez sûrement qu'une action en justice était inutile, n'est-ce pas ?

— Pas du tout. C'est très bien qu'il y ait une enquête

préliminaire, à mon avis. Renoncer aux investigations ferait beaucoup jaser.

— Oui, c'est à peu près ce que je m'étais dit. Mais je ne sais pas. Ici, c'est un peu différent. Ceux qui font les lois ne savent pas comment cela se passe, dans cette région.

— Vous étiez d'accord entre vous pour ouvrir une enquête ?

— Nous en avons beaucoup discuté. Eliassen a bien sûr une plus grande expérience de la procédure habituelle. J'ai aussi appelé le procureur à Alta et, selon lui, nous devions poursuivre les investigations.

— Je n'ai pas trouvé l'adresse de la femme qui a porté plainte.

— Elle a déménagé, je crois. À Karasjok. Je vais voir si je peux trouver son adresse.

Le vent avait tourné au nord-ouest et, quand je descendis de la voiture de police, la neige cinglait le parking devant l'hôtel. En repartant, Kristiansen esquissa un salut de la main.

Je restai un instant devant l'entrée, regardant la rivière et la guirlande de réverbères jaunes qui serpentait au-dessus de l'église, vers la boucherie et les nouvelles maisons en contrebas de la route d'Avzi. Ces maisons n'existaient pas la dernière fois que j'étais venue. Cela devait faire sept ou huit ans.

En grimpant sur le tas de neige derrière le parking, je vis la voiture de police descendre la côte et tourner vers Boddu, le pub près de la rivière. La pizza que nous avions partagée n'avait peut-être pas rassasié Kristiansen ?

La neige se remettrait à tomber cette nuit. On le sentait dans l'air. Une odeur, ou peut-être seulement une douceur humide du vent sur le visage. Il allait faire plus chaud, les flocons de neige seraient plus gros et il faudrait être extrêmement vigilant. Les changements de temps rendaient les rennes nerveux, le troupeau pouvait se disperser sur tout le pacage, alors que des prédateurs rôdaient, imperceptibles dans la neige fraîche.

Tout cela n'était que le fruit de mon imagination. Peut-être un souvenir qui me revenait d'un des nombreux récits de maman.

De l'époque de Sundbyberg où, enfants, nous étalions une couverture sur la table de la cuisine et, nous serrant dessous les uns contre les autres, nous écoutions les hurlements de la tempête et les étranges récits de maman sur la nature et le vent, les hommes et les bêtes. Des histoires qui n'avaient jamais de véritable fin. Ni rebondissements ni conclusion.

Des histoires qui nous faisaient peur, pourtant, qui étaient mystérieuses et, d'une manière étonnante, nous comprenions qu'elles étaient liées à nos courtes semaines de vacances chez grand-mère et grand-père. Le fait de sentir grâce au vent qu'il y a de la neige dans l'air, justement, était sans aucun doute quelque chose que maman nous avait raconté.

Je commençais à avoir froid aux pieds, mais restai à regarder le bourg.

La voiture de police quitta le pub, continua devant le petit musée en plein air, traversa le pont vers l'église et l'épicerie de Hætta, devenue Rema 1000, enseigne appartenant à une chaîne nationale de supermarchés.

En redescendant du haut talus de neige, je m'enfonçai dans des traces de scooter et mes chaussures se remplirent de neige. Je me dépêchai de rentrer à l'hôtel pour ne pas prendre froid. Le portier me donna la clé du sauna où je passai un long moment au chaud avant d'appeler ma tante Sara Marit.

Après avoir poussé les hauts cris parce que j'allais loger à l'hôtel cette nuit, elle m'informa que Nils Mattis était avec le troupeau de rennes dans la montagne, mais qu'il rentrerait le lendemain après-midi. Nous convînmes que j'irais chez eux le matin suivant.

De retour dans ma chambre, je sortis mes notes et la photocopie de l'enquête, et j'essayai d'organiser mon travail méthodiquement. Parmi ce qui était important, je fis une liste de priorités.

Quelles informations avais-je besoin de vérifier ? Dans quelle mesure devais-je m'investir pour préserver l'honneur de la famille ? Où était ma place dans cette histoire ? Quel était mon rôle, en fait ?

Bien sûr, ils m'avaient appelée moi, parce que j'étais la seule de la famille à avoir une formation juridique. Cela revenait moins cher, évidemment, que de recourir à un avocat qui se faisait payer à l'heure.

On attendait donc de moi que j'emploie les jours de congé que j'avais économisés à mener des investigations insensées dans une affaire pénale minable, où le tribunal rendrait de toute façon un jugement de routine et se foutrait totalement de l'avis d'une petite assistante juridique suédoise. Au procès, Nils Mattis se verrait attribuer un avocat d'office que mes bons conseils n'intéresseraient pas. Mon intervention aurait vraisemblablement l'effet inverse. Le fait que je m'immisce dans le procès pourrait être retourné contre lui. Nils Mattis aurait peut-être plus de mal à défendre sa cause si je semais le doute au tribunal.

Je pris mes notes et allai au bar de l'hôtel. Il était

fermé. Mais je pouvais descendre au Aja, me dit le serveur dans la salle à manger. C'était le pub à l'étage du dessous.

— Vous n'avez qu'à demander à la réception qu'ils vous ouvrent l'escalier de la cuisine. Comme ça vous n'aurez pas besoin de sortir dans le froid.

Dans la salle de restaurant, deux Sames en tenue de fête étaient attablés et buvaient du cognac avec un Japonais aux cheveux coupés ras, vêtu d'un costume trois pièces impeccable. Les premiers devaient être des hommes politiques locaux ou des représentants du parlement same.

Ils discutaient peut-être du prix de la corne de renne en poudre pour la livraison de l'année prochaine.

Je n'entendais pas de quoi ils parlaient. Ils avaient rapproché leurs têtes, apparemment c'était le Japonais qui parlait le plus. Il n'y avait personne à la réception, alors je sonnai.

Le gardien de nuit sortit de la cuisine au bout de quelques minutes, de la mayonnaise dans les moustaches et une tasse de café à la main. Il me regarda d'un air étonné, comme si c'était la première fois qu'il voyait un client à la réception.

— Pouvez m'ouvrir la porte ?

Quand je désignai la porte derrière lui, il me dévisagea un instant, perplexe, avant de comprendre.

— Ah, celle-là ?

Mais oui, il allait me laisser passer par l'escalier de la cuisine. Avec la tête de quelqu'un qui s'apprête à présenter le trésor des Sames, il ouvrit la porte au placage abîmé et me montra l'escalier étroit.

— Vous n'aurez qu'à frapper quand vous voudrez rentrer.

Je descendis et l'entendis refermer la porte à clé derrière moi. En bas, cela sentait le poisson frit et le tabac âcre. Une ampoule mate de 25 watts dans un globe de verre fêlé répandait une lumière sinistre. La rampe recouverte de plastique collait aux mains. J'avançai en tâtonnant jusqu'à la porte du pub.

Aja. Je n'y étais jamais allée, j'en avais juste entendu parler. Le nom était le mot same qui signifiait « source ». Ils étaient sûrement nombreux à avoir étanché leur soif ici.

Il y avait à peine dix personnes dans la salle. La plupart assises autour d'une table dans le coin au fond. Je payai ma « pinte », qui faisait quarante centilitres, et allai m'installer sur l'une des banquettes fixées le long du grand mur de la salle étroite.

Voilà donc où cela avait commencé. D'après le rapport de police, Nils Mattis et la plaignante s'étaient rencontrés là. Ils avaient bu quelques bières ensemble. Dansé dans la discothèque. Ensuite ils étaient sortis pour aller chercher quelque chose dans la voiture d'un copain.

Un témoin les avait vus dehors, près d'un container derrière le bâtiment. Le témoin se trouvait à l'intérieur et regardait par la fenêtre. Il avait vu la femme qui avait par la suite porté plainte pour viol contre Nils Mattis aider celui-ci à entrer à l'arrière d'une voiture blanche. Une Volvo Amazon.

Eliassen avait posé encore quelques questions. Était-il sûr qu'il s'agissait bien de l'homme accusé et de Karen Margrethe ?

Il avait reconnu Nils Mattis mais pas la fille. Elle avait les cheveux clairs et une jupe courte. Son attention avait été retenue par le fait qu'elle était habillée très légèrement.

Lors de l'interrogatoire de police, Nils Mattis avait nié avoir même croisé la femme ce soir-là. Un peu plus tard, le témoin de la fenêtre avait été impliqué dans une bagarre et avait agressé un jeune homme de Masi avec une bouteille de bière. On pouvait supposer que le témoin était soûl et peut-être pas tout à fait fiable.

Il avait été entendu aussi bien sur Nils Mattis que sur l'agression. Enfin, cela n'avait pas été un interrogatoire dans les formes, en fait, mais plutôt une conversation avec le commissaire divisionnaire, après l'abandon de l'enquête sur la bagarre. Le garçon qui avait été agressé ne voulait pas porter plainte. L'affaire fut classée. Mais le témoignage figurait toujours dans l'enquête de Kristiansen sur le viol.

Les deux Sames et le Japonais descendirent l'escalier de la réception et vinrent s'asseoir à côté de moi. Le Japonais me sourit en voyant les papiers que j'avais étalés devant moi sur la table.

L'homme politique same avec la ceinture la plus clinquante alla chercher de la bière au comptoir.

Des plaques rondes sur la ceinture, il n'était donc pas marié. Nombreuses et finement ouvragées. D'une famille riche, alors. Si j'avais su déchiffrer les bandes tissées et les signes mystérieux sur son kolt, j'aurais pu dire de quelle famille il était, de quel côté de la rivière il habitait, et donner une estimation du nombre de rennes que la famille possédait.

— *Business ?*

Le Japonais s'adressait à moi avec un sourire en coin.

— *Law. Public prosecutor.*

Lueur d'intérêt dans les yeux noirs du Japonais.

— *Crime or business ?*

— *What's the difference ? You tell me ?*

Nouveau sourire. L'homme à la ceinture revint avec les verres de bière ; ils reprirent leurs négociations sur la poudre de virilité, tandis que j'allais regarder par la fenêtre.

Le container n'était plus là. Je vis seulement quelques poubelles, une voiture sans aile avant et un scooter des neiges rouge, calé sur un coffre en bois. La neige avait commencé à tomber. De gros flocons, lourds, qui tournoyaient au ralenti devant la fenêtre poussiéreuse.

J'allai chercher une autre bière, feuilletai un peu mes papiers. Juste un gros boulot de routine.

Vérifier la déposition du témoin. Parler à Nils Mattis. Essayer de rencontrer la fille qui avait porté plainte. Prendre rendez-vous avec le procureur, à Alta. Éplucher l'enquête avec Kristiansen, une fois que je me serais bien plongée dans l'affaire.

Deux, trois jours de travail. Avec un peu de chance, je pourrais être à Stockholm pour la fête d'une de mes copines de fac, samedi soir.

Cela voulait dire aussi que je sacrifiais presque une semaine entière de congé pour la famille. Il faudrait peut-être que je revienne jusqu'ici pour le procès. Est-ce qu'on ne pouvait pas arranger une conciliation ? Amener la plaignante à retirer sa plainte.

Pour l'instant, le plus important était de montrer que j'aidais la famille. Encore que sauver un cousin naïf d'une fausse accusation de viol ne resterait sûrement pas gravé dans le marbre de l'histoire familiale. La voix offensée et accusatrice de ma tante, quand je lui avais dit que je passerais la nuit à l'hôtel, ne me laissait pas en paix. Préférer payer cher une chambre d'hôtel impersonnelle plutôt que d'aller chez la famille, pour une fois que j'étais venue jusque-là ! Je compris qu'elle considérait cela comme une trahison envers ma mission et envers les miens.

Je frappai à la porte pendant plusieurs minutes, mais le gardien de nuit n'apparut pas. Il ne me restait plus qu'à redescendre l'escalier et à passer par l'extérieur, derrière l'hôtel.

La neige tombait dru. Dans la montée jusqu'à l'entrée de l'hôtel, cela sentait la fraîcheur, presque le printemps. La porte principale aussi était fermée à clé. Mais il y avait une sonnette.

Cinq minutes plus tard, le gardien fit son apparition et ouvrit. Il me regarda comme s'il ne m'avait jamais vue et me remit la clé de ma chambre avec une hésitation extrême. J'achetai un Coca et, pendant qu'il cherchait sans se presser la monnaie dans un bocal en verre, le Japonais remonta par l'escalier de la cuisine et frappa à la porte. Je tournai la clé qui était dans la serrure.

Le portier considéra le Japonais d'un air méfiant et lui remit sa clé à contrecœur, avant de retourner à son bocal de pièces de cinquante öre[1].

Le Japonais alla chercher dans sa chambre une flasque en plastique de whisky achetée dans l'avion et nous restâmes un moment dans la salle de restaurant froide et sombre. Nous bûmes un verre en regardant par la fenêtre vers la rivière où des scooters aux lumières tremblotantes quittaient le pub et disparaissaient dans la neige.

1. Subdivision de la couronne norvégienne.

Il n'était pas du tout dans le commerce de corne de renne broyée, mais faisait partie d'une sorte de comité qui organisait un festival des peuples autochtones au Japon. Quand il me demanda ce que je faisais, je lui racontai que je préparais la défense dans un procès. Un travail de routine.

Il me dit être impressionné par les costumes traditionnels de Kautokeino. Les couleurs magnifiques, les bandes tissées et les bijoux.

Je m'entendis avec étonnement essayer de lui expliquer les couleurs vives des costumes, la nature qui était privée de couleurs la majeure partie de l'année. Dans le pire des cas, juillet et août étaient les seuls mois sans neige. Il fallait voir des Sames en tenue de fête dans un environnement hivernal pour comprendre la splendeur des couleurs. De préférence au printemps. Autour de Pâques, quand on célèbre des fêtes en famille, des noces ou des confirmations.

Je ne sais pas si je croyais moi-même à ces explications, mais c'étaient des généralités adaptées au niveau d'une conversation avec un Japonais inconnu dans un restaurant sans lumière, autour d'un whisky tiède dans un verre Duralex ébréché.

Si j'étais same moi-même ?

— Pas du tout. Enfin disons que ma mère l'était.

— Votre famille est dans l'élevage de rennes ?

— Ma grand-mère et ma tante. Un cousin et un oncle s'occupent du travail dans la montagne.

— Votre mère, elle a un costume d'ici ?

J'expliquai que ma mère était morte, mais que son vieux kolt était sûrement suspendu quelque part dans la penderie à la maison, à Sundbyberg. Elle le revêtait à certaines occasions, quand nous étions petits.

Nous avions un peu honte d'elle. Lui interdisions de le porter à la fête de fin d'année de l'école. Dans le milieu où nous avons grandi, cela détonnait trop. Un quartier pavillonnaire à Sundbyberg n'a pas le même besoin de couleurs, de rubans, de bijoux et de châles en soie. Il n'y avait aucune nécessité à faire connaître par ses vêtements qui on était ou l'ampleur de sa richesse. À Sundbyberg, il y a d'autres façons de montrer quel rôle on joue dans la société.

Je tentai d'expliquer cela au Japonais, mais il ne comprenait pas ce que je voulais dire. Il demanda si j'avais déjà essayé le costume traditionnel de maman.

— Non, je n'y ai jamais pensé. Je ne sais pas pourquoi, en fait.

— Faites-le, dit-il. Promettez-le-moi.

J'étais trop fatiguée pour comprendre ce qu'il essayait de m'expliquer. Nous convînmes de prendre le petit déjeuner ensemble le lendemain.

Enfin, c'était déjà aujourd'hui, en fait, vu qu'il était presque trois heures lorsque nous nous souhaitâmes bonne nuit. Quand le Japonais tira le gardien de nuit du sommeil pour lui indiquer l'heure à laquelle il voulait être réveillé, l'homme fit une tête de grand duc écornifié.

Dans ma chambre régnait une chaleur de sauna. Je fermai tous les radiateurs et ouvris l'étroite fenêtre d'aération. Je pris de la neige sur le rebord en tôle et j'en fis une petite boule dans laquelle je mordis. Le vent de nord-ouest était stable, la neige avait une odeur fraîche et acidulée. La boule de neige crissa entre mes doigts.

*

Au moment où elle fermait le hublot de la machine à laver, elle sentit dans son dos le courant d'air froid.

Quelqu'un était entré par la porte extérieure. Mais il n'y avait eu aucun bruit. Aucun bruit de pas à l'étage du dessus. Le paquet de lessive à la main, elle alla jusqu'à l'escalier et cria en direction du vestibule.

— Houhou ! Il y a quelqu'un ? Houhou ! C'est toi ?

Pas de réponse. Elle revint sur ses pas et mit la machine en route. Décrocha les vêtements de montagne suspendus à sécher dans le cellier. Retira des bottes les épais sous-pantalons de laine.

De la bouche d'évacuation s'élevait une odeur de croupi, elle rinça le sol de béton à grande eau avec le tuyau d'arrosage en plastique, resta quelques minutes à regarder l'eau s'écouler lentement avec un bruit d'aspiration par l'orifice dans le sol.

Elle plia le linge sec et tendit l'oreille vers l'étage du dessus.

Aucun bruit de pas, aucun mouvement. Mais elle avait senti le courant d'air et savait qu'il était là-haut.

Elle pourrait fermer à clé la porte de la buanderie, escalader la fenêtre de la cave pour sortir et essayer d'aller chez sa sœur. Mais à l'arrière de la maison il y avait plusieurs mètres de neige. Il lui serait pratiquement impossible de rejoindre la route dans la poudreuse. La fenêtre était sûrement bloquée dans le dormant, et il l'entendrait tout de suite tourner la clé de la porte.

Elle plia les derniers vêtements dans le panier à linge. Ouvrit la boîte à outils qui se trouvait sous le banc et en sortit le marteau, mais quand elle aperçut la hache derrière les skis dans le coin, elle le reposa. Elle déplaça les skis avec précaution et prit la hache. La tête était déformée par l'usage et le manche desséché, mais le fil de la lame était tranchant, elle venait d'être aiguisée. Elle soupesa l'arme, tendit l'oreille vers l'étage supérieur et se décida.

La hache en main, elle monta l'escalier jusqu'au vestibule. La porte d'entrée était fermée à clé. Aucune trace de neige sur le sol.

Elle avait peut-être rêvé. Son imagination lui avait joué un tour. Le courant d'air était sans doute venu d'une bouche d'aération ou d'une fenêtre mal fermée dans l'escalier de la cave.

Elle entra dans la cuisine. S'arrêta près du plan de travail et tendit l'oreille. Jeta un regard circulaire dans la pièce familière. Les chaises en plastique, les tasses à café sur l'évier, le robinet qui gouttait, la cuisinière et le cercle brun sur la plaque, là où le café avait débordé, la brique de lait qu'elle avait oublié de remettre au frigo. La trousse à café, le bouquet de fleurs séchées, les pétales presque noirs qui en étaient tombés sur le coin de la table.

En préparant le repas, une bonne heure auparavant, elle avait enlevé plusieurs pétales sur la table. Quand elle avait tendu le bras pour attraper le couteau aiguisé placé sur l'étagère afin que les enfants de sa sœur ne puissent pas l'atteindre, elle avait heurté le bouquet et des pétales des roses séchées étaient tombés.

Après avoir reposé le couteau, elle avait ramassé les pétales secs et les avait froissés entre ses doigts. Humé le léger parfum de rose et mis les pétales dans la boîte à thé sur l'étagère à épices.

Et là, il y avait un nouvel amas de pétales sur la table. Le couteau n'était plus sur l'étagère.

Un instant elle s'en voulut d'avoir essayé de se tromper elle-même en s'efforçant de croire que ce n'était qu'une illusion. Qu'il n'était pas là. Elle l'avait bien senti, pourtant. Ce n'était pas seulement le courant d'air de la porte d'entrée qu'elle avait senti, c'était comme si son corps avait décelé sa présence. Tous ses sens lui avaient signalé que c'était lui qui rentrait.

Elle recueillit les pétales dans sa main et les versa, l'air absent, dans la boîte à thé. C'étaient des fleurs d'une autre époque. Séchées et conservées, mais mortes. Il ne restait de la vive fraîcheur des couleurs écarlates qu'un parfum ténu. Elle déposa la hache sur la table de la cuisine et entra dans le séjour.

Il était assis dans le fauteuil et l'attendait. Il avait le visage tuméfié et les yeux rouges.

— J'étais en bas, à la cave, dit-elle en évitant de le regarder. M'occupais du linge.

Il ne répondit pas, demeurait complètement immobile dans le fauteuil bleu en tissu pelucheux. Il haletait, à un rythme bref et saccadé, comme si l'air manquait d'oxygène et qu'il dût tirer le maximum de chaque respiration pour ne pas suffoquer. Les muscles de son cou bougeaient dans un mouvement de déglutition et ses jambes se mirent peu à peu à trembler. Sous la table basse, ses pieds s'agitaient de manière incontrôlée.

— J'étais en bas, à la cave, essaya-t-elle à nouveau. J'étais juste en bas à…

Il se leva du fauteuil et voulut la frapper au visage. Mais il trébucha sur la table basse et le coup avorta. Elle recula vers la porte de la cuisine. Il se redressa sur les genoux et la regarda.

— Viens ici !

Elle s'arrêta, le dos contre le chambranle de la porte. Il se releva, poussa le fauteuil vers elle.

— Assieds-toi. Tu dois être fatiguée.

Il parlait à voix basse, chuchotait presque. Remuait les lèvres comme si sa bouche était sèche ou qu'il n'eût simplement pas l'habitude de parler. Comme s'il cherchait ses mots.

Elle ne bougea pas et il envoya d'un geste impérieux le fauteuil plus près d'elle.

— Je n'en peux plus, dit-elle, en triturant la fermeture Éclair de sa veste polaire.

— Assieds-toi ! Assieds-toi, bon sang !

Il essaya de pousser davantage le fauteuil, mais elle s'éloigna de la porte et s'avança vers la fenêtre. Regarda à l'extérieur, à travers la vitre sombre qui reflétait la pièce où ils se tenaient.

Le couteau était sur la table basse.

Elle vit briller la bague de laiton sur le manche en bois jaune. Un reflet de lumière dans la vitre sombre.

Elle pourrait peut-être attraper le couteau et essayer de gagner le vestibule, d'ouvrir la porte. Avec un peu de chance, elle aurait le temps d'atteindre la route avant qu'il la rattrape. En même temps, elle savait que cela ne servirait à rien.

Il ouvrit la fermeture Éclair de sa grosse veste. Fit un pas vers elle. Elle se poussa sur le côté, essayant de se maintenir à distance.

— Tu étais où ? demanda-t-il à voix basse. Presque un chuchotement, comme s'il n'avait parlé à personne depuis longtemps.

Sur la nationale, une voiture se dirigeait vers l'hôtel. Les phares jetèrent une lumière oblique par-dessus le talus de neige. Dans le reflet de la vitre, elle le vit s'avancer vers elle, se pencher sur la table et ramasser le couteau.

De l'air froid venait du carreau, elle appuya son front sur le verre et regarda l'étoile de Noël à la fenêtre de sa sœur, dont la lumière jaune projetait des reflets scintillants sur la neige. Il s'arrêta derrière elle, les bras ballants. S'approcha tout près.

Il fait cela pour me prendre la seule chose qu'il me reste de moi-même, pensa-t-elle. Pour me priver de mon espace vital. Je ne peux même pas mettre la distance qui me convient entre nous.

— Tu étais où ? Réponds, nom de Dieu.

— J'étais en bas, à la cave…

— Hier soir ! Tu étais où, hier soir ?

— Chez maman. Je l'ai aidée pour les peaux.

Il se pencha par-dessus son épaule et lui saisit le bras.

— Tu mens ! Tu mens comme tu respires !

Il était inutile de se lancer dans des explications. Quoi qu'elle dise, il continuerait de toute façon dans la même logique implacable, elle le savait. Ce n'était pas la douleur proprement dite. C'était l'humiliation, l'impuissance. Il lui tordit le bras, la forçant à se mettre à genoux. La frappa du plat de la main sur la nuque, l'agrippa par les cheveux et lui souleva la tête.

Elle essaya de se libérer, mais il la retenait par les cheveux. Il resserra sa prise et elle sentit les larmes lui monter aux yeux. Tout son visage se tendit, la morve et les larmes coulèrent sur son menton.

Non, pas question de céder aussi facilement.

Elle dégagea sa tête d'un coup et s'échappa, mais il la rattrapa à nouveau, la força à s'agenouiller, lui tira la tête en arrière et maintint le couteau aiguisé contre son cou. Elle respira l'odeur de la lame noire, une odeur de métal et de sang séché, sentit le tranchant à cru sur la peau fine de son cou.

— Allez, vas-y. Autant que tu le fasses.

Sa voix n'était qu'un chuchotement et, quand elle prononça ces mots, elle souhaitait vraiment qu'il le fasse. C'était si simple. Si définitif. Un terme à toute cette peur, à toute cette humiliation.

Il éloigna le couteau et se releva. Fit le tour de la table et s'assit dans le fauteuil. Se roula une cigarette, tout en la dévisageant, étendue par terre.

— Pourquoi essayes-tu de te foutre de moi ? demanda-t-il.

Elle était toujours sur le tapis poussiéreux, sentait l'odeur du plancher, sa propre odeur. Le léger courant d'air frais émanant du mur. Le froid qui passait sur son visage telle une main gelée, tâtonnante. Elle savait que ce moment n'était qu'une partie de sa stratégie. Une simple suspension du jeu.

Il se tortillait dans le fauteuil. Ses pieds tremblaient sous la table. Il alluma sa cigarette en la regardant, l'air pensif.

— Tu t'imagines peut-être que j'ai envie de ça ?

Il observait la fumée de sa cigarette s'élever en cercles jusqu'à la broderie de perles jaunes de la suspension en verre.

— C'est ça que tu crois ?

Elle ne répondit pas. Replia seulement ses jambes sous son corps. Se recroquevilla sur le vieux tapis marron à longues mèches. Peu importait qu'elle dise quelque chose ou pas, elle le savait. Le rituel devait être suivi.

— Alors tu réponds ? Réponds, sale pute !

Il se leva et s'avança vers elle. Lui donna un coup de pied dans le dos. Elle se traîna jusqu'au mur. Se colla au papier peint glacial et essaya de se protéger le visage de ses bras. Il se pencha, lui plaqua un genou dans le dos, la prit par les cheveux et lui releva la tête.

— Ça t'apprendra à te foutre de moi, tiens.

Il la frappa au visage. Elle ne sentait que le mur froid contre son corps. La nuit et l'obscurité. Le froid bleu glacé sur la neige. Elle pensa au froid et à la neige, dehors. Au faisceau de lumière jaune que diffusait l'étoile de Noël. À la neige et à la pureté du froid.

Je me réveillai vers cinq heures parce que j'avais froid. Le ciel était bleu sombre, constellé de petits points lumineux, tels des trous d'épingle dans un store ancien. Les étoiles avaient changé de place, j'essayai un moment de retrouver les constellations du zodiaque que je connaissais, puis renonçai.

Je me levai, allumai la lumière et pris mon carnet de notes. Mais j'avais du mal à me concentrer, je me rendormis au bout d'une demi-heure et ne me réveillai que lorsque la femme de ménage entra dans ma chambre vers neuf heures. J'appelai Sara Marit et lui dis que je viendrais dans l'après-midi.

Après quelques quiproquos et erreurs d'aiguillage téléphonique, je réussis à joindre le procureur d'Alta. Nous pourrions nous voir à Karasjok le lendemain, dans la matinée. Ils avaient une audience là-bas toute la journée.

Il me suffirait de le demander à l'hôtel. Inge Amundsen. Ils étaient libres quelques heures autour du déjeuner. Il m'attendrait pour midi. Il ne parut pas particulièrement étonné que je veuille m'entretenir avec lui de l'inculpation. Se contenta de rire quand je lui demandai s'il était sûr que nous parlions de la même enquête.

Karasjok était l'agglomération la plus proche du côté norvégien de la frontière. Aussi éloigné qu'Alta, situé près de l'Arctique. Il y avait cent trente kilomètres de trajet par les montagnes du plateau du Finnmark, mais cela devrait aller, pensait-il.

— La route reste ouverte. En cas de problème avec la neige, on roule en colonne derrière le chasse-neige. Si la barrière mobile est descendue, n'essayez pas de passer, vous pourriez rester bloquée dans la montagne.

Il m'attendait pour le déjeuner. Au cas où je serais en retard, je n'avais qu'à téléphoner, et on se verrait le soir, après l'audience.

J'appelai le commissariat. Kristiansen n'avait pas encore pris son service, et il n'avait pas le téléphone à son domicile.

— Il est sûrement en train de s'entraîner, me dit la fille de l'accueil, et j'entendis cliqueter ses aiguilles à tricoter, rappelez après treize heures.

J'allai dans la salle à manger prendre mon petit déjeuner. Le Japonais n'était pas là, il dormait peut-être encore. Ou alors il était déjà parti à d'autres réunions sur les peuples autochtones. Au buffet du petit déjeuner, j'étais seule avec quelques touristes allemands. Apparemment, les Allemands étaient venus de Finlande en scooter des neiges, et maintenant ils allaient faire un tour dans le village pour acheter des objets en argent à la galerie Juhl avant de retourner en Finlande.

Nous échangeâmes quelques mots autour du gaufrier. Ils portaient d'épais pulls de laine, étaient sportifs et respiraient la santé. Mangeaient avec appétit le hareng et les saucisses. Se préparaient de gros sacs de provisions emballées dans du papier alimentaire, et des œufs durs. Remplissaient des Thermos, emportaient des oranges.

Ils riaient bruyamment. Un des bonshommes mangea le pamplemousse qui servait vraisemblablement de décoration dans la corbeille du buffet depuis l'ouverture de l'hôtel, dans les années soixante-dix. Son père était peut-être de la partie quand tout le village avait été réduit en cendres, soixante ans auparavant, au moment où la Wehrmacht s'était retirée du plateau du Finnmark en pratiquant la politique de la terre brûlée. La plupart des maisons, ici, y étaient passées. Et maintenant, leurs enfants venaient faire un safari motoneige. Sans scrupule, ils raflaient tous les œufs. Finissaient la pâte à gaufres. Prenaient toutes les oranges.

Je bus mon café insipide pour me torturer moi-même.

Cet endroit était un purgatoire pour les âmes perdues. Pour les réprouvés attirés dans le piège de ce désert afin d'expier les péchés de leurs pères. Encore que, dans mon cas, c'étaient plutôt les péchés de ma mère qui devaient être expiés.

Elle avait quitté ce trou paumé pour la grande ville suédoise avec cuisinière électrique, eau chaude, waters, chauffage central et tout-à-l'égout. Sans parler du lave-linge, du lave-vaisselle et du four à micro-ondes.

Mon inconscient de père, tout gentil qu'il était, avait entraîné l'une des filles du désert vers l'habitat en lotissement et la formation d'institutrice. À présent c'était à moi de racheter ce qui avait été perdu. De soutenir la famille. D'arranger un acquittement pour un cousin naïf dans un déplorable procès pour viol.

Sauver l'honneur de la famille.

Les Allemands prirent leurs paquets de victuailles et quittèrent la salle à manger. Je restai assise jusqu'à ce qu'ils aient tous disparu, dans le bruissement de leurs magnifiques combinaisons colorées, pour rejoindre leurs scooters. Qu'est-ce que je faisais là, finalement ? Finalement ?

Il y avait une nouvelle fille à la réception. Elle me montra comment accéder à la connexion Internet de l'hôtel et m'aida à brancher le câble sur la prise du préchauffage du moteur. J'avais oublié de le faire la veille au soir. Pas de problème, déclara-t-elle.

— Du moment que la voiture reste là quelques heures, elle aura suffisamment dégelé pour pouvoir démarrer.

Je descendis jusqu'à la perception locale, située dans un bâtiment en bois derrière l'une des stations-service.

Mais tout le personnel était en formation à Alta. Il n'y avait plus derrière le comptoir qu'un jeune stagiaire serviable, envoyé par l'agence pour l'emploi. Il m'aida à trouver rapidement et facilement les adresses que j'avais sur ma liste.

La plaignante, Karen Margrethe, avait quitté la commune sans donner de nouvelle adresse. Mais le type derrière le comptoir savait qui c'était et, selon lui, elle travaillait maintenant à Karasjok.

Dans le rapport de police figuraient trois noms. Je notai les adresses correspondantes et il m'aida à trouver les bons numéros de téléphone dans l'annuaire. D'abord celui d'un ami de Karen Margrethe. Puis le témoin qui les avait vus par la fenêtre, et enfin l'agent de sécurité du pub.

Devant le garage du commissariat, Kristiansen bricolait son scooter. Comme il n'avait pas encore pris son service, nous allâmes à la cafétéria d'en face et nous exposâmes aux regards curieux des membres du comité de loisirs.

— Alors, ça y est ? Tu as enfin trouvé une amoureuse, Kristiansen ? Il était temps.

C'était l'un des vieux qui commentait notre entrée tout en remplissant avec application ses grilles de loto au comptoir contre la fenêtre.

Des élèves qui n'avaient pas cours, en grosses doudounes à l'intérieur, étaient alignés en bas, le long des fenêtres, alors nous prîmes place dans la partie du haut. Le tripot. Grilles de loterie, pari mutuel et loto sportif. Derrière le crâne chauve du gérant, une longue rangée d'annonces de gains encadrées, promesses alléchantes d'une richesse immédiate contre des mises modérées.

Curieusement, Kristiansen fut un peu gêné d'attirer l'attention. Il n'était peut-être pas habitué à être ainsi exposé aux regards quand il venait prendre un verre ici. Un couple âgé à la table voisine me fixait avec curiosité et je compris que leur conversation tournait autour de qui je pouvais bien être. Avec qui j'avais un lien de parenté, surtout.

— Hier, vous avez bien dit que vous n'étiez pas d'accord entre vous sur la question de donner suite ou non à la plainte contre Nils Mattis, n'est-ce pas ?

— J'ai dit que nous en avions discuté.

— Qui voulait classer la plainte ?

Il rougit et but une gorgée de café avant de répondre. Il avait sans doute fait un rapport au commissaire et eu droit à une engueulade parce qu'il m'avait montré le compte rendu de l'enquête.

— Eliassen pensait que nous faisions peut-être trop

grand cas de cette affaire. Qu'un procès ne servirait à aucune des parties.

Le couple à la table derrière nous tendit l'oreille. L'homme se pencha sur sa grille de loterie. La femme rajusta son bonnet et me regarda ouvertement d'un air curieux.

— Mais vous, vous estimiez qu'il fallait tirer les choses au clair ?

— Nous en avons parlé. Je pensais qu'il serait très intéressant de mener une telle enquête.

Kristiansen balaya la cafétéria du regard. Pas de doute, la situation l'embarrassait un peu. Il se pencha davantage vers moi.

— C'était de la formation, en somme. Je n'avais jamais vraiment fait d'enquête après être sorti de l'école de police. Et puis il y avait eu les précédents.

— Quels précédents ?

Kristiansen se leva pour aller chercher la cafetière. Il remplit ma tasse et demanda à l'homme aux grilles de loto s'il voulait encore du café. L'homme s'essuya la moustache de son doigt taché d'encre noire et secoua la tête, faisant ballotter les cache-oreilles de sa casquette en peau. Le poissonnier, celui du camion sur la place, passa devant notre table en boitant, avec ses mains rouges, gercées, et son odeur pénétrante de graisse de poisson rance et d'huile de foie de morue. Un courant d'air froid s'engouffra par la porte lorsque le groupe d'élèves en gros manteaux et fines chaussures de sport sortit dans la neige.

Kristiansen revint s'asseoir et se pencha vers moi.

— Il y avait déjà eu plusieurs plaintes contre lui, Nils Mattis.

— Quand ça ?

— L'automne dernier. Avant que j'arrive ici.

La femme à la table voisine se leva avec peine et alla vers l'étagère des grilles de loto sportif et de Double jumelé. Elle étudia attentivement la cote du jour sur l'hippodrome de Momarken tout en essayant de saisir des bribes de notre conversation.

— Rien n'a donné lieu à une inculpation ?

— Ça a été classé sans qu'il y ait d'enquête.

Un homme âgé vêtu d'une combinaison élimée s'arrêta et tapa sur l'épaule de Kristiansen.

— Bonne chance pour samedi !

Curieux de savoir qui j'étais, il ne cessait de loucher vers moi tout en parlant avec Kristiansen de telle ou telle compétition de ski le week-end à venir. Alors autant expédier la chose. Je me levai et lui serrai la main.

— *Bures, bures.*

— Alors c'est ta nouvelle amoureuse ?

Gêné, Kristiansen ne savait pas vraiment quoi dire.

— Je suis Anna, la fille de Anna Marja, la petite-fille de Johvna.

L'homme me regarda l'air pensif, essayant de reconstituer mon ascendance.

— D'Aksomuotko ? Johvna et Ottilia ?

— Ce sont mes grands-parents maternels. La fille d'Ottilia, Anna Marja, c'est ma mère.

— Tu es la fille d'Anna Marja ?

La femme aux grilles de loto sportif se pencha pardessus la table vers l'homme à la casquette de peau et au nez taché d'encre pour commenter mon origine et ma parentèle directe.

— Et là tu es venue en vacances ?

— Un genre de vacances, oui.

Il me sourit. Savait aussi bien que moi pourquoi j'étais ici. Mais à la manière same, puisque tout le monde le savait, on n'avait naturellement pas besoin d'en parler. Dans la mesure où on savait déjà, en parler aurait même pu être considéré comme inconvenant.

C'était ma mère qui m'avait appris cela. Ce que l'on taisait avait plus de poids que ce dont on parlait tout le temps. Il fallait apprendre à déchiffrer ce qui n'était pas dit. L'art véritable de la conversation consistait à comprendre ce qui se cachait derrière les paroles que l'on prononçait réellement. Une vie en sous-texte. Le vieux à la combinaison me regarda en souriant.

— *Dom leat juste dego du eatni*. Tu ressembles à ta mère, dit-il.

Il adressa un regard approbateur à Kristiansen, me fit un clin d'œil malicieux et partit vers le comptoir à café. Là, il fut aussitôt interrogé en détail par une femme en kolt traditionnel et bonnet rouge profondément enfoncé sur sa chevelure noire. Elle me regarda en acquiesçant.

Ce qu'il avait dit en same pouvait signifier quelque chose comme : Tu es ta mère. Je me demandais ce qu'il entendait par là. Enfin, il se peut que ma propension à l'interprétation fût exagérée. Cela n'avait peut-être aucune signification.

*

Viande mijotée. La grande marmite brune émaillée sur la cuisinière à bois était déjà sur le feu depuis sûrement des heures. Les fenêtres se couvraient de buée et la vapeur d'eau gouttait du plafond. L'odeur acidulée de viande fraîche bouillie se répandait à travers la maison passée à la lasure marron.

Elle avait pris de l'embonpoint. Un instant je crus que c'était grand-mère, dans son kolt d'intérieur à motifs.

Tante Sara Marit, la sœur cadette de maman. Aux pieds, des mocassins de peau et, sur la tête, la coiffe rouge, malgré la chaleur intense qui régnait dans l'étroite cuisine où, devant le plan de travail, elle épluchait des rutabagas et des pommes de terre qu'elle coupait ensuite en morceaux et jetait dans la marmite bouillonnante.

— Alors te voilà.

Elle s'essuya sur le torchon et me serra la main.

La sienne était dure et osseuse, mais son regard était fuyant. Il ne faisait que glisser sur mon visage, elle ne me regardait pas dans les yeux.

— Tu ressembles de plus en plus à ta mère. Comme elle était avant qu'elle s'en aille.

Elle recula d'un pas pour examiner mes vêtements plus en détail. Jeans et gilet polaire sans manches, doudoune et grosses bottes.

— Elle était toujours très coquette.

Il n'y avait là ni approbation ni compliment, plutôt un reproche.

— Elle allait à l'école, elle, n'avait pas besoin de s'épuiser à la tâche comme nous autres.

Ma mère. Celle qui s'était laissé tenter. Qui avait fui l'air froid venant du sol et les rhumatismes, le dur labeur et la fumée acide. Qui avait abandonné les vêtements mouillés et la paille en décomposition dans les chaussures.

La chouchoute qui avait eu tous les privilèges, été pourrie gâtée par grand-père. Mais qui avait trahi ses parents et sa famille de la *siida*, la communauté d'éleveurs à laquelle elle appartenait, et qui était partie. Laissant derrière elle deux fois plus de travail et de responsabilité. Abandonnant la famille pour une vie insouciante à Stockholm.

Oui, je savais décoder une partie des sous-entendus. Pas tout. Mais suffisamment pour comprendre les doubles sens. Ce langage fallacieux derrière les mots prononcés. Ces allusions pesantes qui envahissent la bouche comme de la graisse rance.

On pouvait dire une chose et penser son contraire, tout en s'offusquant que celui à qui l'on parle ne comprenne pas ce qu'on a vraiment voulu dire.

Elle mit les derniers légumes dans la marmite et nous passâmes dans la petite salle de séjour qu'agrémentaient un canapé en tissu bleu clair et un mur rempli de photos en couleur encadrées. Enfants et couples de jeunes mariés. Cousins et petits cousins. Tous en costumes traditionnels de fête ornés de bandes bigarrées, les femmes arborant d'énormes broches sur leur poitrine.

La photo de mariage de mes parents et celle de ma confirmation figuraient aussi dans la collection. Ainsi qu'une photo de moi avec ma casquette de bachelière et mon bouquet de fleurs.

Les couleurs de la photo de mariage commençaient à pâlir. Papa en costume sombre, maman en kolt et parée de bijoux. Mon père était pareil à lui-même, mais maman avait l'air de sortir d'une affiche de cinéma pour une romance des années cinquante avec des Sames et la nature. « Laila, la fille des steppes[1] », ou quelque

1. *Laila* : film suédois de ROLF HUSBERG (1958) avec Erika Remberg et Edvin Adolphson. Titre français : *La fille des steppes*.

chose du genre. Elle était rudement belle. Papa, en revanche, n'avait vraiment rien d'un Edvin Adolphson, si c'était bien lui, le partenaire de la fille, il avait déjà les cheveux clairsemés, à l'époque, et des lunettes rondes. Maman sérieuse. Papa souriant au photographe.

Grand-mère et grand-père étaient descendus en train jusqu'à Stockholm pour le mariage. Ce fut leur seule visite là-bas, pour autant que je sache. Grand-père en avait parlé une ou deux fois. Grand-mère n'avait jamais dit un mot ni sur le voyage ni sur la noce.

Tante Sara Marit apporta du café et un paquet de biscuits, et nous nous assîmes sous la galerie de photos, devant notre reflet sur l'écran 42 pouces fraîchement épousseté de la nouvelle télé. Stéréo. Antenne parabolique sur le toit, à côté de la case grillagée où l'on séchait la viande. Des chaînes étrangères à foison, que l'on ne regardait jamais.

— Il devait redescendre maintenant, en pleine journée ?

— C'est ce qu'il a dit. Mais on ne sait jamais. Il peut y avoir un problème. C'est ça, la montagne.

Nous buvions notre café en regardant l'appareil flambant neuf.

— Et oncle Einar ?

— Il est dans la montagne. Il a mal au dos, mais il est monté hier après-midi.

Elle termina son café et alluma une cigarette.

— Pour relayer Nils Mattis. Il est là-haut depuis dix jours.

C'était donc pour Nils qu'on avait tué le veau gras. Et maintenant, il était en train de cuire dans la cuisine, à côté. Avec des rutabagas, des carottes, des pommes de terre et tout et tout.

J'empruntai l'étui à couture de Sara Marit et reprisai mon manteau abîmé. Le renne que j'avais achevé à Korpilombolo avait fait un accroc à la manche avec sa corne. Sara Marit observait d'un œil critique chaque point que je faisais. Quand j'eus terminé, elle prit le manteau, défit les points que j'avais exécutés et se lança dans une démonstration de belle couture.

— Ta mère non plus n'avait pas appris le *duodji*, elle n'a jamais su coudre correctement.

Mon incapacité n'était donc que le résultat de la négligence de ma mère. Je ne savais pas si je devais me mettre en pétard ou rigoler de sa démonstration. Tandis qu'elle reprisait, je regardais l'étui à couture qu'elle avait détaché de sa ceinture. Une bande de cuir avec des aiguilles, que l'on pouvait glisser dans un fourreau en os. Un dé à coudre en cuir. La fixation pour la ceinture avait la forme d'un anneau en argent orné d'un symbole solaire. Je ramassai l'étui et essayai de déchiffrer le nom en same.

— *Nallogatt*… ?

— *Nállogoahti*, corrigea-t-elle. J'en ai hérité de grand-mère. Il aurait peut-être dû revenir à Anna Marja. Mais la couture ne l'a jamais intéressée.

Je ne pris pas la peine de dire quoi que ce soit sur le fait qu'elle s'était accaparé l'héritage de ma mère, me contentai de reposer l'étui et la regardai un moment recoudre mon manteau. En toute honnêteté, il faut reconnaître que c'était beaucoup mieux que ce que j'avais fait moi. Des petits points serrés, on voyait à peine que le vêtement avait été déchiré. Elle le reposa et nous restâmes un moment à regarder la télé, ne sachant pas de quoi parler.

Je n'avais pas le courage d'entendre les jérémiades

habituelles sur les mauvaises conditions de pâturage et les efforts pénibles qu'il fallait faire pour maintenir le troupeau de rennes au même endroit. Toute conversation sur la famille mènerait immédiatement à des griefs contre ma mère qui avait fui sa responsabilité envers les siens, et à des lamentations sur le fait que le reste de la famille – au prix de quelles difficultés – avait dû s'occuper du troupeau commun. Tant que je ne disais rien sur la raison pour laquelle j'étais venue ici, elle n'en dirait pas un mot elle-même.

— C'est quoi, cette histoire avec la justice, il a été inculpé alors qu'il est innocent ?

Elle se leva du canapé, alla ajouter du bois dans la cuisinière. Je l'entendis soulever le couvercle de la marmite et tâter la cuisson avec le couteau de cuisine. Il était clair que j'avais été trop directe. Je n'avais pas suffisamment préparé le terrain en causant du pâturage d'hiver et des conditions d'enneigement.

Elle revint, essuya ses lunettes couvertes de buée sur son tablier.

— C'est ce qu'il dit. Qu'il est innocent.

Elle s'assit dans le canapé et balaya la pièce du regard, comme pour s'assurer que chaque chose était à sa place. Qu'aucune des photos n'était de travers. Elle repositionna la nappe sur la table basse.

— Mais on ne sait jamais vraiment où est la limite dans ces histoires.

— Tu veux dire quand il y a un viol ?

— Ces filles-là, elles sont pas pareilles.

Je compris que « ces filles-là » c'était nous, toutes celles qui n'ont pas été élevées dans la discipline et sous les avertissements du Seigneur. Nous qui n'avions pas appris la version læstadienne du péché et de la honte. Qui n'avions pas fait notre confirmation vêtues du kolt cousu à la main par notre mère, en *bällingar* et *piäkso*[1], avec tintement de bijoux. Des *rivgus*, des femmes qui ne sont pas sames, donc.

Nous, dont les culs osseux n'étaient pas rembourrés par le *bidos*, la soupe à la viande, et l'os à moelle.

— Je ne pense pas qu'il l'ait fait. Il n'est pas comme ça, mon garçon.

Pour la première fois depuis que j'avais mis le pied dans la maison, elle me regarda. Avec des yeux inquiets.

— Non, il est pas du genre à les forcer, lui. Il en a pas besoin, j'imagine. Mes filles, c'était autre chose. Elles sont déjà mariées, elles.

Elle fit un vague signe de tête en direction des photos sur le mur derrière nous, comme si elles étaient l'ultime garantie de la perpétuation de la famille.

— Tu ne t'es pas mariée non plus ?

Je pressentais l'accusation dans la question insidieuse. Ou peut-être surinterprétais-je tout le temps ce qui n'était pas destiné à être interprété. Quoi qu'il en soit, je n'avais pas envie de déballer ma vie privée sur la lirette effilochée, à nos pieds.

— Il y a déjà eu une plainte pour viol contre lui.

Elle croyait avoir évité ce sujet désagréable et fut visiblement troublée par cette affirmation sans détour.

— Il y a un an. Mais il n'y a pas eu de suite. La police a examiné l'accusation. Ça n'est jamais allé jusqu'au tribunal.

— Mais c'était la même accusation ?

— Il n'y avait rien eu, il était innocent. J'ai parlé

1. *Bällingar* : pantalons de peau. *Piäkso* : chaussures à semelles épaisses, pouvant être utilisées sur des skis.

moi-même avec Eliassen. C'est un parent, du côté d'Einar. Je suis allée le voir chez lui et j'ai entendu ce qu'il avait à dire.

La famille avait fait le nécessaire. La plainte fut retirée. Cette fois-là.

Assises dans le canapé, nous regardions l'obscurité au-dehors arriver furtivement sur la rivière. Nous échangeâmes quelques potins sur la famille en évitant tout sujet désagréable et tout risque de heurt.

Nils Mattis ne vint pas. Une des filles de Sara Marit passa avec son enfant. Elle allait à son cours du soir à Dihtosiida, l'université same, et le petit devait dormir chez sa grand-mère.

Elle était ma cousine, mais je ne me souvenais pas d'elle, bien qu'elle soutînt mordicus que nous nous étions déjà rencontrées, à l'habitation d'été de grand-mère et grand-père. Bref, elle s'appelait Iselin et son mari travaillait dans les champs gaziers au large d'Hammerfest.

Nous mangeâmes de la viande dans la cuisine et, grâce au petit, l'atmosphère s'allégea quelque peu. Nous bûmes le bouillon dans des tasses à café. Dégustâmes les carottes bouillies et comparâmes les belles vertèbres des côtelettes.

Elles me montrèrent comment il fallait couper la langue.

Mère et fille s'accordèrent sur le fait que la couper en travers ou dans le sens de la longueur n'avait pas tant d'importance, l'essentiel était de ne pas en manger le bout. Faute de quoi on se mettait à mentir.

— Ça ne compte pas vraiment pour toi, dit ma cousine en me servant, avec le boulot que tu fais.

J'eus un instant d'hésitation, puis mangeai le bout de

la langue. Coupée dans le sens de la longueur, au cas où. Ma cousine riait. Sa mère regardait à travers le fin rideau de tarlatane. À la lueur caractéristique de l'obscurité blanche, des reflets s'élevaient de la neige dans la lumière jaune de la cuisine.

Pendant que tante Sara Marit mettait l'enfant au lit, j'allai dans la chambre de Nils Mattis. Elle était froide et vide. Quelques livres abandonnés sur une étagère bancale. Deux lassos en plastique jetés par terre.

Sur le bureau, il y avait une photo d'une fille en costume same du littoral, ou une sorte de tenue traditionnelle que je ne reconnaissais pas. Quelques boîtes de cartouches. Calibre cinq. Des plombs à loup.

Près de la penderie où étaient accrochés quelques kolts et une combinaison de scooter usée, un fusil de chasse. Sur l'étagère à chaussures, une liasse de journaux, quelques catalogues d'armes et un prospectus de scooter.

En sortant de la pièce, j'aperçus l'enveloppe sur l'étagère à livres. Elle venait des services du procureur et n'avait pas été ouverte.

Je retournai dans le séjour et nous restâmes sur le canapé sans dire un mot.

Nils Mattis ne vint pas. Il s'était peut-être passé quelque chose sur le chemin à son retour de la montagne. Pourtant il ne faisait pas tellement froid dehors, et le temps de neige ne devait pas poser de problème.

Nous convînmes que j'appellerais le lendemain pour savoir s'il était rentré. Il était peut-être simplement resté un jour de plus en montagne pour aider son père à s'occuper du troupeau.

Sortir à l'air froid me procura un sentiment de libération.

La méfiance et les reproches me collaient à la peau. Je me sentais tendue et mal à l'aise ; si seulement le chien avait été couché plus près de l'escalier, j'aurais au moins pu lui donner un coup de pied.

Je n'avais pas demandé à venir ici, moi. Ils pouvaient garder leurs reproches pour eux. Je n'avais rien fait. Juste accepté de défendre cette espèce de tire-au-flanc de cousin. Pour aider la famille et alléger la mauvaise conscience de ma mère.

Les reproches larvés battant pavillon noir au-dessus de ma tête, je remontai avec peine la côte vers l'hôtel.

Je m'arrêtai à la station-service et achetai un biscuit au chocolat. Les hommes dans la petite pièce attenante à l'entrée regardèrent par la porte entrouverte. Un homme avec des bottes qui crissaient entra dans la boutique. Il feignit de s'intéresser aux courroies de distribution derrière le rayon des quotidiens de la veille.

Je fis le tour du bac à glaces et posai la main sur l'épaule du petit homme.

— *Bures, bures !*

Il me regarda en papillonnant des yeux. Un coup d'œil vers ses camarades intéressés derrière la porte entrouverte le fit s'enhardir.

— *Bures*. Vous voulez quelque chose ?

Après un instant d'hésitation, il surmonta sa timidité.

— Vous êtes qui ?

Sa combinaison de scooter usée était rapiécée aux jambes avec du cuir, il dégageait une odeur de fumée acide et de mélange d'huile et de carburant. Son visage basané était couvert de rides blanches, comme s'il était en permanence contracté par une grimace. L'étroit maillage clair ressemblait à une toile d'araignée. De petites lignes fines, telles les cicatrices laissées par un couteau très aiguisé.

— *Ottiliasin, Annamarjas Anna.*

Je ne savais pas trop si c'était correct, mais le nom de ma grand-mère et celui de ma mère devaient précéder le mien.

Le couple, à la cafétéria, ne m'avait pas reconnue parce que j'avais indiqué le nom de mon grand-père. Il fallait donner celui de ma grand-mère, parce que, dans leur mariage, c'était elle la plus forte. Puis le nom de ma mère, parce que mon père était *daza*. C'est-à-dire pas same.

Il hocha la tête, pensif, me replaça dans l'arbre généalogique, parmi les cousins et cousins issus de germains, les grands-tantes et les homonymes. Chez les Sames, on peut même compter comme faisant partie de la communauté familiale des personnes qui portent le même nom que vous. Enfin, ce n'est peut-être pas toujours vraiment sérieux.

— *Ka ho gjor här ?*

Il savait très bien pourquoi j'étais là. J'envisageai un instant d'inventer quelque chose. Mais cela ne changerait rien.

— Je suis là parce que je suis son avocat, à Niilas Mahte.

Il avança la lèvre inférieure, et le fin réseau de son visage brûlé par le soleil forma un nouveau motif. Il rejoignit ses copains en traînant les pieds dans ses bottes qui crissaient.

Maintenant, le Cercle des mères de famille et le Club

de scooter-cross étaient au courant. Qui j'étais et ce que je faisais ici se propagerait dans les environs comme une onde radioactive avec à peu près la même vitesse de rayonnement.

Le vent tournait vers l'ouest, l'humidité dans l'air était perceptible. La température était toujours très en dessous de zéro. Mais cela sentait à nouveau la neige. Le vent venait de la mer de Barents et pénétrait dans les vastes étendues enneigées, il transportait encore l'odeur du sel et l'énergie accumulée des tempêtes sur l'océan glacial Arctique.

Je trouvai une petite balayette dans la voiture et dégageai la neige sur le pare-brise. La voiture démarra sans problème, j'avais même pensé à retirer le câble de préchauffage du moteur, avant de faire marche arrière pour quitter le parking.

La route d'Aksomuotko semblait avoir été déblayée récemment, mais je m'arrêtai près du tremplin de ski, escaladai le talus de neige puis grimpai dans la poudreuse par la piste de scooter jusqu'à la structure en bois branlante.

Personne ne sautait, le tremplin était peut-être en trop mauvais état, mais la butte était éclairée. Je regardai le village et la rivière en contrebas. Il y avait beaucoup de nouvelles maisons. Tous les bâtiments étaient différents de ce que j'avais en mémoire. Nous étions venus là plusieurs fois dans mon enfance. Maman nous y emmenait pendant les vacances d'hiver.

En fait, nous ne voulions pas y aller, nous les enfants. Le froid et la neige ne nous avaient jamais attirés. Nous étions montés pour des mariages ou d'autres fêtes, mais je ne me souvenais pas vraiment du coin.

Maman n'avait jamais non plus aimé venir ici, à la

maison d'hiver. Elle avait peut-être encore trop de souvenirs là-haut. Avec la résidence d'été, c'était différent. La vie y était plus facile. La liberté d'être soi-même plus grande, d'une certaine manière.

La maison de grand-mère se trouvait à une trentaine de kilomètres sur cette route. Celle-ci prenait fin pratiquement dans la cour. J'hésitai à y aller dès le soir même. La visite chez tante Sara Marit avait été plus fatigante que prévu. J'avais peut-être besoin d'une soirée supplémentaire à l'hôtel pour me préparer à la rencontre avec mes grands-parents.

J'avais été déçue par l'accueil de ma tante. Non pas que j'aie escompté être reçue à bras ouverts. Cependant, les déconvenues et ses reproches déguisés avaient été inattendus. Quelque part je croyais vraiment avoir fait le voyage jusqu'ici pour rendre service à la famille.

Au lieu de cela, c'était moi qui me sentais mise sur la sellette. Mes obligations envers la famille tombaient sous le sens. Personne ne se donnerait la peine de me remercier. Le silence est le meilleur terreau pour les reproches.

J'avais donc fait mille cinq cents kilomètres dans la nuit et la tempête de neige pour aller soutenir la famille. Et Nils Mattis n'était même pas fichu de descendre de la montagne le jour où il était convenu que je viendrais.

Je commençai à monter à l'échelle du tremplin. Elle avait l'air d'être à moitié pourrie et je sentis sous moi tout l'édifice osciller. Personne ne m'avait vue. Je pourrais redescendre sans perdre la face. J'hésitai un instant. Juste un instant.

Naturellement, je grimpai jusqu'en haut. Je restai quelques minutes, cramponnée à la rambarde pourrie.

La pente n'était pas particulièrement accusée, mais le précipice jusqu'à la rivière gelée était vertigineux.

Qu'est-ce que je faisais là, en fait ?

Quand je regagnai ma voiture, il avait commencé à neiger. De lourds flocons qui s'accrochaient aux vêtements.

Les chaussures pleines de neige, je fis demi-tour sur la route et, prenant pour excuse la neige qui tombait de plus en plus fort, je décidai de rentrer à l'hôtel. Il était trop tard pour continuer jusque chez ma grand-mère ce soir. À l'hôtel, je pourrais dîner, appeler Peter et me coucher tôt.

Grand-mère et grand-père attendraient. Je n'étais pas prête. N'arriverais pas à être plus longtemps en famille aujourd'hui.

Je bifurquai sur l'étroite route enneigée vers Bouletjahvre. Autrefois cela avait été une taverne mal famée. Et un endroit où l'on faisait la fête. Je ne sais pas si c'était vrai, mais maman nous avait raconté un jour que nous y étions allés pour un mariage.

L'auberge se trouvait à quelques kilomètres à l'écart des nombreux regards inquisiteurs et oreilles curieuses du patelin. J'avais entendu raconter qu'il fallait déposer son couteau sur le comptoir pour être servi. On prétendait que certaines motoneiges trouvaient le chemin du retour sans que le conducteur ait besoin de les guider. Si celui-ci avait la force de maintenir son pouce appuyé sur l'accélérateur, le scooter rentrait tout seul à la maison.

À présent, il y avait un panneau pour les touristes sur le bord de la route. Et l'auberge elle-même, autrefois une baraque lambrissée, avait été pourvue d'un bâtiment supplémentaire en forme de tente lapone, mais en béton, agrémenté d'ardoises.

Il se pouvait effectivement que nous soyons venus là un jour quand j'étais petite. Pour une fête de famille. Sans doute un mariage. Nous avions mangé du *bidos*, la traditionnelle soupe de viande aux pommes de terre, avec du pain à la mélasse, et bu du jus d'airelles.

Ils portaient tous des kolts, avec de l'or à la ceinture, des châles en soie et des bijoux.

Maman avait refusé d'aller en kolt à la fête. J'avais le vague souvenir qu'elle et grand-mère s'étaient disputées à ce propos. Mais maman ne voulait pas mettre le sien.

Il y avait tellement de monde que l'on avait dû manger à tour de rôle. Pendant qu'un groupe mangeait à l'intérieur de la baraque, les autres convives buvaient du café dehors, dans la neige, et reconstituaient les liens de parenté.

Les vieux s'étaient retirés derrière le bûcher pour descendre quelques petits verres. Dans les voitures en stationnement, les «princes des plateaux» klaxonnaient les filles qui passaient sur la route, vêtues de leurs plus beaux atours. Les gars cachaient leur embarras et leur timidité derrière la tôle des voitures. Les filles, faisant onduler les bords à volants de leurs robes plissées, s'arrêtaient en pouffant de rire près des parechocs des voitures, s'attardaient à lacer les rubans compliqués de leurs mocassins.

Cela devait être un mariage, je me souviens en effet que l'on donnait de l'argent à la mariée qui se tenait devant la porte avec un sac à main. Je me rappelle les regards furtifs échangés entre les hommes qui, enhardis par l'alcool bu derrière le bûcher, observaient attentivement qui déposait le plus gros billet dans le sac de la mariée.

Quand j'arrivai sur le parking, il n'y avait que quelques rares motoneiges devant l'établissement. Un chien noir et blanc qui dormait sur une des remorques se réveilla et bondit vers moi en aboyant. Émit un grondement sourd et se tapit dans la neige.

Je donnai un coup de pied dans sa direction et il repartit vers sa remorque en grognant.

L'endroit était bas de plafond et le sol de béton incliné, il faisait chaud et l'atmosphère était enfumée.

Nils Mattis était assis à l'une des tables, dans le coin tout au fond. Je le reconnus tout de suite. Il était donc venu jusqu'ici, pas plus loin. Devant lui, la table était encombrée de verres à bière vides et de mégots fumants. Le salaud. Il était convenu qu'il quitterait la montagne pour me rencontrer, et il restait toute la journée au café à picoler.

Il ne m'avait pas vue entrer. De toute façon, je doute qu'il eût compris qui j'étais. Je dois avouer que, moi aussi, j'aurais eu du mal à le reconnaître si je n'avais pas vu la photographie dans le rapport de l'interrogatoire et celle sur le mur, chez ma tante, l'après-midi même.

Il y avait deux femmes et une dizaine d'hommes dans l'établissement. Tous s'étaient retournés quand j'étais entrée, mais aucun ne m'avait identifiée. La radio-potins locale n'avait pas encore diffusé l'information jusqu'ici.

Nils Mattis était luisant de sueur. Son regard passa sur moi mais se perdit à nouveau dans l'épaisseur de la fumée de cigarette. Il était plus petit et plus robuste que je ne le croyais. Sa combinaison était rabattue sur la ceinture, il portait un pull de laine usé et une chemise de flanelle sale. Ses cheveux gras étaient en bataille.

Son camarade, de l'autre côté de la table, se pencha pour lui dire quelque chose et Nils Mattis lui adressa un sourire en coin. L'homme à la table voisine eut un rire rauque, forcé.

Je commandai une bière au comptoir.

— Dame ?

— Hein ?

— Vous voulez une pils pour dame ?

Il me montra de la main l'étagère avec les verres. Des verres de différentes tailles.

— Une chope ordinaire, cinquante centilitres.

Il tira ma bière avec un sourire qui se voulait obligeant. J'emportai mon verre jusqu'à la table, sentis les regards dans mon dos quand je me penchai vers Nils Mattis.

— J'ai attendu chez toi toute cette putain de journée, et toi tu es là à picoler.

Il baissa les yeux dans son verre mais ne répondit pas. Son camarade, que ma présence rendait nerveux, rassembla son tabac et son papier à cigarettes, prit son verre et alla s'installer à la table des deux femmes.

Nils Mattis m'avait entendue, mais il ne leva pas les yeux pour chercher mon regard. Le visage luisant de sueur et impassible, il saisit son verre vide, essaya de boire. Il était soûl. Mais pas au point de ne pas savoir qui j'étais.

— Qu'est-ce que tu as encore fait comme connerie ?

Il ne répondit pas, se contenta de reposer le verre vide et de fixer la table.

— Tu veux une bière ?

J'eus l'impression qu'il voulait dire non. Mais il changea d'avis et fit oui de la tête sans me regarder. Désarçonné et embarrassé, il scrutait la table dégueulasse.

Mon Dieu, c'était lui le petit garçon qui était allé avec moi ramasser des mûres polaires dans les tourbières ? Lui qui tenait la petite perdrix des neiges dans son poing fermé ?

J'allai au comptoir et lui achetai une bière. Posai le verre sur la table devant lui. Il demeura immobile et silencieux.

Dans le café, tout le monde nous regardait, mais personne n'avait le visage tourné dans notre direction. Tandis que j'attendais, les murmures s'amplifiaient lentement autour de nous.

Plusieurs minutes s'écoulèrent, puis son buste tangua, il se pencha en avant au-dessus de la table et but sa bière. S'essuya la bouche du revers de la main. Me regarda avec des yeux délavés.

— Alors tu es quand même venue.

Quand je quittai la route d'Alta à la hauteur de Gievdneguoika, deux hommes avec des gilets fluorescents orange réparaient une tractopelle sur le bord de la chaussée. Je passai sur le pont et continuai en direction de Karasjok au moment où le soleil du matin perçait au-dessus des montagnes devant moi. La neige fraîche étincelait et la fumée de givre qui s'élevait de la large crevasse sous le pont scintillait. La lumière rouge du soleil se réfractait dans les cristaux de glace suspendus dans l'air. Elle brillait de toutes les couleurs de l'arc-en-ciel, tel un trésor caché dans un écrin secret. Un petit feu d'artifice pétillant de couleurs au milieu de cette blancheur intégrale, qui s'opposait à la noirceur de l'eau.

Sur les hauteurs, de l'autre côté de la rivière, il y avait un troupeau de rennes au milieu de la route, qui s'écarta de mauvaise grâce quand je le dépassai en roulant au pas.

L'étendue montagneuse devant moi ondoyait tel un océan blanc, le soleil bas peignait les ombres avec une palette variée de tons gris clair qui n'existaient dans aucun nuancier. Se déployant du plus que blanc jusqu'au gris graphite. La neige mordait sur l'azur du ciel, estompait les contours des montagnes et l'horizon.

Je devais faire des efforts pour distinguer la route.

Elle disparaissait à une dizaine de mètres devant la voiture dans la blancheur absolue. Les piquets de neige émergeaient de quelques centimètres au-dessus des hauts talus au bord de la route. Je ne vis jamais la barrière dont m'avait parlé Inge Amundsen.

Nils Mattis n'avait rien raconté d'important. Il avait trop bu. Je l'avais raccompagné chez lui vers onze heures du soir et ce qui l'inquiétait le plus était de ne pas pouvoir emmener le chien dans la voiture.

Le scooter et la remorque avec son paquetage étaient restés sur le parking. Juste avant de m'arrêter devant chez tante Sara Marit, je lui avais demandé s'il était vrai qu'il était innocent.

— Bien sûr que je suis innocent. On ne t'aurait jamais fait venir, sinon.

— Qui ça, on ? Qui a dit que je devais venir ?

Il n'avait pas répondu, était resté la tête appuyée contre la vitre latérale comme s'il dormait.

— Nils Mattis, qui voulait que je vienne ?

— Grand-mère. C'est elle qui a voulu qu'on t'appelle.

À Láhpoluobbal, une vieille femme était assise sur un *spark*[1], au bord de la route. Elle sortait sans doute du petit magasin et attendait que quelqu'un vienne la cher-

1. *Spark* ou trottinette des neiges : moyen de locomotion, entre luge et trottinette, muni ou non d'un siège, qui permet de se déplacer facilement sur la neige ou le verglas.

cher. Elle portait une doudoune violette et une écharpe à carreaux rouges par-dessus sa chapka. Elle se leva et disparut comme un mirage dans la blancheur parfaite qui l'entourait. Elle était peut-être un présage, ou une femme troll qui ne se montrait qu'aux automobilistes les plus incrédules ?

Le ruisseau était libre. Le brouillard givrant collait au pare-brise, je dus m'arrêter et racler.

Quand je descendis de la voiture, je sentis la morsure du froid. Je ne m'étais pas assez couverte.

Je regardai dans la direction de la femme au *spark*, mais elle avait disparu. Là où je croyais l'avoir vue, il n'y avait plus qu'un tourbillon de neige. Plus de bonne femme. Plus de *spark*. Les flocons granuleux soulevés par le vent cliquetaient sur la croûte neigeuse et la polissaient. Quelque part au loin, on pouvait entendre le tintement métallique d'un grelot, mais je ne voyais pas le troupeau de rennes. Seules les traces de pas indiquaient où ils avaient traversé la route.

Gelée jusqu'à la moelle des os, je me réfugiai en grelottant à l'intérieur de la voiture.

Plus bas, près de Jergul, la forêt de pins réapparaissait. D'abord je ne vis pas vraiment ce qui changeait dans le paysage. Mais le long de la forte pente de la montagne, la neige était tombée des arbres et le vert foncé des pins se détachait sur la blancheur immaculée.

Il me restait plus d'une heure avant mon rendez-vous avec le procureur, alors je dépassai l'hôtel de Karasjok et descendis vers le centre-ville.

Quelques stations-service, un supermarché et un centre avec une banque, une pharmacie et une librairie. Un café où il y avait du pain frais. La plupart des gens qui stationnaient devant le supermarché n'avaient pas pris la peine de couper leur moteur, les gaz d'échappement s'accumulaient et formaient un nuage au fond de la longue vallée. La pollution atmosphérique reposait comme un couvercle sur le centre-ville. Une brume glaciale toxique que le vent poussait lentement vers la rivière.

Après cent trente kilomètres à travers la montagne, j'étais aveuglée par la neige et appréhendais de me retrouver parmi les gens, mais à l'intérieur du café les clients étaient habillés légèrement, ils lisaient le journal et mangeaient des pâtisseries. Des élèves qui séchaient l'école fumaient en douce et buvaient du Coca. La scène aurait pu se dérouler à Oslo. Ou à Sundbyberg, après tout. Seuls le nuage toxique de gaz d'échappement et les hauts remblais de neige derrière la fenêtre causaient d'autre chose.

Je demandai à la fille qui servait si elle connaissait une certaine Karen Margrethe. Eilertsen de son nom de famille.

Elle secoua la tête tout en rangeant des tasses à café. Elle avait peut-être entendu ce nom-là un jour, mais ne connaissait personne qui s'appelait comme ça. Du moins si elle avait bonne mémoire.

— Et elle habite ici, à Karasjok ?

Je bus mon café en feuilletant le *Finnmark Dagblad*. D'après ce que je comprenais, il était principalement question des problèmes de quotas de pêche pour les pêcheurs du littoral, et des pâturages pour les rennes des Sames sur le plateau du Finnmark. Je n'en saisissais peut-être pas très bien les véritables raisons, mais voyais bien qu'ils étaient tous en désaccord profond et qu'à Oslo personne ne comprenait rien.

Les fleurs de givre se formaient peu à peu sur la

fenêtre du café, je n'avais pas envie de sortir dans le froid et de reprendre ma voiture glaciale, alors j'allai plutôt faire un tour à la librairie.

Il y avait surtout des présentoirs à cartes postales et à bibelots mais, sur l'étagère des soldes, je trouvai une méthode de same du Nord pour débutants, réalisée par la chaîne éducative de la radio, avec un cahier d'exercices abîmé et trois CD. Mes premiers pas hésitants dans l'univers de la langue same me coûtèrent 234 couronnes norvégiennes.

Je n'aurais probablement jamais le courage d'en commencer l'apprentissage, mais je pourrais peut-être capter quelques mots utiles.

En regagnant ma voiture, dehors, je compris l'avantage qu'il y avait à laisser le moteur tourner pendant qu'on faisait ses courses.

Sur le pare-brise, la glace était dure comme de la pierre et, au moment de démarrer, j'eus l'impression d'être assise sur un iceberg. Après une certaine hésitation, la voiture démarra tout de même.

Mon grattoir était de mauvaise qualité, la mince épaisseur de plastique ne pouvait rien contre la couche de verglas sur les vitres latérales, je dus emprunter celui d'un type avec une voiture japonaise délabrée. On aurait dit qu'il l'avait assemblée avec des pièces détachées provenant de la casse.

— Paraît qu'vous la cherchez, la Karen Margrethe ?

Il me prit le grattoir des mains et m'aida à faire un trou dans la glace pour voir à travers la vitre latérale gauche.

— Vous la connaissez ?

Il ne répondit pas mais passa de l'autre côté de la voiture et se mit à racler la vitre.

— Savez-vous où on peut la trouver ?

— Vous lui voulez quoi ?

— Lui parler. Je suis avocate, c'était pour une déposition dans une affaire de justice.

— C'est pour c't'histoire de viol, contre l'Nils Mattis ?

— Oui.

Il fit le tour de la voiture sans même essayer de gratter la vitre arrière.

— Vous savez où on peut la trouver ?

— Ben non, aucune idée. La connais pas.

Il me laissa son grattoir et monta dans sa voiture. Seule la portière de droite pouvait s'ouvrir, il fit quelques contorsions dans l'étroit véhicule pour parvenir à se mettre au volant. Il démarra et disparut du parking dans un nuage de fumée bleue.

Ma voiture lambinait et la conduite était difficile. La boîte de vitesses accrochait, j'arrivais à peine à les passer. La direction était lourde et la suspension s'était bloquée. Au passage dans les ornières sur le parking et à l'entrée du rond-point, les roues tremblèrent et firent un bruit métallique. Dans la côte en remontant vers l'hôtel, je dus m'arrêter pour racler l'intérieur du pare-brise. Mon propre souffle givrait sur la vitre. Le chauffage mugissait, résigné, et diffusait un nuage de gaz d'échappement glacés dans l'habitacle réfrigéré.

Le procureur, Inge Amundsen, était dans la salle de restaurant de l'hôtel. Il mangeait une omelette et buvait une bière sans alcool. C'était un homme grand, il avait le cheveu clairsemé et d'épaisses lunettes, portait un costume sombre et, sur les épaules, la robe noire qu'il revêtait en audience. Sur la table devant lui, une épaisse liasse de papiers. Il se souvenait que nous avions eu une conversation téléphonique, mais ne s'en rappelait plus le sujet.

Après avoir consulté un calepin et un gros agenda organiseur qui trônait tel un carlin obèse sur une chaise à côté de lui, il eut enfin une idée plus claire de la situation. L'affaire serait traitée au plus tôt dans quelques mois. Il y avait peu de chances qu'un procès ait lieu avant fin mai, début juin. Il n'avait pas requis de renseignements supplémentaires, mais seulement demandé l'enquête préliminaire de la police.

— C'est un cas plutôt banal. Assez simple. Les deux parties ont trop bu. La femme ne veut pas de rapport sexuel. L'homme la menace avec un couteau et la force. Le lendemain, la femme porte plainte pour viol.

Il compulsa son calepin. Essaya de déchiffrer ses propres notes.

— Ce qui complique un peu l'affaire, c'est le lieu où cela s'est passé. La différence de conception de la justice.

Il fit un signe aux serveuses. Mais les deux femmes étaient en train de dresser une grande table pour un groupe de touristes ou pour un repas de fête. Elles n'avaient pas le temps de s'occuper de nous. Le procureur entra dans la cuisine par la porte battante et revint avec deux eaux minérales et un verre.

— Vous voulez manger quelque chose ?

À vrai dire je n'avais pas faim, mais nous réussîmes à persuader l'une des serveuses d'aller me préparer juste un petit encas chaud à la cuisine.

— Qu'est-ce que c'est que cette histoire de conception de la justice ?

— Il s'agit bien de votre cousin, n'est-ce pas ? C'est ce que vous m'avez dit au téléphone. Celui qui est inculpé.

— Oui, le conseil de famille s'est réuni et m'a fait venir pour que je m'occupe de l'affaire.

— Il ne viendrait sans doute jamais à l'esprit de votre cousin de faire un truc pareil à une femme same. Mais avec une *rivgu*, les choses sont différentes. Quelque part, c'est une question de conception de la justice et de contrôle social.

— Cela doit dépendre de l'idée que l'on se fait du rôle de la femme dans la société.

— Peut-être que oui, peut-être que non. Ce n'est vraiment pas si simple.

L'encas chaud était un fricot gras et consistant, avec des champignons à la poêle. Ça avait tout bonnement le même goût de fer-blanc que les petits pois en conserve qu'on nous servait à la cantine de l'école dans mon enfance.

— Vous savez que vous ne pouvez pas représenter votre cousin en tant qu'avocate dans un procès ?

— Je ne suis là que comme conseillère juridique.

— Naturellement vous pouvez faire une demande d'agrément, mais c'est une démarche compliquée qui peut prendre des années. Il ne faut pas sous-estimer la bureaucratie norvégienne.

Nous discutâmes un peu des différences entre la Suède et la Norvège en matière de procédures judiciaires. Il me demanda si j'avais rencontré la plaignante. Je lui dis ce qu'il en était, que je ne l'avais pas trouvée.

Il y avait un courant d'air froid dans le restaurant vide, mais nous passâmes un moment assez agréable. Je lui expliquai qu'en temps normal j'étais procureur et que mon intervention ici en tant que juriste était une concession que je faisais à la famille. Lui-même évoqua quelques cas parmi les plus sanglants de ses quatorze années comme procureur dans le Finnmark.

Au bout d'une demi-heure, il rassembla ses papiers. L'audience allait durer tout l'après-midi. Nous convînmes de nous rencontrer à Alta quelques jours plus tard pour examiner l'enquête de police, je comptais avoir parlé à la plaignante auparavant. Je sortis à contrecœur dans le froid pour rejoindre ma voiture glaciale.

Elle était assise à l'intérieur. À la place du conducteur. Les vitres étaient recouvertes d'une couche de glace luisante et je ne la vis que lorsque j'ouvris la portière. Elle portait une doudoune, un jean et des *skaller*, des mocassins montants.

Visage rond. Cheveux blond clair sous un bonnet tricoté. L'air sportive et bien portante.

— Vous vouliez me voir.

— C'est vous, Karen Margrethe ?

Elle acquiesça et sortit de la voiture.

— Vous attendez depuis longtemps ?

— Pas trop.

Je ne savais pas comment je devais interpréter sa réponse, mais je vis qu'elle était transie de froid.

— On va chez vous ou on rentre dans le restaurant, ici ?

Elle habitait chez une amie qui était au travail, on pouvait aller chez elle.

C'était une petite maison blanche tirant vers le gris, près de la rivière. La voiture crissa et protesta lorsque, en manœuvrant de toutes mes forces, je réussis enfin à la faire entrer sur le parking derrière la station-service du centre.

Karen Margrethe ne voulait pas que je me gare près de la maison.

— Tout le monde connaît tout le monde dans ce genre d'endroit. Les gens vont se poser des questions s'il y a une voiture de location suédoise devant la maison.

À l'ouest, le soleil disparut derrière la crête de la montagne, et le ciel précédemment bleu clair prit des tons flamboyants de vert et de turquoise. L'air stagnait dans la marmite de pollution au centre-ville. On approchait les moins trente. Quand le soleil disparaîtrait, la température tomberait sûrement à moins quarante.

Nous entrâmes dans un vestibule jonché de chaussures et de bottes, puis montâmes un escalier étroit jusqu'à une pièce assez grande, à l'étage.

Un matelas était roulé sur le sol. À part cela, la pièce était garnie de meubles containers un peu bizarres. Quelques fauteuils défoncés, une table basse et un divan avec une couverture élimée.

— Vous voulez du thé ?

Il n'y avait pas de cuisine. Seulement une petite table sous la fenêtre, sur laquelle se trouvaient du thé en sachets, du café soluble et un grand paquet contenant probablement des nouilles. Elle ouvrit la porte du placard et sortit une bouilloire électrique.

— Je n'ai rien d'autre à vous offrir.

Elle alla chercher de l'eau dans la salle de bains sur

le palier, de l'autre côté de l'escalier. La pièce était froide et humide. Un des murs était recouvert de laque rouge foncé. Celui qui l'avait peint avait débordé sur l'encadrement de la fenêtre et sur la plinthe.

Je m'assis dans un fauteuil défoncé et essayai d'absorber la chaleur du radiateur électrique. Elle avait lavé des mugs et nous préparait le thé méticuleusement sans dire un mot.

— Comment avez-vous appris que je vous cherchais ?

C'est moi qui rompis le silence, malgré mon intention initiale de la laisser parler la première. Elle sortit deux chandeliers du placard, alluma les bougies à moitié consumées avec un briquet, et s'assit sur le lit. Replia les jambes sous elle et but son thé sans regarder dans ma direction.

— Ici, tout le monde sait tout sur tout le monde.

— Ça, j'ai compris. Et ça circule vite. Comment faites-vous pour le supporter ?

— Vous êtes sa cousine, n'est-ce pas ?

*

Dans un premier temps, elle ne voulut pas raconter ce qui s'était passé. Se contenta de dire qu'elle regrettait d'avoir porté plainte. Il aurait mieux valu qu'elle la ferme.

Ils étaient plusieurs à lui avoir dit que le mieux était de retirer sa plainte. Elle ne gagnerait rien à s'engager dans un procès. Ses amis, ici à Karasjok, ne comprenaient pas qu'elle reste sur sa position.

— Cela arrive souvent, on le sait, où est la limite, en fait ? Où commencent la contrainte, la menace ? Quand on a bu et qu'on se prête au jeu, il faut en supporter les conséquences.

Voilà comment on considérait les choses, ici. Enfin, est-ce que ce n'est pas partout pareil ?

Elle n'avait pas pu garder son emploi à Kautokeino. Elle était partie chez ses amis à Karasjok, mais c'était seulement provisoire. Elle donnait un coup de main dans un magasin d'alimentation, certains jours. Mais elle ne voulait pas rentrer chez elle. Un petit village de pêcheurs sur la côte. Kjöllefjord ou Mehamn, quelque part au bord de l'océan Arctique, là-bas.

Elle n'avait pas raconté à ses parents ce qui s'était passé. Mais ils l'avaient quand même appris. Il était clair qu'elle n'avait pu en parler à personne encore, parce qu'une fois lancée elle ne s'arrêta plus.

— Mais je l'aimais bien, moi. C'est justement pour ça que je suis d'autant plus dégoûtée.

Elle pleurait et essuyait ses larmes avec des serviettes en papier aux motifs de Noël qui étaient dans une petite boîte en carton sur la table.

Je ne sais pas si elle comprenait pourquoi j'étais là, bien que j'eusse essayé de le lui expliquer. En fait, j'étais venue pour la persuader de se rétracter.

Mais elle ne faisait pas attention à ce que je disais. Se fichait de savoir qui j'étais, pourvu que je l'écoute.

Quand elle eut terminé son récit, le plus simple aurait été de la convaincre de retirer sa plainte. Cela aurait résolu une foule de problèmes pour moi. J'aurais pu rentrer en Suède. L'affaire serait classée, l'honneur de la famille rétabli. On en aurait fini une bonne fois avec toute cette histoire.

Mais quelque chose me faisait hésiter. C'était trop simple. Trop bien arrangé.

Une odeur âcre de poisson frit montait de l'appartement du dessous. Karen Margrethe descendit et revint quelques minutes plus tard avec du pain et une boîte de margarine poisseuse.

— J'ai pensé que vous auriez faim.

Elle resta un moment près de la porte, comme si elle attendait quelque chose. Je coupai une tranche de pain, tandis qu'elle allait aux toilettes chercher un petit chauffage d'appoint qu'elle installa devant la porte. Il démarra mollement en grinçant, et se mit à souffler dans la pièce un peu d'air tiède qui sentait la poussière brûlée et le poisson frit.

La maison craquait. On entendait la musique d'une émission de télé à l'étage du dessous. Karen Margrethe ralluma les bougies éteintes, s'assit sur le lit et me regarda.

— Vous voulez voir ?

— Quoi donc ?

— Là où il m'a donné le coup de couteau.

On m'avait seulement dit que Nils Mattis l'avait menacée avec son couteau. Personne n'avait mentionné le fait qu'il l'avait réellement blessée. Dans le rapport de police ne figurait aucune information sur une quelconque blessure.

Elle remonta son chandail islandais et son tee-shirt. L'entaille sous le sein gauche était rouge et avait commencé à cicatriser. Environ quinze centimètres de long. Une incision en demi-cercle, faite avec un couteau plat. De la même manière que l'on estampille de sa marque le pelage des jeunes rennes de l'année. Ce n'était pas un coup porté dans l'intention de blesser ou de tuer. C'était une mince estafilade avec un grand couteau, comme pour faire peur. Ou marquer sa propriété.

— J'ai retiré le bandage il y a deux jours. Ça gratte. On ne peut pas s'empêcher de tripoter la croûte.

— Le médecin a vu la blessure ?

— Il a pris des photos. Il y aura peut-être un encart dans le journal local. Ou sur le Net. Allez savoir.

Elle sourit comme si c'était une plaisanterie et baissa son pull, alla dans la salle de bains chercher plus d'eau pour le thé.

Nils Mattis ne l'avait donc pas seulement menacée, il l'avait blessée à dessein. Et maintenant ils attendaient que je le défende. Que je la persuade de retirer sa plainte. Que je sauve l'honneur de la famille. Jamais de la vie !

Impuissante, je cherchai sur quoi ou sur qui passer mes nerfs. Mais dans la pièce, il n'y avait que la fille au chandail islandais usé. Elle se recroquevilla à l'extrémité du divan, tenant son mug ébréché entre ses doigts gercés.

Pourquoi n'avait-on pas fait mention de la blessure au couteau dans l'enquête de police ? Pourquoi ce Kristiansen, le policier, ne m'en avait-il rien dit ? Cela aurait dû figurer dans le rapport, pourtant.

Nous bûmes notre thé en silence, sans nous regarder. Dans quoi ma famille m'avait-elle entraînée ?

— Que pensez-vous faire ? lui demandai-je en reposant ma tasse et en m'essuyant sur une serviette Père Noël.

— Tout le monde dit que ça ne sert à rien. Que ça va être l'enfer, pour moi, si je maintiens ma plainte. Vaut mieux tout laisser tomber.

J'étais dans une telle rage que je ne tenais pas en place, alors je me levai et allai à la fenêtre gelée. La seule chose que l'on distinguait à travers le givre était la lumière pâle d'un réverbère.

— Maintenant, petite, je te prierais de bien m'écouter, dis-je, et je posai ma main sur la vitre. Ceci est un cas de viol évident. Il t'a entaillée avec un couteau. Le médecin a pris des photos de la blessure. Il y a eu une enquête de police.

— Aucun des policiers n'a rien dit à propos des photos.

— D'accord, mais il y a un dossier médical dans lequel la blessure est décrite. Quelqu'un a retiré les photos du rapport de police.

— Ça va seulement m'attirer un tas d'ennuis. De toute façon, personne ne croira ce que je dis.

— Si tu ne donnes pas suite, alors c'est moi qui le ferai. Si tu te rétractes, cela signifie que tout ça va continuer. On ne peut pas avoir une loi valable pour les femmes sames et une autre pour les *rivgus*.

— Mais je ne suis pas une *rivgu*, bordel ! Ma famille est same du littoral. C'est seulement ces sales prétentieux d'éleveurs de rennes qui pensent qu'on n'est pas des vrais Sames. Ils se croient supérieurs, ceux-là.

Je retirai ma main de la vitre et mis ma paume glaciale sur mon front. Le froid me brûlait la main. Mon empreinte se découpait dans le givre sur le carreau. On aurait dit un signe secret.

— Pourquoi as-tu porté plainte contre lui ?

— J'étais tellement dégoûtée. Je l'aimais bien, moi.

Karen Margrethe s'enfonça encore plus dans le canapé avec sa tasse de thé. Elle me regarda d'un air renfrogné, ne semblait pas vraiment convaincue de ce que j'avais dit.

— Mais vous êtes bien là pour le défendre, à la fin. Vous êtes de son côté.

— Je suis juriste, et je suis du côté du droit. Essaie de comprendre que ceci dépasse le seul fait que tu aies été violée. Il s'agit de sécurité publique. La loi est la même pour tous.

Elle ne semblait pas si sûre, justement, d'avoir vocation à se battre pour les droits de la femme dans cette contrée retirée. Pour être tout à fait honnête, je n'étais pas tellement convaincue, moi non plus, par les déclarations emphatiques sur le droit que j'essayais de lui faire avaler. Elle alla aux toilettes et en revint avec une bouteille de bière d'un litre.

— Vous en voulez ?

Elle me tendit la bouteille. Elle avait les ongles rongés et les doigts jaunis par la nicotine.

Je n'en voulais pas, mais elle remplit un verre qui était sur la table. J'allai chercher mon gilet et commençai à m'habiller. Elle vida le verre d'un trait et le remplit aussitôt.

— Je veux que tu maintiennes ta plainte. Que ce qui s'est passé soit examiné par un tribunal.

Elle fit un signe de tête entendu, prit une couverture dans le placard et se pelotonna au bout du divan avec son verre de bière. En descendant l'escalier, je l'entendis pleurer.

Il était onze heures du soir quand je rejoignis ma voiture. Bien que recouverte de glace, elle démarra, ce fut laborieux, mais quand même. Karen Margrethe arriva en courant et se mit à fouiller les poubelles derrière la station-service, en quête d'un morceau de carton que je pourrais placer devant le radiateur. Elle essuyait ses larmes, grelottant de froid dans un manteau de fourrure synthétique fripé qui avait dû un jour être rose ou rouge clair.

Je laissai tourner le moteur, allai à la boutique de la station-service acheter un meilleur grattoir et une barre de chocolat, puis j'entrepris de dégager un trou de visibilité sur le pare-brise couvert de glace. Karen Margrethe avait trouvé un carton qu'elle déchira en morceaux.

— Tu ne peux pas le laisser filer sans rien faire. Ça ne tient pas debout de se cacher comme ça. Laisse ce carton, bon sang, et écoute ce que je te dis. Essaie de comprendre…

— Comprendre quoi ? Votre espèce de morale de citadine ? Vos manières supérieures à la con ? Vous voudriez que je joue les héroïnes féministes dans ce putain de trou paumé, c'est ça ? Vous vous imaginez qu'ils dresseront une statue de moi devant le parlement same parce que je me bats pour le droit des femmes ?

Karen Margrethe se pencha dans la voiture, ouvrit le capot puis plaça le morceau de carton devant le radiateur. Je commençais à comprendre qu'il était inutile d'essayer de la convaincre, mais je ne pouvais pas renoncer.

— Ce n'est pas de ça qu'il s'agit. C'est une question de loi et de droit. De justice, tout simplement. De ce qui est juste et de ce qui ne l'est pas.

— Vous savez aussi bien que moi que la loi n'est pas écrite pour les gens comme moi. Justice, mon c…

— Je comprends que tu aies peur.

— Oui, et ce qui me fout la trouille, c'est que vous ne compreniez pas qu'il faut mettre ce bout de carton devant le radiateur.

— De quoi as-tu peur ? Qui te menace ?

Elle ne répondit pas, se contenta de fixer le carton et referma le capot de la voiture. Le ciel au-dessus de la rivière, en bas, était vert. Une aurore boréale pulsait au rythme de longs rubans ondoyants. Il y avait une odeur de fumée et de gaz d'échappement.

La dernière vision que j'ai d'elle est l'instant où elle retourna vers le perron. Elle s'arrêta un instant et leva la main dans une sorte de salut, puis ouvrit la porte et disparut à l'intérieur de la maison. Elle avait malgré tout accepté de venir me voir à Alta.

Sur le parking de la Coopérative, des jeunes étaient rassemblés autour d'une voiture et de quelques motoneiges. Je pris le rond-point et remontai en direction de Kautokeino.

Il n'y avait personne sur la route. La fumée des cheminées s'élevait à la verticale vers l'aurore boréale qui crépitait. Les pneus étaient durs, ils s'étaient rigidifiés pendant que la voiture était en stationnement. Je passai devant l'hôtel en cahotant sur des pneus carrés, et poursuivis vers la nationale.

Impossible de faire monter la température à l'intérieur de la voiture. L'aiguille de l'indicateur ne bougeait pas. Aucune chaleur ne sortait de la ventilation. Le moteur de la soufflerie émettait un râle étouffé et envoyait de l'air glacial sur le pare-brise et sur mes pieds.

C'était sans doute le vent combiné à la vitesse qui refroidissait le moteur. Le carton que Karen Margrethe avait coincé devant le radiateur avait dû glisser.

Au bout de trente ou quarante kilomètres, je m'arrêtai et parvins après moult manipulations astucieuses à ouvrir le coffre entièrement pris par le gel. À l'aide de la pelle à neige, j'arrachai la trappe sur la roue de secours.

C'était une sorte de carton dur ou d'Isorel. Je le cassai en deux en marchant dessus et réussis à en fixer une partie devant le radiateur et l'autre sur la calandre.

Pendant mon arrêt au bord de la route, pas une seule voiture n'était passée. Personne, aucune lumière nulle part. À quelques dizaines de kilomètres, sur le haut plateau montagneux, on avait accroché des sacs en plastique noirs sur les piquets de neige. C'était un signal d'avertissement signifiant qu'il y avait des rennes sur la route.

Je ralentis et, au même moment, je vis se découper sur la neige les silhouettes du grand troupeau de rennes. Certains étaient sur la route et fixaient les lumières de la voiture, leurs yeux sombres éclairés par les phares jetaient des lueurs rouges.

Ils s'écartèrent de mauvais gré à mes appels de phares. C'était un très grand troupeau, sûrement plusieurs centaines de bêtes. Mais il ne semblait y avoir personne à proximité. On l'avait peut-être laissé sans surveillance pour la nuit. Les rennes ne s'éloignaient vraisemblablement pas trop quand le temps était calme et froid.

On ne craignait guère les prédateurs, ici. C'est ce que j'avais compris lors de ma conversation avec Inge Amundsen. Ceux qui s'aventuraient dans ce territoire, on les tuait sans se préoccuper outre mesure des périodes de chasse ou de protection. Qui irait vérifier qu'il manquait un loup ou un glouton ? Qui dénombrait les aigles disparus dans la montagne pendant la période de vêlage ? Amundsen avait raconté que, dans le langage populaire, ce territoire, entre Karasjok et Kautokeino précisément, était appelé « plateau du Golan ». Il y avait sans cesse des conflits à propos des pâturages d'hiver. On avait trop de rennes, pas assez de pacages.

Pas le moins du monde effrayés par la voiture, les rennes fixaient bêtement les phares, sans réagir, tandis que j'essayais de me frayer un passage. Il y avait des animaux des deux côtés de la route. Certains étaient couchés dans la neige. D'autres fouissaient le sol en quête de broussailles ou de lichens. Les jeunes de l'année disparaissaient presque entièrement dans les trous qu'ils creusaient. On ne voyait plus émerger que leur arrière-train.

Les plaques d'Isorel devant le radiateur étaient efficaces. La température intérieure de la voiture monta, le pare-brise commença à dégeler. Le temps s'était peut-être aussi réchauffé, dans la montagne.

*

Au bout de quelques dizaines de kilomètres sur le plateau montagneux, la voiture tomba en panne. Il y eut quelques soubresauts et le moteur s'arrêta. Je débrayai et essayai d'accélérer, mais le moteur s'étouffait, alors je me rabattis contre le remblai de neige.

Il devait y avoir un bouchon de glace dans le carburateur. Oui, je sais, ça ne s'appelle sans doute plus carburateur, mais c'est à peu près la même chose. Il y avait une bouteille d'alcool à brûler dans le coffre. Si c'était juste un bouchon de glace, il suffisait de laisser le moteur à l'arrêt quelques minutes pour qu'il fonde. C'était le type de la station-service, celui qui avait réparé le phare de la voiture, le matin, qui m'avait dit d'acheter de l'alcool à brûler. C'était lui qui m'avait appris tout ce que je savais sur les bouchons de glace dans un carburateur – enfin, ce truc, comment ça s'appelle, maintenant ? Boîtier papillon ?

D'après le type, c'était l'air glacial aspiré qui le faisait geler. La chaleur du moteur pourrait faire fondre le bouchon.

J'attendis donc quelques minutes avant d'essayer de redémarrer. Le moteur était sans vie.

Ne sachant que faire, je patientai dans la voiture. Au bout d'un court moment, de la glace commença à se former sur le pare-brise. Quand je respirais, de la fumée s'échappait de ma bouche. J'aurais pu sortir et mettre de l'alcool à brûler dans le réservoir à essence, retirer le filtre à air et en verser une goutte dans le conduit. Mais il aurait alors fallu ouvrir la porte et laisser la chaleur partir de l'habitacle. Si le moteur refusait de démarrer, la voiture se refroidirait complètement.

Je refis une tentative quelques minutes plus tard. Sans succès. Le démarreur grogna mollement dans le froid, mais l'allumage ne se fit pas.

Je mis mon bonnet de laine, resserrai mon manteau et sortis d'un bond de la voiture. Le hayon était pris par la glace. Le mécanisme de la serrure avait dû geler, la clé n'ouvrait plus. Je me mis à genoux et essayai de souffler dans la serrure.

Après quelques manipulations précautionneuses, je réussis à ouvrir le coffre et trouvai la bouteille d'alcool à brûler. Elle était presque vide. Je versai le peu qui restait dans le réservoir. Quelqu'un avait dû prendre la bouteille et la vider. La voiture n'était certes pas fermée quand j'étais chez Karen Margrethe, mais qu'on puisse voler de l'alcool à brûler me paraissait plus qu'improbable. La bouteille n'était peut-être pas bien rebouchée ? Elle s'était peut-être fendue, par cette température ?

Il faisait moins froid qu'un peu plus tôt dans la soirée, mais suffisamment pour mourir gelé dans une voiture glaciale.

Je relevai ma capuche et essayai de faire des mouvements sur la route. Aucune lumière de voiture, aussi loin que je pouvais voir. J'avais dû parcourir quarante ou cinquante kilomètres dans la montagne et ne me rappelais pas avoir aperçu de maison sur ce tronçon de route. Le troupeau de rennes que j'avais traversé se trouvait à quelques dizaines de kilomètres derrière moi, vers Karasjok.

Aucun signal sur l'écran de mon téléphone. Il n'y avait pas de réseau, ici.

Je n'osais pas prendre le risque de poursuivre à pied sur la route, alors je me mis à faire des allers et retours en courant, sans pour autant parvenir à me réchauffer. M'arrêtai quelques minutes au milieu de la chaussée, écoutai ma respiration. Regardai l'aurore boréale qui flottait au-dessus de ma tête.

Dans le monde scientifique, on prétend que les aurores boréales sont un phénomène absolument silencieux, qui ne produit aucun bruit. Mais tous ceux qui se sont trouvés sous un ciel électrisé savent qu'on entend quelque chose. Un vague crépitement, comme celui qui est perceptible sous une ligne à haute tension, par temps humide.

Peut-être le son n'est-il qu'une dimension ajoutée par notre inconscient, parce que, pour nous, des manifestations aussi puissantes sont nécessairement accompagnées d'un bruit. Un phénomène céleste tout à fait silencieux nous effraierait.

La voiture avait eu le temps de refroidir complètement quand j'essayai de redémarrer.

Le démarreur émit un râle paresseux. La batterie était froide, il n'y avait plus aucune chaleur dans le moteur.

J'allumai le plafonnier et tentai d'arracher à la ventilation ses derniers souffles chauds, mais l'air était déjà glacial. Je me recroquevillai le plus possible sur le siège étroit. Vidai mon sac et glissai mes pieds dedans. J'enfilai le sachet plastique de la librairie sur mon bonnet. Dans le contenu de mon sac, il y avait une petite pochette d'allumettes. Le genre d'allumettes en carton que l'on vous donne dans les restaurants. Cette pochette-là faisait de la publicité pour une pizzeria où nous avions l'habitude d'aller déjeuner avec les collègues. Cela me paraissait tellement loin, maintenant.

Un court moment, j'envisageai d'allumer un feu en utilisant la méthode de same pour débutants. Mais il n'y avait pas de bois à des dizaines de kilomètres à la ronde.

Je mis un CD du cours de langue dans le lecteur de la voiture et m'obligeai à suivre la ritournelle des chiffres en same.

— *Okta, guokte, golbma, njeallje, vihtta...*

Mangeai la barre de chocolat dénichée dans mon sac. Elle était dure comme du bois et avait un goût de graisse de coco gelée. Je me forçai quand même à tout avaler, pensant que cela me réchaufferait. Qu'on résistait mieux au froid avec un taux de sucre plus élevé dans le sang.

Au bout de vingt minutes, toutes les vitres de la voiture étaient à nouveau couvertes de glace. Le givre resserrait la peau de mon visage, mes sourcils collaient à cause du gel et je sentais que mes pieds commençaient à s'engourdir. À l'intérieur de mes gants, mes doigts étaient durs comme des baguettes. J'essayai de coincer mes mains sous mes aisselles, mais l'épais manteau m'encombrait et rendait mes mouvements difficiles.

Il était presque deux heures du matin et d'ici quelques heures, il ferait encore plus froid. La batterie rendait doucement l'âme et le CD tournait de plus en plus lentement. Les mots sames devenaient plus incompréhensibles encore.

J'essayai de suivre le lent tempo du CD. Puis, réalisant qu'aucun auditoire ne pouvait en apprécier la dimension comique, j'abandonnai. Quand le lecteur de CD fut au bout de ses forces, je m'obligeai à répéter tout haut les dernières phrases. Ma voix n'était plus qu'un faible croassement dans la voiture complètement gelée.

J'avais entendu dire que c'était la mort la plus agréable. Mourir de froid.

On avait des hallucinations et on cessait de respirer dans un état d'heureuse détente. J'ai du mal à saisir comment ils pouvaient le savoir, mais c'était peut-être vrai.

Quelqu'un qui revenait d'une expérience de mort imminente avait dû relater son trip en pleine neige. On retrouve bien parfois des alpinistes morts de froid, accrochés au rebord d'un rocher, avec un sourire bienheureux sur les lèvres.

Mais moi je n'avais aucune hallucination et ne me sentais ni heureuse ni détendue. En revanche, mes pieds étaient engourdis par le froid et j'avais perdu toute sensation au niveau des orteils. Ma seule issue était de quitter la voiture et d'essayer de bouger sur la route.

La serrure était gelée, mais je réussis à ouvrir la portière. Au moment de me lever, mes jambes se dérobèrent sous moi et je tombai sur la chaussée verglacée. Mes pieds étaient transformés en blocs insensibles. J'entrepris une rotation sur moi-même pour me mettre sur le ventre. Malgré mon corps raide et transi, j'y parvins au bout de quelques tentatives.

Je plaquai mon visage sur la glace dure de la route et essayai de retrouver assez de sensations dans les pieds pour pouvoir me mettre à genoux. Je rampai jusqu'à l'avant du véhicule et, en m'accrochant au pare-chocs, je réussis à me redresser et à m'appuyer sur le capot. Mes pieds étaient inertes, complètement ankylosés.

À l'intérieur de mes gants, mes mains me semblaient informes et me causaient une douleur lancinante. Je fis quelques pas, mais trébuchai et tombai de tout mon long sur la route.

J'utilisai sans doute mes dernières forces pour me relever sur mes jambes chancelantes. Tout en croassant, *okta, guokte, golbma, njeallje, vihtta*, j'essayai de courir sur la route. Dix pas dans un sens, dix pas dans l'autre.

Je sentis à nouveau un peu mes pieds, mais j'avais toujours l'impression qu'ils n'étaient pas rattachés à mes jambes et au reste de mon corps. L'air glacial agressait mes poumons, collait mes narines et me faisait tousser, à tel point qu'un goût de sang me remonta dans la bouche. Si je voulais m'en sortir vivante, il fallait que je continue à courir.

— Okta, gokta !

Je dérapai et tombai à genoux sur la glace rugueuse. Toussai à m'en brûler les bronches. Retirai un gant, fis fondre la glace sur mes cils pour y voir quelque chose. Me remis péniblement debout et continuai à marcher en titubant sur la route.

Au moment de repartir dans l'autre sens, après mon dixième aller-retour, je les aperçus.

À cinquante mètres devant moi et à une dizaine de mètres derrière le talus de neige qui bordait la chaussée.

Les pare-neige.

Je mis bien vingt minutes à franchir le talus et, en me traînant sur la neige poudreuse, à atteindre les claies. Le bois était sec et avait une légère odeur de goudron ou de lasure imperméabilisante, il brûlerait certainement, si seulement j'avais la force d'arracher les lattes.

Ce nouvel espoir sembla me redonner des forces. Je retournai en rampant jusqu'à la voiture et parvins à sortir le cric qui se trouvait sur la roue de secours. Je jetai la bouteille d'alcool à brûler vide à côté de la voiture. Remontai péniblement jusqu'aux pare-neige et, à l'aide du cric, je réussis à arracher quelques lattes.

Je conservai quelques pages de mon calepin mais déchirai minutieusement, en fines bandelettes, ma méthode de same pour débutants. Piétinai la bouteille, espérant qu'il resterait un fond d'alcool à brûler ou, au moins, assez d'émanations pour que le feu prenne.

Dans la poche de mon manteau, je trouvai une des serviettes en papier de Karen Margrethe, avec le décor de Noël. Un lutin habillé en vert, qui chevauchait un cochon rose, un sourire sadique aux lèvres. J'enfonçai la serviette dans la bouteille d'alcool.

Puis je sortis la petite pochette d'allumettes, mais avec mes mains trop maladroites je ne parvins pas à en arracher une seule. À l'aide du grattoir à neige et de mes dents, je réussis finalement à détacher deux des petits bâtons en carton mou. Pressai le carnet et le frottoir sur le tableau de bord, craquai une allumette. Me brûlai les doigts, fis tomber les allumettes sur le siège, et avant que j'aie pu éteindre le feu, il y avait un trou dans le tissu et la garniture en mousse de caoutchouc.

À la tentative suivante, je réussis à retenir l'allumette molle et l'enfonçai dans la bouteille d'alcool avec la serviette. Il ne se passa rien. Le combustible était trop froid, et les quelques gouttes qui restaient dans le fond de la bouteille ne dégageaient pas assez de vapeurs inflammables.

Avec mes gestes gauches, j'étais incapable d'ouvrir le capot. Au bout de quelques essais, je réussis à glisser le manche du cric sous la tôle et à casser le loquet de sécurité que je n'avais pas trouvé avec mes gros gants. Le moteur était entièrement recouvert d'un plastique gris. Je déchirai le plastique avec le cric et ramassai les éclats. Il y avait des tas de câbles et de tuyaux autour du moteur, mais le deuxième tuyau que j'arrachai sentait l'essence.

J'allai chercher la serviette au lutin et l'enroulai autour du tuyau. Je tournai la clé de contact, le démarreur ne produisit qu'une série de craquements, mais la pompe envoya quand même quelques gouttes de carburant. Alors j'introduisis le lutin parfumé à l'essence dans la bouteille d'alcool et réussis à craquer une des dernières allumettes.

Ça marchait. L'essence s'enflamma, il y eut une détonation sourde et la bouteille commença à brûler. Je posai délicatement dessus le cours de same pour débutants, puis les lattes du pare-neige.

Le feu prenait. J'allai chercher d'autres planches sur le pare-neige.

J'avais entretenu le feu pendant plus d'une heure et obtenu une température suffisante pour me remettre à penser à ma tentative de persuasion manquée, quand la voiture de la poste arriva.

Le chauffeur ne fut pas bavard. Mais il me raccompagna jusqu'à Karasjok. D'après ce que je compris du peu de mots qu'il prononça, j'avais eu de la chance de m'en tirer.

De la chance ? Je m'en étais tirée toute seule, oui.

Lorsqu'il me déposa devant l'hôtel, mes pieds me faisaient mal, la douleur remontait dans tout mon corps et j'avais l'impression que mes mains repoussaient à l'intérieur des gants que j'avais empruntés.

Le chauffeur attendit dans la voiture tandis que je sonnais. Une fois que le gardien de nuit somnolent m'eut enfin laissée entrer, l'homme fit un signe et repartit.

J'expliquai ma situation et le portier promit d'envoyer quelqu'un s'occuper de ma voiture. Il ne pouvait pas me servir de whisky, mais il y avait un minibar dans la chambre.

Il me regarda toutefois d'un air méfiant, il préférait que je lui donne tout de suite ma carte de crédit.

Toutes mes affaires étaient dans la voiture.

Il fallut que je pique une crise d'hystérie et le menace de porter plainte contre lui pour discrimination envers les femmes, les Suédois ou les demi-Sames pour qu'il cède et me donne la clé de la chambre.

Je n'avais pas la force d'expliquer dans tous les détails ce qui s'était passé. Lui-même ne semblait pas non plus particulièrement disposé à poursuivre une quelconque discussion.

J'entrai dans la chambre et, en me déshabillant, je vis dans le miroir que j'avais encore le sachet plastique sur la tête, au-dessus de mon bonnet de laine. Mon visage était noir de fumée et mes yeux injectés de sang. J'avais une parfaite allure de sauvage et fus bien obligée de trouver normal que le portier m'ait demandé ma carte de crédit à l'avance.

Il n'y avait pas de baignoire, mais je restai longtemps sous la douche. Il était cinq heures et demie quand je me glissai dans le lit, enroulée dans la couverture d'appoint trouvée dans le placard, et il me sembla qu'il faisait plus clair derrière la large fenêtre. Je bus deux mignonnettes du minibar sans regarder ce que c'était.

Une fois couchée dans mon nid de chaleur, les événements de la nuit me rattrapèrent. Mes muscles furent pris de crampes, je me mordis les lèvres pour ne pas hurler. Mordis, jusqu'à sentir un goût de sang dans ma bouche.

Puis les crampes disparurent d'un coup et, à bout de nerfs, je me mis à pleurer. Comme si toute cette détermination, tous ces efforts là-haut, sur cette route de montagne, avaient épuisé mes dernières forces et que mon corps dût maintenant se préparer à emmagasiner une nouvelle énergie. J'allai aux toilettes chercher le rouleau de papier, m'assis dans le lit et pleurai. Reniflai et me mouchai dans le papier rugueux.

Tout le voyage jusqu'à Karasjok avait été un échec.

J'étais allée là-bas pour demander à Karen Margrethe de retirer sa plainte contre Nils Mattis. Ce qu'elle aurait sûrement fait si je ne l'avais pas encouragée à tenir bon et à la maintenir. Comment pourrais-je expliquer cela à ma famille ?

Mais je ne regrettais rien. Je voyais encore cette cicatrice, sous sa poitrine, là où il lui avait donné un coup de couteau.

Peu importait ce que Karen Margrethe avait essayé de m'expliquer. Que cela n'était pas la faute de Nils Mattis, en fait, que c'était une question de milieu social et d'éducation.

Utiliser un couteau de cette manière est inexcusable. Les liens du sang et l'honneur de la famille, je m'assois dessus.

C'est un appel de la réception qui me réveilla, on me demandait quand je comptais aller chercher ma voiture. Elle était au garage, à la station Statoil.

Le temps était clair et froid, le givre avait transformé les arbres touffus aux abords de l'hôtel en une décoration de Noël sophistiquée. Dans la côte qui descendait vers le centre, un vieux bonhomme sur un *spark*, bottes à bouts relevés et les oreilles de sa chapka flottant au vent, faillit me renverser. Je l'esquivai au dernier moment en sautant sur le talus de neige, et le vieux passa, fendant l'air, le nez rouge de froid, mais les mains nues. Une certaine ressemblance avec le lutin sadique sur les serviettes en papier de Karen Margrethe.

Le type de la station-service était en train de faire l'inventaire des pièces détachées. Tout le sol de l'atelier était encombré d'objets divers qu'il cochait sur une liste. En évitant de marcher sur des pièces importantes, j'allai jusqu'au comptoir et payai 850 couronnes pour la réparation. Le dépannage serait pris en charge par l'assurance. Je signai quelques papiers et on me donna une facture.

— Quel était le problème ?

Il ne savait pas et m'envoya à la fosse de graissage où un homme assez âgé aux dents noircies par le tabac, et vêtu d'une combinaison d'une crasse indescriptible, transpirait sous une vieille Toyota.

— Le problème avec cette voiture ?

Il éteignit la flamme du chalumeau d'un coup sec, et un nuage de fines particules de suie noires, pareilles à de minuscules moustiques, s'éleva au-dessus de nos têtes.

— De l'eau. C'était juste de l'eau. Il a fallu vider le réservoir à essence. Il devait y avoir au moins un litre d'eau là-dedans. Et un sac en plastique.

— Un sac en plastique ? Comment est-il arrivé là ?

Le mécanicien haussa les épaules, tira un paquet de cigarettes cabossé de la poche de son bleu et s'en alluma une. Toussa, puis cracha dans la poubelle.

— Quel genre de sac c'était ?

— Un sac plastique ordinaire. Vous voulez le récupérer ?

Il désigna la poubelle dans laquelle il venait de cracher, je réprimai mon envie d'examiner le sachet plus en détail.

— Mais comment peut-il y avoir tant d'eau dans le réservoir ? La voiture marchait bien avant de tomber en panne.

— Aucune idée.

Il souleva le couvercle de la poubelle, cracha encore une fois sur mon sac en plastique, alla ensuite chercher la clé de la voiture et me montra où elle était garée.

— C'est peut-être de l'eau qui est entrée dans le réservoir ? Ou de la glace. Vous avez perdu le bouchon récemment ?

Il fut pris d'une toux violente et dut s'appuyer sur l'établi pour reprendre son souffle. En franchissant la porte métallique, je l'entendis encore chuinter derrière moi. Et le sac en plastique, alors, il avait profité d'un moment d'inattention pour se glisser dans le réservoir ?

La voiture démarra au quart de tour, le mécanicien aux dents noires pointa la tête à la porte en criant quelque chose. Je retournai vers lui et baissai le volume de l'autoradio qui avait fait redémarrer le CD avec le cours de same.

Il tira une dernière bouffée de sa cigarette puis l'envoya d'une chiquenaude dans la neige.

— Quelqu'un a peut-être mis un sac de glace ou de neige dans le réservoir ? L'essence dissout le sachet. Quand la voiture est chaude, la neige fond.

— C'est possible ?

Le mécanicien approuva de la tête d'un air grave et se remit à tousser, agrippant le chambranle de la porte de ses doigts noirs. Dans le rétroviseur, je le vis cracher dans la neige.

«*Manna bures*», disait le lecteur de CD. Si je comprenais bien, cela signifiait que tout allait bien.

*

Nils Mattis était derrière la maison, il réparait la remorque du scooter. Ses gants dans la bouche, il essayait de passer la corde du lasso dans le trou étroit du brancard.

— Ça ne s'est absolument pas passé comme tu me l'as raconté !

Il ne leva même pas les yeux de ce qu'il était en train

de faire. Retira seulement la corde en plastique bleue et enfonça son couteau de Mora dans l'étroit orifice.

— Qu'est-ce qu'il y a ?

— J'ai parlé avec Karen Margrethe. Elle m'a dit comment ça s'est passé.

Il réussit à faire entrer la corde par le trou et tira dessus. De ses doigts gelés, il fit une boucle pour pouvoir attacher la remorque.

— Elle peut rien dire. Se souvient de que dalle, elle était bourrée, ou elle avait fumé. Elle sait pas de quoi elle parle !

— J'ai vu la blessure, là où tu lui as fait une entaille.

Il fut surpris, me regarda pour voir si je bluffais, mais termina quand même de passer la corde. Fixa la boucle à la remorque, rangea son couteau et remit ses gants. S'assit sur la remorque, me tournant le dos. Je dus patauger dans une épaisse couche de neige fraîche pour me retrouver face à lui et pouvoir le regarder dans les yeux.

— Comment as-tu pu faire une chose pareille, nom de Dieu ? Tu l'as dit à ta mère ? À grand-mère ?

— C'était un accident. Je ne l'ai pas fait exprès.

— Tu veux que je joue les idiotes, que je dise que tu ne l'as pas fait exprès, que ton couteau a juste dérapé ? Que c'est seulement un hasard si la lame a laissé une marque sous sa poitrine ?

Il ne répondit pas, se contenta de regarder par-dessus mon épaule vers la rivière.

— Réponds, bordel !

— C'est toi, l'avocate, c'est toi qui sais ce qu'il faut dire dans ces cas-là.

J'avais de la neige jusqu'aux genoux, impossible de lui en coller une.

Il était assis là, parfaitement calme. Assuré que les autres régleraient les problèmes qu'il avait causés. Persuadé que sa mère et la famille s'occuperaient des choses désagréables. Il avait peut-être mal agi. Mais ça n'était pas intentionnel. Il avait l'habitude que les autres arrangent ses conneries.

— Mais qu'est-ce que t'as dans la tête, putain ?

Qu'ils se démerdent tout seuls avec leurs histoires. Je n'étais plus disposée à aider la famille.

Quand je repartis, il était toujours assis sur la remorque, immobile, le dos courbé et le regard tourné vers la rivière recouverte de neige. Ne regarda même pas dans quelle direction j'allais.

J'avais pris ma décision. J'étais fermement résolue à remonter à l'hôtel, à faire ma valise et à rentrer chez moi.

Assise dans un fauteuil à la réception de l'hôtel : grand-mère. Vêtue du kolt de fête traditionnel, avec le bonnet rouge bordé de galons, les bijoux et le châle en soie. Ses gants ornés de motifs étaient fixés à un ruban qui dépassait des manches du kolt. Sur son trente et un.

Je n'avais encore jamais remarqué à quel point maman lui ressemblait.

Grand-mère était plus âgée, naturellement, un peu plus robuste, et son visage tanné par le soleil et le vent. Ses cheveux étaient plus gris. Presque blancs. Elle n'avait pas les yeux marron de maman, mais les mêmes traits, la même façon de se mouvoir.

Elle m'aperçut dès que je franchis la porte, se leva et vint à ma rencontre. Me salua d'une vigoureuse poignée de main. Nous restâmes debout face à face, elle me dévisageait, le regard brillant. Bien qu'elle mesurât dix bons centimètres de moins que moi, j'avais l'impression qu'elle baissait les yeux sur moi. Me passait en revue pour déterminer si elle pouvait m'accepter. Puis elle m'entoura de ses bras puissants et m'embrassa.

Elle avait presque quatre-vingts ans, mais bougeait avec aisance et souplesse. Elle prit immédiatement l'initiative et m'entraîna dans le restaurant.

— Il paraît que c'est très cher, ici, et que la nourriture est mauvaise, mais on peut toujours boire un café.

Il n'y avait pas de serveur dans la salle, alors j'allai dans la cuisine chercher du café au percolateur en inox.

Grand-mère était assise au fond du restaurant vide, avait posé ses gants, ses lunettes et son sac brodé au fil d'étain sur la table.

— Tu n'es pas obligée de loger ici quand tu viens nous voir, tu sais.

Elle désigna d'un geste la salle de restaurant fraîchement rénovée et les fresques sur les murs, qui représentaient des Sames, des troupeaux de rennes et des tentes lapones.

J'essayai de lui expliquer que j'étais arrivée tard, que j'avais eu beaucoup de travail et pas encore eu le temps de venir chez eux.

— Comment ça se présente maintenant ? Avec Nils Mattis. Tu lui as parlé ?

Je ne pensais pas que la question tomberait si directement. Je m'étais attendue à moult détours et circonlocutions avant que nous puissions aborder la raison délicate de ma présence ici.

Il était probablement toujours assis sur sa remorque derrière la maison, à regarder la rivière.

— Ça ne se présente pas bien du tout. J'ai parlé avec Nils Mattis, avec la police, le procureur, et avec la femme qu'il a menacée.

Je ne sais pas pourquoi je n'ai pas dit : *qu'il a violée* ? Peut-être pensais-je que c'était trop cru pour elle ? Apparemment, je craignais qu'elle ait beaucoup de mal à comprendre ce qui était sexuel. Elle qui était religieuse, fervente adepte du læstadianisme, et qui n'avait jamais touché à une goutte d'alcool de sa vie.

Comment pouvait-elle s'imaginer que quelqu'un tire un coup vite fait pendant une cuite ? Comment pouvait-elle faire la différence entre violence et frustration ? Que savait-elle de l'excitation et de l'ivresse ?

— Il l'a fait ?

— Oui. Aucun doute là-dessus. Il est coupable de ce dont elle l'accuse.

— Y a-t-il quelque chose qui parle en sa faveur ?

— Pas grand-chose. Rien, en fait.

— S'il y a un procès, il sera condamné ?

— Oui, sans aucun doute.

— Qu'est-ce qu'il peut avoir comme peine ?

— Je ne connais pas l'échelle des peines en Norvège, mais un an, peut-être.

— En prison ?

— C'est ça.

— J'en ai parlé à Ante Mikkel, il a dit qu'il vaudrait mieux qu'il n'y ait pas de procès.

Je ne pus m'empêcher d'être vexée. S'ils avaient consulté quelqu'un d'autre, ils auraient très bien pu lui demander de s'occuper de la défense.

D'un coup, je sentis à quel point j'étais fatiguée. Je n'avais pas beaucoup dormi à l'hôtel. Durant tout le trajet pour rentrer de Karasjok, j'avais essayé de me remémorer les événements de la veille. La conversation avec Karen Margrethe et ce qui m'était arrivé dans la montagne.

Quand j'étais repassée sur les lieux de la panne, la neige avait déjà recouvert mes traces et le pare-neige démoli. J'avais cru distinguer une tache noire sur la route, là où j'avais fait du feu. Mais je n'étais même pas sûre que ce fût bien à cet endroit-là.

Grand-mère ouvrit son sac brodé au fil d'étain et en retira une enveloppe kraft.

— Je vais payer le café.

— Tu n'as pas besoin de payer, ça va sur la note de la chambre.

— C'est sûr ?

Elle balaya la salle vide d'un regard inquiet, s'attendant visiblement que la police du percolateur bondisse de derrière la porte et nous réclame 20 couronnes.

— Tu crois qu'on ne peut rien faire pour que Nils Mattis évite la prison ?

— Grand-mère, il est coupable.

— On ne s'en sortira pas. On a besoin de lui pour s'occuper du troupeau là-haut, sur le pacage d'hiver.

Elle finit son café, rassembla son sac, ses lunettes et l'enveloppe kraft. Me regarda d'un œil soupçonneux. Elle croyait peut-être que je n'étais pas capable de m'acquitter de cette mission. Que je m'en fichais.

J'étais là pour défendre la famille, pas pour l'accuser.

— Nous n'avons pas les moyens d'embaucher quelqu'un pendant qu'il sera en prison. En tout cas pas quelqu'un sur qui on puisse compter.

— Il aurait dû y penser avant de se soûler.

— Les temps sont difficiles. Einar ne s'en sort pas tout seul. Il faut absolument deux hommes là-haut, avec le troupeau, pour que nous ne soyons pas poussés hors de notre pacage.

Elle fourra l'enveloppe dans son sac et se leva. Ses gestes avaient une force et une volonté qui se reflétaient sur son visage hâlé et dans ses yeux gris. Elle était habituée à obtenir ce qu'elle voulait.

— Ante Mikkel a dit que…

— Demandez à Ante Mikkel de le défendre, alors ! Il sait sûrement comment faire pour annuler le procès ! À qui il faut graisser la patte avec de la viande, et à qui avec de l'eau-de-vie.

Elle fut troublée. Une lueur de surprise apparut dans ses yeux gris et je crus qu'elle allait se mettre en colère. Mais elle se rassit de son côté de la table et me prit les mains. Un grand sourire s'épanouit sur son visage ridé, elle gloussa doucement de rire.

— Si tu savais combien tu ressembles à Anna Marja quand elle avait ton âge. Taillées dans le même cuir.

— Oui, Dieu sait d'où il vient, ce cuir !

Ma réponse se voulait ironique, mais son sourire chaleureux m'avait désarçonnée. Je me levai, fis le tour de la table et l'embrassai, ce qui la laissa un peu confuse.

— Grand-père attend. J'étais seulement censée venir te chercher. Il a un peu de mal à se débrouiller tout seul.

Elle s'installa dans la voiture à la place du passager et, avec une autorité naturelle, m'indiqua par où je devais passer, alors que je lui faisais remarquer à plusieurs reprises que je connaissais le chemin.

— Sur cette côte il vaut mieux que tu repasses en seconde.

Elle avait toujours le permis, mais n'avait pas pris le volant depuis plus de dix ans.

Les autos qu'elle avait conduites avaient trois vitesses, je ne me sentais pas la force de me lancer dans des explications sur les voitures modernes qui en avaient cinq à présent. Je la laissai continuer à me montrer comment et où je devais passer une vitesse ou bien rétrograder sur la route sinueuse qui menait à Aksomuotko.

Elle revivait la conduite automobile. Retrouvait son autorité.

Quand j'étais petite, elle avait un Combi Volkswagen gris, peint à la main, rouillé et cabossé. Il faisait un bruit d'avion sans pot d'échappement. Nous, les enfants, étions assis derrière, sur les caisses contenant les filets de pêche de grand-père. Les mains en coupe sur les oreilles, nous essayions de transformer les furieuses pétarades du moteur en mélodies.

De temps en temps, grand-mère s'arrêtait et nous nous précipitions hors du véhicule pour respirer de l'air frais. Cette histoire d'air frais, c'était l'idée de grand-père. Il avait lu quelque chose dans le *Finnmark Dagblad* sur la différence entre le monoxyde de carbone et le dioxyde de carbone, sur les dangereux gaz d'échappement émis par les voitures.

— Ça ne nous atteint pas, nous, les Sames, on est habitués aux fumées acides quand on fait du feu. Mais pense aux enfants de Stockholm !

Il avait soigneusement replié le journal et l'avait enfoncé dans le pli de son kolt, sur la poitrine. Il nous avait fait un clin d'œil malicieux et avait scrupuleusement veillé à ce que grand-mère s'arrête à intervalles réguliers pour que nous ayons la possibilité de descendre respirer de l'air pur.

— Il n'entend pas très bien, en ce moment. Parfois il s'embrouille un peu, il ne va peut-être pas te reconnaître.

Légèrement penchée en avant, à la place du passager, grand-mère parlait de grand-père, bien sûr. Sans quitter des yeux la chaussée blanche.

Au moment où nous bifurquâmes vers la maison grise près de la rivière, le soleil disparaissait sous l'horizon derrière nous. Une dernière bande rouge sur le blanc de la neige. À l'instant précis où la lueur rouge s'évanouit, les ombres bleues apparurent, se déposèrent tels des rubans sur la rivière, et la basse forêt de bouleaux prit une légère teinte violette.

La maison paraissait froide et abandonnée. Le seul signe de vie était la lampe extérieure allumée. Un globe jaune isolé de lumière chaude tandis que s'imposaient les couleurs froides du soir.

Grand-père était allongé sous une couverture sur la banquette de la cuisine. Il faisait la sieste et se réveilla lorsque nous entrâmes dans le vestibule.

— C'est toi que voilà ? Ça fait longtemps. Content de te voir.

Il essaya de se redresser, mais le changement de position trop rapide lui donna le vertige et il dut se recoucher un moment avant de pouvoir à nouveau se relever. S'appuyant sur une épaisse canne taillée à la main, il se rendit dans le séjour. Il tourna vers moi ses yeux marron pleins de vie et se laissa tomber dans son fauteuil affaissé.

— C'est gentil de venir nous rendre visite. Tu restes un moment ?

Je compris qu'il ne savait pas pour quelle raison j'avais fait le voyage jusqu'ici. Grand-mère ne lui avait certainement pas parlé du réel motif de ma présence. Elle devait penser que cela ne ferait qu'augmenter sa confusion. Enfin, elle aurait quand même pu me prévenir.

Je n'étais même pas sûre qu'il se rendît compte que c'était moi. Il me prenait probablement pour maman.

Grand-mère avait commencé à préparer le repas dans la cuisine, mais elle entra dans la pièce et cria à l'oreille de grand-père :

— Ce n'est pas Anna Marja, c'est Anna Karin.

Je ne m'habituerai jamais aux prénoms doubles. Je m'appelle Anna, et ce depuis trente-deux ans, maintenant. Il n'y a qu'ici, chez mes grands-parents, que je suis affublée de deux prénoms.

— Je vois bien ! cria grand-père en retour. Je vois bien que c'est Anna Karin.

Grand-mère disparut dans la cuisine et grand-père se tourna vers moi.

— *Son lea algán boarasmuvvat.* Elle vieillit. Elle oublie beaucoup de choses.

Il parlait same et je dus lui demander de traduire pour comprendre ce qu'il me disait. Il semblait avoir oublié le norvégien.

— Il ne parle plus norvégien, cria grand-mère de la cuisine. Il oublie les mots.

— Qu'est-ce qu'elle dit ?

Il me regarda d'un air dubitatif, avec cette même

lueur dans les yeux que quand j'étais enfant. C'était toujours lui qui nous emmenait en bateau, qui plaisantait et inventait toutes sortes de bêtises. Qui racontait des histoires de revenants près du feu. Ou les terribles légendes sames sur le cruel géant Stallo, des récits à vous faire dresser les cheveux sur la tête.

Grand-mère entra et lui cria à l'oreille :

— Tu as oublié le norvégien ! Tu deviens gâteux.

— Mais non, voyons, de toute façon Anna Marja comprend le same.

— Ce n'est pas Anna Marja.

Il me fit un clin d'œil et grand-mère ne savait plus où elle en était. S'il la faisait marcher ou s'il me confondait vraiment avec ma mère.

— Oui, c'est vraiment gentil d'être venue nous voir.

Grand-mère préparait le repas dans la cuisine, tandis que grand-père et moi discutions.

Nous regardâmes ensemble le bulletin météo à la télé, à un niveau sonore qui aurait pu réveiller un mort.

— Ils se trompent toujours pour chez nous. Mais on regarde quand même. En général, c'est tout le contraire, alors on sait à quoi s'en tenir. Le temps sera l'inverse de ce qu'ils annoncent.

Sa jambe s'était ankylosée, je l'aidai à se lever du fauteuil et à aller jusqu'à la fenêtre, où une étoile de l'Avent en carton était encore suspendue, alors que Noël était passé depuis deux mois.

Il alluma l'étoile et nous restâmes un moment dans sa claire lueur rouge. Grand-père était plus petit que dans mon souvenir. Il s'était tassé. Voûté.

Le médecin lui avait dit d'arrêter de fumer.

— Mais parfois je vais dans le bûcher et je fume en cachette. Enfin, pas en ce moment. Il fait trop froid.

Il n'était pas souvent allé en montagne cet hiver, alors il montait sur la remorque du scooter de Nils Mattis. Il était trop vieux pour conduire lui-même.

Mais son scooter à lui était toujours dehors, près de la remise.

— Presque neuf, je ne m'en suis pas beaucoup servi. Fabriqué au Japon.

Il avait aussi gardé sa première motoneige. Une vieille Ockelbo bleu clair peu puissante.

— Ça a été la liberté, d'un seul coup. Une nouvelle vie. Tout est devenu plus simple. Fini les skis et les rennes de tête récalcitrants. Y avait plus qu'à mettre de l'essence et à partir.

Je l'aidai à regagner son fauteuil usé et il s'y rassit avec peine.

— Maintenant j'y vais comme les chiens, sur le traîneau de Nils Mattis. Heureusement qu'il est là. Comment on s'en sortirait, sinon ? C'est de plus en plus dur, là-haut.

Il fit un geste en direction de la montagne derrière la fenêtre.

Grand-mère avait préparé un dîner de fête. *Soavvasbirkot*, de la viande de renne fumée avec une sauce aux champignons et des pommes de terre de Laponie. De la confiture d'airelles.

En mon honneur, il y a même une tomate et un morceau de concombre. Grand-père rit en voyant les légumes.

— Ça se mange, ça ?

Il ne mange pas de champignons, car chacun sait que les champignons ne poussent que sur une terre malade.

— Les légumes, ça ne nourrit pas.

Grand-père avait lu dans le *Finnmark Dagblad* que ce genre d'aliments contenait surtout de l'eau.

— Autant en prendre un peu au robinet, maintenant qu'on s'est payé un tuyau et une pompe. C'est la viande qui compte.

La graisse et les os à moelle. Voilà ce qui donne des forces. Quand on a fini de manger, on s'essuie simplement les mains sur le visage. Comme ça on a moins froid.

Grand-mère se contenta de rire de son bavardage. Moi, il m'appelait tour à tour Anna Marja ou Anna Karin, mais je ne savais toujours pas si c'était parce qu'il s'embrouillait ou seulement pour faire enrager grand-mère.

Après le repas, il se sentit fatigué et nous l'aidâmes à retourner dans son fauteuil. Il me demanda d'allumer la télé, mais de baisser le son. C'était une série policière américaine, de toute façon, grand-père ne comprenait pas ce qu'ils disaient.

J'allai donner un coup de main à grand-mère dans la cuisine. Quelques minutes plus tard, je jetai un œil sur grand-père, il s'était endormi dans son fauteuil.

— Vous avez une aide de la municipalité ?

— On a la retraite, oui.

— Je veux dire de l'aide à la maison.

Elle me regarda sans comprendre.

— Non, on se débrouille. Sara Marit nous conduit en voiture quand on a besoin. On a juste à l'appeler, et elle vient nous chercher.

Nous fîmes la vaisselle et rangeâmes. Grand-mère

emporta la lourde marmite de viande et la déposa dans la neige. Après une petite discussion, nous convînmes que cette nuit j'irais dormir à l'hôtel, afin qu'ils n'aient à s'occuper de rien. Je devais me rendre à Alta le lendemain, mais je promis de passer dans la soirée.

Dans la voiture, en rentrant en ville, j'eus le sentiment d'avoir fui quelque chose. Mais je ne savais pas quoi.

Je m'arrêtai en haut de la côte, à l'embranchement avec la route principale. Descendis de la voiture et regardai la maison, si isolée au bord de la rivière.

L'habitation grise et ses resserres. La luge dressée contre la remise. Les peaux de rennes de l'abattage d'hiver tendues sur le mur. La petite cloche grillagée dans laquelle on fait sécher la viande, sur le toit de la maison. Les piles de bois et les perches de la *kota*, la tente traditionnelle, disposées comme un petit campanile derrière le garde-manger. Tout cela si exposé. Au milieu de la nature impitoyable. Une si courte marge entre la vie et la mort. Où trouvaient-ils la force de vivre ainsi ?

Plus bas, en ville, c'est une autre existence. Plus protégée. Qui ressemble davantage à la mienne. Mais là, derrière l'étoile de Noël rouge, il y avait grand-père, qui dormait dans son fauteuil usé.

Sur l'écran de la télé défilaient des images de filles en string et de détectives en chemise hawaïenne pris dans d'éternelles courses-poursuites en voiture. À quelques centaines de mètres de la maison, en bas de la montagne, on pouvait mourir de froid dans une tempête de neige si on avait une panne de scooter.

J'aperçus la silhouette de grand-mère par la fenêtre.

Quand elle est née, ils n'avaient pas de maison. Elle avait été élevée dans une *kota*, un *lavvu* et un *torvgamme*[1]. À l'automne, elle transhumait avec le troupeau de rennes, de la résidence d'été près de la côte jusqu'au pacage d'hiver, ici, sur le plateau du Finnmark. Une distance de deux cents kilomètres, peut-être.

Chaque matin, il fallait tout remballer, charger le traîneau, et, chaque soir, remonter la *kota*. Préparer les repas, s'occuper des enfants, coudre et ravauder les vêtements, en perpétuelle migration.

Grand-mère avait trente-deux ans, l'âge que j'ai actuellement, quand elle s'installa dans une maison. Enfant, elle avait certes logé à l'internat de l'école, mais là, c'était sa première maison à elle. Eau courante et radiateurs électriques.

Ma propre mère avait cinq ans lorsqu'ils emménagèrent, elle avait grandi sous les étoiles.

Grand-mère éteignit l'étoile de l'Avent. On ne voyait plus que le scintillement bleu de la télé derrière la vitre. La lampe extérieure jaune éclairait la vieille porte d'entrée. Sous une couche de givre, une petite sphère de lumière ouatée perdue dans la nature. Ils ne partiront jamais d'ici. Nous n'avons peut-être jamais compris la véritable signification du voyage que maman avait fait. Mille cinq cents kilomètres en train, ou en voiture, ce n'est pas très long. Mais tout ce qu'il faut d'énergie pour quitter une vie sous les étoiles et se construire une existence parfaitement sûre et confortable dans laquelle

1. *Lavvu* : comme la *kota* (kåta), tente en peau de renne, avec une structure en troncs de bouleaux et une ouverture au sommet. *Torvgamme* : cabane en bois et écorce de bouleau, recouverte de tourbe et de pierres.

les conditions mêmes de la vie ne sont plus constamment mises à l'épreuve, cette énergie-là, personne n'en sait vraiment quelque chose.

En tout cas, moi je ne l'avais jamais compris, ce voyage. Peut-être ne le comprendrai-je jamais. Pourtant, c'est si proche.

C'était la vie de ma mère.

Il était une heure et demie quand j'arrivai à l'hôtel. Comme d'habitude, l'un des battants de la double porte était fermé à clé. Ce n'était jamais le même. En revanche on pouvait être sûr que celui sur lequel on poussait serait verrouillé. Les portes étaient-elles ouvertes et fermées selon un système particulier ?

Je posai la question au gardien de nuit qui se contenta de me regarder d'un air étonné. Une fois en possession de ma clé, je me dirigeais vers ma chambre lorsqu'il me rappela.

— Il y a un message pour vous, là. Un homme qui est resté longtemps à vous attendre. Je ne sais pas s'il est reparti.

Je pensais que c'était Nils Mattis, mais il s'agissait de Kristiansen. Le jeune policier.

— Il est peut-être encore en bas, au Aja.

Le gardien ouvrit la porte de derrière et je descendis par l'escalier raide.

Dans la salle de billard, Kristiansen manqua le coup décisif. Le pub était relativement calme. Trop tôt dans la soirée, m'expliqua-t-il. Les gens sortent tard, le vendredi soir.

On était déjà vendredi ? Moi qui comptais rentrer le samedi. Il fallait que j'appelle au travail et que j'essaye d'obtenir quelques jours de congé supplémentaires.

Kristiansen alla me chercher une bière.

— Comment ça va ?

Je lui racontai la balade à Karasjok. Que j'avais parlé au procureur, que je devais le rencontrer à Alta le lendemain.

— Qu'a dit Karen Margrethe ?

— Elle hésite. Elle ne sait pas si elle aura la force d'aller jusqu'au procès.

D'un seul coup, il sembla se désintéresser totalement de tout ce que j'avais dit, regarda autour de lui, vida son verre de bière d'un trait, salua quelques personnes à une table un peu plus loin, tout en évitant de me regarder.

— Qu'est-ce qui se passe ? J'ai loupé quelque chose ? Fait une bourde ?

Il observait attentivement son verre de bière vide. L'examinait sous toutes les coutures comme s'il s'était agi d'une antiquité inestimable provenant du bout du monde.

— Je croyais que vous étiez allée la voir pour lui faire retirer sa plainte. Ils ont fait appel à vous parce que vous êtes une femme. Que ce serait donc plus facile pour vous de la convaincre.

— Eh, ho, doucement ! Qui a dit que je devais la convaincre ? Je voulais seulement savoir ce qui s'était passé en réalité.

Il était rouge de colère rentrée.

— Il y a un rapport d'enquête, non ? Ça ne suffit pas ? Si vous saviez combien j'ai dû batailler pour que mon chef le fasse suivre au procureur. Ça a été un enfer d'obtenir que les choses soient traitées à peu près correctement. Que la loi et le droit soient appliqués ici aussi. Pour que les familles et les clans ne règlent pas leurs comptes dans le dos des autorités policières. La loi norvégienne est valable ici aussi.

— Attendez un peu, je vais vous expliquer.

— Qu'est-ce que vous allez m'expliquer ? Que, parce qu'ils n'ont pas réussi à convaincre Eliassen d'abandonner les poursuites, ils font simplement venir de Suède n'importe quelle bimbo qui a un diplôme de droit…

Je lui envoyai le contenu de mon verre de bière à la figure. Regrettant seulement d'en avoir déjà bu une partie. Quittai la table, parfaitement calme et maîtresse de moi-même.

J'ignore ce qu'il fit, car je quittai les lieux sans me retourner. En outre, les clients du pub ne semblaient pas du tout prendre au tragique le fait qu'on se jette de la bière à la figure. La seule réaction, venant d'une table au fond de la salle, fut que quelqu'un se mit à rire et me cria quelque chose que je pris comme un encouragement.

La lumière ne marchait pas, je remontai l'étroit escalier en trébuchant dans le noir, et le portier m'ouvrit.

— Nils Mattis a téléphoné et voulait vous parler.

— S'il rappelle, dites-lui d'aller se faire foutre !

Il nota la pépite sur un bout de papier sans sourciller.

Pendant une demi-heure, je regardai, assise dans mon lit, une chaîne câblée débile où un Allemand bedonnant en décousait avec des crocodiles et attrapait des serpents venimeux à mains nues. Derrière lui courait une fille en bikini. Chaque fois que l'Allemand se jetait sur les crocodiles, elle poussait un cri aigu.

— *Oh my God !*

Je restai scotchée devant ce spectacle abêtissant dans le seul espoir que l'un des crocodiles dévorerait la fille en bikini. Mais ses hurlements faisaient fuir même les serpents à sonnettes. Tu peux toujours parler de bimbo, tiens.

Non, mais qu'est-ce qu'il s'imaginait, ce petit con d'apprenti flic ?

En me réveillant, j'étais toujours furieuse contre Kristiansen.

Après une douche et un petit déjeuner, ça allait un peu mieux. Les nuages étaient bas sur les collines de l'autre côté de la rivière. *Baelljas* : les deux petits sommets montagneux au-dessus d'Avzi, qui, très logiquement, avaient été baptisés « Les Deux Petites Oreilles », en same, puisque tout le monde voyait bien qu'ils ressemblaient à des seins.

Quoi qu'il en soit, Les Deux Petites Oreilles étaient à présent dissimulées par de lourds nuages gris qui se déplaçaient mollement, telles des plaques tectoniques, sur la neige sans contours.

Une vieille dame en knickers[1] et pull jacquard norvégien montait la garde tel un dragon devant le gaufrier. Elle se faisait cuire gaufre sur gaufre, les tartinait de confiture et de fromage brun, puis les emballait dans du papier alimentaire.

1. Raccourci de knickerbockers ; sorte de culotte bouffante arrivant au niveau des genoux.

J'abandonnai la lutte pour le gaufrier avant même de l'avoir commencée.

En plus de ça, quelqu'un avait utilisé le rabot à fromage du fromage jaune pour le fromage brun, et inversement. Le café était plus léger que d'habitude. Les œufs, durs comme du béton, avec le jaune cerclé de vert foncé. Je me sentais persécutée, incomprise, et je bus le café par pure mortification.

Il était déjà dix heures lorsque j'allai à ma voiture. Évidemment, j'avais oublié de brancher le câble de chauffage du moteur la veille au soir. La voiture démarra quand même. C'était bien la première chose positive qui m'arrivait depuis longtemps.

Salaud de Kristiansen !

Il n'y avait pas beaucoup de circulation. Durant les soixante premiers kilomètres, jusqu'à Masi, je ne croisai que trois voitures.

Le paysage de neige désertique était complètement gris, *geamadát*, un paysage sans contours. Cela me convenait parfaitement. Je me sentais exactement comme ça : grise et sans contours.

Quand la route commença à grimper dans la montagne surplombant la vallée de Masi, la neige se mit à tomber. Le vent arriva d'un seul coup du nord, les flocons crépitaient sur le pare-brise. Au tableau de bord, le thermomètre indiquait que la température extérieure avait chuté de dix degrés en l'espace de quelques minutes.

La barrière mobile au chalet de Suolovuobmi était ouverte. Il n'y avait donc pas de problème au passage du col vers Alta. Malgré le froid assez vif, la chaussée était glissante. La neige cinglante polissait la glace.

creusait des ornières sur la route et rendait la conduite difficile.

Plus loin, dans la partie haute du col, un semi-remorque espagnol était coincé en travers de la route.

Apparemment, ses roues motrices avaient perdu leur adhérence et il avait glissé en arrière sans contrôle. À présent il bloquait la route, les roues arrière contre la glissière de sécurité. La chaussée était barrée et une dizaine de voitures attendaient l'arrivée d'un dépanneur d'Alta.

J'avais emprunté une combinaison de motoneige à l'hôtel, alors je sortis de la voiture et l'enfilai tant bien que mal. C'était le genre de combinaison qui fait un bruit de froissement. Il y a une espèce de feuille entre le tissu extérieur et la doublure. À chaque pas, on croirait entendre quelqu'un manger un craque-pain.

Je vérifiai que le frein à main était bien serré, enfonçai mon bonnet de laine sur mes oreilles et allai rejoindre les autres experts en dépannage de poids lourds. Ils étaient rassemblés autour du chauffeur espagnol qui gelait dans son petit blouson en nylon et ne comprenait pas un mot de ce qu'ils lui disaient. Redresser le camion lourdement chargé prendrait des heures. Le dépanneur ne pouvait pas venir avant de savoir quelle compagnie d'assurances paierait le boulot.

Sans ôter ma combinaison, je remontai en voiture et retournai au chalet. La route vers Gargia était ouverte. Vu que j'avais déjà eu ma dose quotidienne de jus de chaussette norvégien, je ne m'arrêtai pas au chalet, mais poursuivis sur la petite route.

Conduire en combinaison me donna chaud, alors je fis halte et la retirai. Une fine crevasse s'était ouverte sur l'eau, en contrebas. Peut-être le signe avant-coureur d'une saison à venir plus clémente, même ici.

Ou bien ils avaient tout simplement rejeté de l'eau de la centrale hydroélectrique. Le barrage d'Alta devait se trouver à dix kilomètres en amont. Les différents cours d'eau étaient peut-être reliés entre eux.

C'était donc là-bas. L'endroit historique.

Je gravis le talus de neige jusqu'à la piste de scooter pour mieux voir. Mais je ne vis que le paysage gris et les collines devant moi.

Je décidai de gagner Alta puis de prendre l'autre route jusqu'au barrage de la centrale. Il y avait peut-être un monument commémoratif quelque part. On avait peut-être conservé les chaînes avec lesquelles les manifestants s'étaient attachés. Encore que cette partie de la vallée fût sans doute immergée à présent.

En tout cas c'était là-bas, de l'autre côté de la montagne, que se trouvait le Wounded knee de la Norvège. Le lieu du grand affrontement entre le pouvoir et une population impuissante. Les mouvements de protestation contre l'aménagement du fleuve Altaelva, pendant l'hiver 1981. Au moment où le village de Masi devait être englouti.

Chez moi, à Sundbyberg, le conseil de famille s'était réuni et avait dissuadé maman d'aller là-bas « se couvrir de honte ». Elle lisait tout sur les événements. Écoutait la NRK, la radio nationale norvégienne, achetait les journaux norvégiens, qui la remplissaient de rage et d'indignation, parce qu'ils étaient clairement du côté des autorités.

Aux informations télévisées, elle reconnut plusieurs manifestants évacués par la police.

Elle avait vu Nilas Somby au journal, celui qui avait

perdu une main en dynamitant un pont. Le bruit courait que des groupes d'activistes, dont des Indiens du Canada, des membres de l'IRA et de l'ETA, étaient prêts à venir en aide aux Sames avec des armes. L'État norvégien, lui, avait tout prévu pour le déploiement imminent d'une force militaire armée contre les manifestants.

Les Sames perdirent, naturellement. Comment une minorité pouvait-elle s'imposer face aux intérêts nationaux et aux calculs économiques ? Le barrage fut construit, mais Masi épargné. Plus petite que prévu, l'installation n'était vraisemblablement pas rentable. Mais, pour ne pas perdre la face, le gouvernement avait bien été obligé de mener le projet à son terme.

En fin de compte, pourtant, ce sont peut-être les Sames qui ont gagné. À Oslo, les manifestations étaient une langue que l'on comprenait. Les Sames avaient montré qu'ils n'étaient pas seulement bons à poser pour les cartes postales.

Ils perdirent la bataille pour le fleuve, mais obtinrent l'ajout d'un article à la Constitution, ce qui amena l'État norvégien à ratifier la convention de l'Organisation internationale du travail sur les droits des peuples autochtones. Ils eurent un parlement same, un théâtre national same et une université same.

La « dame de fer », Gro Harlem Brundtland[1], qui avait une vision de la politique à plus long terme, veilla à ce que le bénéfice du barrage revienne à la ville d'Alta, fidèle au Parti du travail, et non à Kautokeino, où domine une majorité same.

1. Gro Harlem Brundtland : à l'époque présidente du Parti du travail et ministre d'État.

Voilà la teneur des récits historiques dont nous avions été nourris à la maison, dans le lotissement de la rue des Prunelles, à Sundbyberg. S'ils étaient fidèles à la réalité, alors il aurait dû y avoir à Masi un monument commémoratif de la taille de la statue de la liberté.

Mais devant moi se dressaient seulement quelques bouleaux torturés par le vent. De l'autre côté, la crête sévère et imposante de la montagne. Telle une majestueuse cathédrale de glace, la chute d'eau gelée s'accrochait au versant.

Un monument, ça aussi. Le temps et la force, figés dans un instant. C'était peut-être suffisant comme mémorial. Que pouvait construire l'homme qui rivalise avec la nature ?

La statue de la Liberté aurait l'air d'un nain de jardin ici, dans l'immensité grise du plateau montagneux.

Je retournai à la voiture. Fis demi-tour et rejoignis la route principale. La dépanneuse était arrivée. La voie serait bientôt à nouveau dégagée. On se prendrait juste un peu le bec pour savoir qui allait payer, si l'assurance espagnole couvrait ou pas le remorquage.

Un des automobilistes qui avait une Thermos m'offrit du café, mais je refusai le cognac.

À ma surprise, mon téléphone portable fonctionnait ; j'appelai Inge Amundsen, qui était à son bureau et travaillait, bien qu'on fût samedi. Il comprit parfaitement que je ne puisse pas arriver à l'heure fixée. Il resterait au bureau jusqu'à quatre heures cet après-midi. Si j'arrivais plus tard, je n'avais qu'à l'appeler chez lui.

Personne ne répondit lorsque je composai le numéro de portable de Karen Margrethe. Nous étions convenues qu'elle me rejoindrait à l'hôtel à Alta pour cinq heures. Elle était sans doute déjà partie de Karasjok et se trouvait au passage du col, hors couverture du réseau.

Piétinant dans la neige, nous bûmes encore du café pour patienter. Le type avec son cognac racontait des blagues sames en imitant la langue.

Il était trois heures passées quand on réussit à redresser le poids lourd et à rouvrir la route, j'aurais quand même le temps de voir le procureur avant qu'il quitte son bureau.

Inge Amundsen était assis dans une petite pièce au premier étage. Il faisait chaud et l'air était vicié, une épaisse fumée de cigarette stagnait au plafond. Le haut du crâne dégarni d'Amundsen disparaissait dans le brouillard de sa cigarette.

Il me salua aimablement, rassembla ses papiers et secoua sa bouteille Thermos vide d'un air désolé.

— J'ai sorti le rapport d'enquête et jeté un œil à votre affaire.

— Lorsque nous nous sommes vus, dernièrement, vous disiez qu'elle ne vous semblait pas compliquée, remarquai-je, tandis qu'il débarrassait le fauteuil des visiteurs.

— Disons que l'enchaînement des faits n'est pas particulièrement inhabituel, cela sera peut-être plus correct.

— Quel est votre avis ?

— Pour être franc, je ne sais pas. Quand je dis que c'est un cas courant, je veux plutôt parler de ce qui se passe ici, sur le littoral. Là-haut, ils ont coutume de régler ce genre de choses eux-mêmes, sans que cela donne lieu à une enquête de police.

— Vous voulez dire que la police n'enquête pas sur les viols ?

— Si, bien sûr, elle le fait, mais cela ne remonte pas jusqu'à nous.

— Alors c'est aussi la police qui fait exécuter la peine ?

— Non, pas la police, mais disons que les gens veillent à ce que le coupable soit puni. C'est ce qu'on appelle le droit coutumier. Il y a cent trente kilomètres jusqu'à Alta, un long chemin par la montagne, la route n'a pas toujours existé. Ces kilomètres ont toujours été très longs.

Il fit un geste vers la fenêtre où végétait un cactus de Noël à la floraison tardive.

— De nos jours vous en avez pour une heure de trajet.

— Ou deux.

— Il y a cinquante ans, cela prenait une semaine.

Je lui racontai que j'avais demandé à la plaignante, Karen Margrethe, de venir à Alta. Nous nous verrions à l'hôtel à cinq heures.

Il ne fit aucun commentaire, se contenta d'approuver de la tête, rassembla son tabac et son papier à cigarettes. Remplit une vieille serviette d'un tas de papiers, sortit chercher son manteau dans le couloir. Il ferma son bureau à clé sans éteindre la lumière, et nous descendîmes l'escalier qui grinçait.

Il faisait déjà nuit dehors. Ici, sur la côte, il n'y avait pas cette lumière bleue qui s'attardait l'après-midi. Ou peut-être était-ce simplement l'éclairage électrique et les réverbères qui étaient plus puissants ?

Le vent avait forci, cela sentait la mer et le varech en décomposition. Le froid humide donnait la sensation d'un contact métallique sur le visage. J'attendais Amundsen qui fermait la porte d'entrée, m'essuyais les yeux du plat de la main.

— Vous pleurez ?

— Non, c'est le vent.

— Ne faites pas attention. Je voulais juste plaisanter.

Le vent glacial dans le dos, nous traversâmes en titubant le parking désert et gagnâmes l'hôtel. Les drisses martelaient les mâts de pavoisement de petits coups secs. Le moteur Diesel d'un taxi à l'arrêt devant l'entrée de l'hôtel cliquetait et grignotait quelques mètres cubes de la fine couche d'ozone au-dessus des régions polaires arctiques.

Amundsen salua le chauffeur et tira la porte vitrée en luttant contre le vent.

Le calme et la chaleur de l'intérieur vinrent comme une libération. Je ressentis la même chose qu'à l'arrivée de la course de ski annuelle, à l'école, quand nous parvenait l'odeur du lait chaud et des petits pains à la cannelle tout frais. À ceci près qu'ici il n'y avait ni lait ni petits pains.

Peut-être est-ce le climat qui fait naître cette volonté de défier les éléments naturels.

Les Norvégiens, en général, adorent aller jusqu'au pôle Nord ou traverser l'Antarctique à skis. Enfin, les gens adorent ceux qui font cela, en tout cas. Les héros nationaux se sont tous lancés avec détermination sur les glaces polaires. On a créé un modèle vers lequel les citoyens doivent tendre. Qu'ils soient tout seuls ou aveugles, qu'ils aient une prothèse de jambe ou deux, ils veulent tous au moins traverser le Groenland. S'exposer au froid et au vent, aux privations et aux engelures. Vivre de graisse et de chiens de traîneau réformés. Manger du *matak*, la peau de baleine crue. Ou du *bokna fesk*, la morue séchée trempée dans de l'huile de poisson. Du *rakfisk* et de la viande de phoque salée. Des pattes de veau marin et de la graisse de phoque barbu. Plus c'est mauvais, mieux c'est.

Karen Margrethe ne vint pas. Je composai son numéro, n'obtins aucune réponse. J'allai me renseigner à la réception, mais personne n'avait vu qui que ce soit lui ressemblant. Il n'y avait pas de message.

Je l'appelai à nouveau sur son portable, une voix m'informa que l'abonné n'était pas joignable. Je laissai un message, la priant de se manifester, je l'attendais à l'hôtel.

Avait-elle changé d'avis ? Décidé de ne pas venir, ou de ne pas donner suite à l'affaire ?

Si c'était le cas, ce connard de Kristiansen avait raison. La bimbo d'avocate suédoise pouvait rentrer en Suède avec sa voiture de location. Merde !

Nous allâmes nous asseoir à une table près de la fenêtre, et Amundsen sortit le classeur contenant l'enquête. Il lut quelques lignes et me regarda.

— Ce policier, Kristiansen, il est nouveau là-haut ?

— Oui, il a terminé sa formation récemment. D'après ce que j'ai compris, c'est sa première affectation. Un skieur, ou un sportif quelconque, je crois.

— Tous les policiers qui sortent de l'école sont des skieurs, dans ce pays. Il est bon, d'après vous ?

— Je ne sais pas. Opiniâtre, je crois. Quelqu'un qui n'abandonne jamais, si vous voyez ce que je veux dire.

Je ne pouvais décemment pas lui dire que c'était un petit con prétentieux.

— Vous avez parlé à la plaignante ?

— Je l'ai rencontrée.

— Qu'est-ce qu'elle dit ?

— Qu'elle maintient sa plainte.

L'air surpris, il leva les yeux de ses papiers. Gratta sa chevelure clairsemée, pensif.

— Je croyais qu'elle ne savait pas ce qu'elle allait faire ?

— Je l'ai convaincue de tenir bon. D'aller jusqu'au bout de la plainte.

Il fit un petit sourire en coin. Devait douter de ce que j'affirmais.

— Merde alors !

Il eut un rire muet, me regarda par-dessus ses lunettes.

— Je croyais que vous étiez là pour défendre votre cousin ?

— C'est aussi ce que je croyais, jusqu'à ce que je voie ce qu'il lui a fait.

— Merde alors. On en est donc là.

Il referma le classeur de l'enquête, se dirigea vers le comptoir du bar et rapporta deux petits verres. Il en posa un devant moi et leva l'autre.

— Santé !

— Qu'est-ce que c'est ?

— De la grappa, une de mes rares faiblesses.

— Alors je ne vais pas pouvoir conduire ce soir.

— La route est sans doute fermée après le col.

Pour être franche, je n'avais pas très envie de reprendre la voiture. Si le vent soufflait fort ici, qu'est-ce que cela devait être là-haut sur le « Vidda » ? D'accord, cette fois j'étais mieux préparée. J'avais de meilleurs vêtements et un équipement de secours dans le véhicule. Mais le froid glacial que j'avais ressenti pendant notre bref trajet à pied jusqu'à l'hôtel ne me fit pas hésiter trop longtemps.

— Alors santé ! Et bonne chance.

Nous bûmes l'alcool âpre, et une sensation de chaleur se répandit dans mon corps et sur mon visage.

— Merde alors !

Il rit doucement, comme pour lui-même, et vida son verre.

— Avez-vous l'intention de demander une autorisation pour pouvoir intervenir en tant qu'avocate lors d'un procès ?

Inge Amundsen rangea son classeur dans la serviette. Replia soigneusement ses lunettes.

— Non, je vais seulement jouer mon rôle de conseillère juridique.

Nous bûmes trois grappas à la file et le procureur Amundsen téléphona à sa femme.

J'appelai grand-mère pour lui dire que je restais à Alta. Elle parut étonnée, semblait avoir oublié que j'étais allée à Alta pour rencontrer le procureur.

— Alors tu ne viendras pas ce soir ?

Elle était déçue et je me sentis un peu coupable. Je commençais à comprendre d'où venait la mauvaise conscience permanente qui rongeait ma mère.

— Non, *Áhkku*, je reste ici jusqu'à demain. Je viendrai demain soir.

— Et tu resteras, alors ? Est-ce que tu vas rester ici, ensuite, quand tu seras revenue ?

Je lui assurai que je logerais chez eux pour la suite.

Tandis que nous parlions, j'entendais en bruit de fond l'émission de télé d'*Addja*.

Karen Margrethe ne vint pas. J'allai me renseigner plusieurs fois à la réception, mais il n'y avait pas de message. Elle avait peut-être changé d'avis. Avait retiré sa plainte et se cachait quelque part.

Je laissai un nouveau message sur son téléphone portable, lui demandant de se manifester.

L'employé de la réception dénicha le numéro de la station-essence à Karasjok. La fille qui était de service connaissait Karen Margrethe et savait où elle habitait. Dès que possible, elle irait voir si elle était chez elle et lui dirait de me rappeler.

Le dimanche fut gris et morne. Le vent se maintenait.

La voiture tanguait sur la route glissante entre les paquets de neige tassée. Le grésil crépitait contre le pare-brise. Des sacs en plastique noirs flottaient tels des fanions élimés sur les piquets de neige.

Pas de rennes en vue. Ils n'étaient d'ailleurs probablement pas ici, près de la côte, en cette période de l'année. Il ne s'agissait sans doute que d'un groupe d'animaux errants qui avaient fui les rigueurs du temps et restaient dans la forêt. Les agriculteurs du littoral étaient furieux que les rennes traînent et paissent sur leurs terres. Ils voulaient dresser des clôtures pour les tenir à l'écart mais, comme Amundsen me l'avait expliqué la veille au soir, la situation juridique était compliquée.

Il y avait antagonisme entre le droit coutumier et le droit de propriété. Les paysans s'appuyaient sur la loi norvégienne et ils estimaient que les Sames avaient trop de rennes et ne contrôlaient pas leurs troupeaux. Les Sames, eux, alléguaient leurs itinéraires de transhumance et considéraient qu'ils disposaient de pâturages de plus en plus réduits. On construisait des routes, des lignes à haute tension, des chalets de vacances sur des terres qui autrefois étaient des pâturages.

La sombre paroi rocheuse au passage du col, *Klöfta*, comme ils l'appelaient à Alta, s'élevait à pic au-dessus de la route étroite. Cascades et filets d'eau avaient gelé sur la montagne et composaient de curieuses formations de glace le long des versants escarpés.

Je franchis le col avec prudence et me félicitai de ne pas m'être risquée jusqu'ici la veille au soir.

Un peu plus haut, le passage était hanté. C'est ce qu'ils avaient raconté pendant notre dîner à l'hôtel. Quelque part à proximité de l'endroit où le poids lourd était resté bloqué. La nuit, on pouvait y croiser des revenants.

Une mère avec son enfant dans les bras. Elle se tenait sur le bord de la route et faisait signe pour qu'on la prenne en voiture. Au moment où l'on s'arrêtait, on remarquait qu'elle était aveugle, ses yeux étaient blancs, comme des yeux de poisson bouilli. L'enfant dans ses bras était un vieillard nain.

Nous avions passé une soirée agréable. Inge et moi avions attendu au bar de l'hôtel. Sa femme était arrivée une heure plus tard, après avoir fait venir une baby-sitter. Elle était maquillée avec goût, s'appelait Elin et enseignait aux sourds-muets ; elle nous montra les derniers mots d'argot qui circulaient parmi les élèves sourds du Finnmark.

À dix heures et demie, la fille de la station-service de Karasjok téléphona : Karen Margrethe n'était pas chez elle. Elle avait interrogé les autres occupants de la maison, mais aucun ne savait où la jeune femme se trouvait. Selon l'un d'entre eux, elle avait emprunté une voiture, sans doute pour aller à Alta.

Après un dîner arrosé, nous eûmes tous les trois de longues conversations dans une langue des signes en partie de notre cru.

Nous bûmes encore une bouteille de vin en discutant de la manière dont un sourd perçoit un procès.

Elin affirmait que, lors de la traduction en langue des signes dans la salle d'audience, les marqueurs de classe linguistiques disparaissaient. Le rituel perdait une part de son effet effrayant. C'est pourquoi il était plus facile pour un sourd de déchiffrer la dramaturgie du tribunal. Il distinguait plus clairement les coulisses du pouvoir.

Inge était en profond désaccord. Il considérait comme important que le lieu même du tribunal représente l'autorité et le pouvoir. Qu'il était utile de préserver les traditions telles que la robe, le vêtement noir porté par les magistrats dans la salle d'audience.

Elin soutenait qu'il défendait uniquement le privilège de la classe bourgeoise moyenne, qui consistait à créer des normes de société pour se protéger elle-même.

Mais n'étaient-ce pas les classes supérieures qui établissaient la frontière entre ce qui est juste et ce qui ne l'est pas ?

Peut-être était-ce le cas au début du XXe siècle. Aujourd'hui, la situation est différente. Les classes supérieures ont tout loisir de passer outre l'appareil judiciaire. Elle font un avec le pouvoir politique et économique. Elles écrivent leurs propres lois.

Ce qui reste, c'est un appareil judiciaire dont la

caractéristique principale est de laisser les classes moyennes régner en maître sur les classes populaires.

Il était presque trois heures quand Elin commanda un taxi à la réception de l'hôtel. Toujours aucune nouvelle de Karen Margrethe.

Gloussant de rire à propos d'un nouveau signe de notre langage des sourds-muets, nous sortîmes dans la nuit polaire.

Inge et Elin habitaient une maison récente à quelques kilomètres du centre-ville, et je pus dormir dans une chambre d'amis au sous-sol. La pièce était remplie de dessins d'enfants et meublée d'un grand lit à eau.

J'avais toujours cru qu'un lit à eau était quelque chose de stimulant sur le plan érotique. D'un peu scabreux, quoi.

Or on avait plutôt l'impression d'être couché sur un matelas mousse en plastique flottant sur un lac d'eau glacée. Elin brancha le chauffage du lit, cela ne fut pas d'un grand secours. Inge alla chercher un tapis de sol dans le placard à skis, et je m'enroulai dans la couverture. L'odeur familière du fart à ski dans les narines, je m'endormis, bercée par les mouvements de l'eau.

Je fus réveillée par les enfants. Le tapis de sol tirebouchonnait autour de moi et il faisait terriblement chaud sous la couverture et l'édredon.

La lumière grise arrivant par la fenêtre étroite du sous-sol dessinait un curieux motif sur le mur lambrissé où étaient affichés les bonshommes-têtes des enfants. J'avais la gorge sèche, j'étais en sueur et hors d'haleine.

Les enfants avaient été chargés de me réveiller et de

me dire que le petit déjeuner était prêt. Une mission qu'ils prirent très au sérieux. Ils sautèrent dans le lit et firent tanguer le matelas, me prenant totalement au dépourvu.

Je réussis à sortir du lit avant que le mal de mer ne me fasse vomir. Dans le miroir de la salle de bains, je vis mon visage blême, mes yeux rouges et cernés. Je ressemblais aux photos polaroïds jointes aux enquêtes de police dans les procès pour coups et blessures.

Les photos. Tout à coup je me souvins que Karen Margrethe avait évoqué un cliché de sa blessure.

Inge savait peut-être si les coups portés sur Karen Margrethe lors du viol avaient été photographiés. Je n'avais rien vu dans le matériel d'enquête que j'avais consulté.

Je fis ma toilette et montai prendre le petit déjeuner.

— Avez-vous vu des photos des blessures de Karen Margrethe dans le rapport d'enquête de la police ?

Inge leva les yeux de son journal de la veille. Non, il n'avait pas vu de photo.

— On a peut-être oublié d'en faire ?

— Karen Margrethe m'a dit que le médecin en avait fait.

— Demandez donc à ce Kristiansen. Le skieur.

Je n'avais pas envie d'entrer dans le détail de mes relations avec « ce Kristiansen ». Les photos étaient peut-être toujours à Kautokeino. Était-il possible que quelqu'un les ait retirées du dossier ?

Je pouvais aussi bien téléphoner à Karen Margrethe et lui demander si elle avait déposé des photos quand elle était allée porter plainte à la police. J'avais sans doute un peu de mal à me détacher de mon travail habituel de procureur. J'étais constamment obligée de me remettre à l'esprit que, dans cette affaire, je représentais la partie adverse.

Mon boulot n'était pas de faciliter la tâche au procureur. D'une certaine manière, je n'avais pas encore choisi le rôle que j'allais jouer dans cette pièce.

Même si je réprouvais les actes de Nils Mattis, j'avais la maudite obligation de faire en sorte qu'il s'en tire sans aller en prison.

Il n'y avait plus aucune trace du poids lourd espagnol au passage du col. La neige et le vent avaient tout balayé. Ce qui est un événement dramatique un jour est effacé le lendemain. La nature se métamorphose quotidiennement. La neige et le vent transforment en permanence le paysage autour de nous. Implacablement, dans un mouvement incessant, les forces naturelles tournent avec l'inclinaison de l'axe terrestre.

Nous ne sommes même pas des figurants dans ce gigantesque spectacle. Et pourtant, à l'instar de la fourmi enivrée, nous croyons avoir le rôle principal, essayons de diriger ce qui se passe devant nos yeux.

Nulle femme aveugle n'attendait sur le bord de la route, un vieil enfant nain dans les bras.

La cathédrale de glace édifiée par la cascade apparaissait plus haute, plus large. Les piliers de glace soutenaient la voûte bordée d'énormes glaçons.

Au débouché, sur le plateau du Finnmark, les lourds nuages traînaient le long de la route enneigée. Sur le bord, quelques voitures ensevelies sous la neige et une unique trace de scooter, qui serpentait sur un petit lac. Un terrain de camping désert et des caravanes alignées, toutes pourvues d'un *spikertelt*, un auvent en bois.

Puis, tout à coup, le soleil perça à travers les nuages.

Seulement quelques kilomètres plus loin, il brillait sur un ciel bleu de glace, faisant scintiller la neige polie comme un immense réflecteur. Des dizaines de kilomètres d'affilée dans une lumière blanche aveuglante. Une clarté qui pénétrait de toutes parts dans la voiture.

Je dus m'arrêter sur le bord de la route pour chercher mes lunettes de soleil.

J'avais dû les oublier à l'hôtel. Plissant mes yeux mouillés de larmes, je roulai jusqu'au chalet de Suolovuobmi. Ils ne vendaient pas de lunettes de soleil, mais je pouvais en emprunter une paire que quelqu'un avait oubliée. La femme, vêtue d'un chandail tricoté main, sortit un carton rempli d'une collection hétéroclite de lunettes aux branches plus ou moins cassées, et j'en choisis une paire qui me semblait suffisamment foncée.

— Vous allez à Kautokeino ?

Un homme d'une trentaine d'années attendait près de ma voiture. Il portait un jeans, des bottes de cowboy et un kolt de Kautokeino serré à la taille par un ceinturon qui cliquetait.

— J'ai reconnu la voiture. J'vous ai vue à la station-service, il y a quelques jours.

À vrai dire, je m'étais réjouie d'avance du trajet de retour en solitaire dans la montagne. Pouvoir réfléchir en toute tranquillité à la manière d'aborder ce procès. Décider de l'attitude à adopter face à la demande de la famille et à l'éventuelle culpabilité de Nils Mattis.

— Bien sûr, je vous emmène.

Il alla chercher un cabas en plastique près de l'escalier et monta dans la voiture.

Quand nous arrivâmes dans la montagne au-dessus de Masi, le soleil était exactement en face de nous et deux parhélies étincelants apparurent sur le fond bleu clair du ciel. À croire que le soleil ne se satisfaisait pas de sa propre luminosité et du scintillement de la neige. Trois astres dans le ciel : une sensation étrange. Irréelle et effrayante à la fois.

Mais mon passager, lui, ne se préoccupait pas du soleil. Il exhuma une bière de son cabas en plastique et la but, indifférent aux phénomènes célestes.

— C'est vous, l'avocate ?

Il tenait la bouteille de pils entre ses mains. La lumière du soleil chatoyant dans la bouteille projetait des reflets bruns à l'intérieur de la voiture.

— Oui. Mais je ne travaille pas en Norvège. Ils m'ont juste demandé de venir voir si je pouvais défendre Nils Mattis.

— Et vous pouvez ?

— Quoi donc ?

— Défendre Nils Mattis.

Oui, justement, est-ce que je pouvais ? Étais-je en mesure de me justifier moralement à moi-même que j'allais essayer d'obtenir l'acquittement d'un violeur dans un procès ?

— Je ne sais pas. Pour être franche, je ne sais pas si je peux le faire.

Il n'écoutait pas. Voilà ce que me rapportait ma sincérité. Il buvait sa bière et, derrière ses lunettes noires, il regardait par la vitre, l'esprit ailleurs.

Il avait un tatouage qu'il s'était fait lui-même sur la main gauche. Comme ceux que se font les prisonniers.

Il eut le temps de boire trois bières, mais ne dit plus un mot pendant l'heure que dura le trajet jusqu'à Kautokeino. Je m'arrêtai pour le déposer à la station Esso.

— Ça ira, ici ?

— Très bien.

Il prit son sac en plastique avec les bouteilles vides et fit le tour de la voiture. Cogna à la vitre au moment où j'allais partir.

— J'ai été interrogé comme témoin dans l'enquête. Si vous avez besoin d'un renseignement, faites-moi signe.

Il traversa la route et continua en direction du centre, dans ses bottes de cow-boy légères.

Et merde, j'avais raté l'occasion de vérifier ses informations. C'était sûrement le témoin qui avait vu Nils Mattis et Karen Margrethe dehors, près du container. Celui qui avait été impliqué dans une bagarre à la discothèque, plus tard ce même soir.

Je restai assise dans la voiture et sortis les photocopies du rapport. J'avais son nom et son adresse dans mes notes. Je n'avais rien inscrit sur lui et n'avais pas cherché à le contacter auparavant, cela aurait peut-être été utile, pourtant, d'entendre ce qu'il avait à dire.

Ses déclarations n'avaient pas une grande importance pour l'enquête. Elles confirmaient seulement que les deux autres avaient quitté le pub ensemble.

Devais-je le rappeler tout de suite ? Le temps que dura mon hésitation, il avait disparu derrière la Maison communale. Non, cela pouvait attendre jusqu'à demain.

Je remontai à l'hôtel et téléphonai à Karen Margrethe. Elle n'était toujours pas chez elle, mais la personne qui décrocha promit de lui dire de me rappeler dès son retour.

Je me douchai, rassemblai mes affaires, pris une profonde inspiration et appelai ma tante, lui demandai de me passer Nils Mattis. Il était sorti. Elle ne savait pas où. En tout cas il était dans le coin et ne retournerait pas dans la montagne avant mercredi.

Il faudrait peut-être que j'appelle Kristiansen pour savoir s'il avait vu des photos des blessures de Karen Margrethe. Je laissai tomber cette idée, mieux valait lui demander à elle directement.

Il faisait toujours un temps splendide lorsque je repris ma voiture.

Je montai jusqu'à Bulletjavhre, mais Nils Mattis n'y était pas. Un vieil homme roux, qui s'était visiblement rasé et coupé les cheveux à la hache, me dit que je le trouverais sans doute avec le troupeau de rennes de trait sur la route d'Avzi.

Il m'indiqua comment m'y rendre et où stationner. De ses ongles rugueux, il gratta sa chevelure coupée à la diable. Je verrais des voitures le long de la route. Ils étaient là-bas et sélectionnaient les rennes de course.

Les voitures étaient garées le long de la route, comme il l'avait dit, mais il n'y avait personne en vue. Je marchai près d'un kilomètre dans la trace des motoneiges sans être vraiment sûre d'aller dans la bonne direction. Les traces en croisaient d'autres, ou bien se divisaient à plusieurs endroits.

Au moment où je décidai de rebrousser chemin et de retourner à la voiture, je vis une vieille femme en motoneige. Elle portait un *päsk*, le traditionnel manteau de fourrure de renne, une casquette militaire et, sur une épaule, un lasso bleu.

Elle ne comprit pas mes paroles, mais saisit que je cherchais Nils Mattis. L'enclos de triage était à plusieurs kilomètres. Elle désigna la trace des scooters.

Est-ce qu'elle pouvait m'emmener ?

Elle hésita. Je lui expliquai que j'étais de la famille de Nils Mattis et elle me laissa monter dans la remorque.

Sur les hauteurs de la montagne, on avait installé un enclos provisoire avec des filets en plastique orange. Les couloirs de capture étaient matérialisés par un simple bandeau de plastique rouge et blanc que l'on avait tendu entre des piquets de bouleau noueux, plantés dans la neige piétinée.

Nils Mattis pénétrait dans l'enclos, le lasso à la main. L'extrémité de la corde traînait derrière lui dans la neige. Le troupeau dans l'enclos n'était pas très important, une trentaine de bêtes, peut-être. À l'extérieur du filet gisaient quelques corps de rennes écorchés.

La chair à vif luisait d'un rouge sombre sur le blanc de la neige. Les peaux étaient roulées à côté des corps gelés. Dans la lumière rasante de l'après-midi, la face intérieure du cuir brut prenait une teinte presque pourpre.

Deux robustes rennes étaient attachés à un traîneau retourné. Un jeune garçon coupait leurs bois avec une scie à métaux.

Nils Mattis lança son lasso et attrapa un renne au pelage clair, presque blanc. Il le fit tomber dans la neige sans s'approcher trop de son imposante ramure de corne. Vérifia la marque à l'oreille et enfonça son *buikun*, le court poignard à double tranchant, dans la nuque de l'animal. Le renne rejeta la tête en arrière et agita les pattes.

Un homme plus âgé, en parka militaire de camouflage, vint l'aider. Ensemble, ils retinrent l'animal puissant pendant sa lutte contre la mort.

Ils traînèrent la bête hors de l'enclos, jusqu'à un

autre corps couché dans la neige, à quelques mètres de là. Unissant leurs forces, ils roulèrent le renne sur le dos de sorte qu'il repose sur ses bois. D'une incision rapide, ils lui ouvrirent le ventre et en retirèrent les entrailles fumantes. Ils tranchèrent les pattes aux articulations, et l'homme à la veste militaire commença à écorcher l'animal dont le corps chaud dégageait encore de la vapeur.

Quand Nils Mattis m'aperçut, il se releva et s'avança vers moi jusqu'au filet de clôture. Il était complètement transformé. Rien à voir avec celui que j'avais vu tout dernièrement.

Là, il était en forme et reposé, essuya le couteau sur son pantalon et me serra la main, comme à une étrangère.

— *Bures, bures.*

Il ouvrit le filet et passa de mon côté. L'homme à la veste militaire dépouillait le renne qu'ils venaient d'abattre. De la main et avec le manche de son couteau, il frappait la peau afin qu'elle se détache avant que l'animal ne refroidisse.

La femme qui m'avait emmenée en scooter commençait à charger les cadavres gelés sur l'une des remorques. Elle était aidée par un jeune garçon aux cheveux blonds en brosse qui tirait un corps refroidi sur une bâche en plastique verte.

— C'est l'abattage annuel en ce moment ?

— Hum, pas tout à fait. Juste pour le séchage. Pas trop de parasites dans les peaux à cette époque.

Nous allâmes vers le feu, et Nils Mattis essaya de faire sortir quelques gouttes de café de la cafetière noire en aluminium, près du foyer de pierre. Il s'écarta de quelques pas, vida le gros du marc de café par terre et remplit la cafetière de neige. La température était tombée, la neige était dure et craquante.

Un des jeunes garçons apparut avec une brassée de bois pourri et resserra le foyer autour de la cafetière grésillante.

— C'est dommage de leur enlever les cornes. Ils ont plus d'allure avec.

Tout en fouillant dans son sac à dos, Nils Mattis fit un signe de la tête en direction du renne aux cornes sciées.

— Ça, c'est de la Formule 1. Ils sont plus faciles à mener. Ils courent plus vite. Donnent pas des coups de cornes comme des dingues quand on les harnache.

Il sortit de son sac la trousse à café en cuir et un travers de viande séchée. Avec son couteau, il découpa des côtes et les disposa sur le feu, la face la plus garnie de viande au-dessus de la braise.

— Tu as dit que tu lui avais parlé, à Karen Margrethe.

Je fus étonnée, j'avais cru qu'il tournerait autour du pot. Qu'il était trop gêné pour parler de cela si ouvertement.

— Oui, je lui ai parlé. Elle avait l'intention de retirer sa plainte contre toi. Mais tu sais ce que j'ai fait ?

— Ouais, je sais, tu l'as convaincue de ne pas le faire.

— Bien vu. Et qui te l'a dit, d'ailleurs ?

— Le patelin est petit, les bouches sont nombreuses, les oreilles encore plus, et les yeux le sont presque autant… Oui, le Mattis Buljo, lui, il a un œil de verre.

Il dit cela comme une blague, fit un petit sourire, mais en même temps il était sérieux.

— J'ai parlé avec le procureur d'Alta. Il accepterait peut-être une conciliation.

— C'est quoi, une conciliation ?

Il jouait tout bonnement les imbéciles, savait très bien de quoi je parlais. Il souleva le couvercle de la cafetière et remua la neige en train de fondre avec son couteau.

— Cela signifie, Nils Mattis, que tu te mets d'accord avec Karen Margrethe sur un dédommagement. Et ensuite que tu promets de ne plus jamais essayer – même pas en rêve, tu entends – de baiser une fille en lui mettant un couteau sous le nez.

Il fut un peu surpris. Suspendit son geste, le couvercle noir de la cafetière dans la main.

Le garçon revint avec plus de bois. Il nous regarda, mais ajouta le bois sur le feu sans dire un mot. Nils Mattis attendit que le jeune s'éloigne et aille aider la femme à charger les corps écorchés sur la remorque.

— Elle a des problèmes. Tu le sais, hein ? Des problèmes avec ses nerfs. Elle a été hospitalisée et doit prendre des médicaments. Elle prend d'autres trucs aussi. Des amphétamines.

— Si tu t'imagines que cela aura une quelconque importance pour le tribunal, tu te trompes. Tu ne peux pas alléguer ce genre de choses.

— Mais elle est vachement bizarre, parfois. Elle invente des trucs, du pur délire, on dirait qu'elle a des idées fixes. Elle a été internée en hôpital psychiatrique, je te dis.

— N'essaye même pas.

— Il doit bien y avoir un dossier ou quelque chose. Au centre médical. Tu n'as qu'à lui en parler, au docteur, à Karasjok.

— Les médecins sont tenus au secret professionnel. Tu n'obtiendras jamais le témoignage d'un médecin sur ce genre de sujet. Tu ne verras jamais les dossiers médicaux.

Il retira la cafetière du feu et y versa du café. Rapprocha le récipient des flammes.

— Ce n'est pas le juge qu'il faut convaincre que j'ai raison, c'est toi.

Il parlait tout à fait sérieusement. Il découpa des petites tranches dans un des travers grillés et me les tendit.

Je déchirai la viande salée avec mes dents, mes mains furent bientôt noires de charbon et mon visage barbouillé de graisse. Nils Mattis nettoya une tasse en plastique rouge avec de la neige et me servit du café. Lui-même but dans une tasse ébréchée, sans anse, décorée d'un joli motif de petites fleurs bleues.

— Qui t'a raconté qu'elle avait été en hôpital psychiatrique ?

Il haussa les épaules.

— Tout le monde le sait.

— Qui t'a dit qu'on pouvait s'appuyer là-dessus dans un procès ?

Il coupait de fines lanières de viande dans le carré et les fourrait dans sa bouche avec la main qui tenait le couteau tranchant. Un geste d'inattention, et il se taillait le nez.

— C'est le Mikkel qui a dit quelque chose de ce genre. Ante Mikkel Eira, tu vois qui, l'avocat.

— Puisqu'il vous a donné tellement de bons conseils, celui-là, pourquoi ne pas lui avoir demandé de te défendre, alors ?

— Ma mère le connaît. Ils étaient à l'école ensemble.

Et puis ils ont fait les manifestations contre le barrage d'Alta, aussi. Elle s'est renseignée quand ils se sont croisés, un jour. Y a pas de quoi en faire tout un plat !

— J'en fais tout un plat parce que vous ne me dites pas tout. Vous me demandez de venir jusqu'ici et ensuite vous n'arrêtez pas de faire des cachoteries sur ce qui s'est réellement passé.

La femme qui m'avait prise en scooter s'approcha du feu et je lui cédai ma tasse à café. Nils Mattis lui demanda quelque chose en same, que je ne compris pas, mais qui concernait apparemment les carcasses de rennes sur la remorque.

Le fait d'être tenue à l'écart me hérissa. Ils pouvaient très bien parler norvégien, pour que je comprenne. Quel moyen d'exclusion efficace que la langue ! Qu'est-ce qu'on peut se sentir rejeté et dédaigné quand quelqu'un se met à parler dans une autre langue !

Dès qu'ils ne voulaient plus que je comprenne ou que je suive leur conversation, ils changeaient tout simplement de langue. Pas seulement de langue, mais aussi de façon de penser, de références. De morale et de pratiques.

Passer d'une langue à une autre, c'était une chose, mais pouvait-on aussi modifier du même coup ses règles de conduite et sa personnalité ? Complètement bouleverser les fondements de la morale et de la conception de la justice ?

C'était justement le sujet de notre discussion de la veille, en fait. Le langage juridique fonctionne de la même manière. On empêche ceux dont il est question de comprendre ce qui se dit. On leur retire toute possibilité de saisir les raisonnements sur la morale et la justice qui ont étayé le jugement.

Nils Mattis alla voir les jeunes garçons qui chargeaient la remorque. Ils étaient en train de fixer la bâche et d'amarrer le chargement avec une fine corde de nylon. La femme, près du feu, ne disait rien. Se contentait de boire son café et de me sourire quand je la regardais.

Le soleil s'était déjà couché et, tandis que nous redescendions vers la route, de légères touches de gris commençaient à oxyder la lumière bleue.

Je conduisais la motoneige de Nils Mattis, et lui tenait les guides de trois rennes de course. Ils galopaient derrière nous dans la trace du scooter, leurs sabots martelant doucement le sol, et ils soufflaient des nuages de vapeur. L'un des rennes saignait à l'endroit où ses cornes avaient été sciées.

Arrivés sur la route, on chargea les animaux gelés dans une camionnette. L'homme à la veste militaire et Nils Mattis entrèrent dans le véhicule pour conclure l'affaire.

Il s'agissait très clairement de marché noir.

Le chasse-neige était passé pendant que nous étions à l'enclos et je dus enlever de ma voiture quelques décimètres de neige compacte. Je fis demi-tour et attendis Nils Mattis. L'homme de la camionnette repartit vers le bourg, et je vis Nils Mattis compter l'argent pour la femme au scooter.

Rien ne me rend plus nerveuse que d'être en dehors des événements. De seulement regarder sans vraiment comprendre ce qui se passe.

Nils Mattis et la femme riaient. Il l'aida à remplir son réservoir de carburant. Fixa la bâche qui recouvrait le corps du renne sur la remorque du scooter. Posa la main sur son épaule.

Signes et gestes d'entente. Lui plein d'assurance et serein. Sachant qui il était et ce qu'il faisait. Pouvait-il être un violeur ? Que signifiaient les histoires qu'il m'avait racontées sur Karen Margrethe ? Comme quoi elle était sous traitement et avait été hospitalisée. Qu'elle avait des manies, inventait n'importe quoi.

Je sortis de la voiture, rejoignis Nils Mattis et la femme. Elle me fit un signe de la tête. Elle qui n'avait précédemment parlé que same avec moi connaissait soudain le norvégien.

— Alors tu es Anna Karin, la fille d'Anna Marja ?

— Oui, c'est bien ça.

— Tu habites chez Áhkku, pendant que tu es là ?

J'approuvai de la tête, essayant de ne pas me laisser entraîner dans de trop longues explications, puisqu'elle était déjà au courant de ce qu'elle voulait savoir. En avait appris sûrement plus qu'elle n'aurait dû. Connaissait davantage de choses sur ma mère que moi-même.

— On se reverra peut-être, dit-elle, avant de boutonner sa chapka et de démarrer son scooter.

Nils Mattis rassembla les brides et les rênes des bêtes de course.

Nous convînmes de nous voir le lendemain matin, et je retournai en ville. Nils Mattis attacha les rennes derrière la remorque de son scooter et parcourut plusieurs kilomètres au-dessus de moi, sur le talus de neige.

Les trois bêtes couraient derrière lui, des nuages de vapeur s'échappaient de leurs gueules ouvertes. Le feu arrière rouge du scooter leur donnait une allure de spectres venus d'un autre monde, derrière le traîneau cahotant.

Devant nous, le phare du scooter promenait sa lumière blanche sur les buissons de bouleaux nains que le givre avait transformés en une étincelante forêt fantomatique. Plus bas, le long de la rivière, les lumières des maisons du bourg scintillaient. Les réverbères jaune orangé laissaient des trous d'épingle dans l'obscurité croissante.

*

Je m'arrêtai au Café d'Alfred, retirai ma combinaison et bus une bière pour faire passer le goût salé, un peu fade, de la viande séchée.

Que faire, maintenant ? Comment avancer ? Fallait-il chercher la confirmation que Karen Margrethe avait réellement des problèmes psychiques ? Merde, je n'avais pas pensé à vérifier ça plus tôt. On n'avait jamais accès au dossier médical des patients. Mieux valait lui demander à elle directement.

L'idéal serait quand même que Nils Mattis trouve un accord avec Karen Margrethe. Que j'arrange une conciliation. Mais c'était à elle de décider.

Encore que, l'était-ce vraiment, en fait ? J'étais chargée de défendre les intérêts de l'accusé.

Il était possible qu'elle ait appelé à l'hôtel pendant que j'étais dans la montagne avec Nils Mattis.

En fait, j'appréhendais un peu de l'interroger. Je pourrais probablement la persuader d'opter pour ce que je proposais. Ou bien cette pensée-là n'était-elle qu'une tentative pour me sortir du dilemme moral dans lequel je m'étais fourrée moi-même ? L'avocat de la défense qui devient procureur pour des raisons éthiques et qui tente de faire tomber son propre client.

— Vous me reconnaissez ?

Un petit homme aux cheveux raides et ternes, avec

une cicatrice sur la tempe gauche, s'avança jusqu'à ma table et s'assit en face de moi. Il portait un vieux pull bleu foncé, troué au coude.

— Non, je vous ai déjà vu quelque part ?

— À la télé. Lillehammer. Vous ne me reconnaissez pas ?

— Désolée, je devrais vous reconnaître ?

Il ne répondit pas mais, visiblement, j'aurais dû le reconnaître.

Je lui payai une bière, et il me raconta dans tous les détails que c'était lui qui avait mené le premier renne au stade de ski de Lillehammer, pour la cérémonie d'ouverture des J.O. de 1994. Je n'eus pas le cœur de lui dire que je n'avais pas regardé une seule seconde des jeux Olympiques de Lillehammer. Ni aucun autre événement sportif non plus, d'ailleurs. En tout cas, pas depuis que j'étais partie de la maison et possédais ma propre télécommande.

— Beaucoup de gens me reconnaissent.

— Moi pas.

— Non, pas vous, bien sûr, mais maintenant vous savez qui je suis.

Il balaya la salle du regard mais, ne trouvant visiblement personne d'autre à qui parler, il se posa près de moi.

— Je devais aller aux États-Unis. Salt Lake City. Mais ça a foiré. Les mormons avaient peur que les rennes leur refilent la fièvre aphteuse. Ce sera la Chine à la place. À moins que ce ne soit le Japon ?

— Oui, ils organisent quelque chose là-bas, l'année prochaine.

— J'y vais, pour faire la course d'ouverture. On va s'envoler avec les rennes.

— Comme le Père Noël.

— Qui ?

— Nisse[1]. Non, rien, laissez tomber.

Il réfléchit. But un peu de bière, l'air pensif, et comprit enfin ce que j'avais voulu dire.

— Mais non, pardieu, pas comme Nisse, les rennes prennent l'avion avec moi.

— C'est loin.

Il pointa un doigt vers le sol. Je compris qu'il désignait l'autre côté de la planète.

— Oui, vous traversez le pub Maras, ici en dessous, puis toute la terre, et ensuite c'est de l'autre côté, un peu par là.

Il indiqua de la main la direction de la station Esso. Il avait visiblement vérifié sur un globe terrestre. Il regarda à nouveau autour de lui, alluma un mégot noirci et se pencha vers moi.

— C'est vous l'avocate de Nils Mattis ?

— Il me semble. En effet, c'est moi, oui.

Il fut un peu troublé par ma réponse hésitante. Ralluma son mégot et aspira quelques petites bouffées rapides pour en raviver la braise.

— Vous êtes avocate ?

— Pas en Norvège. En Suède, je travaille comme procureur. *Aktor*. Là-bas, à Stockholm.

— Mais vous êtes avocate ?

— J'ai une formation de juriste.

— J'ai quelque chose à vous montrer.

Le mégot, roulé serré, s'éteignit et tomba dans le verre de bière. Il ne s'en aperçut pas.

1. Quipropoquo sur les différents noms du Père Noël en Suède et en Norvège. *Jultomten* en suédois, et *Julenissen* en norvégien.

Ce qu'il voulait me montrer, il ne pouvait pas en parler. Ce soir, ça n'allait pas, mais demain. Il viendrait me chercher à l'hôtel.

— Il y a un bout de chemin en motoneige, alors habillez-vous chaudement.

Il prit son verre de bière et partit vers une table au fond de la salle. En dépit de son ton très sérieux, je n'étais pas sûre qu'il viendrait le lendemain.

Je rassemblai gants, écharpe et bonnet puis retournai à ma voiture gelée. Tout à coup je réalisai que c'était sûrement lui qui était en train de dépecer le renne dans le garage du commissariat, le jour de mon arrivée. Verrait-il le mégot avant de vider son verre ?

Il y avait cinq messages téléphoniques pour moi à la réception de l'hôtel. Trois de Kristiansen, un de ma tante Sara Marit, et un de Peter, qui travaillait à Vaxjö, mais passait en ce moment quelques jours à Luleå pour un séminaire. Rien de Karen Margrethe.

Je me connectai au réseau Wi-Fi de l'hôtel et regardai mes mails. Peter écrivait qu'il allait rester un peu plus longtemps à Luleå, et demandait si nous pouvions nous voir. À croire qu'il n'avait aucune idée de la distance qu'il y avait jusqu'à Kautokeino. Je lui répondis que j'étais prise par du boulot, mais que j'en aurais bientôt fini ici, et que je redescendrais ensuite à Stockholm. J'envoyai un mail à Kerstin, la priant de m'aider à faire les démarches pour prolonger mon congé. Stockholm, le travail, les jours de congé, tout cela me semblait très éloigné. J'étais obligée de rester ici encore quelques jours, expliquais-je, pour des impératifs familiaux, et ne savais pas quand je pourrais reprendre le travail. Tous les jours de vacances que j'avais économisés et tout mon compte épargne temps allaient y passer.

Je supprimai une partie des pourriels et j'empruntai la clé du sauna avant de monter chercher une serviette et du shampoing. Pendant que j'étais dans ma chambre, le téléphone sonna.

C'était Peter.

Nous ne nous étions pas vus depuis plusieurs semaines. J'avais passé un bon mois à Vaxjö avant de venir ici. Il avait plu sans interruption. Nous étions allés au cinéma, avions vu des amis de notre période étudiante à Stockholm. Avions parlé du boulot et des supérieurs hiérarchiques incompréhensifs. Des idéaux de notre période étudiante, érodés par la pratique quotidienne et la routine.

J'avais l'impression qu'une année s'était écoulée. Nous discutâmes un moment, puis je lui dis que j'étais en train d'aller au sauna et que je le rappellerais plus tard. En descendant par l'escalier, j'eus le sentiment d'avoir différé quelque chose de désagréable. Je me décevais moi-même, d'une façon que je n'arrivais pas bien à m'expliquer.

L'étuve était trop chaude. Quelqu'un avait réglé le thermostat au maximum et je dus jeter sur le poêle un demi-seau d'eau avant de me sentir vraiment dans un sauna. La conversation avec Peter m'avait mise de mauvaise humeur. Déjà que je n'étais pas franchement en forme avant. Mais là, ça avait été la goutte d'eau. Nous n'avions certes parlé que de la pluie et du beau temps, et soigneusement évité toutes les questions délicates. Je lui avais un peu raconté ce que je faisais ici, mais cela n'avait pas semblé l'intéresser outre mesure.

Il avait évoqué les dernières avancées du droit des

affaires. Je n'avais même pas feint un quelconque intérêt. Je me sentais à peu près comme les chaussettes tubes décolorées par trop de lavages que quelqu'un avait oubliées sur le banc en bois du vestiaire.

Dans le sauna, je tentai de faire le point sur ce qui m'était arrivé depuis que j'étais ici. D'élaborer un programme pour la suite. De voir ce qui était le plus urgent. Par quoi commencerais-je le lendemain ?

Cela n'allait pas fort. Tout ce que j'avais entrepris jusqu'à présent avait échoué. Il était évident que j'avais tout compliqué inutilement. M'étais attardée sur ce qui, en réalité, était simple et clair.

Le mieux était peut-être d'accepter une conciliation ? Visiblement, tout le monde n'attendait qu'une chose : que les poursuites soient abandonnées.

C'était Peter qui avait fait ressurgir mon manque de confiance en moi. Quoi qu'il fasse, quoi qu'il dise, c'était toujours l'évidence même. Cette assurance avec laquelle naissent les enfants des classes supérieures, et qu'ils conservent depuis la maison et l'école. Qui leur sert ensuite dans leur travail et dans leur vie privée. Ils savent toujours s'exprimer. Toujours comment il faut agir et se comporter. Sont capables de maintenir la distance, de regarder les autres de haut sans provoquer en eux plus qu'un vague embarras.

La première fois que j'ai rencontré Peter, c'était à l'université, pendant l'année préparatoire aux études de droit. Il a débarqué un jour en cours et a posé une question futée. Il s'avéra qu'il avait déjà suivi le cours et aurait juste besoin d'en réviser quelques chapitres avant l'examen. Nous nous croisâmes à nouveau quelques jours plus tard, chez Vivo, j'étais assise derrière la caisse, et lui faisait des courses.

Ce boulot m'avait permis de financer la majeure partie de ma formation et, même si Peter ne me l'a jamais dit, j'ai toujours eu le sentiment qu'il me considérait comme la fille assise derrière la caisse, chez Vivo. Cette bienveillance teintée d'humour, cette supériorité discrète.

Naturellement, c'est un vernis de façade, je le sais bien. Mais tant que les pauvres imbéciles laborieux que nous sommes accepteront leur mascarade, ils conserveront leur autorité. Ainsi, ils essaiment comme des drosophiles sur toutes les positions sociales importantes, dans les journaux, à la radio et à la télévision. Dans les cabinets d'avocats et les tribunaux. Dans les conseils de direction et les conseils d'administration. Dans les dîners et les banquets.

Cette évidence qui fait que tous, dans leurs cercles de connaissances, d'amis d'études, de famille proche ou éloignée, se soutiennent mutuellement. La cuillère en argent provenant de l'héritage entre des dents parfaitement alignées.

Quoique, finalement, ce fût bien parce que la famille se situait au-dessus de tout que je me retrouvais là, justement, bien au-delà du cercle polaire. Je faisais tout à coup partie d'une organisation sociale fondée sur le clan, sans pour autant connaître ma place. Ni les règles qui la régissaient.

Je jetai le fond d'eau du seau sur le poêle et me forçai à rester sur le banc le plus élevé du sauna. Je n'avais aucune idée de la température. Attendis quand même jusqu'à ce que la chaleur humide diminue et que ma peau cesse de picoter.

Il fallait que je prenne une décision. Il était temps de

tirer un trait. De trancher dans la sentimentalité familiale et la mauvaise conscience.

Appeler Peter et le prier d'aller se faire foutre. Dire à Karen Margrethe de ne pas céder.

Faire un grand ménage et recommencer à zéro. Astiquer les carreaux, nettoyer le sol. Se laver les pieds, mettre des chaussettes propres. Des serviettes et des draps frais.

La recette type de maman pour se ressaisir mentalement.

Ma vie est comme ça. Tout s'accumule autour de moi, jusqu'au moment où je décide que maintenant ça suffit. Je conserve les journaux qui contiennent des articles que je devrais lire mais, quand la pile atteint le plateau de la table, je jette tout. En général, dès le lendemain, je repense à un article dont j'ai absolument besoin.

Au lieu d'appeler le journal et de commander un nouvel exemplaire, je descends chez le concierge et lui demande de m'ouvrir le local des papiers à recycler. Je peux consacrer des heures à fouiller parmi les prospectus publicitaires et les vieux hebdomadaires pour en exhumer le journal que j'ai jeté.

Au cours de mes investigations dans les vieux papiers, je trouve toujours une recette de levain, de pain de campagne ou de confiture de coings, que j'emporte à l'appartement et range dans le tiroir à recettes dc la cuisine. Elle y restera jusqu'à ce que le tiroir déborde et que je me décide à tout balancer.

En règle générale, je suis capable de séparer travail et loisirs. Pagaille dans la cuisine, vie privée chaotique, mais ordre et discipline dans le boulot. Des limites nettes.

Pas de doute, j'avais trop vasouillé, ici. Ce mélange entre famille et travail ne prenait pas, comme un œuf pas frais dans la mayonnaise.

La sueur coulait le long de mon corps, mes yeux brûlaient, mais je restai quand même sur le banc du haut. Ce foutu poêle ne devait pas s'imaginer qu'il allait me forcer à sortir. Une fois sous la douche, je me sentis comme l'héroïne d'une bande dessinée débile.

Je refermai lentement le robinet d'eau chaude et me tins plusieurs minutes sous le jet d'eau glacée. J'étais sur le point de défaillir. Je m'agrippai au tuyau et résistai jusqu'à ce que je décide de sortir de la douche. J'avais mal au crâne. Les jambes qui tremblaient. Les bras violacés à cause du froid. L'impression que des milliers d'aiguilles s'enfonçaient dans mes doigts et mes pieds.

Mais j'étais contente de moi. J'avais vaincu les éléments. Je maîtrisais le feu et l'eau.

— Tu débloques, ma parole, me dis-je à moi-même.

En me frictionnant avec la serviette rêche de l'hôtel, je sentis mon visage brûlant.

— Bon sang, mais tu débloques à pleins tubes !

Je regardai mon visage dans le miroir écaillé. J'avais à peu près la même tête qu'avant de décider de tirer un trait et de recommencer à zéro. Je fis un sourire à la fille aux yeux marron foncé, dans la glace. Elle me renvoya mon sourire, elle avait l'air assez satisfaite, il faut le dire. Assez sûre d'elle. Elle n'avait peut-être pas la taille idéale, un mètre soixante-sept, mais qui décide de ces choses-là ? Cheveux noirs coupés court. Peter les trouvait trop courts. Les épaules peut-être un tantinet trop larges ?

Sacrée nana. Vraiment pas mal.

Kristiansen attendait dans le couloir, devant ma chambre. Assis par terre, il lisait le journal du soir. Il devait être là depuis un moment, il avait l'air plutôt épuisé.

— Excusez-moi, auriez-vous l'amabilité de me laisser ouvrir la porte de ma chambre ?

Il leva le nez de son journal et se redressa lentement.

— Où étiez-vous ?

— Dois-je déposer un compte rendu écrit sur votre bureau demain ?

— Je vous ai cherchée.

J'ouvris ma porte et entrai dans la chambre. Il m'emboîta le pas, son journal à la main, et s'arrêta dans l'étroit couloir devant la salle de bains.

— Asseyez-vous. Je n'ai rien à vous offrir mais, si vous voulez, vous pouvez aller acheter quelque chose à la réception.

Il déposa son journal sur le bureau et s'éclipsa.

— Mettez ça sur le compte de la chambre !

Je ne sais pas s'il entendit. J'allai dans la salle de bains exiguë, m'habillai et me séchai les cheveux. Quand je ressortis, il était assis dans le fauteuil et regardait la télé.

— Surtout, faites comme chez vous, attendez, je vais débarrasser mes affaires, vous pourrez allonger vos pieds sur la table.

Je rangeai d'une manière démonstrative mes papiers et mon ordinateur. Il ne réagit pas à mon ironie. Il n'entendait pas ce que je disais. Avait les yeux fixés sur le cocktail de guerre et de misère au journal télévisé. Quand le sport commença, il éteignit le poste.

— Elle est morte.

Il me regarda, et là je vis à quel point il était fatigué. Sous le hâle brun, son visage était gris, ses yeux cernés de rouge.

— Qui est mort ?

— Karen Margrethe. Ils l'ont trouvée ce matin. Hier après-midi elle était perturbée, elle a pris des médicaments et elle est partie avec une voiture empruntée.

L'air me manqua. Je m'assis sur la chaise et scrutai le mur, incapable de penser. Kristiansen me versa du café. Ma tête était vide. Ils avaient trouvé Karen Margrethe sur la route de Lakselv. On ne savait pas encore si elle était morte de froid ou à cause des médicaments.

— Qu'allez-vous faire maintenant ? Qu'a fait la police ?

Je ne voulais pas croiser son regard, alors je détournai les yeux vers le réverbère qui vacillait, dehors. Un lourd vent d'ouest arrachait des tourbillons de neige aux talus bordant le parking et donnait des petits coups sur la vitre noire.

Le vide là-dedans, le froid glacial à l'extérieur. Seulement quelques millimètres de fragile protection. Je sentis les larmes me monter aux yeux, j'allai dans la salle de bains, m'assis sur les toilettes et pleurai.

*

Kristiansen habitait un appartement à demi en sous-sol dans une maison rouge sur l'autre rive du fleuve. Il y avait plusieurs paires de skis dans l'entrée, sur la table de la cuisine un fer à repasser poisseux, diverses boîtes de fart et autres racloirs en acier.

J'étais assise à la table de la cuisine, le regardais faire du café et remplir la bouteille Thermos.

Il alla chercher une combinaison de scooter et quelques peaux de rennes, chargea le tout dans le coffre de ma voiture.

Quand nous remontâmes vers l'hôtel, le village était désert.

Le chasse-neige était arrêté à la station Stadoil, ses feux orange clignotants allumés. Kristiansen demanda au chauffeur comment était la route de Karasjok.

Aucun danger. La route était ouverte. Il y avait juste pas mal de rennes au-dessus de Láhpoluobbal.

Au bout de quelques kilomètres, Kristiansen s'assoupit. Il dormait profondément, la tête sur sa veste roulée en boule. Il ne faisait pas très froid et le vent soufflait de derrière, à l'oblique. Il commençait à faire chaud dans la voiture, je m'arrêtai sur le parking au-dessus de la rivière pour retirer mon manteau. Je pris plusieurs grandes respirations et marchai un peu autour de la voiture. La centaine de kilomètres à travers la montagne ne poserait pas de problème. Kristiansen dormait d'un sommeil profond, immobile. Il sentait un peu le liniment, le goudron et le fart.

Nous arrivâmes juste avant trois heures et je n'avais rien vu d'autre le long de la route que quelques jeunes rennes effrayés. La brume de givre qui s'élevait de la crevasse dans la rivière en contrebas se déplaçait vers le centre-ville complètement désert.

Je réveillai Kristiansen et il m'indiqua le chemin du commissariat. Il n'y avait pas de lumière, la porte était fermée à clé. Kristiansen passa un coup de fil et, une demi-heure plus tard, le policier de garde arriva dans la voiture de service couverte de glace.

C'était un homme robuste d'une cinquantaine d'années, aux traits du visage accentués, à la peau sombre et aux mains larges. Il nous fit entrer dans un bureau froid et inoccupé qui semblait servir de réserve pour les formulaires et les fournitures de bureau.

Il sortit et revint avec un classeur en plastique contenant quelques documents.

— Vous prendrez du café, n'est-ce pas ?

Il disparut dans le couloir. Kristiansen ouvrit le classeur et je lus par-dessus son épaule.

Le rapport était bref. Le dimanche matin, un automobiliste avait appelé pour déclarer qu'il avait trouvé

Karen Margrethe. Il s'était arrêté sur une aire de parking à trente ou quarante kilomètres du village. Avait vu que la porte de l'une des baraques où l'on vend des souvenirs, l'été, était ouverte. Karen Margrethe gisait sur le sol à l'intérieur de la baraque. Morte.

Sa voiture était garée sur le parking. Couverte de neige. Celui qui l'avait découverte avait appelé la police, qui fut sur place quarante-cinq minutes plus tard. Dans le rapport, l'heure avait été modifiée. Comme si l'information avait été vérifiée puis corrigée.

La patrouille de police avait constaté que la jeune femme était morte. Par terre dans la baraque, il y avait une boîte de tranquillisants vide. Elle en avait probablement pris une dose trop importante.

On l'avait identifiée grâce à sa carte d'identité et à son permis de conduire, qui se trouvaient dans son sac à main.

Dans son calepin, il y avait ma carte de visite avec, au dos, le numéro de téléphone de mon hôtel à Kautokeino. Elle avait aussi noté notre rendez-vous prévu à Alta, le samedi soir. Kristiansen leva les yeux du document. Il fit un signe de tête vers le couloir, et je retournai de l'autre côté du bureau. De fait, je n'étais pas autorisée à lire le rapport.

— Vous aviez prévu de vous rencontrer ?

— Elle devait venir à Alta pour que nous voyions comment procéder dans cette affaire. Nous devions rencontrer le procureur là-bas.

— Celui qui est un peu chauve, c'est ça ?

— Inge Amundsen, oui. Elle ne venait pas, je l'ai appelée plusieurs fois, sans jamais réussir à la joindre.

Le policier aux mains larges entra avec le café et

trois timbales en plastique dans des porte-gobelets marron.

— Du sucre, ou du lait ?

Nous secouâmes la tête, Kristiansen poussa le classeur pour que le policier puisse poser les gobelets.

— C'était vous qui étiez de garde ?

— Non, mais c'est moi qui y suis allé. Les gars qui étaient de service m'ont appelé à la maison et m'ont demandé si je pouvais m'en charger. Eux s'occupaient d'un événement ici, ils ne pouvaient pas s'éloigner.

— Quelle sorte d'événement ?

— Un concours de pêche à la trembleuse. C'était dimanche matin. Ils aiment bien ça, alors ils m'ont appelé pour savoir si je ne pouvais pas aller là-bas à leur place. Ils avaient mal compris l'homme au téléphone et croyaient qu'il s'agissait seulement d'une voiture abandonnée.

Le café était chaud et inhabituellement fort.

— Savez-vous quand cela s'est passé ?

— Pendant la nuit, je dirais. Elle était morte depuis longtemps quand je suis arrivé.

— Vous avez pris des photos ?

Kristiansen regarda dans le classeur en plastique.

— J'ai pris quelques photos de la voiture et de la baraque. Et aussi de la fille qui était dedans, bien sûr. Mais elles ne sont pas encore développées.

— Développées ?

— Oui, nous avons un nouvel appareil photo, numérique, mais moi j'utilise l'ancien. Les boutons sont tellement petits, sur le nouveau. Je donne les pellicules à développer chez un photographe ici. Elles devraient être prêtes pour cet après-midi, en principe.

Il regarda sa montre comme pour s'assurer qu'on était bien lundi matin.

Kristiansen sortit un calepin de sa poche et prit un stylo à bille dans un carton sur une étagère.

— Celui qui conduisait le chasse-neige, est-ce qu'il vous a dit quelque chose ?

— Je lui ai téléphoné. Mais il ne se rappelait pas avoir vu de voiture sur cette aire de stationnement. Le véhicule était hors de son champ de vision. On accède au parking derrière la butte de neige. En plus, ça chasse beaucoup à cet endroit-là, justement, alors il n'a peut-être rien vu de ce côté à cause de la neige.

Nous bûmes notre café et le policier appela le service médical. Le médecin n'était pas encore arrivé, mais une infirmière nous accueillit et nous entrâmes dans la morgue. Ce n'était pas une vraie morgue, juste une pièce glaciale attenante au garage.

Karen Margrethe reposait sous un drap, sur une civière recouverte de toile cirée.

Quand on voit ce genre de scène dans les films, ils sont toujours dans une chambre froide et ils ouvrent un tiroir à l'intérieur duquel se trouve le cadavre, nu dans une housse mortuaire en plastique noir avec une fermeture Éclair.

Karen Margrethe avait tous ses vêtements sur elle. Pull, veste et gant gauche. Ses jambes étaient repliées.

Elle s'était fait couper les cheveux après ma visite. Je l'avais vue avec d'épais cheveux clairs décolorés, plus foncés à la racine. Maintenant ils étaient coupés court.

— C'est bien elle ?

Kristiansen et moi acquiesçâmes tout bas en regardant d'un air gêné par la porte du garage. Il y avait une vieille motoneige et quelques seaux en plastique jaunes derrière la douchette haute pression au bout de la table d'autopsie.

Nous rejoignîmes le secrétariat, et l'infirmière nous dit que le médecin viendrait probablement dans la matinée. Si l'on décidait de faire une autopsie, il s'en occuperait sans doute le soir, quand il en aurait fini avec les patients qui avaient rendez-vous. Parmi les médecins, un seul, un Danois, était habilité à délivrer un rapport médico-légal.

— Il est bon, dit le policier en raccrochant la clé de la morgue de fortune dans une armoire pleine à craquer. Il a l'habitude, il a travaillé plusieurs années dans la médecine légale, chez un pathologiste à Ålborg.

— On ne fait pas souvent d'autopsie ici, n'est-ce pas ? tentai-je.

— Il y a eu une épidémie de suicides, il y a quelques années, dit Kristiansen en regardant l'infirmière comme pour qu'elle confirme ses dires.

Mais elle s'affairait dans son armoire à pharmacie et ne semblait pas disposée à parler de cette histoire. Le policier mit ses gants et sa chapka.

— Il y a eu plusieurs suicides de jeunes en même temps. On ne sait pas à quoi c'est dû. Cela avait engendré une espèce de psychose.

Kristiansen lança un regard pressant à l'infirmière.

— Je me trompe ? On n'a pas trouvé d'explication, n'est-ce pas ?

— Il y en a eu combien ?

L'infirmière regarda le policier qui sortait de la pièce.

— Hou là là, oui, il y en a eu beaucoup. Six, peut-être sept, qui se sont donné la mort. En très peu de temps. C'est quand vous avez débuté, hein ?

— Oui, c'était horrible.

Ce souvenir la fit frissonner, et elle se mit à ranger ses dossiers médicaux.

Nous promîmes d'être de retour pour dix heures, après la réunion matinale de la police locale.

— Vous aurez peut-être d'autres questions, dit le policier quand nous le déposâmes devant le commissariat.

Il ne s'était présenté à aucun moment. Il pensait peut-être que nous connaissions son nom. Il n'avait pas non plus demandé qui j'étais. Il le savait lui aussi, certainement.

J'allais sortir du parking quand il toqua à la vitre ; j'ouvris la porte.

— J'ai oublié de vous féliciter, dit-il en regardant Kristiansen.

— Merci.

Kristiansen se tortilla juste un peu, mais fut très flatté de cette attention. C'était évident. Le policier enfonça sa chapka sur sa tête et traversa la route vers le commissariat.

Je retournai au rond-point.

— Quelle direction ?

— On va où ?

Je fis un tour de rond-point.

— On va là où ils l'ont trouvée.

S'il pensait que c'était une idée stupide, il s'abstint toutefois de le dire et se contenta de m'indiquer la route à prendre. Vers Lakselv et Varangerbotn.

Elle allait peut-être à Alta, à notre rendez-vous avec Inge. Passer par là lui faisait pourtant faire un détour de plusieurs dizaines de kilomètres. À moins qu'elle n'ait jamais eu l'intention de venir à notre rendez-vous.

Nous croisâmes plusieurs voitures qui descendaient vers le village. Plus haut dans la montagne, le jour commençait déjà à poindre.

— Qu'est-ce qui vous vaut des félicitations ?

— Oh, rien.

— Allez, dites-le !

— J'ai gagné une compétition de ski, ce week-end. Le championnat du Finnmark sur trente kilomètres.

— Avec ou sans bâtons ?

Je savais très bien que cette épreuve se courait avec des bâtons et que le titre de champion en question n'était sûrement pas facile à remporter, mais je voulais juste souligner ma position quant au sport en général.

Il ne répondit pas et se contenta de sortir la carte de la boîte à gants pour essayer de calculer la distance jusqu'à l'endroit où l'on avait découvert Karen Margrethe. Environ quarante kilomètres, estima-t-il.

Il n'y avait pas beaucoup le choix. Une petite aire de repos sur le bord de la route. Une simple baraque faite de planches brutes, sans doute occupée par quelqu'un qui vendait des bois de rennes et autres souvenirs pour les touristes durant l'été. Quelques piquets de *lavvu* posés contre une remise en Isorel verte. Une pancarte en aggloméré dont la peinture s'écaillait, qui annonçait « Handicraft » et quelque chose en allemand. L'hiver, cette petite aire de repos était déblayée, parce que l'employé du chasse-neige y garait une citerne et une souffleuse à neige jaune rouillée.

On ne voyait pas grand-chose. La police avait tendu une bande de plastique autour de la baraque, mais ne semblait pas avoir effectué de relevé plus approfondi. L'endroit n'était pas véritablement bouclé.

La dépanneuse, l'ambulance et la voiture de police avaient fait de leur mieux pour effacer toutes les traces. Il était aussi fort possible que des curieux se soient garés là le dimanche.

Enfin, après toute cette route, autant sortir et aller voir, de toute façon. Avec un peu d'imagination, on pouvait repérer l'endroit où sa voiture avait stationné. On voyait où la dépanneuse avait roulé. C'était probablement le même gars qui avait transporté ma voiture la semaine dernière.

Nous trouvâmes une trace, sans doute celle de l'ambulance. D'après les empreintes que nous supposions être celles de la voiture de Karen Margrethe, le chasse-neige avait dû passer plusieurs fois après l'arrivée de la jeune femme sur le parking.

On pourrait établir une heure approximative en parlant avec le gars qui était de service cette nuit-là.

Il y avait eu un vent violent et de la neige en montagne durant toute la nuit du samedi au dimanche. À mon retour d'Alta, le matin, les traces du camion espagnol qui était resté bloqué dans la côte étaient complètement recouvertes par la neige. Par un temps pareil, le chasse-neige fait des allers et retours toute la nuit pour maintenir la route dégagée.

Je regardai la carte de Kristiansen. On pouvait se rendre à Alta par Lakselv, Skaidi et le Sennaland. Il n'était donc pas inconcevable qu'elle ait été en chemin vers notre rendez-vous.

Kristiansen déclara vite forfait, mais je continuai un peu à sillonner le parking et à chercher. Quoi ? Je ne le savais pas, mais je voulais lui montrer en tout cas que je n'abandonnais pas si facilement.

Il démarra la voiture pour la faire chauffer. Je refis un tour sur l'aire de repos. Grimpai sur le talus et jetai un œil à l'intérieur de la baraque en Isorel. Elle était à moitié remplie de neige mais, dans un coin protégé par quelques caisses en bois, il n'y en avait presque pas. Quelqu'un s'était assis là. La présence de plusieurs mégots de cigarette et d'allumettes brûlées dans la neige signalait que la personne avait attendu.

La neige était piétinée, mais je pus distinguer un motif de semelles de bottes. Quelqu'un s'était assis à l'intérieur de la baraque et avait attendu quelque chose ou quelqu'un.

Je retournai à la voiture, parlai des traces à Kristiansen. Cela ne l'intéressait pas particulièrement. C'était à la police de Karasjok de s'en occuper.

— Ils ont sûrement tout pris en photo avant de lever le barrage.

Il fit demi-tour et redescendit vers Karasjok.

Sur le chemin, son téléphone portable sonna, je compris qu'il fixait un rendez-vous.

— C'était le chef qui vous cherchait ?

Il ne répondit pas, n'avait visiblement pas envie de parler de quoi que ce soit, desserra quand même les dents pour me dire qu'en fait il était en congé toute la semaine, puisque le championnat du Finnmark se poursuivait et qu'il y avait des compétitions de ski tous les deux jours. Il était revenu seulement parce qu'on l'avait mis au courant pour Karen Margrethe.

Quand nous arrivâmes en ville, le soleil se hissait au-dessus de la crête montagneuse.

Kristiansen bifurqua derrière l'hôtel où j'avais rencontré Inge la première fois, et il se gara devant un bâtiment blanc peu élevé.

— Vous voulez attendre dans la voiture ou venir avec moi ?

Je l'accompagnai, par curiosité, et pour savoir pourquoi il avait l'air si embarrassé. C'était la station de radio et télévision locale.

Un gars visiblement taillé dans le même cuir que Kristiansen l'attendait en effet devant la porte. Ils me reléguèrent dans un canapé à la réception, et je passai une demi-heure à lire le journal interne et à regarder des photos, des coupes et des diplômes poussiéreux dans une vitrine. Dans le studio, Kristiansen expliquait comment il avait farté ses skis et mis en œuvre sa tactique pour la course vers sa victoire de la veille.

Quand il revint, je lui demandai s'il avait raconté qu'il lissait ses skis au fer à repasser avant les compétitions. Il me regarda étonné, mais ne dit rien. Peut-être n'y avait-il rien d'étrange à cela et que tous faisaient la même chose.

— Parfait, Jon Arne, nous le passerons dans le journal du soir, dit le reporter sportif affairé, et il nous serra la main, à Kristiansen et à moi.

En sortant, nous croisâmes toute une délégation en tenue festive traditionnelle, qui entrait dans la maison de la radio. Plusieurs d'entre eux saluèrent le roi du ski et le félicitèrent. Une vieille dame avec un *risko*, une broche-pendentif grosse comme une assiette à soupe, lui demanda un autographe. Je lui prêtai mon stylo avec un sourire forcé.

— Si vous remportez plusieurs victoires, il faudra vous acheter un stylo, Jon Arne.

Kristiansen traça avec application sa signature dans le carnet, et la robuste dame le gratifia d'une accolade.

Le *risko* cliqueta quand elle serra le skieur gêné sur sa poitrine.

— C'est pour mon petit-fils, dit-elle en arborant l'autographe.

Les autres se rassemblèrent autour d'elle, pleins d'une admiration recueillie, comme s'il s'était agi du coupon gagnant du loto de la semaine.

À l'accueil du commissariat, le policier de service parlait avec la standardiste. Il avait en main son classeur plastifié et nous fit signer une déclaration d'identification de la défunte.

— Nous vous appellerons s'il y a autre chose. Le médecin devrait donner ses conclusions demain.

Il me demanda mon adresse temporaire et mon numéro de téléphone. Quand il réalisa qui étaient mes grands-parents maternels et que j'étais la fille d'Anna Marja, il passa instantanément au same et je fis semblant de comprendre ce qu'il disait. Réussis même à placer bien à propos quelques mots en same, rien que pour le plaisir de faire bisquer Kristiansen.

J'en saisis assez pour comprendre que je ne pourrais pas rentrer en Suède avant qu'ils aient eu le rapport d'autopsie définitif.

Nous étions en train de regagner la voiture quand le policier de service cria quelque chose derrière nous. Il avait reçu les photos.

De toute évidence, elle était morte bien avant qu'on la trouve. Sur le premier cliché, il n'y avait pas de glace sur les vitres à l'intérieur du véhicule. La neige s'était accumulée contre la voiture, mais les carreaux n'avaient pas gelé.

Il avait fait un temps froid et sec, avec vent d'ouest,

ce samedi-là, quand je m'étais arrêtée sur la hauteur pour essayer d'apercevoir le barrage d'Alta dans la montagne. Si elle était restée longtemps dans la voiture, de la glace se serait formée sur les vitres à l'intérieur, à cause de sa respiration. La nuit où j'avais attendu dans ma voiture, là-haut, les carreaux étaient complètement gelés. Quand le chasse-neige m'avait emmenée, la glace obstruait les fenêtres. Elle était donc sortie de son véhicule et avait attendu dans la baraque.

Le policier avait pris plusieurs photos du corps de Karen Margrethe. Et une de la boîte, par terre. On ne pouvait pas distinguer quel médicament c'était, et j'avais oublié de le demander.

Deux photos plein cadre de la voiture sur le parking avaient été prises de la congère près de la baraque. Sur l'un des clichés, on voyait nettement des empreintes qui ne pouvaient pas être celles du policier.

Elle s'était peut-être arrêtée sur l'aire de repos pour attendre quelqu'un qui n'est jamais venu. Mais pourquoi n'était-elle pas restée dans la voiture ?

Si elle voulait se suicider, pourquoi s'était-elle tant compliqué les choses ? Elle avait emprunté une voiture et parcouru plusieurs dizaines de kilomètres pour venir dans la montagne. Elle aurait tout aussi bien pu s'asseoir sur le bord de son lit, dans son appartement, et avaler les comprimés.

— J'ai parlé avec quelques voisins qui la connaissent… qui la connaissaient.

Il rangea les photos dans l'enveloppe.

— Elle était très inquiète, après votre visite. Ils disent qu'elle a essayé de vous téléphoner plusieurs fois dans la soirée, mais qu'elle n'a pas réussi à vous joindre. De quoi aviez-vous parlé ?

— Nous avions parlé du viol, je voulais la convaincre de maintenir sa plainte.

— Mais ce n'est pas vous qui défendez Nils Mattis ?

— Cela ne signifie pas pour autant que je refusais qu'un procès ait lieu. Elle m'avait montré de quelle manière il l'avait brutalisée.

— Êtes-vous sûre qu'elle racontait la vérité ? On sait qu'elle avait des problèmes nerveux. J'ai essayé de voir son dossier en bas, à l'antenne médicale, mais je n'ai pas pu y avoir accès. En tout cas, son médecin affirme qu'elle était maniaque, à moins que ce ne soit psychotique. La seule chose qu'il pouvait dire, c'est qu'il lui avait prescrit quantité de médicaments.

Kristiansen ressortit les photos de l'enveloppe et les regarda attentivement une à une avant de les rendre au policier.

— Vous avez trouvé son téléphone portable ?

— Elle n'en avait pas.

Nous nous arrêtâmes à la station Statoil et achetâmes les journaux.

Le type à l'atelier était celui qui avait réparé ma voiture. C'était lui qui avait remorqué celle de Karen Margrethe. Avait-il remarqué quelque chose de particulier ?

L'ambulance et la police s'étaient aussi rendues sur place. Il y avait des tas d'empreintes partout. La batterie fonctionnait, mais la voiture ne démarrait pas.

— Et la vôtre, ça va ? demanda-t-il.

— Très bien, aucun problème depuis que vous l'avez réparée.

Il y avait un entrefilet dans le *Finnmark Dagblad*. L'*Altaposten* publiait une photo de la voiture sur le parking. Le policier de service ou le photographe local avait ainsi empoché quelques couronnes. J'examinai longtemps la photo, sans y déceler davantage de choses que sur les autres clichés.

S'il s'agissait bien des photos du policier, il devait en exister d'autres.

Dans mon esprit, il avait décacheté l'enveloppe devant nous. Peut-être le photographe possédait-il d'autres clichés dont il n'avait pas fait de tirage papier.

J'essayai d'appeler le policier pour lui demander l'adresse du photographe. Mais nous étions déjà hors couverture du réseau. Mon téléphone fonctionnerait peut-être si je sortais de la voiture et me plaçais sur le bord de la route.

Mais Kristiansen était pressé, il devait rentrer chez lui, prendre son équipement et partir le soir même pour Tana.

Le lendemain, il commençait par le quinze kilomètres en technique libre. Ce n'est pas lui qui me l'avait annoncé, mais ça figurait dans le journal. Il y avait aussi une photo de Jon Arne Kristiansen, la goutte au nez après le sprint final du trente kilomètres en technique classique.

Dans l'*Altaposten*, on pouvait le voir en couleurs, le nez sec. En première page, même.

— Si vous promettez de ne pas nous mettre dans le fossé, je vous montre quelque chose, dis-je en levant le journal vers lui.

Il ne fit aucun commentaire, mais semblait plutôt satisfait.

*

Près de l'abattoir, trois chiens en liberté traversèrent la route en courant, le plus petit avec quelques lambeaux de viande dégoûtants dans la gueule. Quand Kristiansen s'arrêta devant chez lui, la lumière bleue de l'après-midi projetait de longues ombres théâtrales. Il voulait préparer ses affaires et se mettre tout de suite en route.

Je réalisai soudain qu'il n'avait pas beaucoup dormi. Et pas mangé de la journée. Les skieurs n'absorbaient peut-être que des stéroïdes anabolisants et du craque-pain au son, lui, cependant, avait mangé de la pizza la première fois que nous nous étions vus.

— Je vous prépare quelque chose à grignoter ? m'entendis-je demander, persuadée qu'il répondrait non.

— Ce serait bien, se contenta-t-il de dire.

Je fouillai dans son frigo pendant qu'il réunissait vêtements de ski, boîtes de fart et skis. Visiblement, une seule paire ne suffisait pas. Il en fourra au moins cinq dans diverses housses marquées de repères différents. Fartés, pourvus de bandes en peaux de phoque ou polis, pour telle qualité de neige, telle température ou tel taux d'hygrométrie, expliqua-t-il.

Je fis cuire quelques steaks épais et des macaronis. Les macaronis, c'était l'idée de Kristiansen. Ils faisaient partie de la nécessaire recharge en glucides qui précédait la compétition à venir.

Pendant que je buvais de l'eau minérale, il mastiquait les biftecks et engouffrait les macaronis collants. Cela fut expédié en dix minutes. Ensuite, il avala une poignée de comprimés vitaminés, but un verre de jus de légumes visqueux, se prit le pouls, puis la température avec un thermomètre auriculaire. Il consigna précisément son pouls et sa température dans un carnet noir, enfila une veste polaire doublée : il était prêt à partir.

Sa voiture était garée dans la rue, coincée derrière de hautes congères formées lors du déneigement de la chaussée. Il nous fallut une bonne heure pour la dégager.

Il s'installa au volant, mais elle ne voulut pas démarrer. La batterie était complètement à plat.

Maintenant le temps pressait. Le départ de la course approchait. Kristiansen devait partir pour Tana cette nuit. J'essayai de calculer la distance qui nous en séparait. Plus de trois cents kilomètres.

Nous échangeâmes nos voitures en toute hâte. Comme le toit de la mienne n'avait pas de porte-skis, Kristiansen dut fourrer toutes ses housses dans l'habitacle. Je retirai ma valise, mes cartes et autres papiers, pendant qu'il trépignait d'impatience autour du véhicule, coiffé de son bonnet pointu rouge.

— Claquez la porte en partant, dit-il.

Il me tendit les clés de sa voiture et disparut avec la mienne. J'appelai un taxi et dus attendre une demi-heure avant de le voir arriver.

— Il a gagné le trente kilomètres, dit le chauffeur de taxi. Kristiansen. J'ai vu ça dans le journal.

— Ah bon, dis-je, je ne suis pas au courant.

Il me regarda de travers. Mais je coupai à toutes les questions concernant mon identité et ce que je faisais ici. J'avais dormi une demi-heure dans la voiture, sur le chemin du retour, sinon je n'avais pas fermé l'œil depuis dimanche matin. Dans la chaleur du taxi, je sentis soudain à quel point j'étais fatiguée. J'avais l'impression que ma tête était en plomb. Quand nous traversâmes la rivière, je m'endormis. Le chauffeur me réveilla une minute plus tard devant l'hôtel.

Le petit homme aux cheveux raides et ternes, celui qui devait aller au Japon avec ses rennes, ou peut-être bien en Chine, était assis à la réception.

— Vous n'êtes pas venue, dit-il d'un ton de reproche.

J'avais oublié que nous devions nous voir et qu'il voulait me montrer quelque chose dans la montagne.

— J'étais au commissariat de Karasjok.

Je pensais que cette histoire de commissariat donnerait à mon oubli une justification un peu plus officielle, que l'homme m'excuserait plus facilement, mais elle ne lui fit pas grande impression.

— Bon sang, on avait bien dit que je viendrais vous chercher ici ce matin.

— Je ne pouvais pas.

— Alors ne décidez pas que vous viendrez si vous n'avez pas envie.

Il était franchement furieux, peut-être avait-il bu, encore qu'il n'en eût pas l'air.

Je sentais grandir mon désespoir. Il fallait absolument que j'aille me coucher. Que je dorme. Pas question de rester là toute la soirée à me prendre le bec avec ce poivrot.

— Je n'ai rien décidé, c'est vous qui vouliez me montrer quelque chose. Il y a eu un imprévu et j'ai dû partir à Karasjok. Pas la peine de gueuler pour ça. On peut fixer un autre rendez-vous si vous voulez, sinon, vous pouvez aller vous faire foutre !

Il se tut. Resta un moment à me regarder. Gratta sa chevelure noire hirsute, mon engueulade semblait lui en avoir imposé.

— C'est bon, dit-il, je viens vous chercher demain matin à neuf heures.

J'appelai grand-mère et lui expliquai où j'étais.

— Mais vous avez libéré la chambre, me dit le réceptionniste quand je voulus prendre ma clé.

— Mes bagages sont dans la chambre. Je ne peux pas l'avoir libérée alors que j'ai tout laissé dedans.

Il étudia l'écran de l'ordinateur, me remit la clé et une petite liasse de messages téléphoniques.

La chambre était glaciale, vu que la fenêtre d'aération était restée ouverte depuis la veille. Je me jetai sur le lit, m'enroulai dans le couvre-lit et la couette. J'avais mal à la tête, voulus me relever pour prendre deux Doliprane. Impossible de sortir du lit. Je n'avais pas la force de me redresser.

Ma dernière vision avant de m'endormir fut celle du visage blafard de Karen Margrethe, sous la lumière bleu-vert de la morgue de fortune. C'était peut-être moi qui m'étais trompée sur son compte ? Je l'avais peut-être persuadée de faire une chose dont elle savait ne pas être capable.

Il était six heures et demie quand je me réveillai, reposée et l'esprit clair. Il faisait toujours complètement noir dehors mais, pendant que je prenais mon petit déjeuner dans la salle de restaurant, le jour commença à poindre. Comme si on avait développé une photo sous mes yeux à travers la grande fenêtre. En quelques minutes, la lumière des réverbères décrut, le paysage enneigé s'éveilla, puis les maisons le long de la rivière se colorèrent lentement.

J'aperçus le scooter dès qu'il quitta la rivière. La légère remorque rebondit sur le talus de neige. Il s'arrêta devant l'hôtel, alluma la cigarette qu'il avait déjà à la bouche. J'étais toujours dans la salle à manger lorsqu'il entra.

Il se dirigea vers la machine à café et se servit une tasse. Il déposa sa chapka et ses gants par terre, devant la porte. S'assit à ma table. Sa cigarette s'était éteinte, et sa chapka avait laissé une marque rouge sur son front.

— Vous êtes prête ?

— Oui, je dois juste m'habiller pour sortir.

Il essaya de rallumer sa cigarette. Mais seul le papier du mégot carbonisé brûlait.

— Vous n'avez pas une cigarette ?

— Je ne fume pas.

Il but son café puis alla taper une cigarette à une table occupée par des touristes. Se rassit et retira le filtre de sa clope en le pinçant entre ses ongles noirs.

— Avant de partir, dis-je en le regardant dans les yeux, il y a une chose que vous devez bien vous mettre dans le crâne. Je me fous totalement que les gens soient norvégiens, suédois ou sames. Qu'ils soient polonais, tsiganes, serbes ou croates, basques ou finlandais. Un salaud est un salaud. Je sais d'expérience qu'il y a la même proportion de salauds parmi tous les peuples. Cela ne rapporte aucun privilège de se revendiquer d'une minorité. Ou d'une minorité persécutée. Ou de ce que l'on appelle un peuple autochtone. Je ne suis pas une touriste, ni une toquée des Sames ou une samophile qui trouve que les Sames c'est charmant. Alors vous pouvez toujours vous brosser pour me taper une bière ou une clope. Et n'essayez pas de me faire le coup du romantisme de carte postale. Je me fiche du nombre de rubans qu'il y a sur votre gilet ou de la quantité de breloques à votre ceinturon.

— Ça y est ?

— Oui, pour cette fois.

— On y va, alors ?

Nous suivîmes la route de la Finlande sur quelques dizaines de kilomètres puis continuâmes vers l'est pendant une demi-heure environ. Il n'y avait pas de traces, la neige était tellement poudreuse que le scooter s'enfonça à plusieurs reprises.

Mes connaissances en ce qui concerne la conduite d'un scooter sont plutôt réduites mais, de toute évidence, le petit homme à la chapka savait ce qu'il faisait. Dans la pente qui montait vers la crête, il s'était mis debout sur un des marchepieds, assurant l'équilibre du scooter et de la remorque grâce à un numéro d'acrobatie qu'il aurait pu présenter dans un cirque.

Quand nous fûmes au sommet, il s'arrêta et retira sa chapka. Ses cheveux étaient ébouriffés et trempés de sueur.

Il coupa le moteur, et ce fut d'abord le silence total. Mais au bout de quelques minutes, je commençai à entendre le vent. Les rafales balayant la poudreuse sur la neige tôlée. Le tintement métallique des grelots d'un troupeau de rennes, invisible de l'endroit où nous nous étions arrêtés. Je sortis la carte et tentai de m'orienter. Nous avions bien dû parcourir vingt kilomètres depuis la route et n'étions pas loin de la frontière finlandaise. J'essayai de prendre mes repères sur la carte mais ne savais pas avec certitude où nous nous trouvions.

— Ça va ?

Il tira un paquet de cigarettes de sa poche intérieure et me le tendit.

— Je ne fume toujours pas.

Il alluma sa cigarette en clignant des yeux vers le soleil.

— C'est un peuple, les Basques ? Je croyais que c'était un truc pour se couvrir la tête.

Je me demandai s'il me faisait marcher. Il y avait bien cette lueur malicieuse dans ses yeux, mais il était tout à fait sérieux. La seule chose que je savais de lui était qu'il s'appelait Ovla, ou quelque chose comme ça, et qu'il venait du côté finlandais de la frontière. Le gardien de l'hôtel m'avait dit qu'il travaillait pour les Utsi et qu'il était réputé pour son habileté avec les bêtes.

Il entraînait les rennes de tête, dressait les chiens de berger.

Il fit le tour du traîneau et vérifia les cordes qui serraient le paquetage. J'étais assise sur une peau de renne, j'avais de bonnes lunettes de soleil, une chapka de fourrure chaude et le dos appuyé contre le garde-neige de la chenille du scooter. Il y avait pire.

De l'autre côté de la crête, plusieurs traces de scooter facilitaient la conduite. Nous dépassâmes un grand troupeau de rennes dispersé sur le flanc de la montagne. Il était tellement important que ce n'était plus un troupeau mais vraisemblablement une harde. J'avais un jour appris la différence entre un troupeau et une harde. La frontière devait se situer aux alentours de quatre cents bêtes.

Autrefois, une famille pouvait subvenir à ses besoins avec un troupeau. On abattait peut-être une centaine d'animaux par an. On avait de la viande et de l'argent liquide pour les choses nécessaires.

Aujourd'hui, il est pratiquement impossible de vivre avec si peu de bêtes. Pour faire tourner l'exploitation, on a besoin de motoneiges, d'essence, de 4 × 4. On a une maison et le crédit à payer, une voiture, le téléphone portable, une antenne parabolique et la télé couleur. Les enfants réclament les mêmes vêtements que leurs camarades de classe. Il faut plus d'argent pour joindre les deux bouts.

Pour autant que je sache, ma grand-mère avait toujours conservé des méthodes traditionnelles d'élevage de rennes, avec un petit nombre de bêtes et un mode de vie en grande partie basé sur la nature. Surveillance continue des animaux au pâturage d'hiver. Le genre d'exploitation qui exigeait la participation de toute la famille. On n'avait pas d'argent pour embaucher quelqu'un. Il se pouvait qu'en hiver on eût besoin de deux hommes pour suivre le troupeau en permanence. Pour le tri, l'abattage et le marquage, on comptait sur l'aide de tous, ma mère y compris. Ma propre force de travail était déjà intégrée à cette organisation bien avant ma naissance. L'entretien et le développement du troupeau dépendaient des enfants comme des adultes, de l'implication de chacun dans le métier. Je ne devais donc pas attendre qu'on me remercie de consacrer mes congés à aider la famille. Cela allait de soi.

Nous nous arrêtâmes devant une cabane de chasse grise. Un chien qui dormait sous la neige près de l'escalier se réveilla et bondit autour du scooter en aboyant, jusqu'à ce qu'on le rabroue et qu'il batte en retraite dans sa tanière en gémissant.

À l'arrière de la maison, il y avait un scooter recouvert de neige, mais on ne voyait personne.

Nous entrâmes dans la cabane qui s'avéra plus grande que je ne l'avais cru dans un premier temps. Une pièce avec un fourneau et, séparées par une cloison, quatre couchettes.

Sur la table, deux tasses à café d'une crasse indescriptible, un morceau de viande séchée posé sur un journal graisseux. Une épaule dans laquelle quelqu'un avait découpé des lamelles sur le journal. À un coin de la table, deux jeux de cartes usés.

La décoration de la cabane se réduisait à deux photos de femmes nues, jambes écartées, et au calendrier

Playboy de l'année 2002, sur lequel on avait entouré au crayon certaines parties de corps, afin de stimuler un peu l'imagination.

Ovla alluma le fourneau avec de l'écorce et mit une cafetière noircie sur le feu. La chaleur faisait craquer la cuisinière. La pièce sentait le renfermé et le moisi. Le café aigre et les bottes imprégnées de transpiration. Au-dessus du fourneau était suspendue à sécher une paire de sous-pantalons sales et une chemise militaire déchirée. Le sol n'avait sûrement pas été récuré depuis la construction de la cabane.

Je sortis avec les tasses à café et entrepris de les nettoyer en les frottant dans la neige. Le chien tenta un faible grognement mais se retira quand il comprit que je n'avais pas peur.

Derrière la maison basse se trouvait une petite remise. Dans la neige traînaient quelques rouleaux de filet en plastique orange, un rouleau de *horsta* blanc, cette toile plastifiée qu'on utilise pour rabattre les rennes. Un peu plus loin en contrebas, vers ce qui devait être un lac en été, il y avait un petit enclos de triage entouré d'un filet. Là, le sol avait été piétiné, et les peaux fraîches tendues sur le mur arrière de la remise montraient que l'on avait récemment procédé à un abattage. De l'autre côté de l'enclos, les corbeaux s'acharnaient sur les tas de déchets.

En bas, dans la vallée, tout était parfaitement calme. Pas un souffle de vent. Les nuages gris sombre enveloppaient la crête de la montagne voisine. Ils couvaient, immobiles. La nature tout entière semblait en suspens, concentrée et dans l'expectative. Je n'avais aucune idée de ce que cela pouvait être, mais je pressentais avec une inquiétude croissante que quelque chose allait se passer.

Je sais que les vieux Sames, comme mon grand-père, ressentent l'approche d'un changement de temps ou d'un événement important. Qu'ils sont capables d'envoyer des messages à quelqu'un sans téléphone, sans internet, sans câble ni e-mail. Pressentiments, souvenirs et pensées pouvaient être transmis sans l'aide de moyens techniques.

Un sixième sens ? Comme s'ils avaient encore une faculté de perception que nous, nous avons perdue.

Peut-être tout simplement parce que nous n'en avons plus besoin pour survivre ? Il n'y a pas d'espace dans nos vies pour les présages ou pour ce genre d'expérience sensorielle.

Mais ce fut là, dans la montagne, tandis que j'essayais de nettoyer les tasses à café, que j'éprouvai pour la première fois cette sensation de manière si intense. J'avais beau essayer, je n'arrivais pas à m'expliquer ce que j'avais ressenti. Je ne comprenais pas d'où cela venait.

Ovla avait dit qu'il voulait me montrer quelque chose, je n'avais aucune idée de ce que c'était ni de la raison pour laquelle il m'avait traînée jusqu'ici. Cependant je supposais que cela avait à voir avec Nils Mattis.

Les tasses étaient un peu plus propres, en tout cas, et je restai dehors le temps qu'il fallait selon mes calculs pour que le café fût prêt.

Quand je rentrai dans la cabane, Ovla avait rangé les vêtements suspendus à sécher et fait un peu de place sur la table. Je posai les tasses devant lui et il versa le café. Dans un coffre en bois, il gardait un sachet plastique avec du sucre en poudre et une cuillère collante.

— Qu'est-ce que vous vouliez me montrer ?

— Quand j'étais gamin, je travaillais chez ta grand-mère. Je t'ai vue lorsque tu n'étais qu'une petite fille. Tu ne t'en souviens certainement pas.

Les brèves semaines que nous passions ici, enfants, s'étaient transformées avec les années en une série de souvenirs décousus de visites dans un autre monde. Un monde radicalement différent de celui qui nous était familier. Ce qui m'avait le plus marquée était la pauvreté.

Pas la pauvreté telle qu'on pouvait la voir chez nous en ville. C'était plutôt le fait de posséder si peu de choses. Tout ce qu'ils possédaient, hormis peut-être le poste de télévision, pouvait avoir été fabriqué avec une simple hache, dans le bûcher, derrière la maison.

Le mot « dénuement » convenait sans doute mieux que « pauvreté ».

Je ne me souviens pas de ce que nous faisions, mais je me rappelle que mon grand-père était capable de construire un traîneau à partir de troncs de bouleau. Il allait dans la remise à bois avec sa hache et une bobine de gros fil de fer. Le soir, il avait fabriqué un nouveau traîneau qu'il badigeonnait de goudron et adossait ensuite à la maison pour qu'il sèche. Je sens encore l'odeur du goudron et revois le chaudron noir dans lequel il faisait chauffer les patins avant d'en recourber le nez à l'aide du gros fil de fer tendu.

— Anna Marja, elle n'était pas très vieille.

Il buvait son café en regardant par la fenêtre.

— Elle aurait eu cinquante-cinq ans l'année où elle est morte.

Il regardait toujours au-dehors. La grisaille s'enfonçait dans la vallée. Un oiseau noir voleta devant la fenêtre.

— Elle était heureuse ?

— Je le crois. Oui, je crois bien qu'elle était heureuse. Elle portait la vie d'ici en elle, d'une certaine manière.

— Elle n'a jamais regretté ?

— Pourquoi ? Elle aurait dû ? C'était sa vie. C'était son choix à elle.

Il fit tourner sa tasse vide entre ses doigts, regarda dans le fond en suivant de l'index le motif du marc de café. Rectifia la prédiction livrée par le dessin dans le marc. Je tentai de capter son regard. Mais il était obstinément plongé dans le fond de la tasse.

— Il est vrai qu'elle a toujours eu mauvaise conscience d'avoir trahi sa famille. Quand elle arrivait à oublier, il y avait toujours quelqu'un pour le lui rappeler.

Il leva les yeux vers moi un court instant et acquiesça d'un signe de tête. Alla regarder le thermomètre extérieur, à la fenêtre.

— Nils Mattis, il a dit que tu étais avocate, alors j'ai pensé que je pourrais te montrer, comme ça tu diras ce qu'il faut faire.

Il alla chercher la cafetière, remplit ma tasse, alors que j'y avais à peine touché. Je voyais qu'il était inutile de le presser. Cela prendrait le temps qu'il faudrait. Il avait peut-être réfléchi pendant plusieurs jours à la manière dont il allait me présenter les choses.

Je bus mon café et me coupai un morceau de viande, salée et savoureuse.

Il regardait par la vitre sale. Le fourneau commençait à craquer, il se leva pour ajouter du bois. Le calendrier *Playboy* avait interrompu le cours du temps en octobre. La *playmate* d'octobre semblait un peu perdue dans ce pauvre environnement. Elle faisait de son mieux, seins pointés en avant, jambes écartées, bienheureuse ignorant l'odeur aigre de la peau de renne et des chaussures en cuir, les vêtements humides et les bottes qui sentent les pieds. Elle ne soupçonnait peut-être même pas qu'il existait un monde hors de la lumière des projecteurs dans le studio du photographe.

*

Quand nous sortîmes devant la maison, les corbeaux étaient toujours dans l'enclos à rennes. Les nuages avaient continué à descendre en un mince brouillard, le versant abrupt de la montagne, au nord, avait presque entièrement disparu. Je ne connaissais pas les phénomènes acoustiques que les nuages engendrent, mais lorsqu'ils sont si bas, les bruits changent.

On entend d'autres choses.

Comme si les nuages amplifiaient certaines fréquences et en atténuaient d'autres. Si l'on se laisse surprendre en montagne par des nuages bas comme ceux-là, on peut tout à coup entendre un camion qui se trouve à plusieurs dizaines de kilomètres, sur la route, alors que la motoneige qui passe juste derrière vous est inaudible. Les perceptions auditives habituelles sont abolies.

On dirait que notre cerveau, qui fonctionne toujours sur le mode rationnel, ne reconnaît pas ces modifications. Soudain, il ne comprend plus les signaux. Les schémas acquis par l'apprentissage et l'expérience cessent tout à coup d'opérer. On réagit de manière émotionnelle. On est tantôt déprimé, tantôt d'humeur joyeuse, presque euphorique.

Tandis que nous étions là, devant la remise grise, dans la lumière vacillante, j'eus à nouveau le pressentiment de quelque chose d'imminent. Je ne savais pas quoi, j'éprouvais seulement une sensation physique de malaise et d'insécurité.

Ovla ouvrit la remise et poussa quelques jerricans d'essence et d'huile.

Sous le plafond étaient entreposées plusieurs paires de rames, ils avaient sûrement une barque sur le lac, de l'autre côté de l'enclos à rennes. Au-dessus des rames, il y avait plusieurs sacs en plastique noir. Ne parvenant pas tout à fait à les atteindre, Ovla grimpa sur un bidon d'essence pour en attraper un.

Le sac n'était pas particulièrement lourd, il le porta hors de la remise et en renversa le contenu dans la neige. Un tas de morceaux de peaux. La puanteur du cuir en décomposition s'éleva du sac en plastique comme un miasme putride.

Je dus m'accroupir pour comprendre que c'étaient des oreilles. Des oreilles de rennes.

Je commençai enfin à entrevoir de quoi il retournait.

— C'est la marque de qui ?

— Pour la plupart, celle de votre famille.

Je comprenais que la marque de notre famille, cela voulait dire celle de mes grands-parents maternels. Je supposais que Nils Mattis et ma tante avaient eux aussi la leur. Mon oncle Einar, le frère de ma mère, avait sa propre exploitation et une marque à lui. Ma mère avait eu autrefois sa marque et quelques rennes à elle dans le troupeau familial.

Certains automnes, on recevait un carton de viande.

Une fois, maman était allée là-bas pour l'abattage et avait rapporté de la viande et des pots de confiture de mûres polaires.

Après la mort de maman, il n'y a plus eu de viande familiale. Je me demande s'il reste des rennes qui portent la marque de maman. Tout le monde sait que celui qui ne surveille pas sa marque perd beaucoup d'animaux et de jeunes faons.

Quand on habite à Stockholm et que l'on ne s'occupe pas de ses bêtes, il faut se résigner à ce que ce soit justement ces faons-là que les aigles et les gloutons dévorent. Que ce soit ceux-là qui n'arrivent pas à suivre le troupeau dans la neige fondue pendant la transhumance de printemps.

Telles sont les conditions. Maman le savait, mais ne s'en souciait pas, en fait. À moins qu'elle n'ait considéré cela comme un remboursement de la dette qu'elle avait contractée en partant.

Il y avait certainement plusieurs centaines de paires d'oreilles dans le tas qu'Ovla avait versé sur la neige.

— Combien vaut une carcasse de renne aujourd'hui ?

— Si tu la vends au noir à un marchand sur le bord de la route, tu en tires peut-être 3 500, au mieux 4 000, pour une bête adulte.

— Donc ces sacs, ce sont des rennes abattus pour plusieurs centaines de milliers de couronnes ?

— Quelque chose de cet ordre-là, oui.

— Où as-tu pris ces oreilles ?

— Je les ai trouvées.

Il eut un sourire équivoque, comme si j'avais posé la question pour plaisanter. Ou que ce fût une question que seul un étranger naïf pouvait poser.

— Où ?

Il haussa les épaules et commença à remettre les morceaux d'oreilles dégoûtants dans le sac en plastique.

Nous étions venus jusqu'ici parce qu'il voulait me montrer ça, alors il finirait bien par m'expliquer de quoi il s'agissait. Enfin, pour l'instant il entendait juste signaler qu'il avait son propre rythme. Que c'était lui qui décidait ce qu'il y avait à dire, à montrer. Je le laissai rapporter le sac à l'intérieur sans lui poser davantage de questions.

La température n'était pas particulièrement basse, mais à cause de la grisaille on avait quand même un peu froid. Je rentrai et ajoutai du bois dans le poêle. Réchauffai le café qui était recouvert d'une pellicule huileuse et avait un goût amer.

Après avoir rangé les oreilles dans la remise, Ovla revint s'asseoir à table et se roula une cigarette.

— Si je dis où j'ai trouvé les oreilles, penses-tu qu'on peut avoir gain de cause au tribunal ?

— Ça, je ne sais pas. Il faut que tu me racontes ce que tu sais pour que je puisse te répondre.

Je lui servis du café réchauffé.

— Les oreilles étaient enterrées dans les tourbières là-haut, près de l'enclos de Josef Ante. J'ai rassemblé tout ce que j'ai pu trouver.

— Tu es sûr qu'il s'agit de bêtes volées ?

— Les Utsi n'ont pas fait d'abattage là-bas. Nils Mattis non plus. Mais les oreilles proviennent de vos bêtes.

Il alluma sa cigarette et retira sa botte droite. Je vis qu'il portait une chaussure de peau au pied gauche et une botte au droit. Il ôta sa chaussette de laine humide, se dirigea vers le poêle et décrocha une chaussette sèche de la corde à linge. Il mettait peut-être une botte du côté qui était chauffé par le moteur ?

— Ça a été difficile pour le pâturage. La croûte de neige était trop dure, alors il fallait se déplacer souvent. Eux, ils poussaient tout le temps, avec leur immense troupeau. Ceux qui ont des petits troupeaux ont du mal à résister.

— Mais on ne peut tout de même pas voler autant de rennes.

Il s'assit devant le fourneau et enfila la chaussette sèche. Défit les lacets de sa chaussure de peau, en retira la paille qu'il étala sur un bout de carton devant le fourneau.

— Si, on peut. Ils poussent tout simplement leurs bêtes à se mêler aux vôtres. Au lieu de relâcher celles qui n'ont pas la bonne marque après le triage, ils les abattent et les vendent au marché noir. Les gros volent aux petits. C'est parfois le seul salaire de leurs employés. Ils les laissent s'occuper des rennes qui « se sont mélangés » à leur harde.

Il retourna à la table. Pied gauche nu.

— Nils Mattis disait qu'il nous faut des gens dans la montagne en permanence.

— Un hiver comme celui-là, ça ne sert à rien. Les rennes se déplacent, ne restent pas longtemps au même endroit. Doivent sans arrêt chercher de nouveaux pâturages.

— Qu'est-ce que vous faites, habituellement ? Vous déclarez le vol à la police ?

Il ne répondit pas, se contenta de sortir son couteau, découpa des petits bouts de viande séchée, essuya le couteau sur son pantalon et le posa sur le plateau graisseux de la table.

— Nous avons l'habitude de régler ça nous-mêmes. La police ne nous est pas d'un grand secours. Ils ont des amis et de la famille, eux aussi. Quand ils sont invités à des fêtes, ils mangent et ils boivent.

Nous examinâmes les raisons pour lesquelles il voulait dénoncer Josef Ante. J'essayai de lui expliquer que l'on ne pouvait pas intenter un procès si l'on n'avait pas porté plainte, que la police devait d'abord procéder à une enquête.

— La police n'ouvre pas d'enquête quand elle appartient elle-même à la famille qui pratique des abattages illégaux.

— Tu veux parler d'Eliassen ? Le commissaire ?

— Il y a qui d'autre, ici ?

— Il faut que tu aies des preuves certaines, sinon cela n'aboutira à rien.

— Mais tu as vu les oreilles. Tu sais ce qui s'est passé. Est-ce que tu ne peux pas leur parler, toi, à ceux qui volent, et obtenir des dommages et intérêts ? Négocier avec eux une somme qu'ils devront payer.

— Il faut d'abord que tu portes plainte. Je ne sais pas d'où tu tiens les oreilles, en fait.

— Je les ai trouvées sur leur terrain d'abattage !

— Mais qu'est-ce qui me prouve que c'est vrai, bon sang ? Peut-être que tu bluffes. Que ces oreilles proviennent de ton propre abattage.

— Ça, c'est pas possible. Moi je dois les amener à l'abattoir.

— Un sac d'oreilles putréfiées n'est pas une preuve suffisante.

Après un moment de réflexion, il comprit ce que

j'avais dit. Le sac ne prouvait rien. Il se coupa un morceau de viande séchée et planta le couteau dans la table.

— C'est à ta famille qu'ils volent.

— Ne me mêle pas à cela.

— À ton grand-père et à ta grand-mère. Ta propre *siida*[1]. Eux aimeraient peut-être que tu les aides dans cette histoire.

Je saisis le couteau qu'il avait fiché dans la table. Il était bien enfoncé et je dus forcer dessus plusieurs fois d'avant en arrière avant de pouvoir l'extraire. Me coupai quelques lanières de viande.

Bienvenue au club de la mauvaise conscience. Je crois que, durant toute ma vie, je n'avais jamais autant pensé aux exigences de ma famille envers moi que pendant cette semaine. Quoi que je fasse ou que je dise, cela débouchait toujours sur ce qu'ils attendaient de moi. J'aurais pu le comprendre, si j'avais fait de la menuiserie ou de l'électricité, on aurait attendu de moi que je répare un toit qui fuit ou un câble défectueux. Mais j'étais juriste. J'en connaissais un rayon sur les lois. Du moins sur ce que la loi suédoise considérait comme juste ou pas, et sur la manière dont elle était communément appliquée. Cela n'avait rien à voir avec ma famille ou avec ses exigences.

Mais je commençais lentement à comprendre que les critères du bon et du mauvais, tels qu'ils étaient définis dans la société où j'avais grandi et reçu ma formation, avaient un sens différent ici.

1. La *siida* est un groupement d'éleveurs ; ce terme désigne aussi bien l'organisation (entraide et surveillance collective des troupeaux) qu'une division territoriale (chemins de transhumance, pâturages, résidences) et administrative.

Que la loi ne concernait pas seulement le droit de l'individu, mais qu'elle avait des conséquences dans un plus large contexte. Une signification sociale dont je n'avais jamais vraiment saisi la portée.

Il commençait à faire sombre quand nous rejoignîmes le scooter pour rentrer. Le ciel gris s'étendait juste au-dessus de nos têtes. Je sentais les nuages de plomb peser sur mes épaules. Comme si les attentes de la famille s'étaient reconstituées dans les forces naturelles.

Déprimée par ma propre insuffisance, je grimpai dans la remorque.

C'était peut-être moi, avec ma tentative de persuasion, qui avait conduit Karen Margrethe au suicide. Le fait que je ne me sois pas rendu compte de ce que j'exigeais d'elle, puisque je n'avais pas compris les critères qui comptaient dans cette société.

Ovla alla chercher le bidon d'essence dans la remise. Je redescendis de la remorque, essayai de l'aider en vérifiant l'huile.

Il fallait espérer qu'il trouverait le chemin pour rentrer. Il n'avait pas neigé, il pourrait suivre les mêmes traces qu'à l'aller.

Il ferma la porte mais laissa la clé dans la serrure, appela le chien qui sauta devant lui sur le réservoir à essence. Nous contournâmes la maison et fîmes le tour de l'enclos à rennes. Les corbeaux s'envolèrent, effrayés par les aboiements du chien, puis se posèrent à nouveau quelques mètres plus loin sur le filet de clôture.

Ils avaient retourné le terrain, mis à jour les os et les

viscères ensevelis sous la neige. Celle-ci était souillée de sang et de restes d'abattage.

Ovla vira sur le lac lisse et plat afin de prendre de la vitesse avant la montée devant nous. Les corbeaux décollèrent de l'enclos et, dans un vol plané ponctué de quelques battements d'ailes, ils allèrent se poser sur la neige ensanglantée, sans s'intéresser à nous.

Il y avait quelqu'un dans le tas de déchets ! Je voyais une botte et une jambe.

J'appelai Ovla, pour qu'il arrête le scooter, mais il gravit presque tout le versant de la montagne sans se retourner. J'avais beau m'égosiller et lui faire signe de s'arrêter, il continua jusqu'à la première crête. Coupa le moteur et retira son casque antibruit.

— Je ne pouvais pas m'arrêter. Nous n'aurions jamais pu repartir.

— Retourne à l'enclos, il y a quelqu'un là-bas, dans la neige.

Il me lança un regard intrigué, mais démarra le scooter et fit demi-tour. Tandis que nous redescendions à la cabane et à l'enclos de triage piétiné, l'obscurité grandissait autour de nous.

Il était étendu sur le dos, le haut du corps recouvert par la neige. Seule une jambe chaussée d'une botte de cuir noire dépassait du tas de déchets. Je bondis de la remorque, mais m'enfonçai jusqu'à la taille dans la poudreuse, dus rouler sur moi-même et continuer à quatre pattes pour atteindre le monceau d'ordures nauséabond. Le chien sauta du scooter, pourchassa les corbeaux le long de la clôture. Ovla alluma son mégot et avança tant bien que mal jusqu'à moi. Ensemble, nous extirpâmes le mort du tas de neige, de viscères et de lambeaux d'entrailles.

Il était vêtu d'un pantalon et d'une veste marron avec un empiècement de cuir jaune sur les épaules. Il ne portait pas de gants et, s'il avait eu un bonnet, celui-ci avait disparu. Le côté droit de son visage n'était plus qu'une bouillie sanguinolente congelée. On lui avait tiré dessus, vraisemblablement avec un fusil de chasse, de très près.

La tête explosée et la puanteur des déchets d'abattage me retournèrent le cœur. Je rampai jusqu'au filet de clôture et sentis le fil rigide et froid contre mon visage pendant que je vomissais. Le goût âcre et métallique dans ma bouche, et les spasmes de mon estomac me firent pleurer.

C'était comme un mauvais rêve dont j'espérais m'éveiller pour constater que rien ne s'était passé. Que tout allait s'arranger.

Mais lorsque je relevai la tête et m'essuyai la figure avec mes gants raidis par la neige, rien n'avait changé. Le mort était toujours là, dans la même position. Je me frottai le visage avec de la neige, sentis les cristaux durcis me griffer la bouche. Le phare du scooter éclairait le mort.

Les corbeaux revinrent en tournoyant dans l'obscurité croissante. Ils se posèrent à quelques mètres du scooter, attendant impatiemment leur tour.

Nous retournâmes à la cabane, Ovla sortit une bâche en plastique.

Unissant nos forces, nous parvînmes à étendre la bâche sur le mort et enfonçâmes les bords dans la neige avec nos pieds, afin qu'il soit bien protégé du vent et des corbeaux. Ovla alla chercher sa pelle à neige et, avec un seau en plastique cassé, je l'aidai à verser de la poudreuse sur la bâche.

Dans la neige, je trouvai un morceau d'os. Il ne provenait pas de l'abattage, car il semblait décoré d'une sorte de symbole gravé. On n'en distinguait pas davantage à la lumière du scooter. Je rapportai le seau en plastique dans la remise et, sans me poser plus de questions, je jetai l'os dedans.

Quand nous eûmes terminé, les corbeaux avaient disparu dans l'obscurité. Nous les entendions battre des ailes et se disputer les restes de l'abattage.

Assise dans la remorque, tandis que nous remontions la côte pour rentrer, je me dis que nous aurions très bien pu emporter le corps avec nous. De toute façon, nous avions sans doute effacé toute empreinte éventuelle lors de nos manipulations pour le mettre à l'abri sous la bâche.

Nous nous arrêtâmes sur la crête pour appeler la police, mais la communication ne passait pas. Une nouvelle tentative quelques kilomètres plus loin nous mit en liaison avec le répondeur du commissariat. Il n'y avait personne, mais il était possible d'appeler le policier de permanence sur son portable. Nous laissâmes un message sur le répondeur puis essayâmes le portable de service. Pas de réponse.

Durant tout le chemin du retour, quelque chose me tarabusta, mais je n'arrivais pas à identifier quoi. Quelque chose que j'avais vu là-haut, près de l'enclos.

C'est seulement lorsque nous arrivâmes à la route nationale que cela me revint. La main. La main du mort. La marque sur cette main. Le tatouage de prisonnier. C'était l'homme que j'avais emmené avec moi de

Suolovuobmi le dimanche précédent, celui qui avait témoigné dans l'enquête sur le viol.

Tante Sara Marit était à la maison. Assise à la table de la cuisine, elle découpait des figurines dans une feuille de carton. Les poupées de carton existaient donc encore ? C'était vraisemblablement une feuille qu'elle avait conservée depuis sa propre enfance.

— C'est pour mes petits-enfants, dit-elle en me regardant par-dessus ses lunettes. Ils aiment toujours ce genre de choses, ici.

Elle se dirigea vers la cuisinière, me demanda si j'avais faim.

Mais je n'avais pas envie de café, ni de manger. Elle prit une bouteille de bière d'un litre dans le réfrigérateur et m'en servit un verre.

Elle-même ne buvait pas de bière, n'avait jamais touché à une goutte d'alcool. Elle avait vu toutes les misères qu'il apportait. Je compris que son numéro avait pour but de me démontrer à quel point j'étais immorale. Que je détonnais. Une femme digne de ce nom ne buvait pas de bière. Du moins pas à cette heure-là de la journée. Pas dans sa cuisine, à la maison. Alors je vidai mon verre et elle alla chercher la bouteille dans le frigo et me resservit.

Nils Mattis et mon oncle Einar étaient tous les deux en montagne. Nils Mattis était monté le matin même. Einar rentrerait probablement le lendemain. Ils avaient peut-être beaucoup à faire là-haut, avec le troupeau, du mal à le surveiller. Dans ce cas-là, il ne rentrerait pas avant vendredi ou samedi. Ils n'avaient pas de téléphone. Ils étaient en dehors de la zone de couverture des portables. On pouvait appeler par radio à la cabane de berger de ceux qui avaient leur pâturage d'hiver au-dessus du nôtre. Mais on ne savait jamais s'il y aurait quelqu'un à l'intérieur pour répondre.

— Quand repars-tu ?

— Je ne sais pas, il faut voir comment ça se passe avec les poursuites.

Elle découpa avec soin les bords de la figurine en carton aux formes rebondies, qui était vêtue d'une simple culotte et d'une chemise brodée. Déposa la poupée terminée dans la boîte devant elle sur la table, releva ses lunettes.

— J'ai parlé avec Eliassen, le commissaire, il a dit qu'il n'y aura pas de suite, maintenant qu'elle est morte. Que c'était classé.

— Lui ne peut rien faire, c'est le procureur qui décide s'il y aura un procès.

— Mais elle est morte.

— Oui, elle est morte. Je l'ai vue. À la morgue. Tout ce qu'il y a de plus morte, même. Elle avait pris des médicaments et elle est morte de froid. Nils Mattis aurait peut-être pu passer par là-bas, histoire de voir ce qu'il a fait.

Elle posa ses ciseaux et la feuille de carton avec les figurines dans la boîte, remit le couvercle et rangea la boîte sur l'étagère au-dessus de la table.

— Il n'a rien fait. C'est peut-être plutôt toi qui devrais te demander ce que tu as fait, non ? Depuis que tu es arrivée, c'est de pire en pire. Cette histoire de viol, ça n'était pas si grave. Ils avaient trop bu. Tout le monde sait, ici, quel genre de fille c'était.

Elle retourna au réfrigérateur, prit la bouteille de bière et remplit ostensiblement mon verre, alors que j'y avais encore à peine touché.

— Une de ces *rivgus* qui boivent, prennent des médicaments et se prostituent. Se vendent. Mènent les gars à leur perte.

Je me sentis tout à coup très fatiguée. Je n'avais même pas la force d'être en colère contre elle. Je bus ma bière et restai assise une demi-heure sans plus parler de la plainte. Quand j'évoquai le mort que nous avions trouvé près de la cabane de chasse, elle me regarda avec l'air de douter de ce que je racontais. Un instant, je crus qu'elle allait dire quelque chose, mais elle poussa seulement un profond soupir, se leva et remplit la cafetière d'eau. Je ne mentionnai pas que j'avais reconnu l'homme. Que je m'étais souvenue du tatouage sur sa main. Elle mesura avec précision la quantité de café dans la cafetière, ne me demanda pas ce que j'étais allée faire là-haut.

En redescendant au village, je passai devant le commissariat. La porte était fermée, mais il y avait de la lumière à l'intérieur. J'appelai, ce fut le commissaire lui-même, Eliassen, qui vint m'ouvrir.

Ils avaient eu le message que j'avais laissé sur le répondeur à propos de l'homme mort près de la cabane.

On n'enverrait personne ce soir. Demain matin, à sept heures, on monterait en scooter. Si la météo était bonne, l'hélicoptère ambulance irait à la cabane au lever du jour. Si le temps était trop mauvais pour voler, on emporterait le mort sur le traîneau-civière.

Il avait parlé avec Ovla qui avait identifié le cadavre. J'avais raison, il s'agissait bien de l'homme que j'avais pris dans ma voiture le dimanche matin. La police le connaissait déjà, dit Eliassen. Il avait été mêlé à diverses choses. Et maintenant, quelqu'un lui avait tiré dessus et arraché la moitié de la tête.

Le commissaire ne demanda pas non plus ce que nous faisions là-haut, à la cabane de chasse. En revanche il voulut savoir comment allaient mes grands-parents. Je lui dis ce qu'il en était, que je ne les avais pas beaucoup vus depuis mon arrivée ici. J'avais eu pas mal d'autres choses à faire.

— C'est ce qu'on m'a dit, répondit-il.

C'était sûrement Kristiansen qui lui avait fait un compte rendu de mes activités.

En montant chez Maras, le pub sous le Café d'Alfred, je me demandai s'il aurait fallu parler à Eliassen des oreilles de rennes.

Peut-être Ovla avait-il raison ? Si quelqu'un avait vraiment abattu illégalement des rennes qui appartenaient à ma famille, cette affaire devait se régler sans l'intervention de la police. Il nous serait complètement impossible de présenter une argumentation qui se tienne lors d'un procès. Aucune preuve technique. Un sac rempli d'oreilles de rennes ne prouvait que dalle. Sans une enquête de police qui démontrerait où on avait trouvé ces oreilles et comment elles avaient atterri là, elles ne servaient à rien. Et il semblait peu probable que le commissaire mette en jeu son nom et sa réputation dans une enquête sur des vols de rennes auxquels sa propre famille était peut-être mêlée.

La cafétéria du pub avait fermé pour aujourd'hui, mais la fille qui servait la bière me promit d'aller voir à la cuisine. Il y aurait peut-être de quoi faire un repas en plus du dîner prévu dans la salle de restaurant, au-dessus. Elle disparut par l'escalier en colimaçon. Je m'assis dans un coin et feuilletai mes papiers.

Le mort près de la cabane de chasse, là-haut, et l'homme que j'avais pris dans ma voiture étaient donc une seule et même personne. J'avais noté quelque chose sur lui, quelque part dans mon calepin. Il n'était pas tout seul à la discothèque, ce soir-là, il y avait quelqu'un à sa table. Avec qui il avait partagé une bière.

Et dont le nom était mentionné dans le rapport d'enquête que j'avais photocopié. Ovla Särkijärvi. Lequel était donc lui-même l'homme qui m'avait emmenée à la cabane « pour me montrer quelque chose ».

Étaient-ce les oreilles de rennes ou l'homme mort qu'il voulait me montrer ? Les oreilles de rennes n'avaient peut-être été qu'un prétexte. Savait-il déjà, le dimanche soir, que le témoin avait été tué là-haut, près du champ d'abattage ?

À la cuisine il y avait de quoi faire à manger. Il était possible de commander le menu servi au dîner festif dans le restaurant. De la soupe, du rôti en sauce et de la crème aux baies polaires. J'étais rassasiée rien qu'à entendre la serveuse énumérer les différents plats.

— Est-ce que je peux tout amener en même temps ?

— Bien sûr.

Dix minutes plus tard, une fille en jupe noire et tablier apporta un plateau avec la soupe, le plat de résistance et le dessert.

J'attaquai par le coin supérieur gauche du plateau et œuvrai en descendant en diagonale vers la crème aux baies polaires.

Environ à mi-distance, je commençai à caler. Juste à ce moment-là, le troubadour de la soirée fit son entrée, gilet de cuir, bedaine et cheveux légèrement grisonnants, attachés en une jolie queue-de-cheval. Tandis qu'il entamait son tour de chant, une foule afflua dans l'établissement. J'enlevai mes papiers de la table pour faire de la place aux nouveaux arrivants.

Quand je sortis du pub, ils en étaient pour la plupart à leur quatrième chope d'un demi-litre et faisaient presque autant de bruit que le troubadour. Le temps était toujours gris et le froid cru. Il y avait un taxi devant le café. Je sautai dedans et lui demandai de me conduire chez mes grands-parents.

Il était minuit moins le quart lorsque nous nous arrêtâmes dans la côte au-dessus de la maison de ma grand-mère. Ils étaient probablement allés se coucher. La lumière extérieure était allumée. L'étoile de Noël, à la fenêtre, était éteinte.

S'il est vrai que marcher sur le sol rocailleux de la lune fut un petit pas pour l'homme en même temps qu'un grand pas pour l'humanité, quel énorme pas cela fut-il, alors, d'être la première génération à emménager dans une maison avec l'électricité, le chauffage et l'eau chaude ?

Et qu'avait-on laissé en gage pour toutes ces améliorations ?

Était-ce la fille aînée, celle qui était partie d'ici pour faire des études et devenir enseignante ?

Je priai le chauffeur de taxi de me ramener au bourg. Il ne manifesta aucun étonnement. Demanda seulement s'il pouvait mettre la radio.

Était-ce nous, les petits-enfants, qui trahissions ? Nous qui avions grandi sans rien avoir d'autre à faire que de penser à nous-mêmes, à nos études et à notre carrière. Les petits-enfants qui ne saisissaient pas le rapport pourtant simple entre les exigences de la famille et leur engagement personnel ? Eux qui ne se préoccupaient pas d'apprendre les codes de cette société ?

Pendant les années où j'avais travaillé à Gällivare, je ne venais jamais ici. N'avais jamais le temps. Il y avait trop de choses nouvelles dans mon boulot, beaucoup à apprendre. Mais ce n'était pas la seule raison. Tout ceci était trop proche.

Je comprenais seulement maintenant que j'avais eu peur d'être prise dans des sollicitations et des attentes auxquelles je ne pourrais pas répondre.

Je descendis du taxi près de chez Alfred. Quelques notes de blues ténues s'échappaient du pub. Sur l'escalier, un homme en kolt de cuir embrassait une jeune fille en doudoune et chaussures de peau. À la fenêtre embuée de la cuisine pendaient des stalactites longues d'un mètre.

J'arrivai au commissariat juste avant sept heures, mais les scooters ne devaient partir qu'une petite heure plus tard. Le temps était beau, on attendait quelqu'un de la police judiciaire de Tromsö. L'hélicoptère-ambulance décollerait à neuf heures. Deux techniciens d'Alta chargeaient leur équipement sur une remorque de scooter. Eliassen me dit que je pourrais monter dans l'hélicoptère.

Je retournai à l'hôtel et eus le temps de prendre un petit déjeuner avant que l'hélicoptère atterrisse. La policière mandatée sur le lieu où l'on avait découvert le corps était partie de Tromsö par le premier avion pour Alta et, de là, elle avait continué en voiture jusqu'à Kautokeino. Après avoir garé son véhicule de location devant l'hôtel, elle entra directement dans l'hélicoptère avec ses bagages.

Nous survolâmes le paysage enneigé pendant un bon quart d'heure pour rejoindre le champ d'abattage.

Nous nous posâmes derrière la cabane de chasse et dûmes patauger dans la neige jusqu'au terrain que la police avait bouclé. Je me demande qui aurait pu passer par là et s'infiltrer sur le lieu du crime mais, par sécurité, on avait tendu un cordon de plastique bleu et blanc en carré autour de la bâche verte. Cela faisait sans doute partie de la routine.

L'officier de la police judiciaire s'appelait Siri Kvenviik, elle parlait avec un fort accent norvégien du nord et semblait être compétente. Assistée par les deux techniciens de la police scientifique d'Alta, elle examina les alentours de la bâche couverte de neige.

On était à des années-lumière de la série télévisée *Les Experts*. On me demanda d'indiquer le chemin que nous avions pris, puis on alla chercher Ovla dans la cabane et il confirma dans les grandes lignes ce que j'avais dit.

Pendant près d'une heure, ils prirent des photos des traces et des empreintes dans la neige. Évaluèrent la quantité de neige qui était tombée ces derniers jours. De notre côté, nous commencions à avoir froid et à nous impatienter, quand Kvenviik, aidée par les techniciens et l'un des pilotes, souleva enfin la bâche raidie. Le mort était étendu comme nous l'avions laissé, la partie intacte de sa tête presque recouverte de neige.

J'avançai à grand-peine jusqu'à la trace du scooter puis gagnai la cabane. Le scooter d'Ovla était près de l'escalier, le chien me reconnut et remua la queue ; à l'intérieur, Ovla était à table et fumait.

— Qui est-ce ? demandai-je en m'asseyant sur le tas de bois devant le fourneau.

— Il s'appelle Vidar. Enfin, il s'appelait Vidar, je veux dire, quand il était vivant.

— Il est d'ici ?

— Il est à la fois d'ici et pas d'ici.

— Il parlait le norvégien comme on le parle à Oslo.

— Ah bon, tu lui as parlé ?

Je lui racontai que je l'avais pris en voiture depuis Alta. Qu'il n'avait pas dit grand-chose, mais que j'avais remarqué son tatouage.

— Il a fait de la prison. Quatre ans. Il est sorti il y a quelques mois.

— Pour quelle raison a-t-il fait de la prison ?

— Pour quelle raison n'en a-t-il pas fait ?

D'où viennent toutes ces circonlocutions, toutes ces tournures évasives, toutes ces précautions de langage ?

Quand on parlait avec quelqu'un, ici, on avait toujours l'impression qu'il n'exprimait jamais vraiment ce qu'il voulait dire. Dans le cas du same, c'est peut-être la manière qu'a trouvée une langue minoritaire pour se protéger des autorités et de la société majoritaire ? La langue peut aider à se dérober. À ne jamais répondre directement à une question embarrassante.

Les circonlocutions possèdent une valeur de confirmation. Ceux qui doivent comprendre ce que l'on veut dire le comprendront de toute façon. Si quelqu'un ne saisit pas le message derrière l'ambiguïté de sa formulation, c'est qu'il ne le doit pas. Il n'a rien à voir dans l'histoire. Ainsi on ne peut jamais être pris en défaut pour ce que l'on a dit.

Le fourneau craquait en refroidissant, j'ajoutai du bois et emportai la cafetière noircie à l'extérieur. Je me mis à la récurer avec de la neige et une vieille brosse en chiendent moisie que j'avais trouvée dans la remise. Mais elle avait déjà dépassé le stade où elle avait encore une chance de redevenir propre un jour, alors je me concentrai sur l'intérieur. Cela éloignait mes pensées de l'homme à la tête explosée et du visage blafard de Karen Margrethe à la morgue.

Je dus gratter un quart d'heure pour faire réapparaître quelque chose qui ressemblait à de l'aluminium dans la cafetière encrassée.

Ovla avait ouvert un chemin qui descendait jusqu'au lac et découpé à la tronçonneuse un trou dans la glace. J'allai prendre de l'eau dans le seau qui crissait. En remontant à la cabane, je marchai sur la brosse pourrie. La balançai derrière la remise. Regrettai mon geste et allai la récupérer en peinant dans la neige pour la ranger.

Quelque chose clochait.

En ouvrant la porte de la remise, j'eus le sentiment que, près du mort, quelque chose avait changé. Il faisait nuit, bien sûr, quand nous l'avions recouvert, la veille au soir, et je ne me souvenais de rien de différent. Cela devait donc être ici, près de la maison.

J'avais vu un scooter enfoui sous la neige, du côté nord. Maintenant il n'était plus là. Je fis le tour de la maison. Pas de scooter. La veille, il était garé à l'endroit où la piste menant au lac avait été ouverte.

Les sacs en plastique précédemment posés sur les skis, au plafond, avaient disparu. Quelqu'un avait emporté le scooter et les sacs remplis d'oreilles de rennes.

Plus loin, près de l'enclos, les policiers avaient déposé le mort sur une civière, et on avait commencé à déblayer la neige à la pelle là où on l'avait découvert.

Je rejoignis Ovla qui était assis à table et fumait en laissant tomber sa cendre dans sa tasse de café dégoûtante.

— Où est passé le scooter ?

Il haussa les épaules. Il n'avait pas vu de scooter. Ni hier ni aujourd'hui.

— Qui a ouvert la piste et découpé le trou dans la glace ?

Ouais, c'était bien lui qui avait ouvert une piste jusqu'au trou. Cela prend tellement de temps de faire fondre la neige pour l'eau du café quand on est nombreux.

Il se roula une nouvelle cigarette, se leva, introduisit un petit bout de bois dans le poêle, alluma sa cigarette. Resta accroupi, les mains tendues vers la chaleur du foyer.

— Tu sais, quand j'étais petit, j'adorais me mettre dos au feu. Je m'appuyais contre la barre de fer devant la cuisinière. Tu sais, celle qui sert à suspendre le tisonnier. Je pouvais rester des heures comme ça. Jusqu'à ce que mes vêtements commencent à sentir le brûlé.

Il leva les yeux vers moi, et sur son visage apparut une grimace qui était peut-être un sourire. Ce qu'il me racontait était bien sûr une manière d'éviter de répondre à mes questions. Il n'avait qu'une idée en tête : que je lui confirme que j'étais solidaire. Que nous étions du même côté. Mais je ne cédai pas si facilement.

— Le scooter était là hier, derrière la maison. Juste à l'endroit où tu as tracé la piste vers le lac. Tu as fait cette trace pour que l'on ne remarque pas qu'il y avait un scooter ici ?

Il ne répondit pas. Se contenta d'ajouter du bois dans le poêle et d'aller chercher le sachet de café dans son sac à dos, sur l'une des couchettes. Retira la cafetière du feu et y versa le café.

— Les sacs avec les oreilles de rennes, qu'est-ce que tu en as fait ?

— Quand quelqu'un se fait tirer dessus, c'est l'affaire de la police. Mais quand quelqu'un vole des rennes, il vaut mieux régler ça sans la police. Ils ne savent pas y faire. Tu as dit toi-même qu'on doit avoir des preuves. Qu'il faut qu'il y ait une plainte, des enquêtes et des formulaires pour qu'ils comprennent de quoi il retourne.

— Et qu'est-ce que je vais dire quand la police m'interrogera ? Comment vais-je expliquer ma présence ici ? Pourquoi nous étions là-haut ensemble ?

— Ils ne poseront pas de question sur les oreilles de rennes, ils poseront des questions sur Vidar. Il vaut peut-être mieux que tu ne causes pas trop de ces oreilles.

Bon Dieu ! Dans quel bourbier étais-je en train de patauger ? Je savais très bien que le sens littéral du droit ne s'accorde pas toujours avec la conscience commune du droit. Mais ici, j'étais tout à coup plongée dans quelque chose où il ne fallait pas seulement suivre la conscience commune du droit. Il fallait aussi tenir compte des us et coutumes et des intérêts familiaux.

La loi est écrite différemment à Oslo. Avec d'autres lettres. Elle n'est pas interprétée de la même manière. Revêt une tout autre signification en rencontrant une autre réalité. La loi est une chose. Le droit et la justice peuvent être quelque chose de tout à fait différent.

D'une certaine façon, j'avais cru pouvoir faire fi de cela. Pensant me situer en dehors de tous les intérêts particuliers. Et je découvrais brutalement que je devais tenir compte des liens familiaux et que j'étais en proie à un sentiment de culpabilité. Empêtrée dans un écheveau d'allusions cachées et de reproches déguisés.

Ovla alla chercher un morceau de viande séchée dans la réserve, à l'entrée. En découpa une lamelle qu'il mâcha, plongé dans ses pensées, tout en suspendant le morceau de viande sur la corde à linge au-dessus du fourneau. Avec son grand couteau, il tailla dans le bois des bandes d'écorce pour le feu, et la braise s'enflamma. La cafetière fraîchement astiquée crépitait sur la cuisinière rouillée.

— Où habitait-il ?

— Qui ?

Il savait très bien de qui je parlais, mais ne voulait pas répondre.

— Vidar. Il habitait ici, dans la commune ?

— Chez une sœur, je crois. Une demi-sœur.

— Elle habite où ?

Il fit un geste vague vers l'extérieur, comme pour indiquer dans quelle direction se trouvait la maison.

Je sortis sur l'escalier et regardai les techniciens de la police scientifique qui travaillaient dans la poudreuse près du champ d'abattage. Ils avaient monté une tente en plastique blanche au-dessus de l'endroit où nous avions trouvé le corps, et Siri Kvenriik semblait passer le terrain d'abattage au peigne fin. L'un des techniciens branchait des câbles et des projecteurs à un générateur.

Quand je rentrai dans la cabane, le café avait débordé. Assis à table, Ovla battait le jeu de cartes.

Après avoir essuyé la cuisinière, je versai le café dans la bouteille Thermos, pris les tasses propres et allai voir les policiers.

Ils burent leur café debout dans la neige. Sur le fond du ciel gris, les corbeaux tournoyaient nerveusement.

Nous dûmes attendre deux heures qu'ils aient fini, et je rentrai dans l'hélicoptère-ambulance. Kvenviik, l'officier de la police judiciaire, resta, elle rentrerait en scooter. On n'avait pas mis le cadavre dans un sac mortuaire, il était seulement recouvert d'une couverture et de la bâche en plastique. Celle-ci avait été amarrée à la civière avec une corde de nylon, comme un chargement de scooter.

Je n'ai jamais été particulièrement impressionnée à la vue des morts. Là, pourtant, cela me faisait drôle de voyager en hélicoptère avec quelqu'un dont la moitié de la tête avait été arrachée par un coup de fusil. Quelqu'un qui était mort et congelé, avec qui j'avais parlé à peine quelques jours auparavant.

D'une certaine manière, on mesure sa propre vie à l'aune de celle du mort, et l'on se rend compte à quel point est absurde notre impuissance à modifier le cours de notre vie.

Je n'avais pas ressenti ce désarroi depuis les obsèques de maman. Le fait irréel qu'elle, qui avait toujours été là, soit tout à coup absente.

Mon père, mes frères et moi nous tenions alignés. Avions salué ceux qui étaient venus à l'enterrement. Amis et collègues. Parmi la famille de Kautokeino, personne n'avait eu le temps de faire le déplacement. Alors subitement, j'avais ressenti le manque et l'injuste humiliation que représente la mort face à toute vie. Un scandale.

Le pasteur était roux et claudiquait légèrement. Il nous tendit une main. Avait eu la polio, disait-on. Sa main était de la taille de celle d'un enfant. Inerte.

Je le méprisais. Trouvais ses phrases et ses formules détestables, déjà avant qu'il commence son sermon. Ses paroles de consolation calculées et sa compassion mielleuse me dégoûtaient. Je haïssais son amabilité feinte. La tristesse enfoncée comme un poing dans la poitrine, je le regardai avec dédain boiter vers le cercueil.

Il parla de la théorie de la relativité d'Einstein. Dit que l'énergie était indestructible. La place de ma propre mère dans l'immensité. L'importance de la partie pour le tout. Je pleurai comme une enfant.

Je ne connaissais pas le mort sur la civière à côté de moi, dans l'hélicoptère. Nous avions échangé quelques mots pendant un trajet en voiture. Dans la voiture, il avait bu de la bière. Et pourtant, même désarroi. Même sentiment de ne pas être à la hauteur. De ne pas pouvoir comprendre ou décrire ce que l'on ressent, ce que l'on vit.

La maison se trouvait à quelques kilomètres du centre. Une bâtisse bleu-gris avec quelques remises recouvertes de neige, sur lesquelles étaient clouées des peaux fraîches. Une motoneige sous une bâche déchirée par le vent. Un tas de bois et un chemin étroit piétiné jusqu'à l'escalier enneigé.

La demi-sœur de Vidar était une jeune femme en kolt bleu à bordure plissée, elle portait un bonnet en polaire et ce qu'on appelait des Moon Boots quand j'avais une dizaine d'années.

Au moment où je sortais du taxi, elle était en train de patauger dans la poudreuse devant la maison et se débattait avec quelque chose qui ressemblait à un serpent très mince et féroce. Mais ce n'était pas un serpent. C'était une de ces tiges d'acier que l'on utilise pour curer les canalisations.

En unissant nos forces, nous parvînmes à introduire la tige rigide dans son support et, les mains bleues de froid, nous transportâmes le rouleau glacé dans la maison.

Dans le séjour, deux enfants regardaient la télé. Ils ne levèrent pas les yeux de leur film Pokemon quand nous traversâmes la pièce avec le serpent métallique dompté entre nous.

— Les filles de ma sœur. Je les garde pendant la journée, quand je ne travaille pas.

Dans le film, les enfants japonais criaient en norvégien. Nous transportâmes la tige d'acier dans la cuisine.

Posâmes le rouleau contre le réfrigérateur.

— Vous connaissiez Vidar ?

Je lui dis ce qu'il en était, que je l'avais juste pris en voiture dimanche dernier et que j'étais tombée sur son nom dans un rapport de police.

— C'était pour cette affaire de viol, n'est-ce pas ? Il s'est mêlé à une bagarre à l'hôtel, là-haut, et la police l'a interrogé.

Elle se lava les mains dans l'évier, puis me tendit le flacon de produit vaisselle.

— C'était votre frère ?

— Oui, d'une certaine manière.

L'une des fillettes pointa la tête et demanda si les toilettes étaient utilisables.

— Allez derrière la maison ou chez le voisin.

Tandis que je me lavais les mains, elle débarrassa de la table quelques tartines à moitié mangées.

L'autre gosse passa la tête dans l'entrebâillement de la porte.

— Il faut qu'on aille jusque chez Ailo ?

Elle me regarda avec un air désabusé. Nous enfilâmes les gants en plastique qu'elle avait sortis du placard et descendîmes à la cave avec le ressort en acier. Le sol était entièrement recouvert d'une pellicule grasse et noire. Cela sentait les égouts, le cuir en train de se décomposer et la pourriture.

À l'aide d'un tournevis tordu, nous soulevâmes la grille de la bouche d'écoulement. Nous n'avions encore jamais fait cela ni l'une ni l'autre, mais elle l'avait au moins vu faire, puisqu'elle maintenait le rouleau de fil de fer quand son ex-mari nettoyait la canalisation.

Le ressort raide ne voulait pas entrer dans le tuyau, je dus m'agenouiller sur le sol dégoûtant de la cave pour que nous puissions introduire la tige d'acier dans ce qui devait être le conduit principal du système d'évacuation. Nous l'enfonçâmes presque entièrement avant de rencontrer un obstacle.

— Il faisait tourner tout le rouleau.

Nous essayâmes, mais la tige était coincée. Inébranlable. On ne pouvait pas la pousser plus loin ni la faire tourner.

Le pire était que nous ne pouvions plus la retirer non plus. Ma camarade de plomberie remonta et revint avec une pince serre-tubes.

L'une des fillettes demanda en criant dans l'escalier si les toilettes étaient utilisables. Nous lui envoyâmes une bordée de jurons mélangés, en suédois et en same, et la porte se referma.

Les gants en plastique avaient craqué et le temps de trouver une bonne prise avec la tenaille sur la tige récalcitrante, je réussis à me pincer l'ongle du pouce et à tremper ma montre dans la bouche d'écoulement.

À ce moment-là, les gosses tirèrent la chasse d'eau à l'étage au-dessus. Il y eut un appel d'air dans les tuyaux, et les eaux usées de la semaine remontèrent en faisant des bulles par la bouche d'écoulement.

Nous trempions jusqu'aux chevilles dans les eaux sales et le papier toilette à moitié décomposé. L'odeur était épouvantable. Mais la tige se libéra. La tension la fit tourner et je perdis ma prise avec la pince. L'extrémité libre du fil d'acier fit un trou dans le Placoplatre du mur et brisa le globe au plafond.

Ma nouvelle camarade de travail gravit l'escalier en trébuchant, dans le flic flac de ses Moon Boots, et elle ouvrit la porte.

À la lumière du palier, je tournai le fil avec la pince. Ça se mit à gargouiller dans le tuyau. Après un borborygme infernal, l'eau commença à s'écouler par la bonde. Tout le système d'évacuation disjoint clapotait et gargouillait.

Nous avions réussi. Je m'en tirerais avec un ongle bleu, l'intérieur du verre de ma montre Georg Jensen était recouvert d'une pellicule noire, et mon pull irlandais blanc à torsades était bon à mettre à la poubelle. Mais nous avions réparé le système d'évacuation.

Quand j'arrivai dans la cuisine, elle avait ôté ses bottes détrempées et, perchée sur l'escabeau, elle fouillait dans le placard au-dessus du congélateur.

Elle en sortit une bouteille en plastique de deux litres d'eau-de-vie maison et remplit des verres qu'elle prit dans le lave-vaisselle.

Nous bûmes l'alcool fort mélangé à du Schweppes tiède et sentîmes qu'il nous nettoyait les sinus et les muqueuses. L'odeur d'égout de nos vêtements me faisait presque suffoquer.

Nos mains étaient noires, nos cheveux puaient,

j'avais l'impression que mon corps tout entier était enduit d'eaux usées.

— Je m'appelle Ailie, dit-elle en nous resservant un verre, merci pour votre aide.

Je n'osai pas profiter de l'occasion pour prendre une douche chez elle, la canalisation se boucherait peut-être à nouveau. Je me contentai de fourrer mes vêtements les plus sales dans un sac en plastique. Empruntai une veste sèche et rentrai à l'hôtel. Ailie essaierait de laver mon pull.

L'aurore boréale verte et violette crépitait faiblement, mais elle était suffisamment forte pour projeter des reflets sur la neige immaculée du terrain de football, derrière la salle des sports. Il n'y avait pas un souffle de vent et il devait faire largement moins trente. La neige crissait sous mes bottes.

Nous avions réparé la canalisation d'Ailie, mais je n'avais rien appris sur Vidar.

À l'instant même où j'entrai dans ma chambre, le téléphone sonna. C'était Kristiansen, il m'appelait pour m'informer que son épreuve de skating s'était bien passée. Il s'était concentré sur la technique et avait terminé troisième.

Je n'avais aucune idée de ce qu'il me racontait, mais il avait l'air très content de lui et je ne voulais pas le blesser en lui demandant de quelle qualification il causait.

Par ailleurs, il avait parlé au médecin de Karasjok. Karen Margrethe était morte d'hypothermie.

Bon, elle était donc morte de froid. Mais sa résistance était réduite puisqu'elle avait avalé une forte dose de tranquillisants. Je fouillai dans mes affaires puantes pour trouver un stylo, notai le numéro du médecin et relatai brièvement la découverte de Vidar dans la montagne.

Il fut surpris, mais je n'entendis pas bien ce qu'il disait. Tous les concurrents de la compétition de ski semblaient faire la fête derrière lui. Il s'inquiétait pour sa voiture. Je dus avouer que j'avais totalement oublié sa voiture détraquée. Je promis d'appeler le garage et d'organiser le dépannage et la réparation. Il serait de retour dimanche, après le cinquante kilomètres. Si j'avais besoin de ma voiture pour rentrer en Suède, il s'arrangerait pour que quelqu'un me l'amène jusqu'à Kautokeino. Il me donna le numéro de téléphone d'une auberge de jeunesse où je pouvais le joindre.

Je mis mes vêtements sales dans un sac en plastique et allai sous la douche. Le téléphone sonna, je le laissai sonner.

En sortant de la salle de bains, je sentis la puanteur de mes vêtements. Pas étonnant que le portier ait eu l'air un peu circonspect quand il m'avait remis la clé de ma chambre.

Avec la ceinture de mon jean, je réussis à suspendre le sac en plastique à la fenêtre, dehors. Dans mes bagages, je n'avais bien sûr que des vêtements d'intérieur. Absolument plus rien pour l'extérieur. Évidemment, on ne peut jamais prévoir les petites interventions de plomberie. Mais j'aurais dû comprendre que ce boulot n'était pas un banal travail de bureau.

Je pourrais peut-être acheter un pull chaud chez le marchand, sur la place ? À moins qu'ils n'aient quelque chose chez Coop ? En tout cas, pour aujourd'hui c'était trop tard.

Quand j'allumai la télé, les informations étaient terminées. Je pris une grande respiration, hissai le sac plastique suspendu à la fenêtre et repêchai ma montre dans la poche du jean puant. Je la nettoyai dans le lavabo et la mis à sécher sur l'abat-jour du lampadaire.

Au fond de mon sac, je trouvai un survêtement. J'avais l'habitude de l'emmener partout, il arrivait effectivement que je fasse mes cinq kilomètres de jogging. Le plus souvent quand j'allais voir Peter à Vaxjö. Bref, j'enfilai mon survêtement qui sentait un peu le renfermé, mais c'était quand même un vrai bonheur, comparé à mes habits d'égoutier.

Penser à Peter me fit un creux quelque part à l'estomac. Je ne lui avais pas répondu. Je jetai un coup d'œil à la liasse de messages téléphoniques, il n'y en avait aucun de lui.

Le médecin de Karasjok avait appelé, ainsi qu'un dénommé Backe, sans doute le policier que nous avions vu lors de l'identification de Karen Margrethe. Sinon, Sara Marit et grand-mère avaient toutes les deux cherché à me joindre.

Le fait que grand-mère ait appelé était un peu surprenant. Elle n'aimait pas tellement le téléphone. Estimait que l'on ne pouvait pas parler aux gens si l'on ne voyait pas leurs yeux.

Je trouvai une paire de grosses chaussettes avec juste un petit trou au talon et les enfilai. Puis j'étalai tous mes documents sur le sol, mis mon téléphone à recharger et ouvris l'ordinateur.

Parcourus les mails. Rien de Peter. Kerstin me demandait quand j'allais rentrer.

Je ne trouvai pas les coordonnées de grand-mère dans mon calepin. Elle n'avait pas laissé de numéro dans son message. Je feuilletai dans tous les sens les pages de l'annuaire du Troms, du Finnmark et du Svalbard sans trouver Kautokeino. Je mis bien cinq minutes à me souvenir qu'on l'écrivait en same. Avec un G, donc, Guovdageaidnu.

C'était grand-mère qui était dans l'annuaire, mais ce fut grand-père qui répondit. Il ne comprit pas ce que je disais. J'essayai en same, mais il déposa le combiné et je l'entendis aller dans la cuisine. Au bout d'une bonne minute, grand-mère prit le téléphone.

— Il entend très mal. Il tient toujours l'appareil du côté de sa plus mauvaise oreille, alors il ne comprend pas ce qu'on dit. Il vieillit, dit grand-mère, sans mentionner qu'elle était de deux ans son aînée. J'ai entendu parler de l'accident avec la fille, celle de Karasjok. Qu'est-ce qui va se passer, maintenant ?

Je lui expliquai que c'était le procureur qui déciderait de donner suite ou non aux poursuites contre Nils Mattis. Le fait qu'elle soit morte n'entrait pas vraiment en ligne de compte. L'action judiciaire suivrait son cours.

Excepté si les parents demandaient que l'on mette fin à la procédure. Pour protéger la défunte.

— Tu ne peux pas leur parler, toi, Anna Karin ? Voir avec eux si on peut s'arranger à l'amiable.

J'essayai de lui faire comprendre que l'on ne pouvait pas procéder de cette manière, que c'était le procureur qui décidait. Elle avait du mal à saisir. Je promis en tout cas d'en parler au procureur et de savoir ce qu'il comptait faire.

— Personne ne sera plus heureux que quelqu'un meure, dit-elle.

Qu'entendait-elle par-là ? Karen Margrethe était déjà morte. Si l'affaire allait jusqu'au procès, Nils Mattis n'écoperait guère plus que de quelques mois, peut-être un an.

— Vois ce que tu peux faire, ma fille.

Personne ne sera plus heureux que quelqu'un meure, avait-elle dit. Je ne comprenais pas le code sous-jacent à ces paroles. La conversation à la station-service fut plus facile, ils s'engagèrent à réparer la voiture de Kristiansen. Ensuite, je composai le numéro du procureur à Alta. Ce fut sa femme, Elin, l'interprète en langue des signes qui répondit.

— Merci pour la soirée de l'autre fois.

Comme on dit en Norvège pour confirmer qu'on se connaît et qu'on a récemment passé un moment ensemble. Nous rîmes un peu à l'évocation de notre langue des sourds improvisée, et nous nous promîmes de nous revoir.

Inge avait une audience à Tana et ne serait pas de retour avant vendredi soir. Elin s'était inscrite à un cours du soir pour apprendre le russe, et je lui racontai mes échecs en la matière. Nous plaisantâmes un peu sur les langues et l'enseignement des langues, tandis qu'elle cherchait un numéro de téléphone où l'on pourrait joindre Inge.

Après avoir raccroché, je me rendis compte que je venais de refaire une brève incursion dans mon monde à moi. Elin et moi pouvions parler ensemble et, en même temps, comprendre ou décoder les allusions, les plaisanteries et les intonations ironiques sans devoir les passer par un filtre. Nous avions les mêmes domaines de références. Les mêmes points de départ.

Plutôt que de déranger Inge maintenant, j'essayai

d'étaler mes notes de manière à avoir une vue d'ensemble de tout ce qui s'était passé depuis mon arrivée.

Karen Margrethe avait donc porté plainte contre mon cousin pour viol. Ils étaient soûls tous les deux ; considérée comme une *rivgu*, elle n'avait pas été protégée par les conceptions locales de la morale qui mettaient les filles sames à l'abri. Ma tante Sara Marit avait essayé d'amener le commissaire Eliassen, qui était parent avec son mari Einar, à abandonner l'enquête.

Mais le policier Kristiansen, celui qui avait pris la plainte, avait refusé d'abandonner l'affaire. L'enquête avait complètement levé le doute. Ils étaient ivres, certes, mais Nils Mattis avait menacé Karen Margrethe avec un couteau et l'avait forcée à avoir un rapport sexuel. Le compte rendu de l'enquête avait été envoyé au procureur à Alta, qui déciderait s'il y aurait des poursuites.

Et c'est là que j'apparaissais dans l'histoire. Vraisemblablement, le conseil de famille avait calculé que je ne coûterais rien, vu que je faisais partie de la famille. On avait sûrement sollicité Ante Mikkel Eira, qui avait coutume d'aider grand-mère dans les questions juridiques, et il leur avait dit de me contacter.

Comme j'étais une femme, il serait probablement plus facile pour moi de convaincre Karen Margrethe de retirer sa plainte. En outre, j'en savais assez – ou assez peu – pour qu'on ait bon espoir que je suive leur proposition.

Grand-mère m'avait appelée à Stockholm et j'avais rappliqué, naturellement, fière de pouvoir faire quelque chose pour la famille. Empressée à racheter la mauvaise conscience de ma mère. C'était ce salaud d'Ante Mikkel qui avait tout organisé. Celui en qui ils avaient confiance. Il lui suffisait de tirer les ficelles, et je dansais.

Mais comment tout le reste, ce qui s'était passé là-haut, s'intégrait-il au schéma que j'essayais de dessiner sur la moquette tachée ?

Qui avait tenté de convaincre Karen Margrethe de retirer sa plainte ?

Qui lui avait fait peur avant ma visite à Karasjok ?

Qui avait-elle attendu dans la montagne ?

Était-ce seulement un hasard si Ovla m'avait montré les oreilles des rennes volés et si nous avions trouvé Vidar assassiné à la cabane de chasse ?

Qui avait essayé de saboter ma voiture, cette nuit-là à Karasjok ? Était-ce pour m'effrayer ? Avait-on voulu que je meure de froid dans la montagne ? À qui cela aurait-il profité ?

Je n'arrivais pas à dégager une quelconque cohérence. J'essayai vainement de joindre le médecin qui avait pratiqué l'autopsie à Karasjok et laissai un message sur son répondeur, il pouvait me rappeler à n'importe quel moment.

J'avais juste commencé à composer le numéro d'Inge Amundsen, quand on frappa à la porte.

C'était Siri Kvenviik, l'officier de la police judiciaire de Tromsö, qui venait me proposer d'aller dîner ensemble. Après une journée dans la neige et le vent, elle avait pris des couleurs, elle portait une chemise de soie sous une veste élimée, bordée de cuir. Le genre de veste qui pouvait coûter une fortune dans une boutique de marque, ou trois fois rien dans un magasin de l'armée du Salut.

— Cinq minutes, il faut juste que je me change. On se voit à la réception.

Elle regarda avec étonnement ma tenue de jogging trop large, les vêtements et tous les papiers sur le sol, puis acquiesça de la tête, l'air pensif, avant de s'en aller.

Elle était probablement assez au courant des traditions et usages de la région pour savoir qu'il était impensable de descendre dans la salle de restaurant en tenue de jogging. On se fait beau par respect de ses amis. Ou bien pour montrer qui l'on est, d'où l'on vient et pourquoi on est là. Le costume de fête traditionnel, le kolt, raconte tout cela à qui sait le déchiffrer. En fait, on peut sans doute lire la même chose dans nos vêtements habituels de prêt-à-porter. Il s'agit seulement d'interpréter différents messages de différentes manières. De comprendre le code.

Je fouillai encore une fois dans mes habits et essayai d'éliminer une tache sur un pull que j'avais mis dans le sac de linge sale. Avec une veste par-dessus, on ne verrait pas la trace d'humidité.

En sortant dans le couloir, je croisai un type avec une grosse veste polaire et des bottes de scooter, qui venait chercher les clés de la voiture de Kristiansen.

Avec quelque difficulté, je réussis à ouvrir la fenêtre et hissai dans la chambre le paquet gelé de vêtements puants.

— Retenez votre respiration.

Il ne comprit pas ce que je voulais dire, mais me regarda d'un air de plus en plus dubitatif, tandis que je dénouais le sac en plastique réfrigéré, séparais ma veste du paquet d'habits solidifiés par le gel et repêchais la clé de la voiture.

— Vous suspendez toujours vos vêtements à la fenêtre ?

— Seulement mes vêtements de travail.

Je raccrochai le sachet à l'extérieur, sans tenter de lui expliquer pourquoi je mettais mes affaires dehors, et descendis avec lui à la réception. Kvenviik se leva de son fauteuil.

— Quatre minutes et cinquante-cinq secondes, dit-elle.

— Il a fallu que je cherche la clé de voiture de l'agent Kristiansen et que j'élimine une tache de mon pull.

— À quoi vous jouez, là ? dit le type de la station-service dans le dialecte du Finnmark en se grattant l'oreille avec la clé de Kristiansen.

Il nous regarda d'un air sceptique, puis disparut dans l'obscurité nocturne.

La salle de restaurant était presque vide. Un repas de famille dans un coin et quelques touristes attablés autour d'une demi-bouteille de vin. Au bar, des jeunes buvaient de la bière, en attendant qu'il y ait de l'ambiance dans la discothèque en bas, chez Aja.

*

— Vous avez déjà logé dans cet hôtel ? demanda Siri Kvenviik.

Je lui expliquai que j'étais venue quelques fois, quand j'étais enfant, nous passions la nuit ici.

— C'est là que je descends habituellement, j'aime bien, dit Siri, oui, ça me fait vraiment plaisir d'habiter là. On se croirait à *L'Hôtel en folie*, vous savez, cette vieille série dans laquelle John Cleese est le gérant d'un hôtel. Je ne serais pas du tout surprise qu'il sorte de la cuisine. Lui ou Manuel. Enfin, si jamais quelqu'un vient un jour.

Nous attendîmes un quart d'heure, puis entrâmes dans la cuisine. Le serveur était à table et mangeait des *kjöttkaker*, des boulettes de viande, avec des pommes de terre. Nous commandâmes la même chose, prîmes chacune une bière et retournâmes à notre table.

— C'est vous qui l'avez trouvé ?

— Le serveur ?

— Non, je parlais de celui qui a été tué près de la cabane de chasse.

Elle inclina son verre pour se verser sa bière, avala quelques longues gorgées et essuya la mousse sur sa bouche avec la serviette.

— Oui, moi et Ovla. J'ai vu la jambe au milieu des déchets d'abattage.

— Qu'est-ce que vous faisiez là-haut ?

— C'est un interrogatoire ?

Elle sourit, mais ses yeux gris étaient sérieux.

— Excusez-moi. C'est comme ça. J'ai du mal à séparer le travail du temps libre.

Elle sortit un paquet de cigarettes et un briquet qu'elle déposa sur la table, et tira une carte de visite au dos de laquelle elle nota un numéro de téléphone avec un petit stylo fin.

— Non, ce n'est pas un interrogatoire. Je me demandais seulement ce que vous faisiez là-haut. Ce Ovla ne me semble pas vraiment être le genre de type avec lequel on va faire une balade romantique en montagne.

— Il voulait me montrer le chalet de chasse. J'y étais allée, enfant, avec mes grands-parents. Il travaillait chez eux à l'époque. Maintenant, ça a été transformé, il voulait me montrer.

Je ne sais pas pourquoi je ne lui parlai pas des sacs avec les oreilles de rennes. À cause de ce qu'Ovla m'avait dit sur la famille ? Parce que cela n'avait aucun rapport avec l'homme que nous avions trouvé ?

Le serveur arriva de la cuisine et déclara qu'il n'y avait plus de *kjöttkaker*. Nous avions le choix entre du poisson de montagne et du *finnebiff*, le ragoût de renne à la norvégienne. De quel poisson il s'agissait, ça il ne le savait pas, mais il pouvait aller demander au cuisinier si nous voulions.

Le risque qu'il disparaisse pour de bon était trop grand. Nous optâmes pour le poisson, peu importait lequel. Et une bouteille de vin blanc. Il s'éclipsa derrière la porte battante.

Le groupe qui festoyait entonna des chansons d'anniversaire et trinqua. On entendit les plats et la vaisselle s'entrechoquer dans la cuisine. Le poisson était en route.

Siri était née à Hammerfest. Son père avait été policier, sa mère ouvrière saisonnière chez Findus. Employée à découper des filets en hiver et au printemps. Pendant toute sa scolarité, Siri avait elle-même travaillé occasionnellement à l'usine de poissons. Un boulot froid et triste, qui rapportait bien. Le mieux, c'étaient toutes les histoires grivoises pendant les pauses. Le pire, c'était l'odeur, dont on n'arrivait jamais à se débarrasser. Une des femmes, à la chaîne, lui avait appris à se frictionner avec du citron après la douche. C'était devenu une habitude. Elle tendit sa main, qui sentait légèrement le savon et le citron.

Dans la cuisine, quelqu'un laissa tomber un plateau en métal. Pourvu que ce ne soit pas notre poisson, pensai-je.

Je me rendais compte seulement maintenant que j'étais affamée. Je n'avais mangé qu'un morceau de viande séchée, dans la cabane de chasse. Mais sûrement bu dix tasses de café.

Siri avait suivi une formation de policier et fait ses premières années à Oslo. Elle était venue dans le Nord l'année de ses trente ans et s'était mariée avec un camarade d'enfance. Ensuite, elle avait fait des études de droit à l'université et était à présent commissaire dans la police judiciaire à Tromsö. Et divorcée, avec garde alternée de deux enfants, ce qui nécessitait pas mal d'acrobaties pour concilier les déplacements et le travail en divers lieux.

Je lui parlai de ma grand-mère et de ma mère, de la raison de mon voyage ici cette fois-ci. J'en étais à la mort de Karen Margrethe quand le poisson arriva.

Le serveur avait oublié le vin. Il revint au bout de quelques minutes avec la bouteille. Nous le trouvâmes toutes les deux trop chambré. Il poussa un profond soupir et repartit à la cuisine avec la bouteille. Le poisson était salé et trop cuit, la peau des pommes de terre épaisse, mais la salade de concombre était bonne. Le *römme*, la crème fouettée norvégienne, avait un goût de vieux frigo.

Nous avions presque fini de manger quand le clone de John Cleese revint avec la bouteille. Il l'avait vraisemblablement placée dans la neige, car des cristaux de glace tintèrent légèrement dans nos verres quand il nous servit le vin blanc.

Que savait-elle du médecin de Karasjok ?

— Il est bon. Il a de l'expérience. A été médecin légiste au Danemark. Mais il boit trop.

Elle remuait les cristaux de glace dans son verre avec le manche de son couteau.

— Je ne suis pas sûre qu'il soit au meilleur de ses capacités quand il est à jeun. C'est sans doute l'inverse.

— Vous avez travaillé avec lui ?

— Oui, dans le cadre de diverses enquêtes.

La famille qui fêtait un anniversaire avait enfin eu son flan au caramel et rassembla les enfants qui jouaient sous la table. L'un des hommes plus âgés s'approcha et salua la commissaire de police judiciaire Kvenviik.

— Alors, elle est dans le coin, la petite dame ?

En voyant son regard, je compris que c'était moi qui l'intéressais, en fait.

— C'est votre collègue, là, si je comprends bien ?

— Je suis la petite-fille d'Ottilia, la fille d'Anna Marja, Anna.

Il me regarda, un peu étonné. En effet, mon nom n'avait peut-être pas été évoqué lorsqu'ils s'étaient demandé qui j'étais.

— Ah bon, Anna Marja… Oui, je la connaissais bien quand nous étions écoliers. Nous logions à l'internat tous les deux. Elle a deux ans de moins que moi, je crois. Alors, on peut se saluer comme il se doit.

Il me tendit une main étonnamment petite et molle.

— Alors, comment va-t-elle, Anna Marja ?

— Elle est morte. L'année dernière, à la fin de l'hiver.

Il s'assit à notre table et Siri Kvenviik alla chercher un verre propre à la cuisine. Nous lui offrîmes du vin gelé. C'était son anniversaire. Et on le lui fêtait en dînant à l'hôtel.

— Soixante ans, dit-il, et nous comptâmes ensemble qu'il en avait fait trois de plus que ma mère.

— Elle avait des chaussettes de laine blanches. C'est pour cela que je me souviens d'elle. C'est sa mère qui les lui avait tricotées. Des chaussettes de laine épaisses et douces. Le premier luxe que nous ayons vu, enfants. Nous lui avions demandé si nous pouvions toucher ses chaussettes. Elle nous en avait prêté une, nous avions passé la main dedans et senti comme elles étaient chaudes.

Il but un peu de vin et regarda son reflet dans la vitre sombre.

— Nous autres avions seulement de grossières chaussettes grises, des chaussettes russes ou du *senna*, la paille séchée, et nous la taquinions, bien sûr. Nous l'appelions princesse, la petite princesse de Johvna. C'était vraiment la petite chouchoute à son papa, cette Anna Marja. Mais elle ne se fâchait jamais. Je m'en souviens. Elle prenait grand soin de ses chaussettes.

Il s'abîma dans ses souvenirs, faisant tourner son verre entre ses doigts, sans doute retombé dans l'enfance gelée de l'internat. Se rappelait la leçon de l'Ancien Testament sur le châtiment implacable et les représailles. La punition quand on parlait same pendant les récréations.

Siri remplit son verre et sortit de sa rêverie, nous regardant d'un air dubitatif. Il lui fallut quelques secondes pour retrouver le fil de la conversation.

— Un jour, un des fils Hætta avait pris une chaussette qu'elle avait mise à sécher.

Il rit, nous regarda, s'essuya le front avec sa serviette.

— Quel gros balourd, celui-là. Mais je l'ai aidée, je me suis battu avec Nilas pour qu'elle puisse récupérer sa chaussette. Et elle l'a récupérée, pour sûr. Je ne sais pas si mon saignement de nez y a contribué. Tu la salueras de ma part.

— Elle est morte.

— Oui, tu l'as dit, soupira-t-il, et il vida son verre. On arrive à l'âge où les amis d'enfance commencent à mourir.

Il se leva, rajusta son ceinturon orné de plaques d'or et son couteau d'apparat, puis rejoignit la table familiale. Nous retournâmes à notre poisson de montagne sec, qui était vraisemblablement de la truite arc-en-ciel d'élevage, dont l'unique expérience de la montagne était son voyage en camion depuis Alta.

Nous venions de décider de déranger John Cleese en commandant un dessert, quand le réceptionniste arriva avec un téléphone sans fil.

C'était le médecin de Karasjok, le pathologiste danois. Il était de toute évidence au meilleur de ses capacités.

— Vous savez que l'on n'est jamais absolument sûr, dans ces choses-là.

Il essayait de parler suédois et y parvenait assez bien.

— Avant de me dire quoi que ce soit, l'interrompis-je, sachez que vous n'êtes pas obligé de me fournir des informations. Je suis seulement une sorte de conseillère juridique pour ma famille, dans cette affaire de viol.

— Je sais. Mais le policier ici, celui qui connaît votre grand-mère, m'a dit que les bonnes femmes dans cette famille étaient tenaces, et que vous chercheriez à savoir ce que j'ai écrit dans mon rapport, même s'il était top secret et rédigé en grec.

Je bus le reste de mon vin et fis un signe d'approbation à Kvenviik qui désignait la bouteille vide d'un air interrogateur. J'entendais dans le combiné le pathologiste remuer ses instruments sur le plan de travail en Inox.

— Sautez tout ce que disent les médecins légistes dans les films.

— Vous allez tenir le coup ?

— Ne vous inquiétez pas. Soyez aussi écœurant que les pathologistes ont l'habitude de l'être pour en imposer aux filles.

Il rit en hoquetant un peu ; je l'entendais aller et venir dans la pièce avec le téléphone.

— Alors voilà. Karen Margrethe était sans doute déjà morte avant de se suicider. Je veux dire qu'elle a pu mourir de froid avant que les médicaments ne commencent à faire de l'effet. Seuls quelques comprimés s'étaient dissous dans son estomac.

Je l'entendis farfouiller dans quelque chose. Vraisemblablement les cachets à moitié digérés.

— Elle était sur le point de mourir de froid quand elle les a avalés. Elle les a pris avec de la bière, semble-t-il. Mais pour autant que je sache, on n'a pas trouvé de bouteille de bière dans la voiture.

— Il y en a peut-être une dans la baraque. Là où ils l'ont découverte.

— Sans doute.

Le commissaire Kvenviik revint de la cuisine avec une nouvelle bouteille de vin. Elle remplit un verre et me regarda d'un air interrogateur.

— C'est Jörgen ?

J'eus un moment d'hésitation, ne sachant pas si j'avais saisi son nom lorsqu'il s'était présenté.

— Avez-vous parlé avec la police ici à Kauto ?

— Ils vont recevoir le rapport. Je voulais seulement

que vous sachiez cela. Si vous souhaitez davantage de renseignements, je serai à Kautokeino demain soir.

— Vous voulez parler au commissaire Kvenviik ?

Il voulait bien, oui, et j'eus le temps de boire un verre de vin pendant qu'ils échangeaient des souvenirs d'un voyage à Mourmansk. Elle termina la conversation en riant et alla reporter le téléphone à la réception.

Nous discutâmes un moment des pathologistes que nous avions rencontrés, de leur habitude de toujours vous regarder dans les yeux et de dire « à bientôt » d'une manière ambiguë, nous étions complètement d'accord sur le fait de vouloir vivre notre vie en évitant d'atterrir sur la table d'autopsie en Inox.

Le vin était chaud, nous ne prîmes pas la peine d'aller le mettre dans la neige et poursuivîmes sur sa mission à Kautokeino.

Je lui dis que Jörgen viendrait le lendemain, sûrement pour l'autopsie de Vidar. Avant de repartir à Tromsö, elle-même se contenterait d'examiner les éléments de preuve avec les techniciens et de rester à la disposition éventuelle de la police locale.

Il était presque deux heures du matin quand je sortis sur le parking pour aller chercher une valise dans la voiture. Il faisait un froid crépitant. Les étoiles étaient pâles, le vent avait une légère odeur de fumée, peut-être un signe avant-coureur de dégel.

Je grimpai sur le talus de neige derrière le parking, me balançai d'avant en arrière, regardant l'univers infini droit au-dessus de moi, faillis tomber à la renverse dans la congère. La voiture avait disparu.

Je mis plusieurs minutes à me rappeler que j'avais prêté ma voiture à Kristiansen. Je retournai à l'entrée de l'hôtel, le gardien de nuit me considéra d'un air étonné quand je sonnai.

Une fois dans ma chambre, je composai le numéro que Kristiansen m'avait donné. Au bout de onze sonneries, quelqu'un répondit, mais quand j'entendis sa voix pâteuse, je raccrochai. J'avais probablement réveillé toute l'équipe nationale de ski.

Le téléphone sonna à sept heures, et je ne savais pas du tout où j'étais.

Dehors, il neigeait. C'est seulement une fois debout, le combiné en main, quand j'entendis la voix d'automate dans l'appareil, que je me rappelai avoir commandé un réveil. Avec un goût de métal dans la bouche, je tâtonnai jusqu'à la salle de bains et bus plusieurs verres d'eau tiède avant d'allumer la lumière. La neige tombait en effleurant délicatement la vitre.

Me pelotonnant dans l'édredon, j'envisageai un instant d'abandonner toutes mes bonnes résolutions, de me remettre au lit et de me rendormir. Mais la liste de ce que j'avais à faire aujourd'hui était toujours sur le bureau, alors j'enfilai mon survêtement, allai dans la salle de restaurant glaciale et me servis une tasse de café.

Il n'y avait pas âme qui vive dans tout l'hôtel, mais on entendait la radio dans la cuisine. Devant la porte d'entrée, une vieille BMW attendait, moteur allumé. Apparemment, les gens d'ici ne coupaient jamais leur moteur l'hiver.

C'était la voiture de Kristiansen. Le type avec la

veste Statoil sortit de la cuisine une tartine à la main, son visage étroit barré d'un sourire. La fille qui travaillait à la cuisine devait être sa femme.

— La voiture est prête. Nous avons rechargé la batterie. Vous pouvez me raccompagner à la station-service ?

J'étais habillée trop légèrement et avais une tasse de café à la main.

— Il fait chaud à l'intérieur, elle est restée toute la nuit dans l'atelier, m'assura-t-il.

Je déposai ma tasse sur le comptoir de la réception, le suivis jusqu'à la voiture et le raccompagnai à la station-service. Il n'y avait rien à payer, mais il fallait que je signe la facture émise au nom du commissariat. Nous entrâmes dans la station et il sortit la facture.

— Mais je ne peux pas signer pour le commissariat.

— Il me faut une signature sur ce papier. Sinon je vais me faire engueuler par le chef.

Le gars pointait du doigt la ligne sur laquelle je devais signer. Apparemment, ici comme partout ailleurs, on s'échangeait des services. Il fallait espérer que la facture atterrisse chez quelqu'un qui pourrait la payer. Toute la région était sans doute un immense réseau de services prêtés et rendus, de mérites et de torts acquittés et expiés selon un schéma aux ramifications dignes d'une fourmilière souterraine.

Je venais de signer la facture, afin que les contribuables puissent payer le rechargement de batterie de Kristiansen, quand la voiture explosa.

Des flammes jaillirent du capot et, machinalement, je me précipitai de l'autre côté du comptoir. Était-ce pour chercher un extincteur, ou parce que je ne savais tout simplement pas quoi faire ?

Quand le réservoir à essence s'enflamma, l'explosion et la chaleur soufflèrent la fenêtre, et une pluie d'éclats de verre s'abattit sur nous. Lorsque nous sortîmes par la porte, l'essence dans la voiture avait entièrement brûlé, mais du côté droit, les pneus étaient en feu et dégageaient une épaisse fumée noire qui faisait une voûte sous le toit ouvert au-dessus des pompes à essence.

— Il faut bouger cette saloperie de bagnole !

On me mit un extincteur dans les mains et, grâce à un vague souvenir de lointains exercices de lutte contre l'incendie à l'école, je parvins à retirer la goupille de sécurité et à mettre en marche l'extincteur à mousse.

— Sur les roues !

Le gars de la station se démenait pour pousser le véhicule embrasé tandis que j'essayais d'éteindre les flammes sur les pneus. La voiture ne bougeait pas d'un iota.

— Le frein à main !

En ouvrant, je me brûlai à la poignée de la portière. La garniture intérieure s'était transformée en une bouillie poisseuse en fusion, qui colla à mes vêtements et me brûla le bras.

Je ne ressentis pas la douleur à ce moment-là, mais en me penchant pour desserrer le frein à main qui n'était plus qu'une masse bouillante en liquéfaction, je sentis l'odeur âcre des cheveux, des poils calcinés et du plastique en train de fondre.

Mon sang pulsait dans ma main droite. J'avais l'impression qu'elle avait doublé de volume.

— Saloperie !

Je roulai hors de la voiture, m'éloignai en trébuchant jusqu'au talus de neige et enfonçai ma main brûlée dans la neige. Le gars de la station avait sorti un câble de remorque de la dépanneuse et réussi à éloigner la voiture en feu des pompes à essence.

Les pneus d'un côté s'étaient complètement consumés et les jantes crissaient sur l'asphalte. Les roues arrière étaient bloquées, bien que j'eusse desserré le frein à main. Deux hommes sautèrent d'une voiture et essayèrent d'éteindre le feu qui avait pris dans le mur, sous la vitre brisée.

La douleur sur ma paume brûlée était terrible, je me recroquevillai dans la neige sale, enfonçai mon visage entre mes genoux et pleurai. De douleur et d'amertume. Tout foirait pour moi.

Quelqu'un me mit une veste sur les épaules. Quelqu'un d'autre me conduisit au centre médical où une infirmière me fit une injection. Lorsque le médecin arriva, j'avais utilisé une demi-boîte de mouchoirs en papier pour essuyer mes larmes et mon nez.

Il était dix heures et demie quand je pus appeler un taxi qui me conduisit chez mes grands-parents.

J'avais le bras gauche en écharpe. Une brûlure dans la paume de la main droite. Une autre sur la joue gauche. Du même côté, j'avais l'impression d'avoir de la paille de fer à la place des cheveux. Mes cils brûlés frisaient et collaient.

Ma veste de jogging était calcinée. Une des infirmières me prêta un sweat-shirt, et j'avais toujours la veste polaire de la station-essence, qui sentait la sueur. On m'aida à l'enfiler, je sortis en clopinant jusqu'au taxi et sombrai sur la banquette arrière.

Grand-mère attendait sur l'escalier extérieur. Je ne sais pas si elle s'était tenue là depuis mon coup de téléphone, ou si elle était sortie à ma rencontre en voyant la voiture arriver.

Elle s'empressa de m'extirper du taxi et de me faire entrer dans la maison. Prête à étendre ses ailes protectrices sur sa petite-fille ratée. Celle qui s'était fichue dans un pétrin dont elle n'arrivait plus à se tirer.

Inutile de protester, je me laissai faire. La fatigue et les médicaments eurent raison de moi et on m'expédia au lit. Grand-mère étendit sur moi un énorme édredon en plumes. Elle déposa une tasse émaillée pleine de bouillon fumant et deux gigantesques tartines de viande froide sur la table à côté de moi, et je sombrai dans une sorte de torpeur. Le lit tanguait sous mon corps et, dès que je fermais les yeux, je revoyais l'incendie et l'explosion.

Grand-père était assis dans le fauteuil à côté du lit et suivait d'un œil inquiet chaque variation sur mon visage. Il m'observa avec anxiété quand je bus le savoureux bouillon de renne et, lorsque je lui fis signe que c'était bon, son visage tanné de petite pomme d'hiver froissée s'illumina de bonheur. J'avalai aussi un petit bout de tartine.

Grand-mère apporta un bol d'os à moelle qu'elle avait réchauffé dans le four. Grand-père alla en claudiquant dans l'entrée chercher un petit bâton de la bonne taille pour que je puisse retirer des os la moelle chaude et fumante.

Grand-mère resta un moment dans le fauteuil de grand-père, tenant la tasse de bouillon devant ma bouche.

Grand-père apporta plus de bois et le mit dans le

poêle brûlant. Il reprit sa place quand grand-mère retourna à la cuisine pour préparer un remède contre les brûlures.

— De l'urine ! cria-t-il à grand-mère. Mais il faut de la pisse d'hommes soûls, pas de vieillards sobres. Il faut pisser sur la brûlure, tout le monde sait ça.

Il prit ma tasse et me tendit l'assiette avec les tartines.

— Tu trouves peut-être ça dégoûtant, mais c'est ce qu'on faisait autrefois quand quelqu'un se brûlait. On n'a pas beaucoup de médicaments, en montagne.

J'avais dû m'assoupir et, quand je me réveillai, dehors il faisait nuit. Grand-père était toujours à sa place. En me voyant revenir à moi, il posa son journal et ôta ses lunettes. Dans la pièce régnait une chaleur étouffante. Grand-père avait alimenté le poêle sans arrêt pendant que je dormais.

Selon le livre de remèdes de grand-mère, c'étaient la nourriture, le sommeil et la chaleur qui soignaient la plupart des maladies.

— C'est bien que tu aies pu dormir.

Il replia ses lunettes et les replaça soigneusement dans l'étui usé.

— Ils t'ont appelée.

Qui avait téléphoné, ça il ne s'en souvenait plus, mais grand-mère avait noté. Elle était sortie pour un petit moment. Tante Sara Marit était venue la chercher.

Ma blessure à la main me faisait mal, mon bras brûlé sur la couverture me donnait l'impression d'avoir la peau à vif. Je réussis à grand-peine à me redresser dans le lit moelleux, et grand-père partit en claudiquant dans la cuisine chercher la Thermos de café que grand-mère avait préparée.

Le sweat-shirt en coton était trempé de sueur. Grand-père rapporta une serviette et m'épongea le visage. La peau des brûlures se tendit, j'avais l'impression qu'elle était collée à mon crâne.

Chaque mouvement me faisait mal dans une partie du corps.

J'appelai au bureau et parlai à Kerstin, elle promit de s'occuper de la Sécurité sociale et des papiers pour l'arrêt de travail. Le médecin du centre de santé enverrait le certificat médical. Tandis que j'essayais d'expliquer à Kerstin ce qui s'était passé, Stockholm me paraissait terriblement loin.

Nous regardâmes des émissions pour enfants à la télévision et je me rendormis. Grand-père mettait du bois dans le poêle et veillait sur la Thermos de café. Dès que je buvais, il remplissait ma tasse. Il me réveilla pour les informations régionales. Rien sur l'incendie de la voiture. Mais nous vîmes que Kristiansen avait remporté une nouvelle victoire aux championnats de ski du district.

Une paire de skis sur l'épaule, il répondait à des questions sur sa condition physique. Elle était bonne. Il se portait bien et avait l'air sûr de lui. Il ferait certainement une bonne course pour le cinquante kilomètres de dimanche.

Fallait-il l'appeler pour lui dire que sa voiture avait brûlé ? Cela nuirait peut-être à sa concentration. Et puis j'avais laissé mon calepin avec son numéro à l'hôtel.

Siri Kvenviik arriva vers sept heures. Elle portait une combinaison de ski, mais était restée à l'intérieur toute la journée pour examiner les éléments de preuves qu'elle avait mis en sûreté près de la cabane de chasse. Elle avait rédigé son rapport et eu une réunion avec ceux qui allaient poursuivre l'enquête.

On n'avait rien trouvé de nouveau. Demain, ils essaieraient de mettre la main sur les gens qui avaient utilisé la cabane ces derniers temps.

On avait remorqué la voiture de Kristiansen jusqu'au garage du commissariat, Siri Kvenviik l'avait examinée et elle avait parlé au type qui était là lors de l'incendie. Il s'agissait vraisemblablement d'une fuite d'essence. Un défaut dans le carburateur ou bien un tuyau qui fuyait. Les vapeurs d'essence s'étaient d'abord enflammées sous le capot, puis le réservoir avait explosé. Le compartiment moteur avait complètement brûlé, plastique et tuyaux étaient carbonisés, il serait difficile de déterminer comment cela s'était passé. Mais si c'était une fuite dans un tuyau, j'aurais dû sentir une odeur d'essence en emmenant la voiture à la station-service. Je n'avais rien senti. Quand je l'ai prise, la voiture fonctionnait. Nous avions roulé à peine un kilomètre et je n'avais rien remarqué d'inhabituel.

Grand-mère et tante Sara Marit rentrèrent. Siri but une tasse de café avant de retourner dans le bourg. Elle voulait faire une balade sur la piste de ski de fond, et le médecin légiste danois arriverait dans la soirée. Ils avaient rendez-vous à l'hôtel. Sara Marit regarda mes brûlures et hocha la tête.

— Il faut être prudente, petite.

Je ne vois pas comment j'aurais pu être prudente avec une voiture qui avait explosé d'un seul coup.

Grand-mère réchauffa du *bidos*, la soupe à la viande,

mais je refusai de manger assise dans le lit. Sara Marit m'aida à enfiler un des kolts de grand-mère.

Tout mon corps était douloureux. Je m'étais certes seulement brûlé aux mains et au visage, mais j'avais l'impression qu'un train m'était passé dessus. Par sécurité, grand-père mit un peu plus de bois dans le poêle.

Les fenêtres sombres étaient embuées par la cuisson de la soupe, mais je pouvais voir mon reflet et la brûlure sur ma joue. Mes cheveux calcinés étaient ébouriffés. Ma paupière droite pendait.

— Mange, ma petite fille.

On chasse le mal avec de la nourriture, du sommeil et de la chaleur.

Mais aussi avec de la pommade miraculeuse. Tante Sara Marit alla chercher son sac dans l'entrée et en sortit un pot de miel fermé par un couvercle à vis, il contenait une espèce de masse jaune qui ressemblait à de la graisse. Grand-mère et Sara Marit étaient allées voir quelqu'un qui s'y connaissait en brûlures. Je ne voulais pas savoir qui avait fait don de son urine.

Quand je dévissai le couvercle, il s'éleva une forte odeur de rance. Mais ils me forcèrent à retourner au lit et, malgré mes protestations, me soignèrent exactement selon les règles de l'art.

Étalée sur la peau, la pommade fonça, devint presque noire. Ils affirmèrent que cela partirait sûrement en me lavant. Sûrement ? Et grand-père avait lu dans le *Finnmark Dagblad* que les cellules de la peau se renouvelaient en permanence. Que l'épiderme n'était fait que des déchets produits par le corps.

Un déchet, voilà comment je me sentais et ce que je sentais quand ils m'installèrent dans le lit de manière que je puisse regarder la télévision. Sara Marit repartit en ville. Nous n'avions pas prononcé un seul mot sur ce qui allait se passer concernant les poursuites contre Nils Mattis.

Personne n'avait posé de question et je n'avais pas non plus abordé le sujet. Nous tournions prudemment autour du pot. Sara Marit avait demandé du bout des lèvres quand je comptais rentrer en Suède.

— Peut-être la semaine prochaine. Il est là-haut avec le troupeau, Nils Mattis ?

Oui, Einar et Nils Mattis étaient tous les deux dans la montagne. Einar rentrerait d'ici dimanche, mais Nils Mattis, lui, resterait. Elle n'en savait pas plus.

La blessure qu'elles avaient enduite de pommade rance commençait à me démanger. C'était parfait. Pour une fois, grand-mère et grand-père étaient d'accord. Si ça grattait, c'est que ça commençait à guérir.

À onze heures, le frais émoulu champion régional Kristiansen arriva. Il avait pris la route presque immédiatement après avoir franchi la ligne d'arrivée de la course de ski et avait parcouru plus de trois cent cinquante kilomètres. Il était déjà passé voir les restes de sa voiture et avait rencontré Siri Kvenviik qui lui avait dit où j'étais. Il avait l'air tellement en forme que c'en était presque indécent, et il dut se baisser pour ne pas se cogner la tête au chambranle de la porte.

Lui non plus ne s'expliquait pas comment la voiture avait pu prendre feu. Probablement une fuite d'essence. Mais il est extrêmement rare que les voitures explosent.

Il n'y a que dans les films que les voitures se mettent à brûler, quand elles tombent dans un précipice ou qu'elles font des tonneaux. Pendant un temps, juste après la fin de mes études, j'avais travaillé pour une compagnie d'assurances et n'avais rencontré qu'un seul cas où l'incendie déclaré pour une voiture avait été authentifié. Du moins l'assurance avait-elle versé l'argent. Sinon, le plus souvent, c'étaient les propriétaires eux-mêmes qui mettaient le feu à leur véhicule pour toucher une indemnité.

Mais quand j'ai rencontré le type qui avait touché l'argent de l'assurance, six mois plus tard, il a reconnu avoir scié le tuyau d'arrivée d'essence. Juste une entaille, de manière qu'un petit jet d'essence asperge l'allumeur.

Je ne travaillais déjà plus pour la compagnie d'assurances quand il m'a raconté cela, et je ne l'ai jamais dénoncé.

— Quelqu'un aurait-il pu faire un trou à la lime dans le tuyau d'essence ?

— Dans quel but quelqu'un ferait-il cela ?

— Pour effrayer. Ils pensaient peut-être que c'était ma voiture.

— Tout le monde dans ce village sait que c'est la mienne. En plus vous ne l'avez même pas utilisée.

— Cinq cents mètres, tout au plus. L'essence a peut-être coulé sur l'allumeur ?

— Il n'y a pas d'allumeur sur les voitures modernes. Seulement un boîtier électronique qui ne peut pas prendre feu.

Grand-mère avait à nouveau réchauffé la soupe à la viande et Kristiansen fut convoqué dans la cuisine. Il retira sa veste et grand-père remit du bois dans le poêle. Par sécurité.

Il était tard, presque minuit. Grand-mère monta dans la chambre et grand-père retourna à son film à la télé. Kristiansen avait faim, il mangea plusieurs bols de la soupe nourrissante. Je lui racontai comment nous avions trouvé Vidar près de la hutte de chasse. Il hocha la tête, pensif, en rompant des morceaux de pain dans son bol de soupe.

— Pourquoi a-t-il fait de la prison ?

— Coups et blessures. Homicide, si je me rappelle bien. Il a écopé de six ans, est sorti au bout de quatre. Je n'ai pas vu le rapport d'enquête, mais je me souviens qu'on en a parlé, après cette bagarre dans la discothèque.

— Il a donc été mêlé à une bagarre ici le jour de sa sortie de prison ?

— Peut-être pas le premier jour, en tout cas la première semaine, oui.

— Peut-il y avoir un lien avec la raison de son séjour en prison ?

— C'est ce qu'ils vont examiner. Kvenviik est une bonne femme qui ne fait pas les choses à moitié, elle n'a pas l'habitude d'omettre quoi que ce soit.

— Je l'ai rencontrée.

Nous convînmes qu'il garderait ma voiture jusqu'au lendemain, jusqu'à ce que l'assurance lui envoie un véhicule de location, pour qu'il puisse retourner faire la course de ski suivante.

— Vous rentrez en Suède avant le week-end ?

Il mâchait la viande coriace et transpirait dans la cuisine surchauffée.

— Sans doute pas avant quelques jours.

— Il ne reste plus que le cinquante kilomètres.

— Avec ou sans poursuite ?

Il me lança un regard hésitant, se demandant si je le faisais marcher ou si j'étais sérieuse.

— Classique, avec départs décalés.

Le vent avait tourné et venait du sud, il tombait quelques minces flocons. L'air était doux et humide. À cause des mocassins de grand-mère je glissai dans l'escalier mais Kristiansen me rattrapa. Son bras me soutenait tandis que j'avançais prudemment jusqu'à la voiture, en traînant les pieds sur le verglas de la cour, pour récupérer ma valise que j'avais oubliée dans le coffre. C'était loin d'être désagréable. La chaleur humaine accélère souvent les processus de guérison. Quoi qu'il en soit, cela ne fait pas de mal.

— Bonne chance pour la compétition de ski.

Il ne répondit pas, se contenta d'enfoncer son bonnet sur ses oreilles et démarra.

— Et faites attention à la voiture.

C'était de l'ironie, vu que j'avais fait cinq cents mètres avec la sienne et l'avais rendue à l'état d'épave. Mais je crois qu'il ne comprit pas. Il fit juste un signe de tête et disparut dans le chemin. Il n'avait peut-être pas d'humour. On sait que ce n'est pas la première des qualités évaluées quand on pose sa candidature à l'école de police norvégienne.

Je restai un instant dans l'escalier à regarder les flocons de neige tourbillonner autour de la lampe extérieure. Grand-père sortit pour s'assurer que je n'avais pas été enlevée par le policier ou que je ne m'étais pas cassé une jambe en dérapant sur les marches. Nous contemplâmes silencieusement la neige un moment.

— *Sliebádahka*. Certains disent que c'est quand les poils dans leurs sabots fendus commencent à se mouiller. Mais moi je crois que c'est l'odeur. Ils commencent à se déplacer quand ils sentent cette odeur.

Je n'arrivais pas à distinguer l'odeur provenant des

légers flocons de neige et il me fallut un moment pour comprendre qu'il parlait du troupeau de rennes.

Durant des siècles, de génération en génération, on a accumulé des expériences et construit un savoir sur la neige et le vent. Sur le comportement des bêtes au fil de l'année. Des connaissances qui se transmettaient de père en fils. De mère en fille. L'existence de tout un peuple avait autrefois dépendu de ce savoir accumulé, justement.

Un beau jour, ce genre de savoir ne vaut soudain plus rien. Plus personne ne le recherche. Pour protéger l'environnement, il faut limiter l'élevage des rennes. L'État verse de l'argent pour que l'on cède son unité d'exploitation et que l'on quitte le métier.

Grand-père hocha la tête, descendit l'escalier et alla dans la remise chercher du poisson séché pour le chien. Il réveilla l'animal qui dormait sous la neige et lui gratta la tête pendant qu'il s'étirait en jetant à la ronde des regards endormis.

— Il faut espérer mourir quand il fait ce temps-là.

Grand-père enfila ses gants tricotés et regarda la neige qui dansait au-dessus de nos têtes.

— Pas trop froid. Bonne glisse, et la glace tient sur la rivière. Facile pour Nils Mattis de charger quelqu'un sur sa remorque. On cause le moins de dérangement comme ça. Y'a juste à suivre la piste de scooter sur la rivière jusqu'à l'église.

D'une certaine manière, grand-mère et grand-père étaient le point final d'un mode de vie et d'une tradition qui s'étaient développés pendant des siècles. Le prix qu'ils avaient payé pour la chaleur et l'électricité, des vêtements secs et des séries américaines à la télévision était peut-être vraiment trop élevé.

J'essayai d'expliquer cette pensée à grand-père, mais je ne crois pas qu'il ait saisi ce que je voulais dire. Il se contenta d'acquiescer par un signe de tête amical et, avant que je comprenne moi-même ce dont j'avais réellement voulu lui faire part, grand-mère nous invitait à rentrer.

Nous mangeâmes une tartine de fromage dans la cuisine, et grand-mère examina mes blessures. Elle prit un sachet en papier dans le réfrigérateur et en sortit un comprimé qui semblait avoir été dosé pour un cheval.

Après un échange d'arguments, je parvins à négocier de n'en prendre que la moitié. Le comprimé avait un goût âcre de camphre ou d'antimite, je l'avalai avec du bouillon.

Le sachet en papier contenait un mélange hétéroclite de pilules de tailles et couleurs diverses. Visiblement, grand-mère choisissait en fonction de la taille. Plus on était malade, plus gros était le cachet qu'elle vous administrait.

Le comprimé au camphre n'avait toujours pas fondu dans mon estomac quand je me glissai à nouveau sous la couette. J'aurais dû appeler mon père. Peut-être aussi Peter. Mais vu qu'ils n'étaient pas au courant de ce qu'il m'était arrivé, ils ne pouvaient pas s'inquiéter.

Pendant un bon moment je passai en revue les événements de ces derniers jours. Mais mes pensées tournaient en rond, sans me mener nulle part.

Quand j'essayai de me lever pour prendre du papier et un crayon, ma vue se voila. Le goût du médicament me remonta dans la bouche. Utilisant mes dernières forces, je sortis sur le perron respirer un peu d'air frais. Les jambes tremblantes, je restai dans la neige jusqu'à ce que le froid m'envahisse.

Puis je me forçai à attendre encore quelques minutes. Le chien, toujours en train de mastiquer son poisson, me regarda d'un air étonné, il devait se demander pourquoi je m'attardais dehors sans raison.

Je regagnai mon lit et m'enroulai dans la couverture.

Lorsque, enfants, nous rentrions transis de froid à la maison, nous nous enroulions toujours dans la couverture. On se réchauffait vite et on s'endormait, la couverture moelleuse contre la joue. C'était sans doute quelque chose que maman avait conservé de son enfance. Dans notre pavillon de lotissement, à Sundbyberg, il ne faisait jamais un froid aussi glacial que dans un *lavvu* sur le plateau du Finnmark, bien entendu. Mais c'était surtout la sensation d'avoir chaud et d'être en sécurité. De s'endormir dans sa propre chaleur.

Les jours suivants, je dormis et me reposai. J'allai chercher la voiture et mes bagages à l'hôtel et m'installai dans le séjour chez grand-mère, avec du papier, mes notes et mon ordinateur portable. Le samedi, j'aidai grand-père à couper du bois. Siri Kvenviik était passée pour me poser quelques questions sur les circonstances dans lesquelles Ovla et moi avions découvert le corps de Vidar.

Elle était rentrée à Tromsö le vendredi par l'avion du soir, mais reviendrait probablement le mardi suivant. Organiser la garde des enfants avait été assez compliqué, et elle n'était pas tranquille de rester absente une semaine de plus. Je ne savais pas si je serais encore là à son retour. Nous nous promîmes de nous appeler et elle disparut dans la voiture de police.

— C'est une policière, la jeune femme ?

Grand-père avait un peu de mal à accepter qu'une femme exerce un métier si violent et dangereux. Grand-mère et moi essayâmes de lui expliquer qu'être policier en Norvège n'était pas tout à fait la même chose que dans toutes les séries imbéciles qu'il voyait à la télévision.

— Mais ils tirent bien des coups de feu, ici aussi ?

Il alla dans l'entrée et revint au bout de quelques minutes avec un vieux journal.

— Au printemps dernier, ils ont même tiré sur la « police des canards ».

Il feuilleta le journal pour me montrer un article.

Il existe un seul endroit en Norvège où la chasse aux canards est autorisée au printemps : c'est Kautokeino. C'est une vieille tradition. On a fait une exception dans la réglementation sur la chasse. Chaque année, une cinquantaine de licences sont accordées. On a le droit d'abattre deux canards. Le problème est que personne ne se soucie de faire une demande de licence. Ou de compter précisément jusqu'à deux.

On chasse – point. On tire le plus de canards possible. Comme on l'a toujours fait.

Chaque année au mois de mai, quand l'ouverture de la chasse approche, les policiers titulaires prennent des congés. Les autorités envoient là-haut une équipe spéciale. La « police des canards ». Trois policiers dans une commune à peu près aussi étendue que la Belgique.

Grand-père trouva un article qui relatait qu'on avait tiré sur la police. Quarante-deux canards avaient été saisis. Ils avaient été brûlés sur la décharge à ordures.

— Le débarras est plein de vieux journaux.

Grand-mère leva les yeux de son ouvrage.

— Et la remise dehors aussi. Bientôt on ne pourra plus y entrer. Il garde tout un bric-à-brac.

Grand-père attendit que j'aie terminé de lire l'article, puis il reprit le journal, le replia soigneusement et le remporta.

— Depuis combien de temps conserve-t-il les journaux ?

— Depuis toujours.

Elle tortilla un fil de tendon entre ses doigts et le passa dans la grosse aiguille pour le cuir sans mettre ses lunettes.

Grand-père revint, de la neige dans les cheveux et les lunettes couvertes de buée.

— Grand-père, as-tu des journaux d'il y a quatre ans ? Ou cinq ans, même ?

Oui, il en avait pas mal. Mais ils étaient dans la remise dehors.

Accompagnés par les soupirs de grand-mère, nous nous habillâmes et nous frayâmes un chemin en pelletant la neige jusqu'à la resserre.

Derrière la porte, il y avait une vieille motoneige. Une Ockelbo bleu clair.

— Le vieil Hirvi[1]. L'élan, c'est comme cela que je l'appelais.

Grand-père caressa le siège de l'antique machine et s'installa comme s'il avait l'intention de la démarrer.

— Si tu savais ce que cela a signifié quand nous l'avons acheté. C'était la liberté même. Pouvoir se déplacer sans effort. Parcourir des dizaines de kilomètres sans être fatigué. On avait toujours des skis sur la remorque, parce qu'on croyait qu'il tomberait en panne. Mais non. Il marchait bien, il suffisait de mettre de l'essence.

Il se leva et tira plusieurs fois sur le câble de démarrage. Le moteur émit un lourd soupir léthargique, le câble reprit sa position, grand-père grimpa sur le siège.

— Maintenant, plus personne n'emporte de skis. Ils ont des téléphones portables. Ils sont dans la montagne

1. *Hirvi* : élan, en finnois.

et ils appellent l'administration. L'État promet de l'argent, à condition qu'ils cessent l'élevage des rennes. Merci, merci beaucoup. Mais on va en faire quoi, après, des scooters et des téléphones portables ?

Grand-père commença à débarrasser les vieilles peaux de renne et les skis entreposés sur les poutres du plafond. Déplaça un *lavvoduk*[1] et des bâches. Le long du mur, il avait empilé des tas de vieux journaux et de magazines. Je m'avançai pour l'aider.

La première pile ne comportait que des journaux sur l'élargissement de la rivière Alta. Tante Sara Marit apparaissait sur plusieurs des photos. L'un des clichés montrait la police en train de l'emmener. Deux agents la tenaient sous les bras, ses jambes traînaient dans la neige. À l'arrière-plan, un jeune homme coiffé d'un bonnet pointu arborait une pancarte sur laquelle était écrit : «*La Elva leve*[2].»

— C'était il y a trente ans. Le temps nous file entre les doigts.

Il ficela la liasse de journaux et chercha à nouveau dans ses archives.

À un clou était suspendue une vieille housse à vêtements en papier brun. La partie supérieure avait été recouverte d'un sac en plastique noir. Grand-père prit un bâton et la descendit. Retira le sac en plastique.

La housse était fixée au crochet du cintre par un gros cordon enroulé sur plusieurs tours. Impossible de défaire le nœud. J'empruntai le couteau de grand-père et coupai le lien.

C'était un kolt de laine blanc. Un costume tradition-

1. Toile de tente same (faite de peaux de rennes).
2. «Laissez vivre le fleuve.»

nel de femme, avec bonnet, ceinture et *bällingar*, le pantalon de peau, jamais porté. Il faisait sombre dans la remise et je le voyais assez mal, mais je devinais qu'il s'agissait d'artisanat de première qualité. Épaisse fourrure de faon de renne dans les *bällingar*, le pantalon monté avec les poils vers l'extérieur. Les galons de la tunique fabriqués à la main. Confectionner un tel costume avait dû prendre des mois.

— Il n'a jamais été porté, ce costume, tu sais, Anna Marja. Tant de travail et de larmes pour rien.

Il passa la main sur le tissu souple et s'assit sur le siège du vieux scooter, le kolt entre ses mains. Il marmonna quelque chose que je ne compris pas. Cela devait être le costume que grand-mère avait cousu pour maman, mais que celle-ci n'avait jamais porté. Pour une raison ou une autre, on l'avait rangé là.

Ne sachant que dire à grand-père, je sortis de la remise. N'avais pas envie qu'il me prenne à nouveau pour ma mère. Je restai dehors et l'entendis, à l'intérieur, qui entonnait calmement un *joïk*, sans doute celui sur ma mère.

Quand il se tut, je le rejoignis. L'aidai à remballer le costume dans les sacs. Il ne dit plus rien. Passa seulement la main sur ma joue après que j'eus raccroché la housse au clou.

Nous rapportâmes deux liasses de journaux poussiéreuses dans la maison. C'est là que devait se trouver l'essentiel de ce qui s'était passé durant les quatre ou cinq dernières années.

Une fois que grand-mère et grand-père furent au lit, je commençai mes recherches dans les journaux locaux.

Vidar avait été libéré deux mois auparavant, après

avoir fait quatre ans de prison. S'il y avait eu inculpation pour meurtre, le délai entre l'arrestation et le jugement ne pouvait pas dépasser quelques mois.

Donc, en novembre ou décembre, il y a quatre ans. S'il y avait eu un meurtre, il devait figurer en première page. Je mis près d'une heure à passer en revue les liasses de journaux. Rien en première page. Il y avait plusieurs numéros datant de la période que je cherchais, mais rien sur un cas de violences ayant entraîné la mort.

Je décidai donc d'éplucher tous les journaux un par un. Rien.

Il était deux heures du matin quand je retournai dans la remise, dehors, m'éclairant avec la lampe de poche de grand-père. Le vieux scooter émit des craquements de mécontentement lorsque je l'enjambai. Le vent avait forci, la neige cherchait à entrer par les interstices entre les planches du mur et formait de petits amas en longueur. Il ne faisait pas particulièrement froid, mais dans la resserre obscure régnait une humidité crue.

Au bout d'une demi-heure, je trouvai. Une liasse à part, sur une étagère en hauteur, près du plafond. Elle comprenait en tout et pour tout une vingtaine de gazettes, allant du mois de septembre jusqu'au jugement, le 23 février.

Grelottant de froid, je sortis de la remise et emportai les journaux dans la salle de séjour.

Dans l'église en bois, le cantique ondoyait à travers les rangées de bancs qui craquaient. On chantait dans trois tempos différents. Celui de l'organiste, qui mettait un point d'honneur, avec le chœur clairsemé, à suivre la mélodie dans le tempo et le rythme notés sur la partition. Ensuite, décalé de quelques mesures, venait le chant des hommes, un murmure de basses et des ténors éraillés. Enfin, complètement détachées du rythme de l'orgue, les femmes faisaient durer les arabesques de leur mélodie. C'était davantage un *joïk* qu'un cantique. Plutôt le plaisir de chanter qu'une prédication.

Avec l'ardeur d'un pédagogue, l'organiste poussait de profonds soupirs, le chœur tournait machinalement les pages de sa partition, attendant que tout le monde ait fini de chanter un verset pour pouvoir entonner le suivant.

Assise à côté de grand-mère et de Sara Marit, j'étais presque la seule dans l'assemblée à ne pas porter le costume de fête traditionnel. Grand-mère avait voulu que je mette un kolt et des bijoux, mais je trouvais que cela n'allait pas avec ma brûlure au visage. Les plaies avaient bien cicatrisé, cependant. Était-ce grâce à la pommade chamanique à l'urine ou aux soins du centre médical ?

Nous endurâmes un sermon dénué d'originalité. Le chemin de Jésus et de ses disciples, bordé de palmiers et de fleurs d'hibiscus, semblait terriblement lointain. Le paysage à l'extérieur de l'église en bois rouge n'était que neige étincelante de blancheur, et ici pratiquement aucun arbre ne dépassait les deux mètres. Mais dans le prêche, on apportait au maître et à ses disciples des dattes et des figues, on leur servait du vin à l'ombre des oliviers.

Le faste que le prêtre essayait d'évoquer était un décor de carton. Les jolis mots de la prédication sonnaient creux. L'assemblée attendait le cantique suivant, ou bien la sortie de la messe pour pouvoir se plaindre du temps et du pâturage d'hiver.

Le paysage rigoureux, parsemé de quelques maisons et d'une église rouge jetées dans l'immensité du plateau montagneux, était aux antipodes du printemps verdoyant de Canaan et de la tiédeur des vents du désert.

Mais c'est devant l'église après l'office, dans les costumes colorés, que le faste se manifestait. Dans les rubans et les bijoux. Les châles de soie et les broches en argent tintinnabulantes. Les galons et les ornements aux couleurs vives des costumes, qui montraient si vous, ou votre femme, étiez quelqu'un d'important.

J'avais entendu grand-mère raconter ce que l'on pouvait manifester autrefois à travers ses vêtements quand on se mariait. Des histoires de filles qui répandaient de la cendre sur leurs habits ou bien enfilaient leur kolt à l'envers, quand leurs familles les avaient forcées à épouser un homme qu'elles n'aimaient pas. Les hommes qui tournaient leur bonnet avant de monter les marches de l'église.

Quelqu'un avait retourné son *päsk*, l'épaisse pelisse, l'intérieur vers l'extérieur. Et même ses *skaller*, les mocassins de fourrure. À l'époque où l'on n'avait pas de maison ou d'habitation fixe, c'était naturellement par les vêtements que l'on affichait son identité et sa dignité.

On ne possédait peut-être pas de maison, mais on avait son identité et sa personnalité rangées dans un coffre à vêtements.

On arrivait enfin au chant suivant du rituel dominical, et l'assemblée, dans l'expectative, feuilletait son livre de cantiques. L'église était remplie jusqu'au dernier rang, le prêtre se déplaçait comme s'il portait de grands mystères et une force exceptionnelle. C'était peut-être un chaman déguisé qui maniait maladroitement les hosties et cherchait ses mots dans la version en same du Notre Père.

Cent cinquante ans auparavant, de jeunes læstadiens exaltés avaient assassiné le commerçant et le représentant de l'autorité sur la place du marché. Le pasteur et sa femme avaient été fouettés avec des verges de bouleau devant l'église, pour chasser le diable de leurs corps de pécheurs. Ce jour-là, les læstadiens s'étaient révoltés contre les autorités, l'eau-de-vie et l'oppression exercée par l'église[1]. Ils réclamaient la justice et la

1. La révolte de Kautokeino (*Kautokeinoupproret*). Le 8 novembre 1852, un groupe de Sames læstadiens se soulève avec violence contre les autorités norvégiennes ; deux meneurs seront condamnés à la pendaison, d'autres personnes à la prison à vie.

dignité humaine. Bien sûr, les autorités ne pouvaient pas accepter une chose pareille.

Le prêtre actuel n'avait sans doute rien à craindre. Personne n'allait tenter de chasser le diable de son corps à coups de fouet devant l'église. Nul dans cette assemblée n'allait se lever pour prêcher contre lui dans la nef.

On peut penser que cent cinquante ans sont une longue période. Mais le cantique que nous chantâmes avait été traduit en same par l'un de ceux qui furent condamnés à la prison à perpétuité après la rébellion. Il y a quelques années, Oslo avait restitué le crâne d'un des insurgés décapités. Après l'exécution, il avait été conservé au département de paléontologie de l'université d'Oslo et avait servi à la recherche en biologie raciale.

Parmi ceux qui suivaient tant bien que mal les vagues de la psalmodie dans l'église, aujourd'hui, ils étaient certainement nombreux à descendre de ces familles qui s'étaient un jour révoltées.

Si on leur avait posé la question, ils n'auraient guère voulu reconnaître leur lien de parenté avec celui qui avait tué le représentant de l'autorité. Ou le commerçant. Avec ceux qui avaient fouetté le pasteur.

Mais la plupart, ici, auraient pu montrer où habitaient aujourd'hui les familles qui étaient du côté des autorités quand la révolte fut écrasée, il y a plus de cent cinquante ans. L'histoire ne s'efface pas. Elle continue de vivre à côté du présent. Entrelacée en lui tel un motif dans un ruban.

Celui qui connaît les codes saura déchiffrer les différents éléments tissés dans l'étoffe et les comprendra.

Saura qui a torsadé les fils de la chaîne. Le temps ne passe pas, il vient.

— Merci pour ton aide !

D'abord, je ne la reconnus pas. Nous étions en train de descendre les marches de l'église, et elle s'était approchée, avait pris mon bras.

— La bouche d'écoulement.

C'était la sœur de Vidar. Ou sa demi-sœur. Chez qui, oubliant le but de ma visite, je m'étais retrouvée à faire de la plomberie. Elle portait un kolt de laine bleu foncé, orné de petits bijoux finement travaillés. Autour de sa coiffe rouge, des rubans étaient soigneusement enroulés.

L'écoulement fonctionnait toujours parfaitement. Nous convînmes que je passerais boire le café dans l'après-midi.

Nous saluâmes quelques-uns des amis de grand-mère, et je fus présentée en bonne et due forme comme la fille d'Anna Marja. Minutieusement comparée et jugée d'après mes origines. Aucun avis ne fut émis concernant le rôle du professeur Tord Magnusson dans la procréation. C'étaient les gènes de ma mère dont on pouvait voir les traces les plus évidentes sur mon visage.

Nous bûmes le café et mangeâmes du *lefse*, le pain polaire fin, avec du beurre et de la cannelle, à la buvette qui se trouvait dans le bâtiment bas en bois gris, près de la rivière. Il faisait froid et le café était amer, le *lefse* avait un goût de vieille margarine, mais grand-mère était contente, elle bavardait avec toutes ses connaissances.

Grand-père demeura taciturne et renfermé, il disait bonjour mais ne parlait avec personne.

Buvait son café en silence, fumait, plissant les yeux vers le soleil qui entrait par les grandes baies vitrées, tout son visage était strié de centaines de fines ridules.

En retournant à la voiture, tandis que grand-mère continuait à parler avec quelqu'un devant la porte, il me montra des maisons de l'autre côté de la rivière. C'est là qu'habitaient ceux qui faisaient du commerce avec les Allemands pendant la guerre. Bien sûr, ce n'étaient peut-être plus les mêmes qui demeuraient là aujourd'hui – la plupart étaient morts –, mais leurs familles.

C'était le revers de la médaille. On vivait en permanence tout près du passé. Sous le contrôle implacable de la société. Aucune injustice n'était jamais oubliée ou expiée, elle subsistait à côté des choses de tous les jours.

Avait-on l'intention de racheter à quelqu'un une motoneige, alors les bonnes et mauvaises actions de toute sa famille étaient mises dans la balance au cours de la négociation. Trouvait-on sa propre marque d'oreilles sur le terrain d'abattage du voisin, alors l'affaire était jugée à l'aune de centaines d'années d'expérience en matière d'abattage frauduleux.

Comme disait grand-père : « Tu distingues tes amis de tes ennemis si tu récupères des rennes vivants après le triage d'automne. »

La lumière de l'après-midi s'étirait dans la vallée quand je raccompagnai grand-mère et grand-père. Le soleil avait disparu derrière les collines vers Goaskinvarri, et les ombres émergeaient de la basse forêt de bouleaux.

Sur le chemin, je repensai à ma conversation avec le procureur d'Alta.

Quel rôle notre système juridique moderne pouvait-il bien jouer dans une société qui présumait que la loi et le droit dépendent du contexte social et des expériences accumulées au cours de l'histoire ?

Les questions graves de ce qui est bien ou mal, de la culpabilité et de la morale, de la loi ou du droit, sont tranchées d'une manière différente. Se formulent autrement. Sont interprétées à travers le filtre de l'histoire. La mémoire des offenses et de la culpabilité continue de perdurer à côté de la punition et de la justice.

Ce qui reste pour le système juridique officiel se réduit à la « police des canards ». Une sorte de justice déléguée, qui n'engage à rien.

Le chien nous attendait sur le perron. J'aidai grand-père à balayer la neige devant la porte avant de retourner à la voiture. Kristiansen avait oublié son pullover de laine sur la banquette arrière. Avant de regagner le village, j'enfilai le pull. Je promis à grand-mère d'être de retour pour le dîner et l'application rituelle de pommade. Quand je partis, grand-père parlait au chien, sur le perron. Dans son costume traditionnel et son bonnet à quatre pointes, il avait l'air de sortir d'une carte postale.

Le pullover avait une légère odeur d'après-rasage et de liniment. Un après-rasage qu'il n'avait pas acheté à la Coop. Je n'avais jamais songé à cela auparavant : Kristiansen pouvait sentir autre chose que le liniment et le fart à ski. C'était un pull épais et chaud. J'étais bien dedans. Je fis signe à grand-père sur l'escalier. Mais il ne me vit pas.

*

— Formidable !

Nous tirâmes la chasse d'eau deux fois de suite, cela fonctionnait à merveille. Ils avaient fêté l'anniversaire de l'une de ses nièces, et il restait une moitié de gâteau à la crème dans le frigo. Le jus des myrtilles de la décoration avait coulé sur la crème fraîche solidifiée. Les fruits et les vermicelles de sucre coloraient le gâteau en rose, bleu et vert. C'était affreux. Mais le gâteau était bon.

— Un peu sec, peut-être, dit Ailie.

Je lui assurai qu'il était parfait et lui dis que j'avais épluché les comptes rendus des journaux sur le procès à l'issue duquel Vidar avait été condamné à six ans de prison.

— Il était innocent. Tout le monde dans le pays savait qu'il était innocent, mais il s'est lui-même accusé de l'agression pour protéger d'autres gens.

Elle racla la crème solidifiée avec le couteau qu'elle essuya ensuite sur le rebord du plat à tarte.

— Que sais-tu sur ce qui s'est passé ?

Ailie me lança un regard interrogateur, comme si elle hésitait sur ce qu'il lui était permis de dire.

— Seulement ce que j'ai lu dans les journaux.

À en juger par ce qu'en rapportaient les journaux, l'histoire était assez banale. Au début, une famille avait perdu un troupeau de rennes, qui était passé du côté finlandais. La croûte de neige était dure, les bêtes avaient du mal à la percer pour trouver leur nourriture.

Toutes s'étaient déplacées au-delà de la frontière pour pouvoir survivre. Il avait été possible de les rassembler avant que les autorités finlandaises ne les repèrent.

Lors du retour d'un troupeau de quelques centaines de rennes, un troupeau plus petit, qui appartenait à une autre famille, avait été entraîné en route. Tous les animaux qui n'avaient pas la bonne marque à l'oreille avaient ensuite été abattus. Il s'agissait d'une trentaine de bêtes.

Il y avait d'abord eu des querelles au sujet de l'abattage délictueux, dans l'un des restaurants du village. Quelques jours plus tard, la bagarre s'était poursuivie dans la montagne.

Un homme avait été si violemment agressé qu'il était mort des suites de ses blessures. On avait désigné Vidar comme coupable. Il avait reconnu les coups, mais nié avoir eu l'intention de tuer, affirmé qu'il n'avait fait que se défendre quand on l'avait attaqué.

— Il y aurait beaucoup à dire sur ce qui s'est passé là-haut, mais maintenant cela n'a plus d'importance. Il est mort et, ce qu'il n'a pas dit, il l'a emporté dans sa tombe.

Elle repoussa sa tasse de café et regarda par la fenêtre. Quelque chose demeurait, dont elle ne parlait pas, je ne savais pas si c'était important ou bien si cela concernait seulement sa relation avec son frère.

Nous restâmes dans la cuisine, autour du gâteau aux couleurs délavées. La maison était plongée dans le silence. Ailie alluma la bougie sur la table et farfouilla dans la pâtisserie pour récupérer les myrtilles.

— J'ai entendu parler de l'explosion à la station-service, tu as été brûlée.

Je lui racontai la voiture en feu. Elle regarda la cicatrice sur mon bras, trouva qu'elle avait un bel aspect. Elle avait suivi une formation médicale, s'était arrêtée avant d'obtenir son diplôme d'infirmière. À une époque, elle avait envisagé une spécialisation de sage-femme, mais elle avait du mal à partir de chez elle, elle voulait aider sa mère et ses sœurs ici, dans le village. Pour poursuivre ses études, elle aurait dû aller à Hammerfest ou à Tromsö.

— Vidar, c'était ton frère aîné, n'est-ce pas ?

— Dans un certain sens. Il était mon demi-frère, mais en fait mon frère à part entière, si on peut dire ça comme ça.

Elle piocha les dernières myrtilles, et le gâteau à la crème miné par la base s'effondra en un tas spongieux sur le napperon de papier maculé.

— Comment peut-on être à la fois demi-frère et frère à part entière ?

— Nous avons les mêmes parents. Mais il a grandi à Oslo. Quand nous étions petits, beaucoup d'enfants ont été déplacés. Certaines familles étaient pauvres et avaient trop d'enfants. Il arrivait que la sage-femme fasse adopter l'un des enfants, lorsqu'elle estimait que la famille était trop nombreuse. La Mission same et d'autres organisations religieuses de bienfaisance « s'occupaient » des enfants des familles sames pauvres et les plaçaient dans le Sud.

Elle prit le gâteau démoli et le jeta à la poubelle. Alla chercher une bouteille de cognac dans le placard sous l'évier.

— Autrefois, on n'avait même pas de langue. Il était difficile de défendre ses droits. On faisait ce qu'on nous demandait de faire. J'y ai réfléchi, ces derniers temps. Peut-être que c'était la politique officielle, à une certaine époque. L'État voulait éliminer les Sames par l'assimilation. C'était le véritable objectif de ce que l'on appelle la politique de « norvégianisation ».

Ailie prit des verres dans un buffet du séjour et me tendit la bouteille. Mais je secouai la tête, ma voiture était garée près de l'hôtel, là-haut. Elle remplit son verre et retourna le mien sur la table.

— J'ai lu qu'ils avaient fait la même chose en Australie et en Nouvelle-Zélande. Disperser les populations autochtones pour pouvoir exploiter les ressources naturelles.

Elle but un peu de cognac et nous restâmes un moment silencieuses, regardant la lumière disparaître au-dessus de la rivière.

Il ne devait pourtant pas y avoir tant de ressources naturelles à exploiter, ici. Les baies de camarine et les lichens des rennes ne devaient guère représenter un élément porteur dans l'économie norvégienne.

— Penses-tu vraiment que c'était une politique délibérée ?

— Sans doute seulement la continuation de la politique raciale. Vous avez eu la même chose en Suède. Quelque ingénieuse méthode d'organisation sociale destinée à mettre de l'ordre dans la société. Tatares, Sames des montagnes et autres Lapons, Tsiganes – ils devaient tous être adaptés au système.

— Il n'y a quand même pas tant de ressources naturelles à exploiter, ici ?

— Les hautes chutes d'eau. Une devise forte. Les hautes chutes d'eau et les réserves en eau. Tu vois comment les frontières ont été modifiées afin que les Sames n'aient pas d'influence. La Suède est un bon exemple de la façon dont l'État a monté les familles sames les unes contre les autres et les a privées de manière déloyale d'une richesse qu'elles n'avaient pas conscience d'avoir.

Je ne savais pas quoi répondre. Les hautes chutes d'eau ?

Je ne me doutais absolument pas qu'elles représentaient une richesse. N'avais jamais entendu de débats sur ce sujet, mais comprenais évidemment leur importance dans le développement des centrales électriques. Ailie se versa du cognac et nous restâmes un long moment sans rien dire, à regarder l'obscurité croissante au-dehors.

— D'une certaine manière, Vidar avait l'air de ne pas savoir sur quel pied danser. Il est arrivé ici après son service militaire, mais il ne s'est jamais adapté.

Elle alla dans le séjour et en revint avec un album de photos. Je déplaçai ma chaise et nous feuilletâmes les pages remplies de photos de communions et de jeunes mariés. Sur la première où il apparaissait, Vidar portait un uniforme.

— Il faisait son service à Bodö et était venu ici pendant une permission. Nous, ses frères et sœurs, ne l'avions jamais vu. Bien sûr, nous savions que nous avions un frère dans le Sud. Mais il ne s'était jamais manifesté. Et le voilà un jour qui passe tout simplement la porte. Tout à coup on se retrouve avec un frère qui a vingt ans et qui parle comme les gens de la télé. Il ne comprenait pas un mot de same. Mais quand il a mis le kolt de papa, on a vu à quel point ils se ressemblaient. C'était un peu étrange.

Ailie reposa l'album. Nous ne parlâmes plus de Vidar. Je ne sais pas ce que je m'attendais à apprendre sur lui, mais j'avais le sentiment qu'il y avait quelque chose qu'elle n'avait pas évoqué.

En regagnant la voiture, je croisai tante Sara Marit et fus obligée d'aller boire le café encore une fois. Les hommes étaient dans la montagne, nous regardâmes les informations et le bulletin météo sans dire grand-chose. Elle me demanda quand je pensais rentrer chez moi, je répondis que je n'étais pas encore tout à fait fixée. Probablement vers le milieu de la semaine prochaine.

— Tu as parlé à la famille ?

Je ne compris pas tout de suite de quoi il était question, puis je réalisai qu'elle s'inquiétait à propos de l'action judiciaire contre Nils Mattis. J'avais cherché à joindre Amundsen plusieurs fois, sans succès.

— J'ai parlé au procureur, il devrait examiner ce qu'on peut faire.

C'était un petit mensonge, mais elle sembla l'accepter et ne posa pas davantage de questions. Le mieux était sans doute qu'ils puissent verser une sorte de dommages-intérêts à la famille et que celle-ci renonce à faire un procès. Je serais peut-être obligée de retourner à Alta pour arranger ça. Ces choses-là se règlent difficilement par téléphone.

— Qu'est-ce que vous estimez pouvoir payer comme dédommagement ?

Elle n'avait pas encore pensé à cela. Je le vis à sa réaction.

— Il faut payer quelque chose ? Eh bien, je ne sais pas, on n'a pas beaucoup d'argent devant nous. Elle n'est plus là maintenant, elle est morte et elle peut bien…

Je reconnaissais l'intonation plaintive de ma mère. Ma grand-mère avait les mêmes inflexions traînantes, résignées. Certains – enfin, surtout mes frères – prétendent que je parle comme ça moi aussi, mais ce n'est sûrement pas eux que je vais croire.

— Ce serait bien que j'en aie une idée, s'il faut que je négocie avec les parents de Karen Margrethe.

— C'est que…, on n'avait pas pensé…

— Il n'est pas question de ce que vous avez pensé. Il s'agit de faire ce qu'on doit faire. Payer, parce que Nils Mattis a enfreint la loi. Il y a bien des lois pour protéger les personnes et les biens, non ?

Ça prenait. Les pleurnicheries cessèrent. La femme d'affaires refit surface.

— Je vais voir, quelques milliers, peut-être. Il faut que j'en parle à Áhkku.

— Je peux leur dire cinq mille ?

— Oui, peut-être, essaye avec ça, oui.

Je ne savais absolument pas s'il s'agissait d'une somme acceptable ou pas. Je ne suis pas habituée à ce genre de transactions. Cinq mille couronnes. C'était à peu près ce que l'on empochait pour deux rennes abattus clandestinement et livrés sur le bord de la route. C'était le moins qu'on pouvait faire. La famille exigerait peut-être une somme bien plus élevée.

Nous regardâmes *Superman* à la télévision, la télécommande étant à plat, on ne pouvait pas changer de chaîne. Je la voyais calculer mentalement, mais nous n'abordâmes plus le sujet. Cet argent, elle ne l'avait pas prévu dans son budget pour l'année à venir.

Après une tasse de café supplémentaire et une tartine garnie de grosses tranches de saucisson et de mayonnaise, je lui proposai de changer les piles de la télécommande. Un geste de réconciliation envers la famille.

Il devait y avoir des piles dans la chambre de Nils Mattis, dit-elle, sur la commode. Il s'en servait pour son transistor, quand il était dans la montagne. Elle en avait acheté la semaine précédente. Il pourrait quand même s'acheter ses piles lui-même. Je les trouvai dans un sachet plastique. Ce n'était pas le bon modèle. La télécommande fonctionnait avec du 9 volts. Alors je pris la pile du détecteur d'incendie devant la porte.

En remettant la chaise dans la chambre de Nils Mattis, je vis l'album de photos. Il était sous la Bible et un tas de revues sur les motoneiges. Les photos d'enfance étaient soigneusement collées, assorties d'une légende et de la date. À partir du milieu de l'album, la plupart des photos étaient en vrac. Je regardai celles qui n'étaient pas triées.

Vidar figurait sur deux d'entre elles. Sur la première, il était en compagnie de Nils Mattis et d'un autre jeune homme boutonneux en uniforme militaire. L'autre cliché avait été pris dans la montagne. Vidar était assis devant un feu, une tasse de café à la main, un fusil posé à côté de lui. Il fixait l'objectif et souriait. Au premier plan, il y avait une boule de fourrure brune, probablement un glouton qu'ils avaient tué.

La photo pouvait avoir été prise après sa sortie de prison. Il portait les mêmes vêtements que quand nous l'avions trouvé mort sur le terrain d'abattage. Elle avait peut-être été prise près de la cabane de chasse, justement ? On apercevait une partie d'un enclos de triage à l'arrière-plan. Je pris les deux photos et remis l'album à sa place. Le fusil de chasse près de la penderie avait disparu. Les boîtes de cartouches également. La lettre des services du procureur était toujours sur la table, pas décachetée.

La télécommande fonctionnait et Sara Marit avait l'air contente de pouvoir échapper à la publicité sur TV-Norvège[1]. Je lui expliquai que j'avais retiré la pile du détecteur d'incendie, mais je ne dis rien des photos subtilisées dans l'album de Nils Mattis.

Devant la station Statoil, c'était l'affluence habituelle du dimanche. On avait réparé les dégâts causés par l'explosion. Le nouveau panneau de bois sous la fenêtre n'était pas encore peint. Il avait dû faire trop froid.

Sur le parking, il y avait au moins dix voitures, toutes moteur en marche. Quelques jeunes faisaient des batailles de boules de neige derrière les bennes à ordures. À travers les fenêtres embuées du garage, on devinait des lampes clignotantes. Une machine à sous, peut-être.

Un homme d'un certain âge, vêtu d'une veste de sport orange, sortit de la boutique un chou-rave à la main. Je n'aurais jamais pensé qu'on puisse trouver ce genre d'articles dans une station-service. Pour ma part, j'achetai une bouteille de soda Solo et le journal de la veille. Tremblant sous l'effet du café, la vision troublée par des scintillements, je remontai vers l'hôtel, où était garée ma voiture.

La « Réglementation norvégienne sur la vente de boissons alcoolisées » me préserva d'une infraction à la loi. J'avais pensé prendre un petit cognac pour neutraliser les tremblements dus au café. Mais comme on était dimanche, la vente d'alcool fort n'était pas autorisée à l'hôtel. Le cognac étant une eau-de-vie, il était interdit. Le serveur m'informa que la limite inférieure de la catégorie « eau-de-vie » se situait au Campari.

1. Chaîne nationale commerciale.

Donc pas de cognac, mais deux messages pour moi à la réception.

Le premier était un appel téléphonique : Inge Amundsen avait cherché à me joindre. Je pouvais le rappeler quand je voulais.

Le second était une épaisse enveloppe kraft portant un tampon officiel et, dans un coin, une empreinte de pouce grasse. J'espérai que c'était celle du facteur ou du portier. L'enveloppe contenait une copie du rapport d'autopsie de Karen Margrethe.

Elle m'était adressée par le médecin légiste danois. J'entrai dans la salle à manger et ouvris l'enveloppe.

Le compte rendu n'apportait rien de nouveau. Il était formulé d'une manière assez vague, manquait peut-être de conviction. Mais tout portait à croire que Karen Margrethe était morte de froid.

L'empoisonnement par les médicaments était postérieur à l'arrêt de la respiration. Les examens sanguins attestaient une quantité certaine de tranquillisants, mais pas mortelle. Elle avait avalé une dose excessive de comprimés, mais ils n'avaient pas eu le temps de fondre et de circuler dans le sang avant qu'elle cesse de respirer.

Quand le serveur passa près de ma table et me demanda si je désirais quelque chose, je commandai machinalement une tasse de café. Et le regrettai aussitôt.

— Un Irish coffee ? demanda-t-il en rajustant son nœud papillon qui se mettait sans cesse de travers.

— On y a droit ? Il y a du whisky dans l'Irish coffee et, le whisky, ça doit bien être de l'eau-de-vie pour les contrôleurs des boissons alcoolisées, non ?

— Il est servi avec de la crème fouettée. Donc ça devient du Campari.

Il ne voyait visiblement rien de curieux à cela. Je distinguai John Cleese quelque part dans le fond. Il faisait peut-être une exception pour se montrer aimable. Je commandai donc un Irish coffee. Il me fit un sourire de connivence, comme si nous venions de berner les instances norvégiennes de contrôle des boissons alcoolisées, l'État norvégien et tous les défenseurs de la tempérance au parlement norvégien.

Quelqu'un avait peut-être convaincu Karen Margrethe de se rendre sur le parking ? Elle avait attendu, et personne n'était venu. Peut-être que, gagnée par le sommeil dans la voiture, elle était sortie respirer un peu d'air frais ? Ou bien la voiture était-elle tombée en panne dans le froid ?

— J'ai ajouté un peu plus de whisky.

Il posa le verre sur la table et je poussai mes papiers. Il me regarda, dans l'expectative, pendant que je goûtai sa préparation. Son visage s'illumina de satisfaction quand je lui fis signe que c'était bon.

— On peut aussi vous servir des mûres polaires à la liqueur. Si on verse la liqueur sur les fruits…

— … ça devient du Campari, je comprends. Et est-ce qu'on peut avoir des mûres polaires avec du cognac ?

— Personne n'a encore jamais demandé ça. C'est bon ?

La crème était riche, de la vraie crème fouettée, pas une quelconque chantilly en bombe. Je me régalai.

Et si sa voiture était effectivement tombée en panne ? Ou si elle avait attendu quelqu'un qui n'était pas venu ? La voiture ! La police avait-elle examiné la voiture ?

J'appelai le commissariat, mais tombai seulement sur un répondeur qui renvoyait, en norvégien et en same, à un numéro de permanence téléphonique.

Alors j'essayai plutôt de joindre le chauffeur de la dépanneuse. Il répondit d'un téléphone portable qui grésillait. Il était sur la route de Karasjok, me rappellerait dans une heure. Ne savait pas si la police avait examiné la voiture. Mais il irait voir si elle était à l'atelier. Oui oui, il savait ce que c'était comme voiture.

Inge était chez lui. Il regardait les informations sportives à la télé, me dit Elin.

— Mais je te le passe, bien sûr.

J'entendais Inge lui faire des signes désespérés pour qu'elle me dise qu'il était occupé. Il mit une demi-minute à répondre.

— Vous avez déplacé la télévision ?

— Non, j'ai déplacé le téléphone.

Que pensait-il d'une conciliation avec Nils Mattis dans l'affaire de viol ?

— Non ! cria-t-il.

Je crus qu'il répondait à ma question, mais c'était seulement un jet franc manqué dans un match de handball.

Pour ce qui était de la conciliation, je n'avais qu'à en parler à la famille. De son côté, cela ne posait aucun problème. Mais l'initiative devait venir de la famille.

— Est-ce que, de ton côté, ils sont prêts à payer des dommages-intérêts ?

Après un instant d'hésitation, je répondis qu'on pourrait envisager un dédommagement symbolique. Il appellerait demain quand il descendrait au commissariat, pour me donner le nom et l'adresse des parents.

— Encore une chose, Inge.

Il poussa un profond soupir, s'était déjà replongé dans le monde enchanteur du handball avec ses odeurs de pieds.

— Tu connais le résultat du cinquante kilomètres ? Dans le championnat du Finnmark ?

— Ton ami le policier skieur a terminé seulement troisième.

— Encore une question : est-ce qu'on peut farter des skis avec un fer à repasser ?

— On ne farte pas avec un fer à repasser, mais on peut en utiliser un pour lisser la paraffine ou le fart sous les skis. Tu as encore urgemment besoin de savoir quelque chose, ce soir ?

En allant à ma voiture, je croisai Kristiansen. Il devait arriver directement de sa compétition de ski, vu qu'il portait des vêtements de sport et des chaussures de jogging.

— Si vous aviez l'intention d'arroser vos médailles, vous pouvez faire une croix dessus. Ils n'ont pas le droit de vendre de l'alcool aujourd'hui.

— Je sais, on est dimanche.

Il avait l'air un peu fatigué. Après cinquante kilomètres à skis, il en avait fait deux cent cinquante en voiture sur des routes gelées pour rentrer chez lui. Il voulait juste manger un morceau.

Il n'y avait rien à manger à l'hôtel. Le cuisinier était parti. Les clients étaient si peu nombreux qu'il avait fait relâche.

Nous nous rabattîmes sur le *grill-room*, Kristiansen mangea trois hamburgers et but un Coca.

Dans un coin, il y avait quelques jeunes, une vieille femme assise sur une chaise alimentait une machine à sous en pièces d'une couronne, à un rythme tranquille et régulier. Elle gagnait et perdait sans sourciller. Regardait d'un œil vitreux les fruits qui défilaient derrière l'écran graisseux.

Les lampes clignotantes donnaient à son visage une couleur verte, les bruits synthétiques de la machine à sous faisaient tourner la sauce rose dans les bouteilles de plastique poisseuses, sur le comptoir en aluminium.

— Joli pullover.

De la tête, Kristiansen désignait mon pull, enfin, le sien. Je vis que j'avais fait une petite tache de crème fouettée sur la manche et essayai de l'éliminer en frottant discrètement avec mon pouce.

— Et vos brûlures ?

Tandis que je lui décrivais les traitements par lesquels j'étais passée et affirmais que cela allait déjà mieux, il mastiquait son troisième hamburger. Il n'avait eu aucune nouvelle pour sa voiture. Il n'avait pas eu le temps. Il irait voir dans la semaine ce qui avait provoqué l'incendie. Il avait rendez-vous mardi avec le gars de la station-service.

J'abordai le rapport d'autopsie et l'informai que j'avais cherché à joindre la police de Karasjok. Mais cela n'avait pas l'air de l'intéresser. Il était trop fatigué.

Nous restâmes un moment silencieux dans l'air vicié par les odeurs de friture. Devant la femme maigre au manteau de nylon bleu, la machine à sous régurgita dans un tintement étouffé un tas de pièces de dix couronnes.

Kristiansen gara près de l'hôtel le véhicule prêté par l'assurance, nous chargeâmes les skis, les sacs de couchage et la malle de vêtements sales dans ma voiture, puis je le ramenai à son appartement.

Il n'y avait pas de pain chez lui. Mais après avoir fouillé dans les placards de la cuisine et le frigo, je réussis à faire des gaufres à la confiture de baies polaires. Le *römme* était vieux et avait un goût de moisi. Je le remis au frigo. Quand il réapparut, vêtu d'un vieux tee-shirt et d'un short, Kristiansen regarda les gaufres d'un air étonné. Il avait peut-être pensé que j'étais partie pendant qu'il prenait sa douche.

Une chose était sûre, ce gars appréciait tout ce qu'on lui servait.

Vingt minutes plus tôt, je l'avais vu de mes propres yeux ingurgiter trois gros hamburgers. Et maintenant il engloutissait rien de moins qu'une dizaine de gaufres. Il alla même chercher la crème moisie dans le frigo et l'avala avec la confiture sans sourciller.

Tandis que je le regardais manger, le dépanneur de Karasjok appela. La voiture de Karen Margrethe était toujours à l'atelier, mais il ne pensait pas que la police l'examinerait plus en détail.

— Pouvez-vous regarder s'il y a un sac en plastique dans le réservoir à essence ?

Il commença à m'expliquer par le menu que, dans ce cas, il devrait démonter la jauge à carburant et vider tout le réservoir.

— Qui va payer le travail ?

Je lui promis que la police prendrait cela en charge et que la réponse pouvait attendre jusqu'au lendemain. Quand il entendit que la police paierait, Kristiansen mastiqua un peu plus lentement mais, à part cela, il n'avait pas l'air particulièrement curieux de savoir de quoi nous parlions.

J'allai chercher mon sac et en sortis le rapport d'autopsie. Il se contenta de le feuilleter rapidement, sans manifester un grand intérêt. Nous nous installâmes dans le canapé pour regarder les informations, mais il eut une crampe dans la jambe. N'avait pas fait assez d'étirements après la course, dit-il.

Quand je repartis, il était allongé par terre et pressait sa jambe contre le mur.

*

Grand-père était toujours réveillé lorsque j'arrivai, il regardait une série bizarre à la télévision. Grand-mère s'était couchée depuis plusieurs heures déjà. Mais quand elle m'entendit parler avec grand-père, elle se leva pour m'administrer d'autorité le premier comprimé qui lui tomba sous la main et appliquer encore un peu de sa pommade du tonnerre sur mes brûlures.

De fait, celles-ci semblaient cicatriser.

Une fois grand-mère et grand-père au lit, je restai quelques heures à dresser la liste de ce que je devais faire le lendemain. Il était deux heures du matin passées quand je terminai ; j'enfilai mon manteau et je sortis.

Il ne faisait pas très froid, moins dix ou moins quinze peut-être. L'air était parfaitement calme. La neige sèche et légère. La fumée sortait de la cheminée à la verticale, telle une ligne vers le ciel bleu sombre.

Je parviendrais peut-être à éclaircir cette affaire d'accusation de viol contre Nils Mattis. À amener la famille à retirer sa plainte.

À arranger un dédommagement et convaincre le procureur d'abandonner les poursuites.

La mort de Vidar et le tas d'oreilles de rennes d'Ovla

étaient des affaires qui dépassaient largement mes compétences. Il y avait derrière tout cela un contexte que je ne comprenais pas.

Mais si quelqu'un avait vraiment laissé Karen Margrethe mourir de froid là-haut, sur le parking désert, ma famille était-elle impliquée d'une manière ou d'une autre ?

Nils Mattis était-il mêlé à cela ? Était-ce la même personne qui avait saboté ma voiture et celle de Karen Margrethe ?

Quelqu'un avait peut-être cru qu'elle rentrerait avec moi à Kautokeino, la nuit où ma voiture était tombée en panne dans la montagne. L'attentat contre mon véhicule ne me visait peut-être pas moi, mais Karen Margrethe.

Mais qui savait que je m'étais rendue à Karasjok ce jour-là ? Qui était au courant que j'allais la rencontrer, et qui avait pu penser qu'elle reviendrait avec moi ?

Le seul qui aurait vraisemblablement pu échafauder cette hypothèse et qui ne voulait pas qu'elle revienne ici était Nils Mattis.

*

Mon portable me tira du sommeil un peu après six heures. Je crus d'abord qu'on m'appelait, puis je me souvins avoir programmé le réveil.

La maison était silencieuse. Grand-mère et grand-père dormaient encore. Je pris la combinaison de scooter de grand-père, des gants et des chaussettes chaudes. J'écrivis un court message que je déposai sur la table de la cuisine et allai à ma voiture.

L'homme qui ouvrit la porte me regarda, l'air mal réveillé. Il portait un pantalon en tissu polaire mais était torse nu. Il avait un teint blafard et les traits creusés. Ses cheveux pendaient sur ses yeux, et il avait beau les écarter, ils retombaient aussitôt.

Non, à sa connaissance, personne n'avait touché à rien dans la chambre de Karen Margrethe. Quelqu'un de la police était venu avant-hier. Mais personne n'était monté dans sa chambre.

— J'étais son avocate. Nous avons besoin de quelques documents pour terminer l'enquête.

Il ne demanda pas de quel genre d'enquête il s'agissait, il ouvrit simplement la porte et me fit entrer.

— Vous connaissez le chemin.

Il fit un geste vers l'escalier. Tandis que je montais en tâtonnant, je l'entendis murmurer quelque chose à quelqu'un. La lumière dans l'entrée ne fonctionnait pas, mais la porte de la salle de bains était ouverte et un carré de lumière jaune se découpait sur le papier peint toilé défraîchi.

La chambre de Karen Margrethe sentait le renfermé. Sur la table basse était posée une tasse de thé à moitié pleine, sur une assiette, trois grosses bougies violettes s'étaient consumées et avaient coulé sur le napperon de Noël brodé. La boîte de serviettes en papier aux motifs de Noël était vide. Sinon, tout était comme dans mon souvenir.

Je commençai par les tiroirs du bureau. Dans une chemise contenant des tickets de caisse et des formules de chèques postaux, je trouvai l'adresse et le numéro de téléphone de ses parents.

Sinon, rien. Elle avait peut-être rangé des vêtements

et des affaires quelque part. Elle venait d'emménager ici et devait bien avoir une valise avec quelques effets personnels. De toute évidence, ce logement était provisoire. Meubles et ustensiles laissaient cette impression propre aux chambres meublées.

Dans les cabinets, une boîte en carton contenait un pain desséché emballé dans un sachet en papier, et quatre bouteilles de bière vides. Un sac en plastique renfermait une masse absolument répugnante, qui devait être un pudding de poisson, de la morue séchée ou quelque autre fine spécialité norvégienne à base de poisson.

Le petit mot était dans les ordures. J'avais étalé un journal sur le plancher et vidé le sac poubelle : feuilles de thé, coquilles d'œufs, une bouillie indéfinissable et une boîte de conserve vide qui répandait une odeur âcre de maquereau à la sauce tomate rance. Au milieu de ce fouillis, je trouvai un bout de papier froissé sur lequel je pus lire, non sans quelque difficulté :

« Qu'est-ce que tu fais avec KM ? Te mèle pas de se que tu connai pas ! »

Le mot était écrit au feutre noir sur une feuille à carreaux provenant d'un banal cahier à spirale, les lettres gribouillées dans une écriture carrée, comme par un enfant. Cela aurait pu être un message à mon intention. Il se pouvait que quelqu'un l'ait placé sur le pare-brise de ma voiture devant l'hôtel, la première fois que j'étais allée voir Inge Amundsen.

Dans l'armoire de la salle de bains se trouvaient plusieurs boîtes de médicaments. Pour autant que je sache, des psychotropes. La plupart étaient délivrés au nom de Karen Margrethe mais, pour certains, il manquait les vignettes d'ordonnance. Je notai les noms et marques des produits.

Quand je redescendis l'escalier, une femme sortit la tête de sa porte.

— Vous avez trouvé ce que vous cherchiez ?

— Je ne sais pas. Peut-être.

Cela ne parut pas l'intéresser outre mesure, elle se contenta de resserrer sa robe de chambre dans le vestibule glacial.

— C'est vous qui étiez venue, pour lui parler de cette plainte à la police ?

J'étais en train de sortir, mais revins sur mes pas.

— Oui, en quelque sorte. Elle voulait retirer sa plainte, mais je l'ai convaincue de la maintenir.

— Vous voulez prendre un petit déjeuner ?

Nous allâmes dans la cuisine, elle m'invita à m'asseoir sur une chaise pivotante instable et à regarder l'émission du matin à la télévision pendant qu'elle préparait le café. L'homme qui m'avait ouvert la porte avait disparu.

— C'est moi qui suis allée la chercher à Kautokeino. Elle ne pouvait pas rester là-bas après avoir porté plainte. Rune connaît son oncle, c'est lui qui a demandé si elle pouvait venir ici pendant un moment.

— Est-ce que quelqu'un de là-bas est venu la voir quand elle habitait ici ?

— Je ne crois pas. Mais Rune a dit qu'il l'avait vue en ville avec un mec qui avait une tête de *Kautoväring*, d'un gars de Kautokeino, je veux dire.

Elle posa sur la table du beurre, du pain, du fromage brun et un morceau creusé de fromage jaune. Ouvrit une boîte de pâté de foie.

— Vous savez où il les a vus ?

— En bas, à la cafétéria de Coop, je crois. Il était descendu acheter quelque chose pour son boulot.

Nous bûmes le café et elle m'expliqua en détail comment mettre la main sur Rune. Il était concierge dans l'une des écoles, mais manifestement difficile à trouver car, d'après ses explications, il pouvait être à une douzaine d'endroits.

— Est-ce qu'elle avait l'air d'être inquiète, ou d'avoir peur que quelqu'un vienne ?

— Elle était inquiète en permanence. Regrettait d'avoir déposé cette plainte.

— Elle m'avait dit qu'elle et sa famille étaient des Sames du littoral.

— Nous avons tous un peu d'une origine ou d'une autre. Mais à l'époque où nous avons grandi, on avait honte de notre part same. Il fallait avoir un nom norvégien si on voulait emprunter de l'argent pour un bateau, ou pour acheter une maison.

Nous ne parlâmes pas beaucoup plus. Au moment où je m'habillais pour partir, elle me retint à la porte.

— J'ai trouvé courageux de sa part d'oser porter plainte. Mais on ne s'attendait vraiment pas que ça tourne comme ça. Elle n'était pas très forte. Avait du mal à dire non. Les autres profitaient souvent d'elle.

J'allai à la station-service, mais le type de la dépanneuse n'était pas arrivé. Je me rendis donc en voiture jusqu'à l'école et trouvai Rune au bout de la troisième tentative. Il était assis dans la chaufferie et lisait le journal.

Il commença à m'expliquer avec force détails qu'il avait regardé le brûleur. Puis, se rendant compte que ce qui m'intéressait, ce n'était pas le brûleur mais de savoir quel jour il avait vu Karen Margrethe à la cafétéria de Coop, il se gratta lentement le nez et essaya de se rappeler.

Il n'arrivait pas à se souvenir de la tête du gars qui était avec elle. Seulement qu'il portait des bottes de cow-boy. Elles avaient attiré son attention parce que lui-même voulait s'en acheter des semblables un jour.

Après s'être copieusement gratté le nez, il se rappela que cela devait être mardi ou mercredi.

C'était peut-être le jour où je l'avais vue ici à Karasjok.

— Vous êtes sûr que c'était quelqu'un de Kautokeino ?

— Ouais, en tout cas il était pas du coin. Je connais presque tout le monde ici. Celui-là, il était d'ailleurs. Mais c'est sûr, on sait jamais d'où ils viennent.

Il se gratta à nouveau le nez, mais ne se rappela rien de plus. Je sortis les photos que j'avais prises dans l'album de Nils Mattis et les lui montrai.

— C'était lui ?

Il regarda attentivement les photos, mais ne put pas dire s'il s'agissait de Vidar. En revanche, il identifia l'animal abattu.

— La vache, ça c'en était un gros, de glouton ! Ils l'ont eu avec une balle ou à la chevrotine ?

Je rangeai les photos dans ma serviette.

Sur l'escalier dc béton luisant, je repensai à quelque chose.

— Vous l'avez entendu parler ?

Il avait déjà repris son journal, était en train de déplier les pages centrales, la gazette levée devant lui.

— Parler ?

— Oui, est-ce que vous avez entendu s'il parlait un dialecte ?

Il reposa son journal à contrecœur.

— Oui, peut-être, maintenant que vous le dites. Il parlait le bokmål de l'Østland, comme à Oslo.

Il faisait déjà clair quand j'arrivai au garage.

Le soleil jetait des reflets chatoyants rouge doré sur la vitre.

À l'intérieur, deux gars fumaient, assis sur l'établi. Le type de la dépanneuse était parti travailler, mais l'un des gars avait vidé le réservoir de la voiture de Karen Margrethe et repêché le sac en plastique, comme on le lui avait demandé.

— Vous avez gardé le sac ?

— Comment ça, faut garder des vieux sacs en plastique ?

Il se leva avec nonchalance et se dirigea vers la poubelle. Se mit à fouiller parmi les bidons d'huile vides et les papiers crasseux.

— Je savais bien que les bonnes femmes suédoises étaient timbrées, mais pas qu'elles collectionnaient les vieux sacs en plastique déchirés.

Il s'était adressé en same à son copain qui répondit par un ricanement, dévoilant des dents jaunies par le tabac. Même si je n'avais pas compris toute la phrase, j'en avais saisi la teneur.

— *Dola njàlmmi, ja gàvnna dien biro seahka!* Ferme-la et cherche ce putain de sac !

Ma prononciation n'était peut-être pas parfaite, mais c'était du same et il comprit le message. Il rougit et fourragea plus profondément dans les ordures.

— Ça doit être celui-là.

Il repêcha un sac et un joint de caoutchouc.

— Ça c'est le joint de la jauge à essence. J'en ai mis un neuf.

Il me tendit le sac déformé en faisant une courbette ironique, que je décidai d'ignorer. Il fallait bien qu'il rétablisse sa virilité blessée devant son camarade.

Je ne savais pas si l'on pourrait voir quelque chose sur le sac en plastique. Mais je le portai jusqu'à l'établi et l'examinai avec soin sous la lampe de travail. C'était un sac en plastique déchiré, ni plus ni moins.

— Quelle température atteint le réservoir à essence quand on roule ?

— Ça dépend du froid qu'il fait dehors.

C'était l'Einstein aux dents jaunes. Il se versa une tasse de café d'une bouteille Thermos d'une crasse indescriptible et ricana à nouveau en regardant son collègue.

— Le pot d'échappement ne réchauffe-t-il pas le réservoir ?

— Pas quand vous roulez. À l'arrêt peut-être qu'il chauffe un peu.

Ils étaient assis sur l'établi, comme deux petites corneilles écorniflées, et me regardaient dubitatifs examiner le sachet.

— Il y avait de l'eau dans l'essence, quand vous avez vidé le réservoir ?

— Et comment, sûrement un demi-litre.

En sortant de l'atelier, je les entendis murmurer derrière mon dos.

— Celle-là, dis donc, elle aurait bien besoin…

La porte en tôle coupa court à la suite de cet échange intellectuel.

À la boutique, un paquet de cinquante sachets de deux litres coûtait 16 couronnes. Était-ce la même sorte de sachets ? Cela en avait tout l'air. Mais comme ils n'avaient aucune valeur de preuve, je les reposai et me rendis dans la cafétéria.

Tout en prenant un café, je sortis le papier que j'avais trouvé dans la poubelle chez Karen Margrethe. Pour autant que je pouvais en juger, il était mal orthographié. Rien d'étonnant à cela. Quand on a le same pour langue maternelle, on peut éprouver des difficultés à écrire en norvégien. De plus, il est possible d'écrire en dialecte de différentes manières sans que cela soit faux. Or là, ça n'était pas du norvégien septentrional. Mais plutôt quelqu'un qui avait essayé de l'employer.

Cela pouvait concorder avec le fait que Rune avait vu Karen Margrethe parler avec un gars du sud à la cafétéria. Un gars du sud avec des bottes de cow-boy. Vidar, donc.

L'homme que nous avions trouvé là-haut près de l'enclos à rennes, la tête à moitié défoncée par une balle. Comment pouvait-il savoir que j'étais allée à Karasjok pour parler à Karen Margrethe ?

Par Nils Mattis. Je ne trouvai pas d'autre explication. Mais la seule chose que Nils Mattis ait sue, c'était que j'irais voir Karen Margrethe pour essayer de lui faire retirer sa plainte. Il ne pouvait pas deviner que je l'encouragerais à faire le contraire.

Il n'y avait qu'un moyen de clarifier un peu tout cela : parler avec Nils Mattis. Je lui demanderais de m'expliquer comment les choses s'étaient passées. De me dire ce que lui et Vidar avaient en commun.

Je glissai le papier froissé dans une pochette en plastique et allai chercher une autre tasse de café. Une personne ayant habité dans le Svalbard m'avait dit un jour que l'on pouvait voir combien de temps les gens avaient vécu au nord du cercle polaire au nombre de vêtements qu'ils enlevaient dans un café.

Ceux qui gardaient leur doudoune et leur chapka y avaient passé au moins un an. Quand ils entraient quelque part, ils ne retiraient que leurs gants.

Dans cette cafétéria, les gens buvaient leur café en manteau. Un des hommes avait quand même retiré sa chapka. La femme devant moi, près de la machine à café, portait une doudoune, une salopette thermique et des bottes yéti. Un bonnet traditionnel féminin était bien enfoncé sur ses oreilles.

Je me sentais un peu nue et isolée car j'avais ôté mon manteau, mon bonnet et mes gants. Tout le monde avait dû constater que j'étais une touriste.

Dans un crissement de bottes, la femme à la salopette thermique se dirigea d'une démarche chaloupée vers la table où son homme attendait, une cigarette roulée carbonisée au coin de la bouche. Le bonhomme aurait très bien pu aller se chercher son café lui-même, au lieu de rester assis et de se faire servir par sa femme.

Je le sais bien, en réalité tout n'est pas aussi simple. Je l'ai vu avec mes propres grands-parents, dont les rôles sont le produit d'une autre société. À la maison, c'est la femme qui décide. Dans la montagne, c'est l'homme.

Donc c'est la femme qui tient les cordons de la bourse. Qui va chercher le café. C'est elle qui passe le permis et conduit la voiture. Qui a trois boulots différents à temps partiel pour faire rentrer de l'argent. Qui décide de ce que l'on va acheter ou vendre. Si l'on doit procéder à un abattage ou laisser le troupeau s'agrandir. Elle aussi qui a une vie sociale au sein de l'église et avec ses amies.

L'homme a sa vie dans la montagne, avec le troupeau de rennes. Je repensai à la cabane où nous avions trouvé Vidar. Le calendrier de *Playboy*, le jeu de cartes graisseux, les vêtements humides de sueur sur la corde à linge au-dessus du poêle.

La femme aida l'homme à préparer son café. Quand il laissa la petite dose de crème tomber de ses mains engourdies par le froid, c'est elle qui ouvrit l'opercule de plastique et la lui versa dans sa tasse. Elle l'aida à remplir sa grille de loto sportif. C'était peut-être cela, l'amour au quotidien ? De l'attention et de la prévenance. Le respect de la faiblesse de l'autre.

Je bus mon café en regardant la femme s'appliquer à remplir sa grille de loto.

Ma mère avait quitté tout cela pour une autre vie. Elle voulait évidemment fuir l'existence provinciale et restreinte. Échapper à une vie de femme entravée par les coutumes et les traditions. Elle était jeune, intelligente, avait une bonne formation et ne voulait pas que ses possibilités soient limitées par un modèle sexué immuable de répartition des rôles.

Alors elle était partie pour Sundbyberg, avait eu un travail et trois enfants. Et sans cesse mauvaise conscience d'avoir abandonné ses parents et sa famille. À quoi s'ajoutaient les plaintes continuelles de sa sœur sur le fait que c'était à elle et à son mari qu'était revenue l'entière responsabilité du troupeau, des parents, des scooters cassés, des prix du carburant, de la comptabilité, des chiens malades, des gloutons, des aigles, des renards, de la neige croûtée, de la neige molle, des bureaucrates et des impôts élevés.

Voilà comment les choses évoluaient. Et maintenant, moi je me retrouvais dans cette cafétéria miteuse, avec tout l'héritage de mauvaise conscience de ma mère planant tel un nuage de gaz toxique au-dessus de ma tête.

Merde ! Salaud de Nils Mattis !

J'allai au kiosque et achetai trois cartes postales. En envoyai une à mon père. Une à Kerstin et aux collègues du tribunal. Je pensais adresser la troisième à Thomas, mon frère le moins bouché. Mais je ne savais pas quoi lui écrire, alors je l'envoyai à Peter à la place.

Je déclarai que j'en avais assez de lui et de ses amis superficiels. Que je voulais choisir ma propre vie et non vivre à travers lui. Je viendrais chercher les affaires que j'avais chez lui en rentrant. Bises.

Je déposai la carte dans la boîte aux lettres et, en retournant à ma voiture, j'eus l'impression de m'être délestée d'un lourd sac à dos.

Tant bien que mal, j'essayais de donner à ma vie un nouvel équilibre. Quoi qu'il me fût arrivé là-haut, cela avait eu en tout cas des répercussions positives.

— Vous avez récupéré le sachet ?

C'était le type de la dépanneuse qui m'avait vue ouvrir ma portière et sortait de l'atelier.

— Alors c'était la même chose qu'avec ma voiture ?

— Oui, ça en a tout l'air. Faut être cinglé pour faire des trucs pareils. Ça peut coûter la vie, en cette saison.

Lui-même ne portait qu'un pullover fin, mais le froid ne semblait pas le gêner. Il s'essuya les mains sur un chiffon et tira quelque chose de sa poche. Un petit morceau d'os attaché à un lacet de cuir et à deux clés.

— Je les ai trouvées dans la voiture. Entre les sièges. Elle avait dû les faire tomber.

*

Les clés n'ouvraient pas la porte extérieure de la maison où Karen Margrethe avait habité. Rentré de sa dure matinée de concierge, Rune les inspecta en détail. Il ne les reconnaissait pas. Il tira un gros trousseau de la poche de son manteau et compara.

— Ce sont des clés finlandaises. Une sorte de serrure spéciale. Ici on n'en a aucune où elles pourraient rentrer.

Nous examinâmes les clés un moment. Rune essayait de se souvenir où il pouvait y avoir ce type de serrure à Karasjok. Mais il ne voyait aucune maison équipée de serrures finlandaises.

Karen Margrethe avait emprunté sa voiture à un camarade qui travaillait à Tromsö. Les clés appartenaient probablement au propriétaire du véhicule et le fait qu'on les ait retrouvées juste maintenant n'était dû qu'au hasard.

Je les emportai, je pourrais toujours les déposer au commissariat si quelqu'un les réclamait.

En rentrant par la montagne, je commençai à sentir que je n'avais pas beaucoup dormi la nuit précédente.

À cause de la réverbération de la neige, mes yeux larmoyaient. Je m'arrêtai près de Vuottasvuopmi et fis plusieurs fois le tour de la voiture sur l'aire de parking déblayée par le chasse-neige.

La lumière rasante du soleil sur les étendues montagneuses faisait vibrer le paysage blanc. Les basses branches noires des buissons de bouleaux se détachaient au-dessus de la neige tels des mirages. Elles flottaient, sans contact avec le sol, sur les étendues bleu pâle. Oscillaient, hésitantes, comme si elles cherchaient quelque chose. S'étiraient vers le disque solaire au-dessus de l'horizon. Le vent bruissait sur la fine croûte de neige gelée.

Un désert reposant, sur des dizaines de kilomètres. La route étroite traçait une ligne d'ombre presque invisible à travers le paysage sans fin. Je retournai à ma voiture pour prendre mon appareil photo. Grimpai sur le talus de neige et photographiai ce qui pouvait bien être l'éternité.

À Láhpoluobbal, un homme était assis dans une voiture immatriculée en Russie. Quand il me vit arriver, il sortit et s'avança sur la route.

Le moteur de sa voiture avait rendu l'âme.

Nous fîmes quelques essais pour redémarrer. Sans succès. Je le remorquai jusqu'à Kautokeino. Il ne se montra pas particulièrement reconnaissant, passa son temps à se lamenter parce que son visa expirait le soir même. Il aurait des problèmes avec les autorités qui délivraient les passeports.

Je lui expliquai qu'il pourrait sûrement obtenir une attestation du commissariat certifiant que son véhicule était en panne. Il ne semblait pas très convaincu que cela soit possible.

Lorsque nous arrivâmes à Kautokeino l'après-midi, il faisait un froid glacial et il y avait des nuages gris. Nous déposâmes la voiture en panne sur le parking devant la salle de sport. Il connaissait quelqu'un qui pourrait l'aider.

Tandis que je détachais le câble de remorquage, il tira de sa poche un carnet dans lequel il chercha un numéro de téléphone. Je le laissai appeler de mon portable, mais personne ne répondit.

Quand je le quittai, il avait sorti de son coffre une énorme boîte à outils et ouvert le capot de la voiture.

Je remontai vers la nationale avec des maux de tête, engourdie et abattue.

Si seulement je pouvais dormir quelques heures sans devoir auparavant expliquer où j'étais allée ni pourquoi.

Je continuai jusque chez Ailie, près de la rivière. Sa voiture était dans la cour, la porte d'entrée n'était pas fermée à clé.

Mais il n'y avait personne à l'intérieur. Dans la cuisine, la radio était allumée. Je fis le tour de la maison en appelant – personne. Juste les informations en same, diffusées par le poste à transistor grésillant.

Je descendis à la cave. La machine à laver me flanqua une peur bleue en déclenchant d'un clic insidieux le programme d'essorage. Je m'appuyai sur le bac de lavage et respirai plusieurs fois profondément pour me calmer.

Bizarrement, je me sentais libre de me déplacer à ma guise dans cette maison, même en l'absence de celle qui y habitait. C'était peut-être parce que j'avais participé au débouchage de la conduite d'écoulement que je m'autorisais à déambuler dans une maison étrangère. J'étais en quelque sorte partie prenante dans le fonctionnement du foyer. J'avais creusé au plus profond de son intimité.

Ailie ne pouvait pas être loin. Je retournai sur le perron. Si elle était partie faire des courses, elle allait sans doute bientôt rentrer.

J'attendis dix minutes. Personne ne vint. La radio diffusait de la musique pop. Une motoneige solitaire équipée d'une remorque passa sur la rivière, en bas. Le téléphone sonna. Je ne savais pas si je devais répondre. Je m'approchai de l'appareil et regardai le numéro affiché sur le petit écran. Il commençait par 7848. C'était quelqu'un d'ici. La sonnerie se tut et un clic signala que l'appel avait été enregistré. Je consultai la mémoire du téléphone. Un seul numéro était conservé avant ce message. Celui de mon portable. L'appel passé depuis mon téléphone par le Russe en panne. La personne qu'il connaissait dans le village était donc Ailie, ou Vidar.

Au moment de quitter la maison, je remarquai la serrure. Abloy. Une serrure finlandaise.

Je fouillai dans les poches de mon manteau, trouvai le morceau d'os et les deux clés accrochées au lacet de cuir tressé. La première était trop petite, elle ne rentrait pas dans la serrure. La deuxième rentrait. La serrure brevetée cliqueta et se ferma. Je rouvris la porte et bloquai la fermeture.

C'était la bonne clé. Donc vraisemblablement Vidar qui l'avait perdue dans la voiture que conduisait Karen Margrethe, ce samedi soir-là.

En repartant, je croisai Ailie avec les filles de sa sœur. Elles marchaient au bord de la route, tirant une petite luge verte sur laquelle était posé un grand carton.

Je me laissai convaincre de retourner avec elles, et ensemble, nous portâmes le carton dans la maison. C'était un renne de trente kilos débité en gros morceaux, elle l'avait acheté à un voisin. Elle expédia les filles dans la salle de séjour et me chargea des étiquettes et des sachets en plastique.

Elle ne s'y connaissait pas bien en découpe de détail,

nous dûmes consulter un livre pour savoir ce que je devais écrire sur les étiquettes.

— Je croyais que les vrais Sames conservaient le corps entier du renne au congélateur.

— Le mien est trop petit. Mais ma mère fait comme ça. Elle coupe un morceau au moment de préparer le repas.

Nous fîmes une pause et mangeâmes une tartine avec de la viande qu'Ailie avait fait cuire sur la cuisinière à bois. Je ne posai pas de question sur la clé. Mais je lui racontai que j'avais pris Vidar en stop au chalet de Suolovuobmi en rentrant d'Alta, le dimanche.

Ailie me dit qu'il avait été toute la semaine dans la montagne. Elle ne savait pas où. Mais il y avait eu pas mal d'histoires là-haut, sur le pâturage d'hiver. Il lui avait dit qu'il allait aider quelqu'un à garder les rennes. Peut-être que Nils Mattis savait ?

Tout revenait toujours à Nils Mattis.

Il était déjà tard le soir, quand nous eûmes enfin fini de préparer la viande et de l'empiler dans le congélateur. Les filles dormaient sur le canapé et nous terminâmes leur soda à l'orange dans la cuisine. La fatigue pesait sur ma tête comme une chape de plomb. Il fallait que je me couche rapidement. La brûlure sur ma joue me faisait mal et je sentais que mes mouvements devenaient maladroits et imprécis.

— Elle devrait venir demain. Siri, la policière de Tromsö.

— Elle est revenue ?

— Non, mais elle a appelé pour me dire qu'elle voulait me voir demain. Elle devrait arriver à Alta par l'avion du matin.

— Qu'est-ce qu'elle voulait ?

— Seulement la routine, elle a dit. Elle veut se renseigner un peu sur Vidar.

Siri serait donc de retour demain. Je ferais peut-être bien de lui dire tout ce que je savais.

Que Vidar était allé à Karasjok. Probablement pour convaincre Karen Margrethe de retirer sa plainte. Que j'avais trouvé ses clés dans la voiture de la jeune femme.

J'avais tout juste décidé de rentrer chez grand-mère et grand-père quand Kristiansen m'appela et proposa qu'on se voie au pub une demi-heure plus tard. Il voulait me demander quelque chose.

Ailie téléphona à la fille des voisins qui promit de venir garder les fillettes. Nous la croisâmes dans le vestibule. Maigre et d'une pâleur diaphane, elle avait visiblement été tirée du sommeil, comme en témoignait sa couette jetée sur ses épaules. Ce n'était pas la première fois qu'elle faisait du baby-sitting dans cette maison, elle alla directement d'un pas chancelant dans le séjour, alluma la télévision et s'enfonça dans le canapé. Nous enfilâmes nos bottes dans le martèlement sourd des basses provenant d'une chaîne de vidéoclips.

Il faisait un temps froid et clair, un mur de nuages gris s'éloignait vers le nord, l'air frais dissipa un peu mes maux de tête. Je laissai la voiture dans la rue devant chez Ailie, et nous prîmes le chemin qui passe par la Maison de la culture et l'école primaire. Devant la station Esso, quelqu'un faisait des essais de démarrage sur un scooter des neiges débridé.

Les crampons métalliques de la chenille jetèrent une pluie d'étincelles dans l'obscurité.

« *Jenter som kommer og jenter som går*[1] », chantait-on en chœur dans le pub.

La plupart des gens dans l'assistance avaient déjà franchi la barre des quatre chopes. Le troubadour était assis au fond de la salle avec sa guitare électroacoustique et entonnait déjà le vieux tube de Jo Nesbø. Tous reprenaient en chœur le refrain. La salle exiguë ployait sous la pression de la chaleur et du chant.

Bière et pizza. Sur la piste de danse – qui n'était en fait qu'un espace dégagé entre les tables –, se tenait un couple, la tête de l'un appuyée sur l'épaule de l'autre. Complètement immobiles. À des lieues de la musique.

Dans le coin près de la sortie, un homme, le regard vide, chantait un *joïk* lent et silencieux. Lorsque le musicien eut fini son numéro, la mélopée ténue du *joïk* s'éleva au-dessus du murmure de la salle. L'homme était assis, ne bougeait pas. Peut-être était-il ailleurs. Ses yeux inexpressifs contemplaient un autre monde. Personne ne s'occupait de lui. Sa main était crispée sur son verre de bière à moitié rempli.

Nous nous frayâmes un chemin jusqu'au comptoir du bar. Le chanteur faisait une pause, il traversa la salle tenant sa guitare au-dessus de sa tête. Siri Kvenviik était assise à l'une des tables, en compagnie de Kristiansen et d'un homme chauve aux lunettes cerclées d'une monture dorée.

— Je croyais que vous arriviez demain ?

— J'ai pris l'avion du soir. Jörgen est venu me chercher.

Elle fit un signe vers le chauve.

1. « Des filles qui viennent et des filles qui partent », chanson du groupe norvégien Di Derre, composée par Jo Nesbø.

— Nous avons une réunion tôt demain matin.

Ailie, qui connaissait déjà Jörgen, arrangea une rapide permutation de places avec des connaissances à elle, et nous pûmes tout à coup nous asseoir sur le banc. Jörgen était donc le médecin danois qui faisait des autopsies en extra pour les enquêtes de police. Kristiansen avait aussi bonne mine que d'habitude, mais se plaignait d'un rhume. Jörgen lui avait fait boire une vodka en guise de médicament, au bar de l'hôtel.

Il avait continué avec du café et, quand ils étaient arrivés au pub, un de ses fans lui avait offert une bière. Pour fêter ses succès sur la piste de fond. C'était ainsi regonflé qu'il m'avait téléphoné pour savoir comment j'allais, dit-il.

Je ne l'avais encore jamais entendu prononcer autant de mots à la suite. C'était sans doute la vodka qui lui faisait penser à autre chose qu'au fart à skis et aux glucides. Ailie lut dans sa tasse de café qu'il ne devait pas s'inquiéter pour son rhume. Il vivrait encore longtemps. De nombreux succès sportifs l'attendaient. Mais aucun signe dans le marc de café ne prédisait d'amour dans un avenir proche.

La première partie de la prédiction le stimula tellement qu'il se faufila jusqu'au comptoir pour chercher une nouvelle tournée.

— Vous avez reçu le rapport ?

Jörgen se pencha au-dessus de la table. Ses verres de lunettes étaient si épais que, lorsqu'on croisait son regard, ses yeux semblaient disparaître dans un puits.

— Oui, j'ai reçu le rapport. Mais cela ne me concerne pas.

— Je sais, Siri m'a dit pourquoi vous étiez ici. Mais je pensais qu'il vous intéresserait quand même. On aime bien montrer qu'on a fait du bon travail. La police, ici, lit rarement en détail ce que j'écris.

Il avait dit cela d'un ton léger, mais Siri lui décocha un regard acéré, ils avaient visiblement déjà abordé le sujet auparavant.

Je n'en appris pas plus sur la raison pour laquelle ils étaient arrivés un jour à l'avance. Nous bûmes quelques tournées. Partageâmes une pizza. Écoutâmes le troubadour qui égrenait ses chansons une nouvelle fois.

Devant les toilettes, je fis la connaissance du facteur rural, le gars qui acheminait le courrier jusqu'aux endroits les plus isolés de la commune. Cent vingt kilomètres chaque jour de la semaine, par n'importe quel temps, me confia-t-il.

Il s'appelait Issat Levi. Il tira de sa poche arrière un carnet usé avec une couverture noire. Tout était consigné là-dedans. Tout ce qu'il fallait savoir.

Non, ce n'était pas lui qui avait écrit tout cela. Il avait hérité le carnet de son père. Pas un seul carnet, mais toute une caisse de carnets semblables à celui-ci, qu'il conservait dans son grenier.

Il me suivit jusqu'au comptoir. Me montra le carnet sans le lâcher.

Nous trinquâmes et il essuya la mousse de sa moustache.

— C'étaient les journaux de mon paternel. Parfois j'en sors un et je le lis. Là-dedans, il y a tous ceux qui ont collaboré avec les Allemands pendant la guerre.

Il feuilleta le carnet, me montrant plusieurs pages noircies d'une écriture serrée à la plume.

— Vous saviez qu'ils faisaient des listes de la mort ?

Il avait du mal à respirer et s'appuya contre le mur pour garder l'équilibre. Je ne pus m'empêcher de penser à la manière dont le courrier serait distribué le lendemain.

— Le paternel, il était numéro deux sur la liste. Il a vu ces listes après la guerre. Il n'aurait pas dû les voir, mais il les a vues. Il était numéro deux. Tout est écrit là. Les Allemands devaient construire la ligne de chemin de fer de Rovaniemi à Alta. La gare aurait dû être là-haut.

Il désigna approximativement la cuisine.

— Ces salauds nous ont écartés de l'élevage des rennes.

Il fit claquer le carnet sur le comptoir, balaya la salle du regard comme s'il cherchait quelqu'un de la famille de ceux qui avaient collaboré avec les Allemands.

— Le paternel était invalide, il avait du mal à suivre le rythme, avec son bras qui marchait pas vraiment comme il faut. On peut dire qu'ils ont volé tout le troupeau, oui. Ils en ont pris une partie chaque année.

— Il n'a pas déclaré les vols à la police ?

— Au début, peut-être. Ensuite on a compris que c'était pas la peine. Puisque la police était de la même famille que ceux qui volaient. Là, regardez.

Il feuilleta le carnet noir et me montra des pages remplies de dates et de références d'archives.

— À la fin, le paternel il était devenu du genre procédurier. Restait à la maison et recopiait toutes les plaintes déposées à la police, faisait des listes de ce qui était classé et de ce qui allait au tribunal. Ça lui était monté à la tête. La mère disait que c'était une chance qu'il soit mort avant de perdre complètement la boule.

Il brandit à nouveau le carnet usé par les manipulations, puis le rangea dans sa poche arrière qu'il reboutonna soigneusement de ses gros doigts.

En regagnant la table, j'aperçus Ailie qui parlait avec le Russe que j'avais remorqué de Láhpoluobbal. Ils étaient debout près de la sortie et lui avait l'air très contrarié. Sous la pression du public, le troubadour interpréta une chanson supplémentaire. J'aurais dû appeler grand-mère. Elle s'inquiétait sûrement. Son plus gros souci étant peut-être de ne pas avoir pu m'administrer une de ces pilules miracles du sachet en papier. La nuit était trop avancée pour un traitement médical, j'avais la tête lourde à cause de la chaleur. Mais la migraine et la fatigue avaient disparu.

— Tu le connaissais, le Russe ?

Ailie était revenue des toilettes et faisait signe à quelqu'un sur la piste de danse.

— Moi non. Il connaissait Vidar. Il ne savait pas qu'il était mort. Il a eu un problème avec sa voiture.

— Il était sur la route de Karasjok. J'ai remorqué sa voiture jusqu'ici.

Nous suivîmes la trace des scooters pour remonter à l'hôtel. Il était trois heures du matin quand je me retrouvai dans la chambre de Siri, devant la fenêtre, à siroter un petit remontant directement dans le bouchon à vis.

En bas, sur la rivière, quelqu'un en motoneige rentrait à la maison. Pour le moment, la rivière était encore sûre. Mais si le temps se réchauffait, la glace commencerait à fondre. Crevasses et trous d'eau pouvaient apparaître en quelques heures là où il y avait du courant.

— La noyade est la cause de mortalité la plus fréquente parmi les hommes, ici, dit Jörgen en buvant le schnaps au bouchon avec une vilaine grimace. L'époque la plus dangereuse est la fin de l'hiver. Presque personne ne se noie pendant l'automne.

Ailie était dans le cabinet de toilette et pleurait. Je demandai à Kristiansen d'appeler un taxi et, ensemble, nous essayâmes de la mettre debout. Aidée de Siri, elle réussit à enfiler son manteau. Elle n'avait pas dit grand-chose depuis que nous avions quitté le pub. Elle avait peut-être trop bu. Ou bien elle était du genre à pleurer quand elle buvait. Je ne la connaissais pas.

— J'ai fait sa connaissance il y a quelques jours, je l'ai aidée à déboucher son conduit d'évacuation, nous avons mangé du gâteau à la crème et congelé un renne ensemble.

— Il y a des gens qui ont été mariés toute une vie mais qui n'ont jamais fait autant de choses ensemble, dit Siri en boutonnant le manteau d'Ailie. Moi-même j'ai eu deux enfants avec un homme dont je m'aperçois seulement maintenant que je ne l'ai jamais connu. Si nous avions débouché quelques conduits d'évacuation ensemble, nous serions peut-être toujours heureux dans notre maison mitoyenne.

— Manger du gâteau à la crème et déboucher des canalisations est bon pour toutes les relations, je crois, dit Jörgen, philosophe, en rebouchant la bouteille de vodka.

Kristiansen attendait dans le taxi. Il s'était redressé et essayait de garder une attitude officielle vis-à-vis de nous, les femmes sur la banquette arrière. Je compris qu'il n'était pas bon pour son image de champion du Finnmark en titre du « trente kilomètres classique » de faire la fête un mardi soir avec deux filles à moitié bourrées.

Ailie cessa de pleurer en montant dans le taxi, elle connaissait le chauffeur et eut droit à un exposé détaillé de toutes les fêtes privées qui avaient lieu cette nuit-là.

Elle voulait rentrer chez elle et dormir mais, si nous avions envie, nous pouvions y aller. Je déclarai que les fêtes privées ne m'intéressaient pas.

Kristiansen avait fait le ménage. Plus de skis dans la cuisine. Ni de fart dans le séjour. Le fer à repasser poisseux était rangé. Sur la table étaient disposés plusieurs gros bouquets de fleurs. Sûrement une partie des hommages pour ses succès sur les pistes. Il passa dans la cuisine pour faire du thé et je m'endormis sur l'horrible canapé bouloché. Je dormais si profondément que je me rendis à peine compte qu'il m'aidait à me lever du canapé et à aller dans la chambre glaciale. À retirer mes vêtements et à me glisser sous l'épaisse couette de duvet.

Je me réveillai à dix heures et demie, le champion du trente kilomètres avait disparu. Il était parti travailler à sept heures, j'avais un vague souvenir d'avoir entendu son réveil. Je ne me sentais pas fraîche, alors j'allai boire de l'eau à la cuisine. L'eau glaciale sur mes dents renforça le goût métallique que j'avais dans la bouche. C'était comme si tous mes plombages se décomposaient et que des perles de mercure roulaient dans mon corps.

Il n'y avait pas de vrai café. Seulement une boîte de café soluble africain. Commerce équitable, avisait une petite étiquette au dos. Je ne soupçonnais pas que Kristiansen était animé par des idéaux. Je l'avais déjà classé dans la case des enragés de sport et autres *freaks* relativement inoffensifs. Visiblement, je l'avais sous-estimé. Il était assez conscient de sa place dans le cycle écologique pour acheter du café en poudre solidaire, boire de la vodka à des fins médicales et déshabiller les dames soûles de manière décente.

Le café n'était pas terrible. Mais j'en bus deux grands mugs tout en lisant le journal de la veille et en parlant au téléphone avec ma grand-mère.

Non, ils ne s'étaient pas inquiétés. Juste demandé où j'étais. Grand-père avait quelque chose à me dire. Il était en train de couper du bois dehors. Je promis de venir en fin d'après-midi.

Il pleuvait, j'empruntai à Kristiansen un de ses bonnets pointus décolorés par la transpiration et descendis au centre-ville.

Le temps avait changé dans la nuit. La rue en bas de l'abattoir était détrempée, j'avais déjà les pieds mouillés avant d'avoir rejoint la route de Finlande. Un énorme semi-remorque frigorifique finlandais m'éclaboussa de neige fondue. Trempée, gelée, pas maquillée et blafarde comme une matinée grise du mois de mars sur le plateau du Finnmark, j'arrivai au centre du village. Ma brûlure à la joue tirait et me démangeait.

La première personne que je croisai fut tante Sara Marit. Elle m'avait vue de loin et me fit signe.

— On m'a dit que vous étiez au pub hier soir.

Je ne voulais pas lui demander qui le lui avait dit, mais elle avait sans doute eu grand-mère au téléphone. Elle regarda ma triste mine avec un malin plaisir.

— Joli bonnet.

Je retirai le vieux bonnet et le fourrai dans la poche de mon manteau.

J'avais l'impression d'avoir de la paille de fer à la place des cheveux. Je sentais l'huile de poisson rance et le fart à skis. J'accompagnai Sara Marit chez Coop et achetai une paire de chaussettes polaires, pendant qu'elle prenait du lait et du beurre. Nous allâmes à la cafétéria et je changeai de chaussettes.

— Tu n'as pas de nouvelles du procureur d'Alta ?

Elle parlait à voix basse, afin que tous ceux qui

étaient en train de remplir leurs grilles de loto sportif et de bingo n'entendent pas notre conversation.

— Je lui ai parlé. Il est possible de proposer un arrangement à la famille. Si cela se fait, il lâche l'affaire.

— Lâche ?

— Il laisse tomber les poursuites. Il n'y aura ni inculpation ni procès.

Je roulai les chaussettes mouillées en boule et les jetai dans la corbeille à papiers près du comptoir des jeux.

— Tu n'as pas réussi à les joindre ?

Elle faisait allusion à la famille de Karen Margrethe, évidemment, mais je pouvais bien la faire mariner un peu. J'allai au comptoir chercher du café et des petits pains. Elle était toujours assise à table et discutait avec une vieille femme qui s'approcha pour me serrer la main.

Avec mon plateau en équilibre, je fus présentée comme la fille d'Anna Marja.

— Ouais, on s'en doute que c'est la petite d'Anna Marja. Les mêmes cheveux et les mêmes yeux. Est-ce qu'elle a le même sale caractère aussi ?

Je fis semblant de ne pas comprendre la question, mais Sara Marit répondit en riant que j'avais bien le même tempérament.

— Ça doit être le sang de Same skolte[1]. Ils étaient comme ça.

Quand la femme, aussi large que haute, bonnet traditionnel féminin rabattu derrière la tête, se fut éloignée d'une démarche chaloupée vers le guichet du loto, je demandai à tante Sara Marit ce qu'était le sang skolte.

1. Petite minorité same, entre la Finlande et la Russie.

Cela devait remonter à la grand-mère de grand-mère, qui avait quitté la péninsule de Kola et s'était mariée à une famille de Kautokeino. Quatre ou cinq générations plus tôt.

Les collégiennes à la table derrière nous retournaient leurs tasses, lisaient leur avenir et leurs bonheurs futurs dans le marc de café.

— Je n'ai pas pu joindre les parents de Karen Margrethe. Mais je compte leur parler avant de partir.

— Tu pars déjà ?

Elle me regardait sans comprendre, tandis que je lui expliquais que j'étais là depuis plus de deux semaines et que je devrais bientôt retourner au travail. Que j'avais réellement essayé d'aider Nils Mattis. Mais il m'avait tout le temps évitée.

— C'est qu'ils ont tellement à faire, en ce moment. Peuvent pas laisser le troupeau.

— Mais pour se soûler et faire honte à la famille, là il a le temps.

Elle jeta un regard circulaire dans la cafétéria, craignant d'attirer l'attention, se pencha au-dessus de la table en Formica poisseuse, chuchota presque.

— Il n'a fait honte à personne.

— Alors qu'est-ce que c'est pour toi se soûler la gueule et utiliser son couteau pour forcer une fille à baiser ?

— Il n'a pas fait ça.

— Si, Sara Marit, c'est ce qu'il a fait. Même si tu ne veux pas l'entendre, c'est exactement ça qui s'est passé.

— Ça n'était pas son intention.

— Il l'a blessée avec son couteau. J'ai le rapport

d'autopsie dans ma sacoche. Photos à l'appui. Tu veux peut-être voir la cicatrice ?

Elle se contenta de secouer la tête et de regarder par la fenêtre. Je reposai ma serviette par terre. Nous bûmes notre café en silence, elle ne voulut pas de son petit pain.

— Ne t'imagine pas que tu m'impressionnes en parlant de cette façon.

Elle se moucha et s'essuya les yeux avec sa serviette. Je pris son petit pain et le mangeai.

— Je dis juste les choses telles qu'elles sont. Nils Mattis s'est conduit comme un porc et il faut qu'il le sache.

— On croyait que tu étais là pour nous aider.

Elle me regarda, les yeux humides. La tartine de reproches était aussi épaisse que la couche de margarine sur le petit pain sec.

— Nous n'avons jamais pu envoyer nos enfants à l'université. On devait avoir l'œil sur le troupeau en permanence et veiller sur papa et maman. Anna Marja, elle est partie, elle, tout simplement. Elle a fui toutes les responsabilités, nous a laissés nous occuper de tout ici.

— Ça c'est du baratin de première. Tu le sais parfaitement, Sara Marit. Maman vous envoyait de l'argent, à grand-mère et à toi. Tu sais qu'elle venait vous aider aussi souvent que possible.

— Oui, enfin pas si souvent. Cette aide-là ne changeait pas grand-chose.

— Bon, elle n'est peut-être pas venue très souvent, mais elle avait bien le droit d'avoir sa vie aussi, non ? Elle avait autant le droit que les autres de choisir sa vie.

— Qui peut se payer le luxe de choisir sa vie, à ton

avis ? Es-tu naïve au point de croire que c'est comme ça que ça se passe ? Moi, je n'ai jamais eu le choix.

Je mastiquais le petit pain sec, et le goût de graisse acre de la margarine ayant séjourné au réfrigérateur s'intensifia dans ma bouche. J'avais été stupide de perdre mon sang-froid et de commencer à répondre à Sara Marit. Je n'avais pas envie que nous nous quittions fâchées. En un certain sens, je la comprenais, mais en même temps je lui en voulais d'attaquer maman parce qu'elle avait fait ce qu'elle-même n'avait jamais osé faire.

Je finis le café insipide et essayai de me calmer. Sara Marit regardait par la fenêtre la lumière grise qui filtrait à travers la brume, crépuscule triste après un jour qui n'avait pas vraiment pu commencer. Une clarté qui n'avait pas réussi à percer la grisaille.

— Oui, Sara Marit, je crois qu'on peut choisir. Je crois qu'on peut choisir ce qu'on veut faire de sa vie. Mais il faut oser.

— Tu es encore tellement jeune, tu penseras peut-être différemment dans dix ans. Tu vas te marier et avoir des enfants. On change.

J'enfilai mes bottes, elles étaient toujours mouillées et froides. Mais avec les chaussettes sèches, je me tirerais d'affaire jusque chez Ailie, où je m'étais garée.

Sara Marit m'y conduisit. Malgré le grand radiateur et les pièces détachées de scooter sur la banquette arrière de sa voiture, je réussis à me glisser à l'intérieur, avec ses sacs de courses sur les genoux.

Nous traversâmes le village sans rien dire. Quand je descendis de la voiture, elle m'appela et me tendit mes chaussettes mouillées, celles que j'avais jetées dans la corbeille, à la cafétéria.

— Elles ne sont pas abîmées. Juste mouillées. Si tu veux, je peux les mettre à sécher.

C'était un geste de réconciliation. Mais je n'étais pas d'humeur à me réconcilier, alors je pris les chaussettes mouillées et les fourrai en boule dans la poche de mon manteau.

Ailie n'était pas chez elle. La porte était fermée à clé. Je repris ma voiture et remontai à l'hôtel sans oser me regarder dans le rétroviseur. Si mon aspect extérieur reflétait mon état intérieur, je n'oserais pas descendre de voiture. J'avais l'impression d'avoir mangé ces saloperies de chaussettes.

Les reproches et les déceptions bouillonnaient en moi, je roulais trop vite et aspergeai de neige fondue une pauvre bonne femme qui essayait d'avancer avec un *spark* tordu sur l'asphalte presque à nu.

Je pris la direction de Biedjovággi. Dépassai Goaskinvarri et m'arrêtai sur la petite éminence, là où la route monte en ligne droite sur plusieurs kilomètres vers les hauteurs. Le brouillard cachait les montagnes, et sur la blancheur de la neige se découpait le ciel sombre, telle une plaque de tôle bleu acier. La lumière bougea sur l'étendue blanche du plateau. Descendit du ciel et se répandit sur la neige humide et le gris des ombres.

— Merde !

Mon cri s'évanouit dans le brouillard, sans écho ni sonorité.

Je criai à nouveau, le plus fort possible. Ma voix se brisa. Mon cri ne fit que s'écouler dans la grisaille infinie. Personne ne m'entendait. Je ne savais pas si j'avais crié fort ou non. Je ne pouvais pas comparer. Il n'y avait pas de grand ou de petit. De fort ou de faible.

Les phares de la voiture ne portaient qu'à quelques mètres sur l'immense plateau enneigé. J'étais moi-même à peine un point dans cette étendue gigantesque. Le silence s'élevait tel un mur devant moi.

J'eus presque honte d'avoir crié. De quel droit avais-je troublé le silence ? Qui étais-je, à m'imaginer pouvoir trouver compassion et pitié dans un paysage où déjà la survie était une gageure ? Où la vie ou la mort ne sont pas liées au hasard, mais dépendent de l'expérience et du savoir.

On ne crie pas, dans la montagne. Personne ne vous entend, il faut apprendre à vivre avec le silence. À s'habituer au silence insidieux. À ne jamais lui permettre de ronger vos pensées et vos opinions. Ne pas le laisser vous dérober la réalité.

La température était toujours positive, mais le brouillard et le froid humide me faisaient frissonner.

Je fis demi-tour et rentrai au village. En remontant vers l'hôtel, j'aperçus Siri. Ils avaient terminé leur travail. Complété l'enquête, fait le point sur leurs investigations et sur ce qu'ils savaient concernant la mort de Vidar. Ne pouvant rien faire de plus ici, elle rentrerait à Tromsö par l'avion du soir. Je l'accompagnai jusqu'à l'hôtel.

— C'est bien que vous soyez là. Il y a un message pour vous.

Le portier disparut dans son bureau et revint avec une feuille de fax ramollie à mon intention. Les téléfax existaient donc toujours ? Apparemment.

— Il a dit que c'était important.

Cela venait d'Alta. Inge avait trouvé les coordonnées des parents de Karen Margrethe. Ils n'habitaient pas à Mehamn, mais sur une des îles en face d'Harstad.

C'était quelque part entre Tromsö et Narvik. Je sortis mes notes et vérifiai que j'avais bien trouvé les mêmes informations dans la chambre de Karen Margrethe.

Nous empruntâmes une carte au portier de l'hôtel et cherchâmes l'endroit. Il me faudrait peut-être sept ou huit heures pour y aller en voiture. Je pouvais aussi prendre l'avion jusqu'à Tromsö et louer une voiture là-bas. Le portier appela l'aéroport. L'avion du soir était plein.

Je décidai de partir en voiture. Siri pouvait faire la route avec moi jusqu'à Tromsö. Cela lui ferait perdre quelques heures, mais nous pourrions nous relayer pour conduire.

La mère de Karen Margrethe décrocha avant le signal de la première sonnerie.

Elle devait attendre, le combiné en main. Elle m'expliqua d'une manière un peu embrouillée que son mari n'était pas à la maison, qu'il reviendrait plus tard dans la soirée. Nous convînmes d'une heure le lendemain, après le déjeuner. Cela irait. L'homme était en invalidité, il serait là toute la journée.

Je me rendis chez grand-mère et grand-père, pris des vêtements et un sac de couchage.

Grand-mère avait rempli une bouteille Thermos de café, mis de la viande séchée et du pain dans un sac à dos. Grand-père chargea une peau de renne dans le coffre. Des poils en tombaient et tourbillonnaient dans l'air. La voiture serait pleine de poils de renne quand je la rapporterais à l'agence de location.

Cette fois-ci, je passai soigneusement en revue mes bagages. Allumettes, alcool à brûler et pelle à neige. Vêtements chauds de rechange. Duvet et peau de renne.

Après quoi j'allai chercher Siri à l'hôtel.

*

Le brouillard nous accompagna le long de la rivière mais se dissipa quand nous parvînmes sur les hauteurs après Siebe. Au niveau d'Áidejávri, un grand troupeau de rennes était descendu sur la route. Peut-être la douceur du temps les avait-elle incités à se déplacer. Mais il restait encore presque deux mois avant la période de mise bas. Les bêtes étaient maigres et avaient le poil hirsute, l'hiver avait été rude.

S'il refaisait froid maintenant, sans nouvelle neige sur la neige mouillée, les rennes auraient du mal à creuser pour trouver à manger. La croûte serait impossible à percer. Des centaines de femelles pleines risquaient de mourir de faim.

Nous nous frayâmes un chemin à travers la partie du troupeau qui était sur la route, et je me demandai comment était la neige dans la montagne, là où Nils Mattis avait ses bêtes. Je décidai de monter voir le troupeau familial avant de retourner en Suède.

— Les Sames sont comme les paysans. Ils se plaignent toujours. Le temps n'est jamais comme il faut. Trop comme ci ou trop peu comme ça. Ils ne sont jamais contents. Se sentent toujours lésés. Ont besoin de se poser en victime.

Siri s'extirpa de sa doudoune et la roula en boule pour s'en faire un oreiller.

Je dois avouer que je fus un peu blessée par ses préjugés. Mais je ne dis rien. Quand on est née et qu'on a grandi à Sundbyberg, qu'on a passé la majeure partie de sa vie d'adulte à la faculté de droit, ou qu'on a bûché sur des procès pour violences ou vols de voitures au tribunal de Gällivare, on n'est guère le porte-parole idoine pour l'ensemble de la population same.

Quand nous passâmes la frontière finlandaise, Siri s'était déjà endormie.

Près de la rivière Muonio, le brouillard réapparut. Les rapides au-dessus de Palojouensuu coulaient, libres de glace, et la brume humide gelait sur le pare-brise pendant que nous roulions.

Je dus m'arrêter et gratter. La voiture était entièrement recouverte d'une fine couche de glace dure.

Nous croisâmes de gros camions dont les phares ressemblaient à des ballons de lumière vibrante. Leur clarté disparaissait derrière nous sans laisser aucune trace. La lueur rouge des feux arrière apparaissait dans le rétroviseur et s'évanouissait au même instant.

Nous nous trouvions au beau milieu de quelque chose qui n'avait ni début ni fin, seulement une direction. Une boîte aux lettres rouge apparut dans le talus de neige, nous rappelant qu'il existait un monde habité, au-delà de la route.

Quand nous fîmes halte à la station-service de Rajabaari à Karesuvanto, il était impossible de distinguer le village suédois de Karesuando, de l'autre côté de la rivière. Siri se réveilla sans enthousiasme et enfila ses bottes.

Pendant que je faisais le plein, elle entra en grelottant dans la cafétéria.

— Salope !

Le coup ne fut pas particulièrement violent. Mais je glissai sur la marche verglacée et tombai sur l'étagère métallique avec les huiles et les bouteilles d'alcool à brûler. Mon dos heurta le bord de l'étagère, cela me fit mal. Vachement mal.

Les larmes aux yeux, je réussis à me relever.

Il se tenait tout près derrière moi, empoigna le col de mon manteau et me retourna vers lui. Je sentis son haleine copieusement avinée. Sa chique pendait à ses dents de devant. Il tordit le col de mon manteau sur mon cou, j'essayai de lever le bras pour repousser sa tête, mais mon bras était coincé dans ma veste.

— On devrait te buter, sale pute.

Derrière lui s'avançaient trois de ses comparses avec un ricanement hésitant.

— Qu'est-ce que tu fous, Conny ?

— C'est elle. Vous voyez pas que c'est la salope qui m'a envoyé en taule ?

Il relâcha sa prise sur mon col et me repoussa vers la paroi vitrée de la station-service. Je marchai sur une des bouteilles en plastique qui avaient dégringolé de l'étagère et faillis tomber à nouveau. Je réussis in extremis à m'appuyer contre la vitre.

Il me bouscula une nouvelle fois, mais je ne pouvais pas aller plus loin. Je sentais le verre froid sur mes mains, derrière mon dos.

Il s'était certes fait couper les cheveux, mais je le reconnus. Il avait été condamné pour violences et destruction de voiture.

C'était pendant mon stage au tribunal de Gällivare. Deux, peut-être trois ans plus tôt. Toute une bande était venue de Tärendö et avait semé la pagaille dans la salle d'audience. L'huissier de police avait dû en mettre quelques-uns dehors. Ce type-là avait écopé de quelques mois. J'avais oublié combien.

— Laisse tomber, Conny, bordel.

Le copain au volant de la voiture jetait autour de lui des regards inquiets. Il n'y avait personne sur le terrain désert entre les pompes à essence et la cafétéria.

— Tu fais plus la fière maintenant, hein ?

Il me poussa à nouveau et je me cognai la tête contre la vitre.

— C'était autre chose, au procès, hein ?

— Conny, lâche-la, quoi !

Le conducteur boutonneux essayait de le calmer.

Je tentai de me dégager pour entrer dans la station-essence, mais un des acolytes me saisit par les bras et me retint. Conny mit son genou entre mes jambes et déboutonna mon manteau.

— Conny, arrête, bordel !

Un instant je vis apparaître derrière lui le visage rouge du conducteur, avant que les autres le repoussent.

— Ça va mieux maintenant ?

Conny empoigna mes seins. Serra durement. Se colla contre moi. J'essayai de me libérer, mais son copain m'agrippa les bras encore plus fermement. La douleur dans mon bras brûlé me fit monter les larmes aux yeux. Conny avait l'ongle du pouce noir et des mains épaisses. Des yeux délavés et injectés de sang à cause de l'alcool. Je tentai de lui donner un coup de pied, mais il coinça mes jambes et me comprima sur le type qui me maintenait par les bras.

— T'as raison, Conny, donne-lui c'qui lui faut, à cette chienne !

Je ne vis pas Siri arriver. Mais j'entendis le coup derrière moi et sentis l'étau autour de mes bras se desserrer. Je reculai d'un demi-pas, pris appui sur la marche et envoyai à Conny un coup de genou dans l'entrejambe.

Il se pencha en avant et tomba sur les genoux. Siri passa derrière lui armée d'un manche à balai cassé. La brosse avait dû tomber quand elle avait frappé sur celui qui me retenait par les bras.

Le manche était trop court, elle dut cogner deux fois avant que Conny s'écroule, la tête dans la neige fondue. Je visai les reins et lui balançai des coups de pieds de toutes mes forces.

Il se tortillait, essayant de s'éloigner en rampant dans la neige boueuse.

L'adrénaline envahissait mon corps. À cause de la douleur dans mon bras et de la peur extrême, je me comportais d'une manière que je n'aurais jamais imaginée possible. J'aurais été capable de le tuer à coups de pied.

Siri m'arrêta. Le conducteur avait sauté dans la voiture et le troisième larron s'était retranché derrière leur Mercedes presque neuve.

— Venez ici !

Le manche à balai cassé en main, Siri fit avancer vers elle les deux types de la voiture et leur demanda leurs papiers d'identité. Ils se penchèrent avec réticence sur le capot du véhicule. Conny se redressa dans la neige fondue et s'adossa à la roue avant.

Le poste de police le plus proche, dans la localité finlandaise de Muonio, était à quatre-vingts kilomètres. À cette heure, il était sûrement désert. Il y avait cent quatre-vingts kilomètres jusqu'à Kiruna, plus de trois cents jusqu'à Rovaniemi.

Siri usa de toute son autorité. Examina en détail le permis de conduire, comparant le type sur la photo avec le conducteur boutonneux.

— Ils sont bourrés, ils voulaient rien faire de mal, bon Dieu !

Elle ne répondit pas, se contenta de le fixer d'un regard à faire roussir le duvet clairsemé sur sa lèvre supérieure. Conny n'avait pas ses papiers, soi-disant. Elle lui envoya un coup de manche à balai sur le bras et le lui immobilisa dans le dos. Extirpa le portefeuille de sa poche arrière et en sortit le permis de conduire.

Une demi-heure plus tard, dans la cafétéria, j'avais encore les mains qui tremblaient et mes larmes coulaient toujours.

Siri avait noté en détail les noms et numéros d'identité, puis les comparses de Conny avaient aidé celui-ci à monter à l'arrière, et la voiture s'était enfoncée dans le brouillard sur le pont vers la Suède.

Siri me raconta que j'avais essayé de taper sur leur voiture avec la pelle à neige de la station-service, mais qu'elle m'en avait dissuadée. Je ne m'en souvenais absolument pas.

Au bout d'un moment, j'avais recouvré assez de calme pour appeler la police de Kiruna. Personne ne répondit. En général, ils avaient un véhicule de permanence, mais ils étaient peut-être en congé ce jour-là.

Alors j'allai aux toilettes me rincer le visage à l'eau froide. Me regardai comme une inconnue dans le miroir écaillé. Si Siri ne m'en avait pas empêchée, j'aurais effectivement pu le tuer.

Je restai assise un instant sur la lunette des cabinets

et pleurai. Me lavai à nouveau le visage et rejoignis Siri qui m'attendait dans le café.

La route s'étirait telle une ligne droite tracée dans le paysage de tourbières. Nous devinions la rivière à notre gauche. La glace tenait toujours, des petits nuages de brouillard se déplaçaient dans les creux des rapides et au-dessus des eaux calmes, là où des crevasses étaient apparues. Vers les lacs, en haut, il faisait plus froid.

La route verglacée était très glissante, mais Siri avait une conduite calme et sûre. Quand nous atteignîmes le poste frontière de Kilpisjärvi et dépassâmes la limite de la forêt, nous nous arrêtâmes et descendîmes de voiture.

Ici, à la transition entre les climats maritime et montagneux, le ciel était complètement dégagé. Il ne faisait que quelques degrés au-dessous de zéro, mais il n'y avait pas d'aurore boréale. La neige était dure, nous pûmes donc monter jusqu'aux pare-neige puis grimper sur les énormes congères. Je n'avais jamais vu un ciel étoilé si clair et d'une telle intensité. Toutes les étoiles se découpaient sur le ciel noir. Étincelaient comme du cristal. On aurait dit que chacune d'entre elles brillait un peu plus pour défendre sa place dans l'immensité de l'univers.

Nous demeurâmes silencieuses pendant dix bonnes minutes. Avec la sensation de prendre un bain purificateur. Comme si toute la saleté disparaissait. Toutes les choses désagréables étaient évacuées et remplacées par une vie nouvelle.

En redescendant par la vallée de Skiboten où les imposantes parois montagneuses se dressaient autour de nous dans l'obscurité, nous eûmes l'impression d'être en route vers un monde d'aventures aux dimensions inconnues. La faible lueur des phares avait une portée de seulement quelques mètres. Un éclat de lumière qui s'évanouissait dans l'immense paysage obscur.

En bas, dans le fjord, la mer était noire, telle une nappe de pétrole. Parfaitement lisse, elle reflétait le ciel étincelant d'étoiles. Les lumières de quelques maisons scintillaient sur notre passage, minuscules sur les flancs abrupts des montagnes. Les massifs s'élevaient très haut au-dessus de nos têtes.

Sur la côte, une pluie glaciale tombait d'un ciel gris acier. Le vent soufflait de la mer par rafales capricieuses qui secouaient la voiture. La traversée en ferry durait une demi-heure mais je ne sortis pas de mon véhicule. Ne descendis même pas au bar.

J'avais pris le petit déjeuner chez Siri à Tromsö le matin. Sa mère était arrivée avec les filles et nous étions restées encore une heure à boire le café, manger des fruits et des yaourts avant que je reprenne mon voyage le long de la côte.

Au téléphone, j'avais dit à la mère de Karen Margrethe que je serais là en milieu de journée. Mais je n'avais rejoint le ferry qu'à une heure et demie. Sur la route étroite, la circulation avait été dense, la neige boueuse et abondante empêchait de doubler les camions. Un convoi militaire en route pour la base de Bardufoss avait roulé à une allure d'escargot. Mon pare-brise était maculé de traînées grises de neige mouillée. J'avais essayé plusieurs fois d'appeler les parents de Karen Margrethe, mais le portable ne passait pas. Les montagnes autour étaient trop hautes.

Tandis que le ferry entrait dans le port en tanguant, je

cherchai l'itinéraire que j'avais noté dans mon carnet. La maison se trouvait à quelques kilomètres du village, une vieille maison verte. Je verrais un hangar à bateau rouge près du fjord, de l'autre côté de la route.

J'attendis que quelques enfants, vêtus d'imperméables aux couleurs vives et chargés de lourds sacs à dos, descendent du ferry. Une fille en veste de peau et jupe courte faillit se faire renverser par la camionnette de livraison devant moi. Elle se réfugia entre les caisses de poisson, je ne vis que son bras lorsqu'elle fit un doigt d'honneur au chauffeur.

Je m'arrêtai pour qu'elle puisse débarquer avant moi. Derrière, un camion surchargé de matériel de construction klaxonna. La gamine m'adressa un signe de tête sans me regarder et fonça sous la pluie dans ses bottes à hauts talons. Ses cheveux blonds battaient au vent. Elle ne semblait pas se soucier d'être trempée.

Les maisons de la petite localité se tassaient sous le vent et la pluie. Les mouettes, sur le toit de l'usine de poisson qui était fermée, surveillaient la rue, immobiles. À la sortie de la petite agglomération, deux hommes avec des gilets verts réfléchissants travaillaient dans un fossé. Un homme d'un certain âge en mobylette, avec sur son porte-bagages un grand casier à bouteilles en plastique, zigzaguait, secoué par les coups de vent.

Évidemment, je dépassai la maison verte et dus faire demi-tour quelques kilomètres plus loin sur la route étroite. Dans le sens inverse, la pluie fouettait le pare-brise. Il y avait un pick-up rouillé dans la cour, les parents avaient l'air d'être là.

Derrière la fenêtre à l'étage brillait une ampoule

électrique nue. Sur le versant très en pente, derrière la maison, des moutons gris à la toison hirsute marchaient dans la neige. Quelques agneaux de l'année dernière pointaient leurs têtes d'une épave de combi Volkswagen qui servait apparemment d'abri contre le vent. Quand je sortis de ma voiture, les moutons poussèrent des bêlements déchirants et descendirent en cahotant jusqu'au filet de la clôture.

La maison était verte. Du moins, elle l'avait été un jour. Sur la face exposée au sud, vers le fjord, la couleur était écaillée, le bois gris et humide.

En ouvrant la porte, je fus saisie par l'odeur d'huile de baleine et de poisson. Toute la famille était à table, dans la cuisine, et mangeait du poisson cuit au court-bouillon avec le foie et les œufs. Du *mölja*, le plat national du nord de la Norvège.

Oui, j'étais au bon endroit. Ils étaient bien les parents de Karen Margrethe.

On me donna une chaise, et la mère alla chercher une assiette et un verre sur l'évier. Le père se leva, le dos raide, me tendit une main dure et anguleuse, puis sortit en boitant. Le bêlement des moutons accompagna sa traversée de la cour.

Des travaux de rénovation avaient été entrepris dans la cuisine. Quelques placards et des portes avaient été déplacés, des câbles et des tuyaux étaient posés dans un coin derrière la cuisinière. On avait commencé à passer de l'enduit sur les papiers peints à moitié décollés, mais abandonné en cours de route. Le robinet de l'évier était démonté, il y avait de l'eau dans deux seaux en plastique sur un tabouret près du fourneau. Il régnait une odeur confinée de sciure humide et de foie de morue bouilli.

Sur le mur derrière la table de la cuisine étaient accrochés trois dessins d'enfants et une broderie de Noël.

Escorté par le bêlement des moutons, le père retraversa la cour, chargé d'un carton.

— Vous avez trouvé facilement ?

La mère poussa vers moi le plat de poisson et de laitance bouillie.

Oui, j'avais trouvé sans problème. Nous abrégeâmes de quelques secondes le silence expectatif en parlant du demi-tour que j'avais dû faire parce que j'étais allée trop loin. Autour de la table, les enfants avaient cessé de manger et me regardaient comme s'ils attendaient quelque chose. La mère écrasa une pomme de terre dans l'assiette du plus petit.

Le carton que le père avait rapporté contenait de la bière.

— Vous boirez bien une bière.

D'un geste expérimenté, il ouvrit une bouteille avec son couteau de table. Remplit mon verre et posa la bouteille par terre. C'était une maison de la mission chrétienne, on n'affichait pas aux yeux de tous ses faiblesses et sa vie de pécheur.

Une grosse pomme de terre jaune. Du poisson frais qui avait bon goût. Je fis l'impasse sur le foie et la laitance.

— J'ai remonté le filet ce matin. Arrêt maladie, à cause du dos, y'a pas grand-chose d'autre pour s'occuper les mains. Alors on pêche un peu.

Nous mangeâmes en silence, dans une attente embarrassée. Échangeâmes quelques mots sur le temps et la saison. Je maudissais Nils Mattis de m'avoir mise dans cette situation.

Tandis que la mère préparait du café, j'ouvris ma serviette et en sortis mes documents. J'avais l'impression d'être un vendeur d'assurance-vie de seconde zone.

— Vous aviez rencontré Karen Margrethe ?

La mère vida le marc de café dans le seau à ordures et remplit la cafetière en puisant de l'eau à la louche dans l'autre seau.

— Nous nous sommes vues à Karasjok et devions nous revoir. En fait, elle allait à notre rendez-vous quand elle…

La phrase resta en suspens. Je ne savais pas si je devais dire « a eu un accident » ou « est morte ».

— Oui, comme vous le savez, elle avait déposé une plainte au commissariat.

— Elle ne l'avait pas retirée ?

Le père vida son verre de bière, se pencha au-dessus de la table pour prendre la copie de la plainte que j'avais sortie. Feuilleta les papiers sans les lire.

— Nous avons parlé à un policier là-bas, à Kautokeino, il a dit qu'elle avait retiré sa plainte. Nous, on a dit que c'était mieux comme ça, à notre avis.

Il déplia une paire de lunettes graisseuses et se pencha vers la lumière pour lire.

L'adolescente en jupe courte que j'avais vue au débarcadère du ferry arrivait dans la cour. Ses cheveux pendaient en mèches, elle était trempée et transie. Elle entra dans la cuisine, s'assit sur le canapé et retira ses bottes.

— Celle-là c'est Carina, notre deuxième fille. Karen Margrethe, elle, c'était l'aînée.

Les mots moururent dans la bouche de la mère. Elle ajouta du bois dans le fourneau. La fille alla chercher une serviette et se l'enroula autour de la tête. Elle retira son manteau mouillé.

— Si j'avais su que tu habitais ici, j'aurais pu t'emmener en voiture.

Elle s'approcha de la table et alluma une cigarette.

— Pas de problème, je devais faire la route avec un type, mais il m'a posé un lapin, ce con.

Le père feuilleta la plainte sans la lire, puis la repoussa. Il reprit une bière dans le carton par terre.

— Vous en voulez ?

Je lui dis que je conduisais, je ne pouvais pas boire plus de bière aujourd'hui.

— Il a appelé, l'autre policier, là, il a dit qu'y avait pas de preuves, c'est ça ? Tous les deux ils avaient bu quand ça s'est passé. Le mieux c'était qu'elle retire sa plainte. Elle aurait que des histoires si ça allait au tribunal.

Il but directement à la bouteille. Quand il la reposa sur la table, la fille à la serviette s'en empara.

— Les mioches n'ont pas le droit de boire de la bière.

Il essaya de lui reprendre la bouteille, mais elle repoussa son bras et la vida. Les petits ricanèrent d'admiration pour leur grande sœur. Le père se leva et lui attrapa le bras.

— Fous-moi la paix, vieux salaud ! T'imagine pas que tu vas mettre tes sales pattes sur moi !

Elle laissa tomber la bouteille vide sur le sol et se précipita hors de la cuisine. Je l'entendis monter un escalier en courant. Un instant plus tard, de la musique parvenait à plein volume du premier étage. La mère ramassa la bouteille et essuya le sol. Le père se rassit sans me regarder.

— Vous rappelez-vous quel policier vous a appelés ?

— J'ai eu l'impression que c'était le chef en personne. Ils ont fait au mieux pour Karen Margrethe. C'est ce qu'il a dit en tout cas.

Je rangeai mes documents pendant que le père débouchait une nouvelle bière et que le café débordait sur la cuisinière. Eliassen leur avait donc téléphoné pour dire qu'il valait mieux qu'elle retire sa plainte. Cela devait être avant que Kristiansen fasse son enquête. Je notai pour mémoire de lui demander quand il avait convaincu son chef de le laisser poursuivre les investigations.

— Vous rappelez-vous quand il a appelé ? Quel jour c'était ?

La mère se dirigea vers la fenêtre, prit le calendrier et le feuilleta au hasard, puis elle secoua la tête.

Quand je lui tendis la copie de la plainte, elle regarda d'abord son mari avant de prendre les papiers d'un geste hésitant. Elle ne les lut pas, n'essaya même pas. Les tint seulement dans ses mains, indécise.

— Elle est partie à Karasjok, puis elle a décidé de maintenir sa plainte. Elle disait qu'elle avait parlé à un avocat. Mais après on n'a plus eu de nouvelles.

Elle remplit les tasses et resta debout, la cafetière dans les mains.

— Ensuite la police a appelé pour dire qu'elle était morte.

Penché sur la table, le père commença à rassembler les bouteilles vides dans la boîte en carton.

— Il aurait mieux valu ne pas remuer tout ça. S'il y a un procès, ça sera que des emmerdements. Peut-être qu'il faudra payer très cher pour les avocats et tout ça.

Je triai mes documents, fis un peu de place sur la table pour qu'ils puissent les signer.

— On veut juste régler ça une fois pour toutes. On sait jamais où ça mène quand on signe ce genre de papiers. Les avocats, les procès et tout ça, pour les gens comme nous c'est que des dépenses.

Elle retourna vers la cuisinière avec la cafetière, prit une lavette et commença à essuyer la table. Le père retira ses lunettes et les nettoya sur son pull. Je soulevai mes affaires le temps qu'elle passe le chiffon.

— Qu'est-ce qu'on doit écrire ?

— Que vous ne voulez pas que la plainte de Karen Margrethe donne lieu à un procès.

— On doit signer tous les deux ?

— Ce sera mieux, oui.

Le père vida sa bouteille de bière et la reposa brutalement sur la table.

— On veut rien avoir à faire avec la police ou les avocats. Ils se foutent des gens, c'est tout. Faut toujours payer, quel que soit le problème. Les richards ils peuvent bien les signer, leurs papiers, ils s'en sortent toujours, eux, peu importe ce qu'ils ont fait. Ils ont des armées de flics et d'avocats pour les aider. Le mieux pour les gens ordinaires comme nous, c'est de se tenir à l'écart de leurs lois et de leur justice.

Il regarda la mer grise par la fenêtre. Les enfants mâchaient leur poisson et leur pomme de terre écrasée.

— J'essaye seulement de vous aider.

Il écrivit à l'endroit que je lui indiquai, et la mère s'essuya les mains sur son tablier avant de prendre le stylo et de signer.

— J'espère que c'est bon maintenant, dit-elle en reposant le stylo. Qu'il n'y aura pas de suites.

L'homme se leva, raide, prit le carton et sortit sans rien dire.

Dehors, il commençait à faire sombre, je regardai ma montre. Pas de souci, il restait une bonne heure avant le départ du dernier ferry.

— On n'aurait pas cru qu'on en arriverait là.

La mère s'assit à table avec sa tasse de café et arrangea un peu les plantes sur l'appui de la fenêtre.

— On ne s'imagine jamais que ce genre de choses peut arriver à ses propres enfants.

Nous aperçûmes l'homme dans la cour, il tirait une luge de foin pour les moutons.

— C'est moi qui représente celui que Karen Margrethe a dénoncé pour viol, il pourrait peut-être envisager de payer des dommages-intérêts.

— Le mieux est sûrement de ne pas remuer tout ça.

Carina, la sœur, redescendit, elle voulait que je l'emmène en ville. Je n'étais pas pressée mais ne supportais plus l'atmosphère étouffante de cette cuisine. Je me levai, pris mon manteau et sortis sur le perron.

Les moutons devaient être rentrés à la bergerie, je ne les entendais pas et ne les vis pas non plus lorsque je traversai la cour. La pluie avait cessé, mais un vent frais soufflait du fjord. Le bruit de la mer enflait et retombait avec le vent. Quelque part sur les rochers, un phare balayait de ses flashs intermittents les brisants le long de la plage. Le père sortit de derrière la dépendance, comme s'il était resté caché.

— Vous partez déjà ?

Nous nous serrâmes la main près de ma voiture. Quand je lui demandai où étaient passés les moutons, l'homme m'emmena dans la dépendance. Cela sentait le fumier et le foin frais et, dans le faisceau de la lampe torche avec lequel il éclaira les ombres noires, les yeux des moutons brillèrent, rouges, on aurait dit des créatures souterraines à la recherche de l'humanité et de ses mystères. Les mufles remuaient, les pupilles luisaient.

— C'est sûr que c'est terminé, avec cette plainte ? demanda-t-il inquiet.

— N'y pensez plus, je m'occuperai de tout avec la police, dis-je, tournée vers les moutons et remerciant l'obscurité qui m'évitait de le regarder dans les yeux.

— C'est qu'elle se fait tant de souci, dit-il.

Je crois qu'il parlait de sa femme, mais je n'en suis pas tout à fait sûre. Carina apparut sur le perron. Elle avait mis des vêtements plus chauds. Un jean et des bottes en caoutchouc.

Je retournai dans la cuisine et dis au revoir à la mère.

— Dire qu'on en est arrivé là ! dit-elle en s'essuyant au torchon à vaisselle avant de me serrer la main.

La sœur attendait déjà dans la voiture. Je fis signe vers la fenêtre, je ne sais pas si quelqu'un nous regarda partir. Nous retournâmes à la gare du ferry.

— Faut pas croire que c'était une sainte, dit la sœur en allumant une cigarette. C'est souvent comme ça quand quelqu'un meurt. C'est dingue ce que les gens deviennent bons quand ils sont morts.

Elle tirait lentement sur sa cigarette, regardant droit devant elle vers la chaussée sombre. Nous croisâmes un joggeur avec un gilet fluorescent et une lampe frontale.

— Les gens sont complètement tarés, dit-elle.

Elle ouvrit sa vitre et jeta sa cigarette.

— On devient dingue à habiter sur cette putain d'île.

Le ferry ne partait qu'une bonne demi-heure plus tard et, quand nous arrivâmes, elle resta dans la voiture. Elle avait rendez-vous avec un type, mais il pouvait attendre. Au loin, sur l'eau, nous aperçûmes les lumières du bateau qui entrait dans le port. Elle avait encore un an de lycée à faire, mais il y avait longtemps qu'elle en avait marre de l'école. Elle s'accrochait quand même. Ne savait pas quoi faire dans la vie. L'essentiel était de partir d'ici.

Elle sauta de la voiture et s'éloigna pour aller parler à quelqu'un dans une vieille Ford Escort, qui avait fait plusieurs fois le tour de la petite place. Quand le ferry accosta, elle revint.

— Sais-tu si Karen Margrethe avait une amie, quelqu'un qui la connaissait bien ?

Elle réfléchit. Tortillait ses cheveux dans ses doigts.

— Quelqu'un à qui elle se confiait ?

Il n'y avait que deux voitures sur le ferry, et le gars, à la barrière, avait déjà fait signe d'avancer au camion-citerne devant moi. Je démarrai et m'apprêtai à m'engager sur le ferry.

— Ça devait être Roger.

— Où est-ce que je peux le joindre ?

Tandis que Carina notait un numéro de téléphone sur mon carnet, la voiture derrière moi klaxonnait d'impatience. En avançant à l'intérieur du ferry, je vis Carina dans le rétroviseur engueuler le conducteur de l'autre véhicule.

La serveuse au bar du ferry était en train de laver le sol. Elle abandonna à contrecœur son seau et son balai à franges pour pêcher quelques saucisses pâles dans l'eau de cuisson grasse. Le *lompe*, le pain à la pomme de terre, était froid et dur, il avait un goût de gas-oil, mais je n'osai pas interrompre le nettoyage pour me plaindre.

Le gars qui était entré sur le ferry derrière moi s'approcha de ma table.

— Carina m'a dit que vous étiez l'avocate de Karen Margrethe.

Je mis quelques secondes à me souvenir que Carina était la sœur. Il portait un blouson de moto en tissu huilé et avait une barbe de plusieurs jours.

Je n'avais pas envie de commencer à lui expliquer pour qui je travaillais. Il passa derrière le comptoir du snack et se servit une tasse de café. Quand il fit signe à la dame au balai qu'il voulait payer, elle refusa d'un geste de la main accompagné d'un sourire mielleux. Il prit place en face de moi, à la vieille table en bois aux bords antiroulis.

— Nous étions dans la même classe à l'école.

Il goûta le café puis retourna au comptoir chercher du lait. Quand il en versa dans son café, le lait tourna et sa tasse se remplit de grumeaux blancs. Il plissa le nez mais ne dit rien.

— Elle est partie d'ici l'été où nous avons terminé l'école. Ils s'en vont tous. Ceux qui peuvent.

Il tournait sa cuiller dans sa tasse l'air résigné.

— C'était à cause de sa famille. Elle n'en pouvait plus, à la maison, qu'elle disait. Je l'ai vue plusieurs fois quand elle habitait à Tromsö. Nous sortions, buvions une bière. Il y a un truc qui ne va pas dans cette famille. À mon avis, les signaux d'alerte à l'inceste sont au rouge, faut voir la maison, déjà. Tellement isolée, abandonnée à son triste sort, d'une certaine manière.

Quand nous remontâmes sur le pont des voitures, il s'arrêta et m'attendit.

— Elle m'a téléphoné il y a un mois. Je n'avais pas eu de contact avec elle depuis plus d'un an.

— Elle voulait quelque chose de particulier ?

— Non, elle appelait comme ça et on a parlé de choses très générales. Un mois plus tard elle était morte.

— Elle ne vous a rien demandé ?

— Je ne crois pas, non. Nous avons discuté un moment des anciens copains. Puis elle a raccroché. Subitement, en plein milieu d'une phrase, elle avait l'air un peu troublée.

La courte houle faisait tanguer le ferry qui dut d'abord reculer un peu pour s'engager correctement dans le port. J'étais dans ma voiture et m'apprêtais à débarquer, quand je réalisai qu'il ne m'avait pas donné son nom. Tandis que le gros camion-citerne quittait le ferry dans un nuage de gaz d'échappement, j'allai lui demander ses coordonnées.

Il me tendit sa carte par la vitre.

La route grimpait, bordée par la paroi montagneuse. Les lumières de la gare maritime, de l'autre côté du fjord, brillaient faiblement sous la pluie. J'essayai de calculer si l'on pouvait apercevoir la maison où j'étais allée. Mais elle devait être dissimulée par la montagne. La vision des moutons aux yeux rouges me poursuivait. Cette atmosphère de totale passivité autour de la table de la cuisine m'oppressait et m'inquiétait.

Durant de nombreuses années, la population same qui vivait ici sur le littoral avait été traitée sans ménagement, non seulement par les autorités, mais aussi par ceux qui estimaient être de meilleurs Sames parce qu'ils avaient conservé leur langue et leur nom.

J'avais exploité la crainte de cette famille face aux autorités et au pouvoir, pour économiser quelques billets de mille de dommages-intérêts. Je m'étais abaissée moi-même à les rudoyer pour la simple raison qu'ils me révoltaient et me mettaient mal à l'aise. Mais qu'aurait-il fallu faire ?

Leur crainte et leur inquiétude ne me regardaient pas. Je faisais mon boulot, c'était tout.

Mauvaise excuse, je sais.

Au bout de quelques dizaines de kilomètres, je m'arrêtai sur un parking, sortis de la voiture et restai un moment sous le crachin. Appelai Siri à Tromsö et lui dis que je retournais à Kautokeino cette nuit. Les conditions météo étaient bonnes et je me sentais en forme.

— Ça s'est bien passé avec les parents de Karen Margrethe ? demanda-t-elle.

Je répondis que oui. Elle comprit que je mentais, mais ne posa pas d'autre question.

On se reverrait peut-être. Si je repassais dans le coin, je n'avais qu'à faire signe.

Après avoir fait le plein à Nordkjosbotn, j'achetai un CD de Mari Boine dans la boutique de la station-service.

Sur tout le trajet en remontant vers la frontière finlandaise, il faisait sombre et le vent soufflait, mais la voiture roulait bien et il n'y avait presque pas de circulation. « Modjás Katrin » dans le lecteur de CD.

Le portable revint à la vie et se remit à clignoter

quand j'arrivai vers le col : j'avais dépassé la barrière des montagnes.

Je composai le numéro de Roger, l'ami d'école de Karen Margrethe.

Personne ne décrocha. Je n'eus qu'un répondeur m'informant que Roger n'était pas là mais que l'on pouvait laisser un message. La petite musique débile sur le répondeur me fit raccrocher avant que le signal d'enregistrement se soit déclenché.

Alors je sortis la carte que m'avait donnée l'homme sur le ferry sur laquelle il était écrit : « Vente de machines agricoles ».

Il répondit aussitôt sur un vieux portable avec un mauvais son. Quand je lui demandai s'il se souvenait des noms de ceux dont Karen Margrethe avait demandé des nouvelles lorsqu'elle l'avait appelé, il réfléchit tellement longtemps que je crus presque que la ligne était coupée.

— Nous avons surtout parlé d'un gars qu'on connaissait avant.

Je m'arrêtai sur le bord de la route. Bien en contrebas de la falaise, je devinai la cascade. La sombre paroi rocheuse de l'autre côté de la route n'était plus enneigée et s'estompait dans l'obscurité. Immobile et peu engageante.

— De qui avez-vous parlé ?

— Il s'appelle Roger. Ils étaient inséparables à l'école. C'était un gars un peu bizarre, déjà à l'époque. Il y en a toujours un comme ça dans chaque classe.

— Savez-vous où il habite ?

Il feuilleta son calepin et me donna une adresse à Tromsö.

Sans songer au précipice au bord de l'accotement ni

aux longs camions frigorifiques que nous avions croisés la nuit précédente, je fis demi-tour sur la route étroite.

*

Il était minuit passé quand je traversai le pont vers le centre de Tromsö. Il y avait encore pas mal de circulation en ville. Surtout des taxis qui dérapaient dans la neige boueuse.

Un vent violent soufflait du fjord, les réverbères se balançaient sous la forte bise. Devant l'un des restaurants, des gens attendaient un taxi. Un homme ivre descendit sur la chaussée juste devant ma voiture en agitant les bras. Je l'évitai in extremis en faisant une embardée.

Trois filles munies d'un parapluie brisé par le vent couraient à travers les flaques de neige fondue, en jupes courtes et talons aiguilles très hauts. Je tournai vers l'Hôtel du port et garai la voiture sur le parking derrière la gare routière.

Il y avait quelques personnes devant Le Mirage, la plupart attendaient quelqu'un ou étaient trop soûles pour entrer. Le vigile examina ma tenue vestimentaire d'un air un peu méfiant, mais visiblement les jeans et les pulls en polaire avaient son agrément. Il me fit signe d'entrer par la porte à demi ouverte, mais il arrêta le type qui essayait de sc glisser à l'intérieur dans la foulée.

— Bon sang, je suis avec elle, l'entendis-je protester derrière moi.

Le vigile, chemise blanche tendue sur un torse gonflé de testostérone, se contenta de lui refermer la porte au nez.

Siri m'attendait au bar. Elle était en compagnie d'un type, vraisemblablement un policier lui aussi, car il arborait ce petit sourire forcé, comme s'il avait besoin de légitimer sa présence. Il portait un pull à col roulé sous un veston de tweed anglais. Un peu trop élégant pour le lieu.

— Tu as dû rouler vite. Je pensais que tu arriverais dans une heure au plus tôt.

Siri était vêtue d'un tailleur noir, elle avait une mine fraîche et reposée.

— Il n'y avait presque personne sur la route. J'ai roulé le plus vite possible.

Je commandai une bière, et le type au veston fit de la place à l'une des tables dans le fond, près de la porte des toilettes.

— Tu as trouvé quelque chose sur lui ?

Siri fit un signe de la tête vers le type au veston de tweed et il tira une liasse de papiers d'un vieux sac à bandoulière.

— On avait un tas de choses sur lui dans les archives.

Il gardait ses documents, n'avait pas l'air de vouloir me les passer.

— Surtout des délits en rapport avec les stupéfiants. Deal et tentative de trafic, il a fait quelques séjours en prison. Pas d'adresse fixe ici. Ces derniers temps, il habite dans un appartement, là-haut.

Il leva la tête vers les toilettes, je compris qu'il désignait les hauteurs de la ville, là où les vieilles baraques en bois s'accrochent à la fine couche de terre. Je comparai avec l'adresse que son camarade d'école m'avait donnée. C'était la même rue, mais un autre numéro.

— Avez-vous vu s'il a un lien quelconque avec Vidar ?

L'enquêteur en civil interrogea Siri du regard, et celle-ci lui expliqua que j'étais sur les lieux lorsque l'homme abattu dans la montagne avait été découvert.

Il ne s'était pas penché là-dessus mais pouvait vérifier tout de suite. Apparemment il escomptait que Siri réponde qu'il n'y avait pas d'urgence. Or elle lui dit simplement qu'il serait très aimable de le faire le plus vite possible. Elle avait laissé tous les documents concernant Vidar sur son bureau.

Il enfila son pardessus et partit au commissariat, à quelques pâtés de maisons.

Je racontai à Siri la vérité sur ma visite chez les parents de Karen Margrethe et combien je m'étais sentie immonde lorsque j'étais repartie.

— Je croyais moi-même que ça passerait, dit Siri. La première chose qu'on apprend à l'école de police, c'est qu'il faut garder une distance. Qu'on ne doit pas laisser le tumulte s'approcher trop près de soi. Je pensais que c'était des conneries. Maintenant je commence à me rendre compte que c'est peut-être vrai.

Un couple libéra la place à une table plus au centre de la salle, nous nous y installâmes avec nos papiers.

J'allai chercher un verre d'eau au comptoir, Siri sortit son paquet de cigarettes, mais décida qu'il faisait trop froid pour aller fumer dehors.

— Un peu comme les enfants, on a dans l'idée que tout va s'arranger. Comme dans les séries à la télé. On résout le problème et tout se termine bien. Mais dans la réalité, c'est différent. Ça continue, voilà tout. On s'enfonce de plus en plus profondément dans la merde. Plus on s'implique, plus vite on sombre.

Elle finit sa bière et balaya la salle du regard. Fit signe à quelqu'un, à une table près de la fenêtre. J'allai aux toilettes et me rinçai le visage à l'eau froide. Cela ne fit pas beaucoup d'effet. Dans la glace, j'avais un teint blafard de malade, ma brûlure tirait et les poches sous mes yeux n'avaient pas disparu. J'essayai de me persuader que c'était dû au misérable éclairage.

Siri avait rapporté de la bière et, en prime, un type s'était joint à elle, qui prétendait être chercheur à l'université. Il vida ma bière et mangea nos cacahuètes, tout en nous assommant avec son exceptionnel projet de recherche sur les isotopes biologiques. Je n'ai aucune idée de ce que sont les isotopes biologiques et n'avais pas non plus envie de le savoir. Siri avait déjà entendu parler de ça et, au bout d'un moment, elle le pria d'aller se faire voir ailleurs.

Il prit notre attitude de refus pour un défi et se lança dans une conférence sur les conditions de base de la biologie élémentaire. Nous l'abandonnâmes avec mon verre de bière et la coupe de cacahuètes vide.

Il était plus de deux heures et les gens affluaient, venant d'autres pubs qui fermaient plus tôt. On était à l'étroit et c'était la pagaille, le tas de muscles à la porte trimait dur pour sélectionner ceux qui pouvaient entrer.

Il y eut un moment de bousculade au comptoir du bar. Le biologiste avait attiré à lui quelques minettes qui ponctuaient de signes de tête entendus ses exposés sur le monde enchanteur des isotopes.

Si l'on retranchait tout le temps que l'on a passé à écouter ce genre d'imbéciles imbus d'eux-mêmes, on serait sans doute encore à l'école. En primaire.

Le veston de tweed se faufila avec peine devant le vigile et fendit la cohue jusqu'à nous.

— Vous aviez raison. Ils devaient se connaître. Du service militaire, entre autres. Roger a certes été renvoyé au bout de six mois, mais il a suivi l'instruction de base au même endroit que Vidar. Il se peut aussi qu'ils se soient rencontrés en prison. Au cours des quatre années que Vidar a passées derrière les barreaux, ce type a purgé deux courtes peines dans la même centrale pour trafic de stupéfiants.

*

Bien que la nuit fût déjà très avancée, il y avait une foule de jeunes en ville. Nous dûmes forcer le passage à travers la file des gens qui attendaient devant le pub. Je ne sais pas si c'était dû à la fatigue, mais j'avais du mal à suivre.

— Je pige que dalle. Tu peux m'expliquer ce que Vidar et Roger ont en commun avec Karen Margrethe ?

Siri titubait sur ses bottes à talons, je me demandais combien de bières elle avait bues en m'attendant.

— Je veux seulement savoir pourquoi Karen Margrethe l'a appelé. Si c'était avant ou après la plainte pour viol.

— Mais quel rapport cela a-t-il avec le meurtre de Vidar ?

Elle ne répondit pas. Nous continuâmes à remonter la rue. Au coin du magasin de photos, l'eau qui coulait de la gouttière avait formé une cascade congelée et nous dûmes nous appuyer au mur de la maison pour avancer.

— Pourquoi a-t-elle appelé Roger quand Vidar est sorti de prison ?

— Ça doit être quelque part par là.

Siri prit une des rues dans la pente raide au-dessus du port. Un taxi dérapa en montant la côte et nous dûmes empiéter sur le talus pour ne pas nous faire écraser. De la neige boueuse éclaboussa nos pieds. Lorsque, trempées et gelées, nous commençâmes à chercher la maison où Roger habitait, notre saine résolution de l'instant blêmit sous les pâles reflets de la pensée.

Punaisé sur la porte, un bout de carton écrit à la main indiquait Skolimowski. La femme qui entrouvrit était groenlandaise. Elle n'avait jamais entendu parler d'un quelconque Roger.

— Toi et moi, on sait très bien qu'il est là. Arrête de dire des conneries, Nina. Pourquoi ne pas faire simple pour une fois ?

Siri s'approcha de la femme, la regarda dans les yeux, baissa la voix.

— *Umaakasik taamaasiornanga, ajukkugit.*

La Groenlandaise semblait furieuse, mais Siri s'introduisit par la porte entrouverte.

— Qu'est-ce que c'était ? lui demandai-je quand nous fûmes dans l'étroit vestibule.

— Un truc que j'ai appris d'un cuisinier alcoolique à Copenhague.

Roger était allongé sur le sol du séjour. Enroulé dans une couverture crasseuse, il avait sur la tête un bonnet pointu avec l'insigne du club de foot de Tromsö. Son visage était tuméfié, ses yeux rouges et purulents, on ne pouvait absolument pas distinguer s'il était bien le troisième gars de la photo que j'avais vue chez Nils Mattis.

Il avait les lèvres bleues et tremblait comme s'il avait

froid, alors que la température dans la pièce atteignait sûrement les trente degrés. Ses cils étaient poisseux de pus jaune. Il planait une odeur âcre de plastique brûlé, de la fumée s'échappait d'un poêle à pétrole dans un coin. Un homme à la physionomie asiatique était assis dans un fauteuil bleu usé jusqu'à la corde et fumait. Pas de Skolimowski en vue.

— Qu'est-ce qu'il a pris ?

Siri s'était adressée au type dans le fauteuil, mais il se contenta de hausser les épaules.

— Roger, qu'est-ce que tu as pris, putain ?

Il ne répondit pas, soupira et se recroquevilla dans sa couverture dégoûtante. Sur l'évier se trouvait une seringue recouverte d'une fine couche de sang séché. Le sac-poubelle contenait plusieurs seringues.

— De l'héroïne.

Siri avait trouvé un sachet dans la salle de bains. Elle ouvrit le réservoir d'eau au-dessus de la lunette répugnante des toilettes et chercha d'autres sachets.

— Vous n'avez pas le droit d'entrer ici comme ça.

La femme groenlandaise était allée chercher une batte de base-ball. Elle essaya de me frapper mais me manqua et brisa quelques assiettes sur l'évier encombré. Siri lui arracha la batte des mains.

— Vous n'avez pas le droit de faire ça.

— Ferme-la et assieds-toi.

La femme s'assit sur une des chaises de la cuisine. Siri se pencha vers elle, essayant de capter son regard. La femme se déroba, alors Siri lui saisit le menton et lui fit pivoter la tête afin que leurs regards se croisent.

— Quand s'est-il piqué ?

L'expression de la femme se mua en provocation

narquoise. Elle essaya de se libérer, mais Siri la tenait fermement par le menton.

— Je ne sais pas ce qu'il a pris ni quand il l'a pris. J'étais dehors toute la nuit. Je suis rentrée il y a dix minutes.

— Tu as un témoin ?

— Oui, j'en ai un, mais il ne dira rien.

— Vous étiez dans la voiture ?

— Quoi ?

— Arrête ton char, tu sais ce que je veux dire. Vous avez baisé dans sa voiture ?

— C'est pas interdit par la loi.

— Je me fous de ce qui est interdit ou pas, je veux savoir quand il sera éventuellement possible de tirer quelque chose de sensé du crétin qui est par terre là-bas.

— Y a pas mal de gens, dans cette ville, qui seraient étonnés si je disais qui c'était.

— Qui ça ?

— Le type dans la voiture.

— On n'en a rien à foutre, t'as compris ?

J'essayai de nettoyer le visage de Roger avec de l'eau froide, il gémit faiblement mais ne montra aucun autre signe de vie. Nous commençâmes à dérouler la couverture autour de lui, mais il se dégagea une telle puanteur que nous dûmes laisser tomber.

Le type dans le fauteuil fumait, le souffle court et les yeux fermés. Quand il les rouvrit, son regard était perdu dans le lointain. Rien n'indiquait qu'il fût conscient de notre présence dans la pièce.

L'ambulance emporta Roger en désintoxication au CHU. Les ambulanciers se lamentaient que nous les ayons fait déplacer pour un boulot de merde comme celui-là.

— Alors laissez-le crever.

De mauvais gré, ils le firent tout de même rouler sur le brancard recouvert de plastique.

Siri leur emprunta une paire de gants en caoutchouc, fouilla dans ses poches avec précaution, trouva quelques billets chiffonnés. Sa carte d'identité et son permis de conduire étaient dans son portefeuille. Pas de doute, c'était bien Roger.

Nous rentrâmes chez Siri à cinq heures du matin. Je dormis quelques heures sur son canapé.

À neuf heures, je fus réveillée par le téléphone. Siri m'appelait du travail pour me dire que Roger n'était toujours pas en état de communiquer. Nous convînmes qu'elle me passerait un coup de fil quand elle lui aurait parlé. Les médecins le ficheraient probablement dehors dès qu'il tiendrait sur ses jambes. Il n'y avait aucun motif d'arrestation. On avait trouvé sur lui une petite quantité d'amphétamines, rien de suffisant pour l'inculper. Elle en avait touché un mot au procureur. C'était une broutille. Si on voulait tirer quelque chose de lui, il fallait le faire avant qu'il soit renvoyé de l'hôpital.

Elle avait beaucoup de boulot ce matin, mais pensait pouvoir garder un œil sur lui avant qu'il disparaisse à nouveau en ville. Quels contacts avait-il eus avec Vidar après son séjour en prison ? Quel genre de relation entretenait-il avec Karen Margrethe ?

Il n'y avait plus de fromage frais. Est-ce que je pourrais me contenter de fromage à pâte brune pour le petit déjeuner ?

Je pris une douche, bus un jus de fruits et me passai de fromage. Feuilletai le *Nordlys*, le quotidien du jour.

Dehors, il faisait un temps froid et clair. À la lumière du jour, le pont vers la Cathédrale arctique de Tromsö et le continent paraissait plus étroit. Le parapet avait été pourvu d'un filet pour éviter les suicides.

Dans le rétroviseur, je voyais la ville s'étendre jusque sur les hauteurs du versant abrupt. Elle s'élevait au-dessus de la ligne d'ombre que projetaient les montagnes du côté continental. Quand elles sortaient de la pénombre et se retrouvaient à la lumière éclatante du soleil, les maisons de bois blanches paraissaient ternes et abîmées. Au-dessous de l'horizon lumineux, elles étaient tassées sur elles-mêmes dans un dégradé de gris, jusqu'à la mer presque noire tout en bas, que faisait ondoyer une lente houle aux reflets d'oxyde de plomb. La glace en train de fondre s'amassait comme un champignon jaunâtre le long du quai des pêcheurs et contre les chalutiers qui déchargeaient près de l'usine d'huile de hareng.

C'est seulement une fois arrivée à Nordkjosbotn, à l'extrémité intérieure du fjord, que je pensai à allumer mon téléphone. J'avais à peine appuyé sur la touche qu'il se mit à sonner.

C'était Kristiansen. Il se demandait où j'étais passée, il s'était inquiété pour moi. Ils n'avaient rien trouvé de nouveau sur le meurtre de Vidar, mais il voulait me parler de certaines choses avant que je rentre en Suède. Est-ce que je pouvais le rappeler dès que je serais à Kautokeino ?

Je lui dis que je serais de retour l'après-midi, ou peut-être plus tard dans la soirée. Nous nous fixâmes rendez-vous à Enontekiö – Hætta, comme on dit en same. C'était du côté finlandais. Il devait rencontrer quelqu'un à l'hôtel, là-bas. Ce serait bien que j'y sois aussi. À huit heures ce soir.

La route à partir de Kilpisjärvi s'étirait droit vers le disque rouge du soleil qui avait déjà entamé sa trajectoire descendante vers l'horizon. Je m'arrêtai sur une aire de stationnement et retirai mon gros pull.

De l'autre côté de la rivière, côté suédois, une maison habitée était recouverte de gelée blanche scintillante. Un chien gris hurlait au bout de sa corde. Indifférent au périmètre limité de liberté que lui laissait l'entrave, il envoyait son appel dans l'immensité déserte. Aussi solitaire et abandonné qu'un message dans une capsule de titane plombée, en route vers d'autres planètes.

Au niveau du petit défilé au-dessous de Lammasvaara, deux éleveurs de rennes chargeaient une motoneige sur une remorque.

Ce furent les seuls êtres humains que je vis durant les cent kilomètres jusqu'à Karesuvanto. Le talus de neige déblayée sur le bas-côté dessinait une ligne d'ombre bleue à travers le paysage blanc. Il ne faisait pas très froid, mais le vent provenant des tourbières sans arbres chassait sur la route. Formait des petits tas de neige durcie qui secouaient la voiture. Le ciel était toujours bleu clair, mais les ombres violettes s'étiraient de plus en plus sur le paysage.

Siri ne donnait pas de nouvelles. J'essayai de la joindre plusieurs fois mais, au commissariat, personne ne savait où elle était.

*

Siri appela au moment où j'arrivai sur le parking de l'hôtel, à Hætta.

Roger s'était réveillé vers deux heures. Elle avait procédé à une sorte d'interrogatoire, mais ça n'avait rien donné. Il avait eu la trouille et raconté un tas de conneries, croyant qu'on voulait le coincer pour la drogue. Mais concernant Vidar et Karen Margrethe, il n'avait rien répondu de significatif.

Il connaissait Karen Margrethe depuis l'école. Avait rencontré Vidar au service militaire. Karen l'avait appelé l'automne dernier, ou c'était peut-être cet hiver, en décembre, elle voulait avoir des nouvelles de Vidar. N'avait pas dit pourquoi, et il n'avait pas demandé.

Nous n'avions pas progressé d'un iota.

J'entrai dans l'hôtel. Déjà, près des machines à sous dans le hall, l'ambiance était très animée. Un joyeux mélange de touristes et de gens du coin qui se bousculaient au bar.

Rires sonores et stridents. Le murmure le long du grand comptoir était chargé d'une sorte d'attente contenue. Un Finlandais affublé d'un kolt same divertissait un groupe de touristes dans un mauvais anglais. Les voix perçantes des Américaines retentissaient à travers la salle comme des cris de mouettes.

Kristiansen n'était pas là. Il n'y avait aucun message à la réception, j'allai au restaurant et commandai un plat, une eau de Vichy et un café.

Pourquoi Karen Margrethe avait-elle appelé Roger pour avoir des nouvelles de Vidar ? Il était sorti de prison en janvier, cette année. Elle devait avoir eu vent de quelque chose le concernant.

Et si la version de la sœur de Vidar était vraie ? Il serait innocent et aurait endossé la culpabilité à la place d'un autre ?

Vidar avait vraisemblablement été avisé qu'il serait libéré à cette période-là. Il avait peut-être appris qu'il sortirait en janvier et pris contact avec celui pour lequel il purgeait sa peine.

Il pouvait s'agir d'un dédommagement pour les années de prison. Mais alors en quoi cela aurait-il intéressé Karen Margrethe ?

Soit elle était mêlée à l'histoire qui avait conduit Vidar en prison, soit elle connaissait quelqu'un que sa libération inquiétait.

La serveuse arriva avec mon repas ; un groupe, visiblement un séminaire d'enseignants, se rassembla autour d'une longue table dressée dans le fond de la salle. De derrière la demi-cloison de séparation avec le bar parvenaient des bruits et des rires, on aurait dit un public bouillant d'impatience avant un match de hockey sur glace.

Mais qu'avais-je donc à faire du meurtre de Vidar ? Rien, en fait.

J'étais venue ici pour tirer au clair les accusations de viol contre mon cousin. Le travail était terminé. La plaignante, Karen Margrethe, était morte. Soit. Mais rien n'indiquait que sa mort ait un rapport avec le viol. J'avais obtenu la signature de la famille assurant qu'ils ne comptaient pas intenter d'action en justice.

Mon intervention était terminée. Je n'avais aucune raison de me mêler de l'enquête sur la mort de Karen

Margrethe ou de chercher à savoir qui avait tué Vidar dans la montagne.

Toujours pas de message de Kristiansen à la réception. Trois gars en veste de scooter apportaient des instruments et des enceintes sur la petite estrade dans le fond de la salle du restaurant.

Deux couples âgés s'installèrent à la table voisine de la mienne. La serveuse déposait des cartons « Réservé » sur les tables tout autour.

— *Yksi, kaksi, yksi, kaksi.*

Une fille enrhumée avec une épaisse doudoune rose vint faire des essais de micro sur la petite scène.

Je bus mon café. Pas de Kristiansen.

Est-ce que je m'étais trompée d'hôtel ? Il m'attendait peut-être dans l'autre hôtel de tourisme ? Je voulus retourner à la réception pour demander le numéro de téléphone.

Mais je n'atteignis que le bar. Un homme aux cheveux en bataille et en kolt noir de Karesuando m'arrêta. Il me salua et dit qu'il tenait à me féliciter. Ou plutôt *véliciter*, comme il le prononça.

— Me féliciter ? Pour quoi donc ?

— On m'a raconté comment vous avez soigné les gars de Poromaa.

Je n'y avais pas pensé une seconde. Certains d'entre eux pouvaient se trouver ici. Ils n'auraient pas manqué l'occasion de se venger, maintenant que j'étais toute seule.

Il devina mes pensées, me saisit par le bras avec ses doigts raides et dégagea cinquante centimètres sur le zinc.

— Ne vous inquiétez pas. En tout cas elle a déjà bien

circulé, l'histoire des durs de Tärendö qui se sont fait mettre une raclée par deux filles, à la station-service de Karesuvanto.

— C'est elle ?

C'était son camarade, visage luisant de sueur, gros chandail de laine et dents jaunies par la chique. Lui aussi voulait me serrer la main. Avant que j'aie eu le temps de protester, deux verres étaient déjà posés devant moi sur le comptoir sale.

Il y avait bien soixante kilomètres d'ici à Karesuvanto, mais tout le monde semblait avoir entendu parler de la bagarre à la station-service. L'épisode avait de surcroît déjà été agrémenté par la mythologie locale d'une foule de détails pas tout à fait véridiques.

J'essayai d'expliquer que cela ne s'était pas passé exactement comme on le racontait, mais je renonçai rapidement. Une certaine liberté artistique de la part de celui qui la raconte ne nuit pas à une bonne histoire.

Cela ne me profiterait sans doute guère pour la suite de ma carrière juridique, mais je semblais d'un seul coup avoir acquis une certaine renommée parmi les bandits et la canaille de ce coin perdu du monde.

Kristiansen arriva à neuf heures et demie, en jeans, pull jacquard norvégien et veste de ski. Il avait bonne mine mais se plaignait d'un début de rhume, il avait peut-être de la fièvre. Il était accompagné d'un homme plus âgé en costume traditionnel same de Finlande, d'Utsjok ou de Kargasniemi, qui portait une grande sacoche marron.

J'avais réussi à échapper à la plupart des bières qu'on m'avait offertes. Mais j'en avais toutefois ingurgité un peu trop pour me sentir encore fraîche et avoir l'esprit clair. La brûlure à mon bras me faisait mal. J'aurais avant tout voulu retirer mes bottes, avaler un des comprimés miraculeux de grand-mère et dormir pendant vingt-quatre heures.

Kristiansen me sauva d'autres invitations à trinquer, l'homme au kolt m'adressa, ainsi qu'à ceux qui m'entouraient au comptoir, un salut solennel et raffiné.

Pendant que j'étais en train de boire des bières au bar, le restaurant s'était rempli, mais la serveuse m'avait quand même gardé la table. Nous nous y faufilâmes, tandis que la fille enrhumée entrait sur scène, vêtue d'une robe échancrée vert foncé style années quarante, et de chaussures à semelles de liège.

La musique de la *humppa* faisait tinter la vaisselle et tomber les poils des peaux de rennes dans la boutique de souvenirs, à la réception. Dès le premier accord, la petite piste de danse était bondée. Avant que la chanteuse ait ouvert la bouche, j'avais compris que ce n'était pas le moment pour les conversations feutrées autour d'une table.

L'homme plus âgé qui accompagnait Kristiansen était Ante Mikkel Eira. L'avocat de ma grand-mère.

Conseiller juridique, c'est ainsi qu'il se présentait. Avocat véreux autodidacte, quelques années d'études de droit à l'université d'Oslo : voilà les renseignements que j'avais obtenus en tapant son nom sur Internet. À ce moment précis, je n'avais pas particulièrement envie d'échanger des points de vue avec un vieux croûton comme lui.

Il n'avait pas non plus l'air très intéressé par une conversation avec moi. Il commanda une bouteille de vin blanc doux pour accompagner le rosbif et balaya la salle du regard, cherchant à repérer qui il connaissait. Il fit signe à un couple, un peu plus loin, puis se tourna vers moi.

— Alors c'est vous, la fille d'Anna Marja ?

Il parlait un same teinté de ce que je supposai être le dialecte de Tana, avec l'assurance des gens instruits.

— Vous connaissiez ma mère ?

Il dit bonjour à une femme qui s'avançait vers la piste de danse avec un touriste. Se leva et l'embrassa sur les joues. Parla finnois et lui fit un signe quand elle s'éloigna. Se rassit à table.

— C'est Ante Mikkel qui a assuré la défense de Vidar à son procès.

Kristiansen s'était penché au-dessus de la table et essayait de se faire entendre par-dessus la musique. Je sentis sa main sur mon épaule, ses lèvres contre mon oreille. Sa manière de retirer sa main de mon épaule aurait pu être une caresse furtive.

On leur apporta leurs plats et je commandai une deuxième eau de Vichy. J'aurais voulu prendre une douche et me laver les cheveux. Mes vêtements étaient sales et j'avais l'impression que mes grosses bottes s'étaient agrandies de quelques tailles à mes pieds.

Eira but son vin à une vitesse surprenante et commanda aussitôt une nouvelle bouteille.

La chanteuse se balançait sur ses semelles de liège et, entre chaque chanson, elle se mouchait dans des mouchoirs en papier tout en feuilletant ses partitions.

Ante Mikkel prit sa bouteille de vin et nous allâmes nous installer dans les canapés de la réception.

Il apporta des verres, une coupe remplie de glaçons, et il nous servit. Après un instant d'hésitation, Kristiansen accepta le verre de vin qu'Ante Mikkel avait poussé devant lui.

— C'était une affaire assez simple.

Il ouvrit sa sacoche pour en extraire le jugement parmi un fouillis de documents épars.

— Vous connaissez les origines de l'affaire ?

— J'ai un peu lu à ce sujet. Seulement dans les journaux de l'époque.

Ante Mikael, ou Ante Mikkel en same, tira ses lunettes de la poche intérieure de son kolt et parcourut le jugement en faisant de son mieux pour jouer les avocats mondains.

— Au retour de la transhumance d'automne, il y a eu des dissensions entre les deux familles au sujet du pâturage d'hiver. La famille qui possédait le plus grand troupeau l'avait fait passer sur les terres où vous considériez avoir, vous, le droit de pâturage. Le troupeau avait entraîné une grande partie de vos rennes.

Cette fois-ci, c'était donc ma famille qui était impliquée. Grand-mère ne m'en avait pas soufflé mot. D'un coup, je comprenais pourquoi tante Sara Marit avait cherché à savoir ce que je savais sur cette affaire. Voilà pourquoi elle m'avait demandé si j'avais parlé de l'enquête au commissaire.

Il me tendit le rapport. De toute évidence, il me comptait parmi les membres de la famille. Je faisais partie de la *siida*.

Le compte rendu ne recelait en fait aucune surprise, j'aurais dû comprendre que Nils Mattis était impliqué.

— Au cours de l'abattage d'automne, une centaine de rennes ont disparu, personne ne savait où ils étaient passés. On a découvert un lieu d'abattage, et il y a eu des bagarres. Quelqu'un a reçu des coups si violents qu'il en est mort.

Un jeune garçon, dix-huit ans seulement. Personne

ne voulait témoigner devant le tribunal. Aucune des personnes concernées n'avait vu quoi que ce soit.

Ce que me racontait Ante Mikkel s'écartait un peu des articles des journaux mais, en gros, c'était la même histoire. Selon toute probabilité, Nils Mattis était le coupable et on avait obtenu de Vidar qu'il prenne la faute sur lui.

— La police a soumis diverses personnes à des interrogatoires, après quoi Vidar Kvalheim a reconnu avoir frappé le garçon qui est décédé ensuite. Le vol de rennes n'a jamais été élucidé. Les familles ont vraisemblablement trouvé une sorte de compromis dont la teneur n'est pas remontée jusqu'aux aux oreilles des autorités. Je n'en sais rien, je ne suis pas intervenu dans ces négociations.

Je feuilletai le rapport. Ante Mikkel but son vin et héla une grosse dame en robe de mousseline et bas noirs à motifs, qui se rendait aux toilettes.

— Mon Dieu, tu es là, *kiva*, formidable. À tout de suite !

Claquements énergiques de talons aiguilles dans l'escalier de pierre qui descendait aux toilettes.

Apparemment, Kristiansen avait déjà lu le compte rendu car, lorsque je le lui passai, il se contenta de le poser sur la table.

J'avais besoin de parler un peu en tête à tête avec Ante Mikkel, alors je demandai à Kristiansen :

— Pourriez-vous aller me chercher une eau de Vichy ? Je ne sais pas si je vais supporter ce vin.

Kristiansen se leva du canapé bas et se fraya un chemin jusqu'au comptoir. Je me penchai vers Ante Mikkel.

— Vous ne croyez tout de même pas que je vais avaler ces conneries ?

Je ne savais pas vraiment comment on dit « conneries » en same, mais je tentai *baikaságat* et il eut l'air de comprendre ce que je voulais dire.

— S'ils ont trouvé un accord, c'est que vous étiez de la partie. Vous saviez parfaitement que ce n'était pas Vidar le coupable. Il a pris la faute sur lui en échange d'une compensation. Qu'est-ce qu'il a obtenu et qui a payé ?

— Vous savez que vous ressemblez à votre mère ?

— On me l'a déjà dit mille fois. Alors épargnez-moi ça et répondez plutôt à mes questions. Qui a payé Vidar ?

— Je ne sais pas. Je ne veux pas savoir. Ça ne m'intéresse pas.

Il but un peu de son vin doux, les yeux tournés vers l'entrée, fit un signe de la main à une de ses connaissances en train de franchir le seuil dans un nuage de givre. Il rajusta son coûteux foulard de soie, vérifia que le bijou à son cou était bien positionné.

— Vous savez, votre mère pouvait être très têtue. Très émancipée, dirait-on aujourd'hui.

— Vous savez qui a payé ?

— Cela se pourrait, mais le mieux est que vous ne le sachiez pas.

— C'est grand-mère qui a donné l'argent ?

Il ne répondit pas. Se contenta de verser encore du vin dans son verre poisseux.

— Nils Mattis a tué un garçon dans la montagne, et c'est pour sauver le troupeau de rennes que grand-mère a acheté quelqu'un qui acceptait d'endosser la responsabilité, n'est-ce pas ? Vidar ?

Tout à coup il devint très grave. Posa son verre et se pencha vers moi par-dessus la table.

— Beaucoup de gens s'imaginent qu'il s'agit seulement d'une histoire de troupeau de rennes qui fourragent dans la neige, là-haut en montagne. Ce n'est pas si simple. Non, c'est toute une vie. Tu comprends ? Pas uniquement ta vie. C'est la vie de tes enfants. La vie de tes parents, celle de tes ancêtres. Un troupeau d'animaux vivants est l'héritage que tu lègues. Tout cela correspond à un labeur et à des privations qui s'étalent sur des générations. Du sang et des larmes transmis aux générations suivantes. On ne laisse pas l'héritage d'une vie aller à vau-l'eau. Il faut le protéger et le défendre. C'est un devoir. Le sens de ta vie, c'est de gérer et de faire prospérer. L'image que tu laisses après toi continue de vivre dans la montagne. Tes enfants verront au troupeau si tu as été un bon père.

Il vint s'asseoir sur le canapé, tout près de moi. Me prit la main. Il sentait le vin, l'antimite et l'après-rasage onéreux. Une sorte de concentré d'odeur de vieil homme.

Il jeta un œil vers Kristiansen qui faisait la queue au comptoir, puis alluma lentement un cigare choisi avec un soin tatillon dans un étui tiré de son porte-documents.

— On fait ce qu'on croit être le mieux pour protéger la famille et la *siida*. Parfois, le mieux ne correspond pas aux lois des autorités. Est-on en mesure de dire alors si c'est notre conviction ou les lois qui ne vont pas ? Qui peut trancher ?

La femme en robe légère et collants fantaisie remonta l'escalier en faisant claquer ses talons et fit signe à Ante Mikkel, mais il ne la vit pas.

— Les autorités et les hommes politiques s'imaginent que l'élevage des rennes est une histoire de production de viande et d'industrie, de marketing et de vente. Ils font des lois et des règlements pour que tout soit le plus efficace possible. Mais il s'agit de quelque chose qu'ils ne comprendront jamais, derrière leurs tables de réunion rutilantes, crois-moi. Je m'y suis moi-même assis, à ces tables bien astiquées. C'est un autre monde.

— Mais cela ne signifie pas qu'on puisse écrire sa propre loi.

— Non, peut-être pas. Mais on fait soi-même la loi et la justice là où la loi des autorités n'est plus suffisante, là où elle n'a aucun fondement dans la conscience générale du droit.

— Alors c'est comme en Sicile. La mafia pour protéger sa propre famille. On défend ceux qui choisissent de se rallier au réseau criminel.

— Non, ici c'est tout autre chose. Mais ce sont les mêmes conditions de départ. Une législation émanant d'une autorité à laquelle il manque une assise populaire et un ancrage dans la tradition.

Kristiansen revint avec mon eau de Vichy et prit place à côté de moi dans le canapé de cuir usé. Ante Mikkel nota son adresse et ses numéros de téléphone au dos d'une carte postale qu'il était allé chercher à la réception. Puis il écrivit encore un numéro de téléphone en biais.

— Ce numéro te sera peut-être utile. Elle s'appelle Irene. Appelle-la quand tu auras le temps. Elle pourra probablement t'aider.

Il avait parlé same et fait un geste derrière le dos de Kristiansen. C'était peut-être une plaisanterie ?

Mais cela pouvait tout aussi bien être sérieux. Il rit et me tapota le bras.

— Ça s'annonce bien pour toi. Il y a pas mal de boulot là-haut pour un avocat qui parle same.

— Malheureusement, je ne parle pas same, même si j'essaie, parfois.

— Continue, en tout cas. Ne t'occupe pas des flics de la langue. Toute ma vie j'ai rencontré des gens qui savaient toujours mieux que les autres et les corrigeaient sur leur prononciation de tel ou tel mot. C'est comme ça dans les milieux des langues minoritaires. On masque sa propre ignorance en se fichant de la gueule des autres.

Il me tendit la carte avec l'adresse et les numéros de téléphone comme s'il s'agissait d'une invitation à ses propres obsèques et versa ensuite le reste du vin doux dans mon verre. J'y ajoutai une larme d'eau de Vichy et trinquai avec lui.

— *Cosa nostra!* Ou diriez-vous *Min áŝŝi*? Notre cause ?

— *Min vuorbi*, notre destin, ça convient mieux. Tenons la police à l'écart de tout cela.

Il fit un clin d'œil facétieux en direction de Kristiansen et se mit à rire. Il avait peut-être trop bu ?

Il se releva toutefois sans problème et se hâta de gagner le bar où l'attendait la dame à la robe de mousseline. Il lui baisa la main, puis se retourna pour m'adresser un signe accompagné d'un sourire malicieux. Comme s'il venait de se jouer de moi et que tout ce qu'il avait dit n'était qu'une plaisanterie.

Je fourrai la carte postale dans ma poche et partageai le vin avec le policier au nez rougi assis à côté de moi sur le canapé.

— Je crois que je suis en train de tomber malade, dit-il.

Comme je n'avais pas de réelle expérience des sportifs, je ne savais pas qu'ils sont souvent hypocondriaques. Du moins qu'ils essaient toujours d'attirer le plus possible l'attention sur leurs indispositions. Je lui trouvai cependant un air un peu souffrant. J'allai à la réception demander qu'on nous apporte du rhum à l'hôtel.

— Vous avez appris quelque chose ? m'interrogea-t-il quand nous montions l'escalier.

— Non, rien de particulier. Je pense qu'il voulait avant tout m'impressionner. Se vanter un peu de ses expériences.

Kristiansen me regarda. Il ne me croyait pas. Mais je n'avais aucune raison de lui raconter de quoi j'avais parlé avec Ante Mikkel.

— Il n'a rien dit sur Vidar ?

— Non, nous avons surtout parlé de ma grand-mère et de ma mère.

Je me rendis compte que je lui avais seulement servi d'appât. Il avait escompté que j'obtienne des renseignements sur la personne qui avait eu une raison de se venger de Vidar à la cabane de chasse, là-haut.

En me présentant à Ante Mikkel, il pensait que celui-ci me ferait des confidences et révélerait de quelle manière ma famille était impliquée. Peut-être Kristiansen savait-il qu'Ante Mikkel avait servi d'intermédiaire entre les familles avant le procès de Vidar. Mais moi j'avais terminé ma part du travail et n'avais aucune raison de jouer le garçon de course pour la police.

— J'ai eu Siri au téléphone. Elle m'a parlé de ce drogué de Tromsö, Roger. Vous saviez qu'il a un contact à Kautokeino ?

— Vous l'avez identifié ?

— Non, on sait seulement qu'il a utilisé la boîte postale de Karen Margrethe.

Pourquoi Siri ne m'en avait-elle rien dit lors de notre conversation téléphonique ? Ne m'estimait-elle pas capable de garder le silence ? Ou bien pensait-elle que cela ne m'intéressait pas ? Que cela ne me regardait pas ?

C'était sans doute plus simple. Kristiansen voulait peut-être seulement se rendre intéressant et prendre sa revanche, parce que je ne lui parlais pas de ce qu'Ante Mikkel m'avait raconté sur ma famille.

Dans l'escalier, Kristiansen s'arrêta et se mit à tousser. Il avait l'air vraiment malade. Je tâtai son front. Il devait avoir un peu de fièvre.

*

Ce n'était pas la bonne clé. Sur la plaque du porte-clés figurait certes le même numéro que sur la porte de la chambre. Mais la clé n'ouvrait pas. Elle n'entrait même pas dans la serrure.

J'abandonnai le policier malade dans le couloir et redescendis à la réception. Tandis que j'attendais une nouvelle clé, Ante Mikkel passa avec sa compagne quelque peu éméchée. Il était allé chercher une nouvelle bouteille de vin doux et se dirigeait vers les canapés.

Dans le restaurant, la musique de tango envahissait la piste de danse tel un nuage de barbe à papa rose acidulé. Les accords mineurs atténuaient la rumeur provenant du bar et incitaient les hommes ivres à scruter la salle de leurs regards sentimentaux. Le tintement morose des bouteilles sur le comptoir accompagnait la tristesse du texte sur l'amour malheureux.

— Que sait-il ? Le policier.

Ante Mikkel s'était arrêté et avait posé son bras sur mes épaules. Un geste d'amitié, qui aurait tout aussi bien pu être une étreinte menaçante, ou encore la tentative maladroite d'un vieil homme de me tripoter un peu. Je me tournai vers lui et plantai mon regard dans ses yeux gris.

— Il ne sait rien. Je n'ai rien dit à la police. Ils font leur boulot et je fais le mien.

— C'est très bien comme ça. N'est-ce pas ? Tu as toujours été sacrément butée, Anna, tu as toujours su ce que tu voulais, ça c'est certain. Je t'ai soutenue à cette époque. J'ai essayé de parler en ta faveur. Tu le savais ? Je pensais que cela pouvait être utile.

— Vous parlez de ma mère.

Il me prit dans ses bras tout en faisant signe à la robe de mousseline avec les verres de vin.

— Prends soin de toi, Anna Marja, et passe le bonjour à la maison.

Il était tout à fait conscient qu'il confondait mon nom avec celui de ma mère. C'était pour me rappeler qui j'étais. D'où je venais. Je le vis verser du vin à sa compagne en riant, sur la table basse.

La fille de la réception ne trouvait pas la clé. Alors elle monta avec moi et ouvrit la porte avec le passe-partout. Assis par terre dans le couloir, Kristiansen faisait de son mieux pour avoir l'air de quelqu'un qui était malade et qui souffrait. On le voyait réellement passer en revue un à un ses organes vitaux.

— Vous n'avez pas besoin de la clé, n'est-ce pas ? Si vous avez des objets de valeur dans vos bagages, on peut vous les mettre en sûreté.

Nous déclarâmes que nous n'avions même pas de bagages, et elle disparut dans l'escalier avec le passe-partout. Dans la chambre, il faisait chaud et cela sentait le renfermé. Le placage en teck du grand lit branlant se détachait. Une des ampoules de la suspension avait grillé.

Kristiansen réussit à ouvrir la fenêtre d'aération. Je sortis une brosse à dents du fond de mon porte-documents et la lui prêtai. Il la considéra d'un air dubitatif et me demanda prudemment :

— Eira n'a rien dit sur Vidar ?

— Pas un mot.

Il retira son chandail et sa chemise en flanelle. Il n'était pas aussi robuste que je l'aurais cru. Bien sûr, nous avions déjà dormi dans le même lit un jour. Mais cette fois-là, je m'étais endormie avant d'arriver sous la couette et lui était parti avant que je me réveille. Les skieurs ne sont peut-être pas si musclés, finalement ? Il prit la serviette de toilette élimée et se dirigea vers la salle de bains.

— Vous lui avez posé des questions ?

— Si maintenant je dois m'occuper des interrogatoires de police, ce serait vachement bien qu'on me le dise à l'avance.

— Calmez-vous, je me demandais seulement s'il avait dit quelque chose.

Il entra dans la salle de bains et je restai un moment à scruter la route déserte en bas de l'hôtel. Un vieil homme coiffé d'une chapka arrêta son *spark* devant Alko et regarda à travers la vitrine sombre. Une femme habillée légèrement passa en vitesse et déposa une lettre dans la boîte. Il fallait que je mette la main sur Nils Mattis avant de rentrer en Suède.

Tout revenait toujours à lui, mais il se cachait dans la montagne.

J'avais d'abord cru qu'il trouvait gênantes les accusations de viol. Mais il y avait vraisemblablement beaucoup d'autres raisons pour lesquelles il se tenait à l'écart.

Je descendis au bar, demandai une eau de Vichy et un grand cognac. Je destinais le cognac à Kristiansen, en guise de remède contre le rhume et contre son caractère rasoir en général. Quand je voulus payer, le type au bar secoua la tête. Eira avait dit qu'il paierait ma note. Qu'est-ce que cela signifiait ?

L'avocat lui-même avait disparu. L'orchestre faisait une pause, je croisai la chanteuse dans l'escalier. Elle se moucha dans un Kleenex. Elle portait un parfum lourd, peut-être russe. Elle me fit un petit sourire en coin, avec un signe de tête vers mon verre de cognac.

— Il s'est déjà endormi ?

Elle parlait suédois, presque sans accent finnois. Je ne savais pas à qui ou à quoi elle faisait allusion, elle nous avait peut-être vus ensemble, moi et Kristiansen.

— Pas encore, je vais essayer de le soigner avec du cognac.

— Si je n'étais pas si enrhumée, je t'embrasserais.

Je la regardai, surprise. Elle n'avait pas vraiment l'air d'être lesbienne et, à part ça, je ne voyais pas de raison de nous embrasser. Sur la piste de danse, en bas, la musique avait déjà repris, on jouait l'intro de la *humppa* suivante. Elle s'essuya le nez avec son Kleenex.

— J'ai eu vent de l'histoire avec les gars de Poromaa. C'est vous qui leur avez mis une raclée là-haut, à la station-service de Karesuvanto. Ce n'était pas trop tôt. Ils l'ont bien méritée. Vous savez, quand j'ai entendu ça, j'ai tellement ri que j'ai failli me pisser dessus.

Je me demandai quel récit elle avait entendu, mais ne dis rien.

Elle me tapota le bras en souriant et continua de descendre l'escalier d'un pas vacillant sur ses semelles de liège. L'orchestre avait déjà rejoué l'intro. En ouvrant la porte de la chambre, j'entendis qu'elle avait eu le temps d'arriver au micro juste au moment de sa première entrée.

Manifestement, notre aventure de la station-service, à Siri et à moi, vivait sa vie dans la mythologie de la région. Même si pour ma part j'avais vécu cette agression comme quelque chose d'éprouvant et d'angoissant, nous étions visiblement devenues les « Thelma & Louise » de Laponie. Ce qui s'était passé avait été transformé en un de ces récits qui se propagent comme une onde à travers le Norrbotten et la Laponie finlandaise. Chaque fois qu'on les raconte, on y ajoute un petit quelque chose. Dieu sait comment cette histoire-là sera relatée chez Momma à Kiruna. Ou bien au pub de Pajala. Sans parler de la version qui pourrait parvenir aux oreilles de mon ancien chef, le procureur Bertilsson, au tribunal de Gällivare. Avec un peu de chance, elle ne survivrait pas à tout le trajet jusqu'à Stockholm.

Le champion du trente kilomètres à skis était toujours dans la salle de bains, je posai son cognac sur la table couverte de taches. Retirai mes bottes et mes chaussettes et avançai prudemment vers la porte de la salle de bains.

J'entendais chanter un *joïk*, plus loin dans le couloir, sur le chagrin et la solitude. Peut-être ce *joïk* mélancolique évoquait-il seulement la morne chambre d'hôtel ?

Quelqu'un passa en courant. Des bouteilles tintèrent. Les basses de l'orchestre de danse faisaient vibrer le lustre.

Je retins ma respiration et écoutai à la porte de la salle de bains. La musique de la *humppa* filtrait tel du gaz radioactif à travers le parquet et le double plancher. Le verre de cognac sur la table de bouleau abîmée tremblait légèrement, comme à l'approche d'un séisme.

Notre réputation imméritée de combattantes contre les délinquants violents dans la région de la calotte glaciaire me fit penser à un cours de judo au lycée, avec un professeur de sport aux cheveux courts coupés en bosse. Je revoyais ses doigts de pieds noueux et le sentais me peloter les seins. Nous, les filles, l'avions dénoncé, et il avait disparu de l'école après les vacances de Noël. Mais je me souvenais toujours de la position de base qu'il nous avait enseignée.

Genoux fléchis, j'attaquai Kristiansen à l'instant où il sortit de la salle de bains. Une prise à la taille, et je le fis basculer par-dessus ma jambe. Il tomba la tête la première sur le lit qui grinça. Je m'assis à califourchon sur lui et essayai de lui bloquer le bras dans le dos. Mais il était trop fort et réussit à dégager son bras. Alors je m'allongeai en travers de son dos, tentant de le maintenir plaqué contre le matelas mou. De surprise et le visage comprimé sur le coussin défraîchi, il respirait péniblement.

Je le sentis rassembler ses forces pour se libérer. Torse nu, il ne m'avait pas paru vigoureux, mais son corps n'était qu'un paquet compact de muscles. Qui devint ferme et élastique lorsqu'il essaya de se retourner pour se dégager de ma prise. Je n'avais aucune chance de le maintenir plaqué au matelas. Alors je l'embrassai sur l'oreille.

Cela le déconcentra. Les muscles de son dos se détendirent. Je l'embrassai dans le cou et il sombra plus profondément dans le matelas à ressorts qui crissait. J'embrassai son dos, il soupira, résigné. Pourquoi employer la violence quand on peut terrasser les hommes forts aussi facilement ?

— Tu as bien compris, maintenant, que Siri et moi sommes les « Thelma & Louise » de la calotte glaciaire ?

Il marmonna quelque chose dans le coussin élimé.

— Qu'est-ce que tu dis ?

Je le comprimai contre le matelas, le saisis par les oreilles et lui retournai la tête.

— Ça ne m'étonne pas.

Il haletait, cherchait son souffle, mais je l'écrasai à nouveau. M'allongeai sur lui et lui caressai le dos.

À dire vrai, je ne suis pas une spécialiste des dos masculins, jamais de ma vie je n'avais encore caressé le dos d'un champion du trente kilomètres à skis, pas plus que celui de n'importe quel autre sportif de haut niveau. De médiocres joueurs de croquet et des golfeurs flasques, voilà ce qui avait été mon lot dans l'existence. Dans le dos du skieur, les muscles bougent comme s'ils avaient une vie propre. Son cul était dur comme du bois. Les muscles de ses cuisses se nouèrent lorsqu'il tendit la jambe contre le bout du lit écaillé.

Qui pouvait deviner qu'ils aient une telle constitution sous leurs tenues ridicules ? À la télévision, on voyait seulement des nez qui coulaient et des bonnets pointus avec les logos des sponsors.

J'enlevai mon chandail, mon pull à col roulé, et pressai mes seins sur son dos. Le caressai avec mes tétons.

Je pris le verre de cognac sur la table de nuit et en versai un peu sur lui. Cela fit une petite flaque, dans le creux au-dessus du coccyx. Lentement, j'étalai le cognac sur ses épaules, sa nuque et son dos.

L'alcool avait une odeur douce et âcre à la fois.

Quelqu'un ouvrit une porte dans le couloir. La vocalise du *joïk* sur la solitude dans la chambre d'hôtel s'échappa comme une feuille d'automne égarée avant que la porte se referme. Je commençai à lécher le côté gauche de son dos.

Il était allongé, immobile, comme s'il dormait. Il s'était peut-être endormi. Je lui mordis l'épaule.

Nous avons pris le petit déjeuner tôt dans le restaurant glacial de l'hôtel. L'odeur désagréable de bière renversée et de mégots consumés qui flottait toujours dans l'air narguait l'aspirateur furieux de la femme de ménage. Les instruments de l'orchestre étaient restés sur la petite estrade au bord écorné. La chanteuse avait accroché son tambourin au micro. Les dernières notes frémissantes du tango étaient encore suspendues aux poutres du plafond. L'ivresse, la transpiration, l'excitation et les rires, tout fut absorbé par les hurlements de l'aspirateur.

Il ne restait plus qu'un matin brumeux et la lumière du dehors qui cherchait à traverser les rideaux de dentelle. Une clarté exténuée. Une grisaille tamisée, dépourvue de sens.

Fatigués, nous restions silencieux. Kristiansen mangeait de la viande même à une heure si matinale. Le voir avaler des saucisses et du jambon gras me retournait l'estomac.

La nuit avait été bonne, mais nous n'avions pas beaucoup dormi.

Quand la réception avait appelé pour dire qu'il était

sept heures, j'aurais préféré m'enrouler dans la couette et continuer à dormir pendant vingt-quatre heures. Mais avant même que j'aie pu formuler cette pensée, Kristiansen était levé et habillé.

Il était de permanence téléphonique et voulait aussi faire une trentaine de kilomètres d'entraînement dans la matinée.

Nous nous donnâmes rendez-vous à midi sur la nationale au-dessus d'Áidejávri, côté norvégien de la frontière.

Avant de nous séparer, nous restâmes un moment dans sa voiture, pendant qu'elle chauffait. Il tenta de me faire raconter ce qu'Ante Mikkel m'avait dit la veille au soir.

— Nous avons parlé de la famille. Surtout de ma mère. De la raison pour laquelle elle était partie dans le Sud.

Il m'adressa un regard sceptique, puis renonça, sortit de la voiture, retira son manteau et vérifia le porte-skis.

Postée sur une des sculptures de glace, devant l'hôtel, une grosse corneille l'observait d'un œil méchant s'affairer avec ses skis. Soudain je me souvins de ce qu'un de mes admirateurs buveurs de bière – un robuste haltérophile de Sodankylä aux cheveux en brosse blancs comme la neige – m'avait raconté la veille au bar, quand nous étions en train de lever le coude. Il gagnait sa vie en revendant des Lada déglinguées en Russie, et il avait été impressionné par la réputation que Siri et moi avions en tant que groupe féministe de combat de Laponie.

Par pur hasard, je lui avais demandé quelle était la manière la plus simple de procéder pour qu'une voiture prenne feu.

Il avait émis quelques réserves concernant certains types de systèmes d'allumage. Mais un bon moyen était de remplir une bouteille en plastique d'essence et de la coincer contre le collecteur d'échappement. Quand la voiture chauffait, la bouteille fondait et le carburant coulait sur le moteur. Souvent, les vapeurs d'essence s'enflammaient. Du côté russe, c'était une manière courante d'adresser un avertissement à quelqu'un.

Il affirmait que, quand la police se mêlait de ce qui ne la regardait pas, elle pouvait recevoir ce genre d'avertissement. Qui signifiait en gros : tenez-vous en dehors de ça, vous avez dépassé la limite.

Je rapportai à Kristiansen les propos de l'haltérophile. Il ouvrit le capot de son véhicule de location et considéra d'un air méfiant le fouillis de tubes et de tuyaux. J'allai chercher une bouteille de soda à moitié pleine dans ma voiture et la glissai entre le moteur et le collecteur.

Nous attendîmes quelques minutes en scrutant la bouteille en plastique. Un homme d'un certain âge coiffé d'une casquette militaire, sans doute le concierge de l'hôtel, abandonna sa souffleuse à neige, s'approcha de nous et fixa lui aussi la bouteille.

Au bout d'une minute, il se mit à trépigner.

— Pourquoi avez-vous mis cette bouteille là-dedans ?

Il regardait Kristiansen qui chronométrait sur sa montre-bracelet. C'était bel et bien une montre avec chronomètre. Il devait l'utiliser pour ses entraînements.

Au moment où j'allais répondre au concierge, la bouteille se mit à fondre et le liquide jaune de la boisson à l'orange s'écoula sur le moteur en crépitant. Cela dégagea une odeur âcre de colorants synthétiques et d'arôme artificiel d'orange.

— Trois minutes trente-deux, dit Kristiansen.

Le concierge secoua la tête et retourna à sa souffleuse.

— Il n'est pas tout à fait exclu que cela se soit passé de cette manière. Mais qui aurait fait ça ?

Il retira la bouteille en plastique déformée, la jeta dans la benne à ordures et referma le capot de la voiture. Nous nous quittâmes en nous rappelant mutuellement notre rendez-vous sur le parking au-dessus d'Áidejávri à midi. Il m'embrassa rapidement puis disparut.

À la place de la voiture, il restait une tache jaune laissée par le soda à l'orange. Quand je retournai à l'hôtel pour finir mon petit déjeuner, la corneille s'envola de la sculpture de glace et descendit festoyer sur la neige jaunie. J'aurais peut-être le temps de dormir une heure ou deux avant de reprendre la route vers la frontière.

L'occupation du restaurant par les touristes en combinaison de scooter froufroutante avait commencé. J'emportai ma tasse de café dans la chambre.

Qui avait bien pu mettre une bouteille d'essence dans le moteur ? Quelqu'un savait-il que c'était moi qui conduisais la voiture, ou était-ce Kristiansen qui était visé ? À qui on aurait voulu adresser un avertissement. Peut-être était-ce seulement une fuite d'essence, un accident tout à fait banal ?

Quoi qu'il en soit, cela n'avait aucun rapport avec Vidar et son meurtrier, quel qu'il fût. Vidar était déjà mort la veille de l'explosion de la voiture.

Mais celle-ci était garée devant l'appartement de

Kristiansen, il me semble ? Ils l'avaient remorquée jusqu'à la station-service. J'appelai Kristiansen, il était sur la route en direction de la frontière.

La voiture était restée plusieurs jours devant chez lui, il n'avait pas essayé une seule fois de la démarrer. Quelqu'un pouvait y avoir déposé une bouteille d'essence pour le dissuader de poursuivre son enquête sur le viol.

Cela pouvait être n'importe qui parmi les personnes impliquées. Cela pouvait même être Vidar.

Tandis que je roulais vers la frontière, il se mit à neiger. La voiture soulevait derrière elle un tourbillon de neige sèche. Des congères s'étaient accumulées par l'ouest, alors je dus faire plusieurs fois marche arrière et prendre de l'élan avant de réussir à entrer sur le parking de Suolojavhre. La remorque de Kristiansen, sur laquelle il avait mis son scooter, était garée en bataille contre le talus de neige. La bâche gelée était peu maniable et, au moment où je parvenais enfin à la retirer, Kristiansen arriva sur la route de Kautokeino.

Il déchargea de sa voiture le jerrican d'essence, remplit le réservoir du scooter, et nous bûmes une tasse de café de la Thermos avant d'enfiler nos vêtements de montagne.

La neige avait recouvert la piste, mais sur les lacs, en bas, elle était bien tassée et nous pûmes prendre de la vitesse.

Sur le versant sud du Lavvuaivhe, la neige fraîche avait été balayée et nous trouvâmes sans problème la piste de scooter qui menait au pâturage d'hiver. Quand nous atteignîmes la crête, l'immensité blanche paraissait infinie. Devant nous, l'horizon se fondait dans les nuages et le brouillard gris clair. La faible lueur du jour ne parvenait pas à faire miroiter le moindre reflet dans cet immense océan de neige. Le ciel pâle sombrait et se dissolvait juste au-dessus de nos têtes sans produire aucune clarté.

La lumière sans contours nous empêchait de distinguer toutes les pierres et les dénivellations. Nous échangeâmes nos lunettes de soleil, mais Kristiansen ne voyait pas mieux pour autant.

Je pris le relais et conduisis une bonne dizaine de kilomètres vers le nord. Aucune empreinte de renne. Plusieurs traces de scooter dans différentes directions, mais aucune ne semblait mener vers le troupeau de Nils Mattis. Sans trace de scooter pour nous guider, il pourrait être difficile de retrouver notre chemin jusqu'à la route, une fois la nuit tombée.

Au moment où nous allions faire demi-tour pour rentrer, nous découvrîmes les traces d'un grand troupeau. La neige avait été piétinée par de nombreux animaux qui étaient venus pâturer sur le versant de la montagne.

Nous suivîmes les traces et, quelques kilomètres plus loin, nous aperçûmes les rennes ainsi qu'une mince fumée provenant du campement.

Dans la vallée encaissée, la neige était profonde mais, à une centaine de mètres plus en altitude seulement, le vent avait balayé la montagne et les bêtes pouvaient atteindre leur nourriture en creusant dans la neige. Nous ne vîmes personne et n'entendîmes aucun aboiement.

Seul un filet de fumée sortant du *lavvu* couvert de glace signalait qu'il y avait des gens dans les parages.

Le soleil disparut derrière nous lorsque nous nous approchâmes du campement désert.

La *kota* était déserte et glaciale. Le feu n'était plus qu'un tas de bois acide carbonisé qui se consumait dans le foyer. Il y avait une cafetière, quelques denrées dans un sachet en plastique, des bouteilles de bière vides et une tronçonneuse cassée. Sinon, rien n'indiquait qui séjournait ici. Les peaux de rennes étaient roulées contre les parois.

Kristiansen sortit pour repérer la direction de la route à la dernière lueur du jour. Il fit le point sur la carte, il y avait environ trente kilomètres, estimait-il. Si nous repartions en suivant notre propre trace, il faudrait d'abord parcourir dix kilomètres vers le sud. Cela ferait donc quarante, peut-être cinquante kilomètres avant d'arriver à la nationale et à la voiture.

Nous avions suffisamment d'essence. Mais nous ne connaissions pas le terrain. La visibilité était mauvaise et plus bas, sur les tourbières, la froideur du soir avait certainement amené du brouillard. Sur la première partie du trajet, nous ne trouverions guère de trace de scooter allant dans notre direction.

Nous décidâmes de rester jusqu'au lendemain. Nils Mattis reviendrait peut-être dans la soirée pour surveiller les rennes.

Kristiansen coupa du bois que je portai dans la *kota*. Avec un peu d'écorce de bouleau, je ranimai le feu couvant. Le ciel était toujours gris foncé, mais le soleil parvint quand même, avec ses dernières forces, à rehausser quelques nuages d'une touche scintillante avant qu'une obscurité d'un gris de plomb tombe sur la crête, à l'ouest.

La gelée blanche montait imperceptiblement de la vallée jusqu'au campement.

Les cristaux de givre adhéraient d'abord aux grêles couronnes des touffes de bouleaux, puis progressaient vers le bas. Habillaient tout l'arbre d'un costume blanc de délicats cristaux qui jetaient des reflets dans l'obscurité.

Le brouillard givrant se déplace dans l'air sans aucun bruit, parfaitement invisible. Telle une nouvelle dimension inconnue autour de soi. On ne le remarque pas sur le manche de la hache avant d'avoir reposé son outil et d'y voir les empreintes de ses mains, pas davantage sur ses vêtements ou son visage. Mais on sent l'humidité sur le bord de son col ou de son bonnet, le froid aux poignets sur ses gants.

Nous rentrâmes du bois pour toute la nuit et je montai vers le troupeau de rennes, dans la trace de scooter. Les bêtes avaient l'air calmes. Beaucoup s'étaient couchées. D'autres creusaient la neige à la recherche de nourriture. J'entendais le claquement sec des sabots, le tintement des grelots de fer-blanc et le paisible grognement des animaux.

Le gel amortissait tous les bruits. Enveloppait tout de cet insidieux duvet de glace.

Nous fouillâmes dans les sacs en plastique à l'intérieur de la *kota*, mais ne trouvâmes pas de café. Seulement du pain rassis, un paquet de margarine dure comme du bois et un morceau de viande séchée, découpé dans l'épaule.

Nous fîmes du café avec le marc et déroulâmes les peaux de rennes devant le feu.

— Il y a une chose que j'aimerais savoir.

Je retirai mes bottes et suspendis mes chaussettes sur la corde.

— Comment se fait-il que tu aies mené l'enquête concernant la plainte de Karen Margrethe ?

Kristiansen leva les yeux de la cafetière et arrêta de touiller avec son couteau la neige en train de fondre.

— J'étais tout nouveau là-bas, à ce moment-là, et je trouvais le choix de ce qui serait suivi d'une enquête ou classé plutôt arbitraire.

— Qu'as-tu fait face à cela ?

— J'ai consulté un tas de vieilles affaires. J'ai bien eu dans l'idée de porter plainte. Mais ensuite j'ai compris comment ça fonctionnait.

— Qu'est-ce que tu veux dire ?

— Que j'aurais seulement réussi à compromettre toutes mes chances de promotion et de formation. Là-bas, c'est le commissaire qui s'était occupé de tout pendant des lustres. Alors un policier stagiaire, tout juste sorti de l'école, allait-il se mêler de la manière dont il faisait tourner sa boutique ? Je ne parlais même pas la langue. Étais incapable de lire les dépositions de témoins en same. Quand j'essayai d'arrêter des gamins qui conduisaient des motoneiges sans casque ni permis, on me riait au nez, c'est tout. Personne ne me prenait au sérieux.

— Qu'as-tu fait avec les cas que tu as étudiés ?

— J'ai jeté toutes mes notes, tout ce bazar. Enfin, la majeure partie. Quand Karen Margrethe a déposé sa plainte, j'ai pensé que ce cas pourrait me servir de formation, en quelque sorte. Que je pourrais mener une enquête pour apprendre la routine.

— Que sais-tu du jugement concernant Vidar ?

— La seule chose que je sache, c'est qu'il a fait quatre ans de prison.

Le café était un jus de chaussettes amer. Nous raclâmes un peu d'épaule séchée. Les peaux commençaient à pourrir et sentaient le moisi. Je dormis une heure. Jon Arne me réveilla. Nous étions convenus que je devais cesser de l'appeler Kristiansen. C'est lui qui l'avait proposé. Après avoir partagé son lit quelques fois avec moi, il se sentait un peu mal à l'aise que je l'appelle Kristiansen. Jon Arne n'était peut-être pas un prénom terrible, mais c'était celui qu'il avait reçu quand il avait été baptisé par un prêtre de la mission chrétienne, dans une petite commune des environs de Trondheim.

— Les voilà qui reviennent.

Nous entendîmes les chiens avant d'entendre le scooter, ce qui était un peu étrange. Habituellement, les chiens restaient sur la machine ou sur le traîneau. Ils ne descendaient dans la neige qu'en cas de nécessité, pour ramener à l'intérieur du troupeau quelque renne égaré.

J'enfilai mes bottes et sortis. Un chien noir attendait dans la trace du scooter, à une dizaine de mètres.

Quand je m'approchai de lui, il se mit à remonter la piste. Il aboyait et jappait, faisant détaler au passage quelques jeunes faons de rennes dans un claquement de sabots.

Je poursuivis sur une centaine de mètres avant d'entendre le scooter. Le chien me précédait, nous étions presque à un kilomètre du camp lorsque j'aperçus la lumière du véhicule.

Il avait versé et le phare éclairait le ciel à la verticale.

Dans la neige molle qui recouvrait la pente, le sillon creusé par le scooter ne me portait pas, si bien que je dus continuer ma descente à quatre pattes pour l'atteindre. Comme je n'avais pas pris de bonnet, le froid me mordait les oreilles et les joues. Le chien sauta sur le traîneau renversé.

Il était impossible de faire le tour du scooter dans la poudreuse. Je dus passer par-dessus le traîneau et m'enfonçai jusqu'à la taille. Le moteur tournait toujours au ralenti, les gaz d'échappement formaient un nuage dans le trou. Le conducteur était coincé sous le marchepied. Quand je coupai le contact, le phare s'éteignit. La batterie était sans doute à plat. Mes yeux mirent quelques minutes à s'habituer à l'obscurité. Je dus avancer à tâtons. J'essayai d'abord de faire bouger le guidon mais, mes pieds n'ayant aucun appui, je ne pus déplacer la lourde machine. En me couchant sur le dos, je réussis à pousser le traîneau avec mes pieds.

Le chien sauta et commença à fouiller dans la neige. L'homme ne bougeait pas.

Au bout de quelques minutes, je parvins à dégager son bras et pus le tirer dans le trou que j'avais creusé sous le scooter renversé.

Pendant tout ce temps, j'avais présumé qu'il s'agissait de Nils Mattis. Mais c'était Ovla, celui qui m'avait montré les oreilles de rennes dans la cabane de chasse. Il avait du mal à respirer, sentait la bière et la fumée acide, et visiblement était blessé. Son bras droit était replié selon un angle qui n'était pas naturel et il gémissait faiblement. Je n'arriverais jamais à le tirer jusqu'à la trace de scooter.

Non sans peine, je détachai une peau de renne du traîneau. Essayai de la glisser derrière son dos. Pris son couteau et sectionnai la corde autour de la bâche sur le paquetage.

Je dus me hisser sur le traîneau en roulant afin de pouvoir plier la bâche et la tirer ensuite dans le trou pour l'enrouler autour de l'homme.

Tandis que je regagnais avec peine la piste du scooter, le chien resta posté près de l'engin.

Dès que je pus me redresser sur la neige plus ferme du sillon, la sueur dans mon dos et sur mes épaules se refroidit. J'avais les sourcils serrés par le gel et les cils à nouveau collés. Je remontai la fine capuche de ma combinaison de scooter et essayai de me réchauffer les oreilles en les frottant avec mes gants couverts de petits glaçons.

Je rencontrai Jon Arne à mi-chemin du campement. Il m'engueula de ne pas lui avoir dit où j'allais. Il avait cherché autour de la tente et m'avait appelée en vain.

Je sentis d'abord la colère monter en moi. Cela ne le regardait pas, je me débrouillais toute seule. Il n'avait pas besoin de me surveiller. Puis, je me rendis compte qu'il s'était simplement fait du souci pour moi. Constatation plutôt agréable, je dois dire, bien qu'un peu inattendue, d'une certaine manière.

Nous retournâmes au campement chercher notre scooter et quelques courtes cordes de nylon trouvées dans le *lavvu*.

À l'aide de notre scooter, des cordes et du lasso d'Ovla, nous parvînmes à soulever l'engin renversé, de manière à tirer Ovla jusqu'à la piste. Il avait perdu connaissance, mais respirait.

Nous l'emballâmes dans un sac de couchage avant de l'enrouler dans les peaux de rennes fraîches complètement gelées qui étaient sur son scooter.

C'était un de ces vieux traîneaux de bois avec des

patins à bouts très recourbés et des barres de remorquage également en bois. Les limons étaient fixés avec de la corde à lasso bleue. Le genre de traîneau qui pouvait être fabriqué et réparé avec quelques perches de bouleau, un couteau, une hache et un bout de lasso. Il avait vraisemblablement été utilisé là-haut pendant des centaines d'années. Seul le renne de trait avait été remplacé par un scooter.

Il y avait deux rennes abattus et écorchés sur le traîneau. Ils étaient gelés, durs comme de la pierre. Dans la lumière nocturne réfléchie par la neige, la chair sombre, presque noire, avait quelque chose d'effrayant et de surnaturel.

Jon Arne rapprocha le scooter et il nous fallut bien vingt minutes pour remettre l'attelage sur la piste.

Ovla n'avait pas repris connaissance. Son bras droit était sans doute cassé.

Je sortis, déchargeai les rennes abattus de son traîneau et arrangeai une couche avec les peaux qui se trouvaient dans la *kota*. Nous lui attachâmes le bras contre le corps avec nos ceintures et l'amarrâmes ensuite solidement au traîneau, enroulé dans les peaux. Il était sérieusement refroidi quand je l'avais dégagé et il tremblait toujours, comme s'il avait de la fièvre.

*

Il était plus de deux heures du matin quand nous quittâmes le camp. Nous mîmes le cap droit vers l'ouest.

Jon Arne s'orientait à la boussole et nous essayions de trouver des points de repère dans le faible relief montagneux devant nous. Les nuages bas nous empêchaient de distinguer la moindre étoile pour nous guider.

J'ouvrai la voie et Jon Arne suivait avec l'autre scooter et le traîneau. Le chien était couché à côté d'Ovla. Quand j'avais essayé de le faire monter devant moi, il s'était contenté de grogner et avait choisi le traîneau. Il ne voulait sans doute pas faire route avec des touristes.

Au bout d'une petite heure, nous entrâmes dans le brouillard et tout repère disparut faute de visibilité. Malgré la lenteur de notre prospection il ne devait pas rester plus de quelques kilomètres jusqu'à la nationale.

Nous essayâmes de nous transporter vers l'amont du versant afin de sortir du brouillard et d'avoir une vue d'ensemble, mais la neige était trop profonde et il fut bientôt impossible de continuer.

Le traîneau, avec Ovla dessus, faillit se renverser et nous reprîmes vers le sud sur un patin.

Pour pouvoir rejoindre la route, il fallait passer par le lac et les tourbières.

Il ne restait plus qu'à s'enfoncer à nouveau dans l'épais brouillard. Jon Arne sortit la boussole et nous cherchâmes des points de repère. Mais tous les repères disparaissaient quand la lumière du scooter était renvoyée par le brouillard givrant.

Un peu plus loin sur le lac, je trouvai une piste. Je fis signe à Jon Arne que nous devions tenter de la suivre. Il sembla comprendre mon message.

Nous n'avions que quelques mètres de visibilité. Toutes nos perceptions spatiales étaient caduques. Je ne savais plus dans quelle direction nous avancions. Je distinguais la trace ouverte devant moi sans pour autant être sûre que nous allions dans la bonne direction. En tout cas, nous étions toujours sur le lac, la neige était lisse et dure.

Nous approchions sans doute de la rive, ou du débouché d'un ruisseau, car tout à coup la glace trempée clapota, la chenille du scooter s'enfonça à travers la neige et la couche superficielle de glace. Je fus totalement prise de court ; dans toute cette blancheur devant moi, je n'avais pas vu d'eau affleurer.

Nous allions trop lentement. Je sentis l'arrière du scooter s'enfoncer dans la couche de surface et la chenille perdre son adhérence. L'eau et la neige pourrie déferlèrent sur ma jambe droite et arrosèrent le marchepied. Mon scooter était pris dans la glace, je fis signe à Jon Arne de dévier. Il réussit à accélérer, fit un écart et passa devant moi. Tandis que je voyais son feu arrière disparaître dans le brouillard, le moteur de ma machine s'éteignit.

En sautant du scooter je m'enfonçai dans la soupe de glace jusqu'aux genoux.

Je n'avais plus qu'à espérer que la couche inférieure fût assez solide. Ou bien qu'il n'y eût pas de crevasse devant nous. Il fallait absolument que je redémarre et que j'essaie de sortir l'engin de l'eau avant que la chenille et la glace ne se soudent.

Je pataugeai jusqu'aux skis du scooter et sentis l'eau gelée s'infiltrer dans mes bottes. Après avoir dégagé l'un des skis d'un coup de pied, je réussis à tirer la machine sur le bord, mais je ne pouvais pas prendre appui sur mes pieds.

La glace fondue était trop meuble, je passais à travers à chaque pas et dérapais sur la couche inférieure. C'était impossible. Je n'arriverais jamais à remonter le scooter. Jon Arne avait pris la corde et le lasso pour amarrer Ovla. Je n'avais pas de corde assez longue pour atteindre la glace solide. Seulement les deux petits bouts avec lesquels nous avions fixé le paquetage.

Liés ensemble, ils faisaient à peine deux mètres. J'attachai la courte corde entre les anneaux de remorquage et, avec mes pieds, je déblayai la glace fondue devant la chenille. Mes moufles de laine et mes gants étaient trempés, mes bottes avaient pris l'eau, j'avais les pieds gelés.

Je respirai profondément, me mis à genoux et rampai sous l'avant du scooter. Genoux fléchis, je me tortillai sur le dos dans la soupe glacée, pour placer ma tête devant la corde que j'avais fixée entre les skis. Je reniflais, sanglotais de froid et de fatigue. Mais cela ne servait à rien de pleurer ici. Personne ne m'entendrait.

Il était inutile d'attendre de l'aide. Mes mains tremblaient d'épuisement. Ça tambourinait dans ma tête.

Jon Arne avait disparu dans l'épais brouillard. Il pouvait s'écouler des heures avant que nous nous retrouvions.

La meilleure chose à faire pour lui était de rejoindre la terre ferme et de guetter si je sortais du brouillard. Je n'osais pas abandonner le scooter. Il fallait que je l'emporte avec moi ! Sinon je mourrais de froid dans mes vêtements mouillés. J'étais là, comme une grenouille écrasée sous l'engin pris par la glace, à me demander pourquoi je me retrouvais toujours dans des situations pareilles.

— Tu ne te retrouves pas dans ces situations-là, tu les cherches. Tu vas au-devant d'elles.

J'entendais la voix distinguée de Peter, voyais son sourire légèrement supérieur.

Lui-même ne se mettait jamais dans des situations misérables et dégradantes. Il maîtrisait toujours tout. Champion régional de la vie.

Merde ! Je me remis à genoux, passai la corde devant mes épaules et me jetai en avant dans la glace fondue. Je m'écorchai le visage sur l'arête de glace, mais me recroquevillai puis me jetai à nouveau en avant contre la corde, cette fois de toutes mes forces et de tout mon poids.

À chaque coup, je progressais de quelques centimètres. Au bout de deux ou trois mètres, je tentai de tirer le scooter de côté pour libérer la chenille de la glace molle. J'avais mal aux épaules. Ma combinaison était trempée et je tremblais de tout mon corps. Je me redressai, fis le tour du scooter et vérifiai la poignée de démarrage. Je tournai la clé de contact, et une petite lampe rouge indiqua qu'il y avait de la vie quelque part à l'intérieur de la machine gelée.

Le démarreur électrique émit un clic épuisé. Complètement à plat. Il fallait que j'essaie de démarrer le moteur à la main. Je tirai une fois, deux fois, trois fois. La cinquième fois, je fus tout près de réussir. Ma combinaison était toute raide et j'avais perdu un de mes gants gelés.

J'avais la sensation d'avoir un gourdin à la place de ma main rougie. À la tentative suivante, le moteur démarra. Je me jetai le plus loin possible sur le réservoir et mis les gaz à fond. L'étroit pare-brise en plastique se brisa sous mon poids et, quand le patin gauche s'enfonça dans la glace mouillée, je faillis tomber.

Je réussis à me jeter de l'autre côté et à retrouver l'équilibre. Suspendue au marchepied gauche, l'accélérateur à fond, je remontai sur la glace plus solide.

Quand la chenille adhéra à la neige épaisse, le scooter fut propulsé en avant. Si ce que je laissais derrière moi était une voie d'eau s'écoulant du lac, il pouvait très bien y avoir une crevasse devant moi, mais je n'osai pas réduire ma vitesse.

Je n'avais aucune idée de la direction dans laquelle j'allais. Ne voyais aucune trace, essayais seulement de garder un cap dans le brouillard givrant. Un des skis transperça la glace molle, mais je pus redresser le scooter qui, du même coup, fut projeté à travers la congère en corniche au bord du lac. Quelques arbustes me fouettèrent le visage et je vis passer un assez grand bouleau au ras du scooter.

Quand je décélérai, la machine s'enfonça plus profondément dans la poudreuse, je fus donc obligée de risquer le tout pour le tout et de conserver la même vitesse. Quelques bouleaux nains cinglèrent l'avant du scooter et, soudain, le brouillard disparut. Il disparut derrière moi aussi vite qu'il était apparu.

Je ralentis et cherchai du regard le scooter de Jon Arne. Aucune lumière, aucune trace nulle part. En contrebas, l'épais brouillard givrant reposait sur le lac tel un animal ébouriffé. Il devait s'élever d'une zone ouverte dans la glace. Une voie d'eau ou une crevasse.

À travers les nuages, on distinguait quelques pâles étoiles dans le ciel, mais je n'étais pas sûre de pouvoir m'orienter d'après elles.

Quelques kilomètres plus loin, je trouvai la première trace. Visiblement, Jon Arne avait attendu, puis fait demi-tour pour partir à ma recherche, mais il n'était pas question de commencer à suivre des traces; je continuai donc vers ce qui me semblait être le sud.

Essayai d'avancer dans la poudreuse, afin qu'il voie ma trace quand il sortirait du brouillard.

Plus loin, au bord du lac, la brume se dissipa et je pus circuler sur la neige tassée tout près de la rive. Je m'arrêtai et coupai le moteur pour entendre le scooter de Jon Arne.

Je ne distinguais aucun bruit. Juste le faible murmure du vent ondulant le long du versant montagneux. Je voulais me réchauffer les mains contre le moteur et rentrer ma main sans gant à l'intérieur de ma combinaison. Mais la fermeture Éclair était gelée et les poches pleines de glace.

Le chandail de laine rugueux que j'avais enfilé dans la *kota* m'avait sans doute sauvé la vie. Avec un peu de chance, il m'éviterait aussi une pneumonie et des gelures.

Je redémarrai le scooter et poursuivis lentement le long du lac. Au bout de quelques kilomètres, Jon Arne me rejoignit. Nous nous arrêtâmes et je lui empruntai ses sous-gants. J'étais complètement gelée et n'aurais guère eu la force de continuer si Jon Arne ne m'avait pas réchauffée dans sa veste. Sur le traîneau d'Ovla, nous trouvâmes son *luokka*, le poncho que l'on met quand on garde le troupeau de rennes, les froides nuits d'hiver. En essayant de l'enfiler, je tombai dans la neige et ne parvins plus à me relever. Jon Arne m'aida à remonter sur le scooter. Ovla était toujours inconscient, mais il respirait et n'avait pas l'air particulièrement froid.

Nous atteignîmes la route nationale juste avant l'aube. Nous nous étions beaucoup écartés de notre trajectoire et dûmes longer la route sur presque dix kilomètres avant d'arriver aux voitures. Ma combinaison mouillée avait gelé et je ne pus pas tendre mes jambes lorsque nous nous arrêtâmes sur le parking.

Je me laissai rouler hors du scooter et me forçai à courir, du moins à faire des allées et venues en me traînant sur la route, le temps que la voiture chauffe et que nous puissions charger Ovla. Le chien noir nous surveillait du traîneau et observait d'un air dubitatif mes tentatives pour me réchauffer.

Nous laissâmes les scooters sur l'aire de stationnement et conduisîmes Ovla au centre médical.

Quand nous arrivâmes à l'appartement de Jon Arne, ma combinaison de scooter avait commencé à dégeler. Il m'aida à sortir de la voiture et à me mettre sous la douche.

J'y entrai tout habillée, frottai d'abord la fermeture Éclair avec de la margarine pour la décoincer et pouvoir ensuite retirer mes vêtements mouillés. Sous l'effet de l'eau chaude les muscles de mes jambes se contractèrent. Les crampes me faisaient affreusement mal, mes cuisses étaient dures comme de la pierre. Quand je sentis à nouveau mes pieds, je m'effondrai sur le sol. Mon nez et mes larmes se mirent à couler, je pleurai comme un veau, jusqu'à en perdre le souffle et haleter pour reprendre de l'air.

Jon Arne me trouva recroquevillée par terre sous la douche. Il me porta dans la chambre. Me sécha. M'enroula dans l'édredon en duvet et m'étendit sur le lit.

Il était assis à côté de moi, un peu déconcerté, ne sachant pas vraiment quoi faire pour m'aider. Me caressa maladroitement les cheveux. Peut-être n'était-il pas habitué à avoir des femmes nues en pleurs dans son lit ?

Je ne sais pas si c'est mon traitement au cognac en Finlande qui l'avait inspiré, ou s'il s'agit d'une forme courante de relations dans les cercles de skieurs, toujours est-il qu'il disparut dans le placard à skis et revint avec une bouteille en plastique blanche sans étiquette. C'était du liniment, du liniment au camphre. Et s'il se montrait quelque peu désemparé par les femmes en larmes avec la goutte au nez, voilà en revanche un domaine qu'il maîtrisait parfaitement. Il me déroula de l'édredon, me mit sur le ventre et m'enduisit les jambes et le dos de pommade malodorante. Avec des mains expertes, il commença par masser lentement les muscles de mes mollets. Quand la crampe se relâcha, la chaleur se répandit dans mon corps, j'eus l'impression de sombrer à travers le matelas et de disparaître. Je sentis que je pourrais devenir accro. Au massage et à l'odeur du liniment.

*

— *Giitos Haerrai arbmo åvdas, Gå dan famo adda sån.*

Assis à la table de la cuisine, grand-père était plongé dans le livre de psaumes. Il suivait avec son doigt déformé, lisait tout haut d'une voix tremblante, en ânonnant le texte. Je le regardai un long moment depuis la porte avant qu'il remarque ma présence. Il sentit que j'étais derrière lui, se retourna et me sourit, le doigt toujours posé sur la ligne qu'il était en train de lire.

Je m'avançai pour l'embrasser et m'assis à la table tandis qu'il poursuivait sa lecture.

Quand il eut terminé son verset, il replia soigneusement ses lunettes et plaça un marque-page dans le livre.

— Où est grand-mère ?

— Elle est allée à l'office à l'église avec Sara Marit. J'ai prétexté que j'avais mal à la jambe pour ne pas être obligé d'écouter ce casse-pieds de prêtre. Comprends rien à ce qu'il raconte.

Il fit un sourire coupable et désigna le livre de psaumes.

— C'est plus simple de parler avec Notre Seigneur sans intermédiaire. On s'entend mieux en tête-à-tête. Tu as faim ?

Grand-père sortit de quoi manger et j'allai chercher la liasse de vieux journaux que j'avais cachée dans le débarras de l'entrée. Je les étalai par terre et racontai à grand-père ce qu'Ante Mikkel m'avait dit à Hætta.

— Alors c'est grand-mère qui a payé Vidar pour qu'il aille en prison à la place de Nils Mattis ?

Grand-père tira ses lunettes de l'étui qu'il avait posé

sur l'appui de fenêtre. Les chaussa et prit un des journaux sur le sol. Il lissa d'abord la page de la main.

Il resta assis à table, le journal ouvert devant lui, regarda par la fenêtre.

— Ça doit être ça, oui. Tu sais, grand-mère ne me dit jamais tout. Elle dit seulement qu'elle a résolu le problème. Elle croit que je ne comprends pas. Que je suis trop vieux pour comprendre.

Il replia le journal sans lire l'article et le déposa par terre.

— Elle a peut-être raison. Je suis tellement vieux que je n'arrive pas à suivre tout ce qui se passe autour de moi. J'ai du mal à comprendre toutes ces nouvelles choses. Allez, mange, ma fille.

Je mis la liasse de journaux sur la chaise de grand-mère et me rassis à table pour déguster la soupe à la viande que grand-père avait fait chauffer sur la cuisinière à bois.

— Quand j'étais en montagne avec le troupeau, dans mon jeune temps, c'était une autre époque. On vivait là-haut. La famille, les cousins, tout le monde était là. Évidemment, il y avait aussi des *kjältringer*, des voyous, de ce temps-là. Qui volaient des rennes, mettaient leurs marques sur les bêtes des autres et faisaient des histoires à propos du pâturage d'hiver.

Il retira ses lunettes, les replia avec précaution et les rangea dans l'étui.

— Nous, les hommes, on était de sacrés lascars, on s'engueulait, on se battait. Mais les femmes étaient là tout le temps. Elles intervenaient, négociaient. Aplanissaient les querelles. Transformaient tout désaccord en affaire de famille. À la place des coups, c'étaient les intrigues et les manipulations. Les femmes gouvernaient autour du feu où mijotait le café. Arrangeaient tout sans que le sang coule. Nous les gars, on faisait le plus souvent ce que les bonnes femmes disaient.

Il eut un sourire en coin. Nous mangeâmes en silence.

Je rapportai les journaux dans le débarras de l'entrée. Grand-père était toujours assis à table, il ne disait rien. Tandis que je commençais à ranger les restes du repas dans le réfrigérateur, il me regarda d'un air perplexe, comme s'il s'était perdu dans ses pensées et ne savait plus de quoi nous avions parlé.

— La vie est plus dure, de nos jours, Anna Marja, il n'y a que des hommes jeunes dans la montagne, maintenant. Les hommes qui vivent sans femmes souffrent. Ça leur porte sur le système. Ils se prennent pour des surhommes. Ne font plus la différence entre leur imagination et la réalité. La montagne transforme les gens.

Grand-père se leva de table, mit son bonnet et sortit. Par la fenêtre, je le vis aller dans la réserve.

Au bout d'un moment, il revint avec une housse à vêtements. C'était le kolt de maman. Celui qu'il m'avait montré quand nous cherchions les journaux.

— J'ai pensé que tu pourrais le mettre.

Il déposa la housse sur la table de la cuisine et alla dans le séjour. Je sortis le kolt de laine blanc. Les *bällingar*, ces pantalons confectionnés dans du cuir sombre de faon de renne. Les mocassins de peau blancs, à l'intérieur desquels étaient enroulés les rubans. La ceinture avec les boutons en corne. Le bonnet rouge. Tout en parfait état. Jamais porté. Les poils des mocassins tombaient.

Je brossai la peau, jetai les poils dans le fourneau. Cela crépita et une odeur de roussi se répandit dans la cuisine.

Grand-père revint avec le châle en soie et une boîte en carton. Il l'ouvrit, déplia le papier de soie. Dans la boîte, il y avait trois grosses broches, les *riskos*. De ses doigts maladroits, il prit celle du dessus, la secoua pour faire tinter les petites plaques. L'argent était terne, n'avait jamais été poli, mais les petits pendants ouvragés du bijou, en forme de coupelles, brillaient quand même à la lumière de la fenêtre.

— Mets-le. Je me disais…

Il n'exprima pas ce qu'il s'était dit, fit seulement un geste vers le kolt sur la table et sortit de la cuisine. Je l'entendis monter à pas lents dans la chambre.

Il me fallut une demi-heure pour m'habiller. Je m'étais certainement attifée de travers, avais lacé les rubans dans le mauvais sens et mal plié le châle en soie. Je choisis une seule broche dans la boîte, mis le bonnet et pris le miroir de rasage de grand-père pour voir de quoi j'avais l'air. Les rubans du bonnet étaient arrangés n'importe comment, bien sûr.

Grand-père descendit pendant que j'essayai de me regarder dans son petit miroir au tain piqué. Il avait revêtu son plus beau kolt et mis son bonnet des quatre vents[1] avec les rubans de soie.

Le miroir, le seul de la maison, était trop petit, je n'arrivais pas à me faire une idée d'ensemble de mon apparence. Même si grand-mère ne comptait guère parmi les læstadiens les plus fidèles à la lettre, la vanité,

1. *Bonnet des quatre vents ou bonnet à quatre pointes* : coiffe masculine traditionnelle typique de Kautokeino.

donc se regarder exagérément dans la glace, était un péché dans cette maison.

Près du plan de travail, grand-père tournait ses gants dans ses mains pendant que je me préparais.

Au bout d'un moment, il abandonna et sortit balayer la neige de la voiture. Je l'entendis parler avec le chien dans la cour.

Quand je lui demandai où nous allions, il se contenta de faire un signe en direction de la route. Nous roulâmes jusqu'au village sans nous dire un mot. Ses lèvres bougeaient, comme s'il se parlait à lui-même.

Une fois en bas, il m'indiqua la route de la Finlande et nous traversâmes le bourg, passâmes la rivière et suivîmes la nationale sur quelques kilomètres, puis il me montra d'un geste qu'il fallait bifurquer dans un chemin étroit pas déblayé qui redescendait vers la rivière.

Personne n'était passé par là en voiture ces derniers jours et j'avais peur que nous restions coincés. Mais il faisait toujours froid, la neige ne s'était pas tassée, alors nous avancions, je dus juste faire marche arrière et prendre de l'élan pour monter la petite pente qui menait à la maison près de la rive.

C'était une petite maison en bois bien entretenue, avec une terrasse surélevée à l'arrière, du côté de la rivière gelée. Nous nous garâmes près d'un scooter recouvert de neige, et un chien roux se leva mollement du coin où il dormait, à proximité de l'escalier.

Personne ne répondit quand nous frappâmes. La porte n'était pas fermée à clé, nous entrâmes donc dans la cuisine où cela sentait le café et la viande fraîchement fumée. Sur un journal, à même la table, étaient alignées des jeunes pousses dans des briques de lait découpées.

Le séjour était spacieux et propre, trois grandes fenêtres donnaient sur la rivière. Aux murs, des bibliothèques remplies de livres en diverses langues. Dans une armoire étroite avec des portes vitrées, une importante collection d'objets artisanaux en corne. Des ustensiles d'usage courant, des couteaux, des petites sculptures en corne et en os.

— Il doit être à l'atelier.

Grand-père regarda par la fenêtre et remit ses gants.

Nous descendîmes jusqu'à un bâtiment rouge de plain-pied, un peu plus bas au bord de la rivière. Sur le petit sentier, la neige était piétinée, de la fumée s'échappait de la cheminée. Grand-père ouvrit la porte et entra sans frapper.

À l'établi, un homme était en train de polir un objet en regardant à travers une loupe avec éclairage intégré.

Il leva rapidement les yeux vers nous mais continua à travailler pendant une bonne minute avant d'éteindre sa machine, de repousser sa loupe lumineuse et de se redresser. La poussière du ponçage formait un petit nuage dans le contre-jour de la lampe. Il retira son grand tablier de cuir, l'accrocha à un clou près de l'établi et épousseta son pull.

Dans l'atelier, il y avait une quantité de machines diverses pour la menuiserie. Tout était propre et bien rangé. Des outils rassemblés sur un grand panneau qui couvrait un mur entier. Au plafond, du bois séchait. Empilé en tas distincts, selon les essences et la taille. Tous repérés par des bâtonnets pyrogravés.

— *Bures, bures.*

Il salua grand-père comme s'ils ne s'étaient pas vus depuis longtemps.

— C'est la fille d'Anna Marja, Anna.

Grand-père fit un pas de côté, et Samuel Lehmet me regarda un long moment avant de me dire bonjour. Sa main était sèche et dure, il avait les traits fins et des sourcils foncés.

— On m'a dit que tu étais là. Allons à la maison.

Il retourna à l'établi, rangea les outils qu'il avait utilisés. Replaça soigneusement la tête de polissage dans sa boîte. Avec un petit aspirateur de table qu'il décrocha du mur, il aspira la poussière sur l'établi. S'essuya les yeux du revers de la main. Mais les larmes continuaient de couler sur ses joues.

— Je remonte et mets du café à chauffer.

Grand-père s'éclipsa et Samuel Lehmet me regarda, un sourire au coin des lèvres.

— Tu excuseras le vieil homme que je suis. Les larmes des vieux bonshommes sont imprévisibles.

Il eut un petit rire gêné, raccrocha l'aspirateur. Il avait la soixantaine, était assez petit et mince, mais paraissait quand même robuste. Il avait de longs cheveux gris. Il passa sa main dans sa chevelure et mit une casquette de base-ball américaine.

— Viens, on monte à la maison.

Le chien roux, curieux, trottinait derrière nous dans la poudreuse sur le sentier. Se roulait dans la neige et y enfonçait son museau, cherchant à jouer avec l'un d'entre nous. Samuel Lehmet lui lança une boule de neige qu'il attrapa dans sa gueule d'un bond agile.

— Tu lis le français ?

J'étais devant la bibliothèque quand Samuel Lehmet

me posa la question, tout en mettant des tasses et un plat sur la table du séjour. De fines tranches de *rieskagáhkut*[1] réchauffées au micro-ondes, du beurre et du fromage pour accompagner le café.

— Un peu. J'en ai fait à l'école.

— J'ai appris par moi-même. À le lire. Je n'ai jamais su le parler. Un jour, j'ai essayé de parler avec un touriste français, à la boutique. Il m'a regardé sans comprendre un mot de ce que je disais.

Il rit, un peu embarrassé, comme s'il en avait trop dit en dévoilant son échec. Ensuite il alla chercher l'album de photos. Il offrit un cognac à grand-père, dans un verre si petit qu'il disparaissait presque dans sa main.

— Tu n'as jamais retrouvé un autre amour ?

J'avais posé la question à Samuel Lehmet pendant qu'il rangeait l'album dans l'armoire aux portes vitrées.

— Cela ne s'est pas présenté. Pas eu d'entrain pour chercher.

Il rassembla précautionneusement les plantes et les pousses dans les briques de lait découpées. Les mit sur un autre journal avant de les arroser avec un arrosoir en plastique jaune vif.

— Vous vous êtes écrit, après le départ de maman ?

— Jamais.

Il remplit son arrosoir dans un seau en plastique à la cuisine.

— C'est de la neige fondue, je crois que c'est mieux pour les plantes. On dirait qu'elles préfèrent cette eau-là.

1. *Rieskagáhkut* : pain polaire semblable au *lefse*, mais façon same de la région de Tomédalie.

— Vous n'avez plus eu aucun contact quand maman est partie d'ici ?

— Il est arrivé que je lui envoie des pensées. Cela peut paraître un peu bête, c'est pourtant ce que j'ai fait. D'ailleurs, une fois j'ai profondément ressenti qu'elle m'en envoyait en retour. Tu diras ce que tu veux d'un vieux fou comme moi mais, il y a quelques mois seulement, j'ai senti qu'elle pensait à moi.

Il attendit de voir si je trouvais qu'il était allé trop loin, qu'il en avait trop dit.

— Oui, je sais qu'elle est morte. Mais voilà ce qui arrive quand on est tout seul. On a un autre monde dans la tête, en quelque sorte.

Au moment où nous allions partir, Samuel Lehmet me retint. J'étais dans l'étroit vestibule en train de mettre mon manteau.

— Attends, j'ai quelque chose qui t'appartient.

Il descendit à la cave et revint aussitôt avec un coffret en loupe de bouleau polie, orné d'incrustations d'os et de corne. Quand je voulus l'ouvrir, il m'arrêta.

— Attends. Tu l'ouvriras quand tu seras seule et que tu te sentiras en paix avec toi-même.

Je caressai le bois lisse de la main. Le couvercle avait un rebord en corne doux comme de la soie. Il alla chercher un sac en plastique sous l'évier, j'y mis le coffret et je rejoignis grand-père qui attendait près de la voiture.

Samuel Lehmet était à la fenêtre de la cuisine. Quand nous partîmes, il nous fit signe derrière les plantes vertes.

La voiture resta bloquée dans le talus de neige au bord de la nationale. Je dus faire marche arrière et sortir la pelle du coffre.

J'obligeai grand-père à rester dans la voiture le temps que je dégage la neige gelée. J'avais besoin d'être seule un moment. De mesurer un peu ma force face aux éléments, quand bien même il s'agissait seulement d'une petite bande de neige sur la route de la Finlande.

Mon manteau était trop épais par-dessus le kolt de laine, je transpirais et glissais dans les chaussures de peau. La broche qui décorait ma poitrine cliquetait au rythme de mes coups de pelle.

Je pensais à maman. Aux photos d'elle que nous avions regardées dans l'album de Samuel Lehmet. Comme elle était belle. Son rire dévoilant des dents blanches et saines, sa chevelure sombre rassemblée en une espèce de coiffure bricolée à la Fahra Diba. Les couleurs passées de la photographie dans l'étroit canoë à fond rond. Derrière elle, les tons rouges de la montagne en automne. Un ciel limpide. L'eau de la rivière scintillant sous les rayons du soleil pâle.

Je rangeai la pelle, démarrai et reculai de quelques mètres pour prendre de l'élan. Je voulais avoir un peu de vitesse pour pouvoir passer à travers la neige accumulée sur le bord de la nationale. Grand-père m'arrêta et descendit de voiture. Il monta jusqu'à la route. Un gros semi-remorque frigorifique qui filait vers le sud faillit le souffler dans le fossé, mais il s'accrocha à la boîte aux lettres et réussit à tenir sur ses jambes.

Si j'avais pris de la vitesse dans la pente et débouché

sur la route, nous n'aurions eu aucune chance. Le camion nous aurait écrasés.

Je restai une minute à regarder mes mains trembler, incapable de conduire, tandis que grand-père me faisait signe que la voie était libre. Finalement, je rassemblai mon courage et m'engageai sur la nationale. Grand-père grimpa dans la voiture et nous roulâmes vers le bourg. Il n'avait pas dû se rendre compte que nous avions frôlé l'accident.

Grand-mère était rentrée de l'église. Assise à la table de la cuisine, ses lunettes sur le nez et un stylo à la main, elle feuilletait un cahier bleu.

Grand-père resta sur le perron à balayer la neige tandis que je rejoignais grand-mère. Elle posa son stylo et me regarda par-dessus ses lunettes. J'avais retiré mon manteau, et elle examinait le kolt.

— Comme tu es élégante. Il te va très bien.

Elle se leva, ôta ses lunettes et tourna autour de moi. Ajusta le kolt, palpa le châle de soie, déplaça la broche.

— Nous sommes allés chez Samuel Lehmet, grand-père et moi.

Elle me dévisagea, incrédule. Retourna à la table et se laissa tomber sur sa chaise. Garda les yeux fixés au-dehors. Je m'assis et tentai de capter son regard.

— Et j'ai aussi parlé avec Ante Mikkel, il m'a dit que vous avez acheté la liberté de Nils Mattis.

Elle ne voulait pas me regarder en face. Scrutait seulement l'obscurité grandissante par la fenêtre. J'entendais grand-père racler la neige sur l'escalier. L'aiguille de la pendule murale avança d'un cran. Il faisait chaud et sec dans la cuisine, il flottait une légère odeur de peau non traitée et de viande fraîche.

— Pourquoi ne m'avez-vous rien dit ? Vous me prenez pour un petit chien qu'il vous suffit d'appeler et qui exécute les tours que vous lui imposez ? Qui court après les boules de neige que vous lui lancez ?

Grand-mère ne répondit pas. Elle prit le livre de psaumes sur le rebord de la fenêtre, l'ouvrit et chercha ses lunettes à tâtons, sans me regarder.

— Vous m'avez demandé si je pouvais venir pour aider la famille. Je l'ai fait, naturellement. Puisque j'ai grandi avec la mauvaise conscience de maman. Je l'ai vue travailler et économiser pour envoyer de l'argent ici. Bon sang, vous étiez toujours tellement à plaindre, vous, là-haut.

— Ne laisse pas sortir de telles paroles de ta bouche. Dieu t'entend. Il te punira pour ton arrogance.

Elle parlait à voix si basse que je comprenais à peine. Tournait les pages de son livre de psaumes avec ses doigts perclus. Gardait les yeux baissés sur le livre pour ne pas croiser mon regard.

— Ton dieu sait très bien punir et réprouver, mais il ne veut rien savoir du pardon. Il a peut-être raison. Vous avez forcé maman à partir d'ici, vous vous affranchissez de la responsabilité des actes commis par la famille en payant. Vous manipulez la justice. Vous tuez pour sauver votre réputation et vos biens. Qu'est-ce que ton dieu dit de cela, grand-mère ? Il pardonne ? Ton dieu est-il un dieu de pardon ? Non, tu sais qu'il ne fait pas de compromis. Le pécheur brûlera en enfer ! Est-ce bien cela ?

Grand-mère joignit les mains sur les pages jaunies de son psautier et je compris que j'étais allée trop loin. Je sortis rejoindre grand-père sur le perron, honteuse de ma violence.

Mais, depuis la veille, je m'étais rendu compte que je ne comptais pas pour eux. Que j'étais là uniquement parce qu'ils escomptaient que je règle cette histoire de plainte pour viol, sans poser de questions. Ils avaient cru eux aussi que j'étais la bimbo diplômée en droit que Jon Arne m'avait accusée d'être.

J'empruntai à grand-père sa pelle à neige et, réunissant nos forces, nous dégageâmes le scooter derrière la remise. Le vieux scooter au rancart était à l'abri dans le bâtiment, alors qu'on garait le neuf sous une bâche et qu'on laissait la neige le recouvrir complètement.

— En fait, je préfère l'ancien. Même s'il n'est plus en état de marche. C'est comme un vieux copain, avec l'âge il a besoin de se reposer un peu à l'abri.

Grand-père brossa le scooter moderne de marque japonaise avec le balai en piassava, puis nous mîmes de l'huile et de l'essence dans le réservoir.

— On dit que les choses mécaniques sont seulement des machines. Qu'elles ne pensent pas et n'ont pas de mémoire. Mais toutes les motoneiges ont une âme et une personnalité. Pour conduire son scooter correctement, il faut pouvoir le comprendre. L'âme, en fait, c'est ça le plus important.

Grand-père dévissa les bougies et ponça soigneusement la suie sur les électrodes avec un bout de toile émeri.

Il faisait presque nuit quand nous réussîmes à démarrer le scooter qui n'avait pas servi de tout l'hiver.

J'eus droit à un bref aperçu de la personnalité et des qualités spirituelles de ce scooter en particulier, puis je fis quelques tours dans la cour, pour la plus grande joie du chien. Il courut dans ma trace, bondit sur le réservoir et se coucha devant moi, ses yeux noirs remplis d'attente.

Après la leçon de motoneige, grand-père et moi rentrâmes dans la cuisine, entourés d'un nuage de givre, de neige sèche et de gaieté exubérante. Dehors, le chien aboyait de déception sur le perron, il voulait continuer à jouer.

Grand-mère était toujours assise à table, les yeux fermés et les mains jointes sur son livre de psaumes.

Je m'approchai et la pris dans mes bras. M'agenouillai sur le plancher et posai ma tête sur ses genoux. Sentis sa main passer dans mes cheveux.

Elle me caressait la tête et je l'entendais murmurer quelque chose que je ne comprenais pas. Elle lisait peut-être son livre de psaumes ? Je l'entendis prononcer plusieurs fois le nom de maman. C'était peut-être à elle qu'elle parlait ?

Je regardai le bulletin météo à la télévision, juste après minuit. Allai chercher le coffret en bois dans ma voiture. Le chien se réveilla et me suivit, il espérait une nouvelle promenade en scooter et fut très déçu que je retourne à la maison. Il mâchouillait son bout de bois en poussant des grognements espiègles pour m'inviter à le lui prendre.

Grand-mère et grand-père dormaient depuis plusieurs heures. Je m'assis sur le lit et sortis la boîte en bois. La fermeture était montée dans la tranche. On ouvrait le coffret avec un bouton en corne. À l'intérieur se trouvaient un paquet en peau de chamois et un étui à couture, un *nállogoahti*, pourvu d'une plaque en corne. L'étui lui-même était en os ciselé. L'une des faces de la plaque était gravée au nom de maman et l'autre décorée d'un motif solaire pyrogravé. Sur l'étui, un ornement minutieusement taillé était coloré en rouge foncé.

Je tirai le lacet tressé et contemplai les aiguilles piquées sur du tissu rouge. Deux petites bobines de fil et un petit rouleau de tendon. Le paquet en peau de chamois était entouré d'un mince lacet de cuir teinté. Il contenait des boutons en os ornés du même motif que l'étui. Travaillés avec une incroyable précision. Carrés, comme ceux qu'il y a sur la ceinture d'une femme mariée.

Les boutons, le coffret en bois et l'étui à couture étaient des chefs-d'œuvre. Aucune erreur dans la gravure des dessins. Pas une ligne manquée. Un joyau, en os et en corne, poncé et poli jusqu'à ce qu'il soit une caresse pour la main.

Conçu comme cadeau de mariage pour ma mère. Jamais offert. Tant d'amour concentré et métamorphosé en matière. Une œuvre d'art à travers laquelle les sentiments et le travail des mains traduisaient quelque chose qui se situait bien au-delà des simples objets utilitaires quotidiens qu'ils seraient un jour.

Samuel Lehmet avait fabriqué le coffret, les boutons et l'étui à couture l'hiver qui précédait la date prévue de leurs noces. Grand-mère s'était opposée à ce mariage. Elle avait d'autres projets. Elle souhaitait une union avec une autre famille, afin d'éviter les conflits dans la zone de pâturage et de développer la reproduction des rennes du troupeau.

Un simple artisan d'art tel que Samuel Lehmet avait peu de poids au moment où l'avenir de la famille fut mis dans la balance. Les deux filles étaient la seule monnaie d'échange de la famille sur le marché social.

Maman partit sous le coup de la colère, ne revêtit

jamais son kolt de noces, abandonna son amour de jeunesse et les exigences familiales. Ce fut la sœur cadette, Sara Marit, qui servit de gage à la famille pour l'extension de la zone de pâturage et l'accroissement du troupeau.

Je replaçai les aiguilles dans l'étui, et l'étui dans le coffret. Rangeai soigneusement le paquet en peau de chamois qui contenait les boutons de ceinture. Retournai le coffret, à la recherche d'une signature ou d'une marque quelque part. Mais, dans la faible lumière, je ne trouvai rien, alors je remballai l'écrin dans le sac en plastique et le mis dans ma valise.

La petite fourgonnette rouge sortit de la route nationale et se dirigea vers l'entrée arrière du bureau de poste. Je restai dans ma voiture jusqu'à ce que l'homme à la veste de cuir ouvre la porte, entre et allume la lumière.

Pendant la nuit, la température était retombée et, en allant frapper à la porte, je sentis la neige craquer de manière encourageante sous mes bottes.

— Merci pour l'autre jour. Vous êtes bien Issat Levi, n'est-ce pas ?

Le facteur rural me regarda d'un air étonné, me fit cependant signe d'entrer. Nous nous étions rencontrés quelques jours plus tôt au pub et il ne se souvenait pas de moi.

— Vous avez oublié, mais nous nous sommes déjà vus. Nous avons parlé de votre père.

Il secoua la tête et m'invita d'un geste à le suivre dans la petite kitchenette où la cafetière électrique commençait à cracher son eau sur la plaque chauffante, vu qu'il avait oublié d'y poser la verseuse en verre.

— Et merde !

Il réussit à mettre les dernières cuillerées de café dans le filtre et évita la catastrophe totale en plaçant une tasse sur la plaque, en même temps qu'il ajoutait de l'eau dans le réservoir. Je fis une intervention symbolique en essuyant le sol avec une serpillière que j'avais trouvée sous l'évier.

Il était cinq heures et demie et il avait un chariot entier de courrier à trier avant huit heures ce matin. Nous bûmes une tasse de café à la table bancale de la kitchenette. Le lait qu'il sortit du petit frigo avait tourné et formait des grumeaux dans les mugs. Issat Levi se roula une cigarette cabossée, mais ne trouva pas d'allumettes. Il alla dans la camionnette, qui était équipée d'un allume-cigare.

En rentrant, il retira ses bottes et enfila une paire de sandales usées.

— Maintenant je me souviens de vous, nous avons parlé des carnets de mon paternel.

— Vous m'avez dit qu'il avait dressé une liste de tous les gens qui ont collaboré avec les Allemands pendant la guerre. Et qu'il avait vu leur liste de ceux qui devaient être exécutés ici, dans le village. Votre père était le deuxième sur la liste.

La cafetière électrique gargouillait, délaissée sur l'évier. Nous bûmes notre café. Sur le bord de sa tasse il y avait une fine trace de rouge à lèvres. Sa cigarette était déjà carbonisée et éteinte.

— J'ai une question. Vous m'avez dit que votre père répertoriait toutes les plaintes déposées à la police qui avaient été classées ? Celles que le commissaire avait abandonnées sans enquête ni action judiciaire.

— Oui, sur ses vieux jours. C'était presque devenu

une manie, ce truc-là. Il n'avait plus que ça. Finalement, il était plutôt à plaindre. Mais on ne s'en rendait pas compte, à l'époque. Nous les gamins, on le taquinait. On écrivait des conneries dans ses cahiers, pour rigoler. Mais ça le mettait vachement en rogne.

— Vous pensez qu'il serait possible que je regarde quelques-uns de ces carnets ?

— Il y en a des tas, on ne comprend pas la moitié de ce qu'il a écrit.

— Je m'intéresse aux affaires dans lesquelles la direction de la police a été partiale.

— Vous voulez dire incompétente, quand ils se protègent eux-mêmes, ou protègent leur propre famille.

— Oui, ce genre de choses. On peut trouver ça, dans ses documents ? En remontant quatre, cinq ans en arrière.

Il enleva la cigarette éteinte de sa bouche et la considéra.

— C'est que j'avais peut-être bu quelques bières de trop, ce soir-là. J'ai pas l'habitude de raconter ce truc à tout le monde.

— Est-ce que vous pouvez chercher ? Regarder dans ces carnets dont vous m'avez parlé ?

— Pourquoi vous me demandez ça ?

— Ma tante Sara Marit est mariée avec quelqu'un qui est de la famille du commissaire.

— Einar, oui, je sais. Une grande famille, ceux-là. Beaucoup de frères et sœurs.

Il se leva, passa dans le bureau dc poste et tira le chariot avec les sacs de courrier à trier. Je rinçai les tasses, essuyai la table et le rejoignis pendant qu'il commençait à répartir les lettres dans les boîtes postales.

— Je verrai si je trouve quelque chose, dit-il, et il tira sur sa cigarette éteinte. Où est-ce qu'on peut vous joindre ?

Je notai mon numéro de téléphone sur une formule de chèque qu'il fourra dans sa poche arrière.

— Vous logez chez vos grands-parents, là-bas ?

— Je reste jusqu'à la fin de la semaine.

Il travaillait vite et efficacement, mettait le courrier pour les petits villages des environs dans un bac à part et, en même temps, répartissait les autres plis dans les boîtes postales.

— Comment savez-vous où mettre les lettres ?

Il me montra le numéro inscrit au bas de chaque casier. Certains étaient pourvus d'une étiquette provisoire avec un nom.

Le nom de Karen Margrethe était écrit au feutre noir sur un bout de ruban de masquage. Il y avait plusieurs enveloppes dans le casier. Je fouillai dans ma poche de poitrine gauche. Les clé de Vidar y étaient toujours. La petite clé ouvrait peut-être la boîte de Karen Margrethe ?

Issat Levi tria une liasse de factures de la commune, se roula une nouvelle cigarette et chercha encore une fois des allumettes. Il me regarda avec un rictus, alla dans la kitchenette et mit ses bottes. Sortit à sa voiture pour allumer sa cigarette.

J'entrai dans le local des boîtes postales et, au bout de trois essais, je trouvai la bonne. La clé ouvrait. Il y avait quatre enveloppes et une carte postale dans le casier. Une épaisse enveloppe kraft contenant des échantillons. Une facture de la compagnie d'électricité, une carte postale de Tromsö, une enveloppe marron à fenêtre et une enveloppe blanche portant le tampon de Karasjok.

La carte postale était de Roger : « Jeudi ! Salut. Roger ». C'était tout.

Je refermai le casier et eus le temps de retourner dans la pièce de tri avant que Levi ait enlevé ses bottes dans la kitchenette. Il revint avec nos deux tasses, et je restai appuyée sur le bord du bureau pendant qu'il répartissait tous les prospectus publicitaires pour des meubles, des tronçonneuses ou des ventes de bienfaisance organisées par les cercles de couture.

— Qu'est-ce que vous faites du courrier qui n'est pas relevé ?

— On le garde un mois, puis il est renvoyé à Alta. Retour à l'expéditeur, je suppose.

Quand je regagnai ma voiture, il commençait à faire jour au-dessus des montagnes, à l'est. Levi ferma la porte à clé derrière moi.

— Vous m'appelez si vous trouvez quelque chose.

— Faut peut-être pas trop se fier aux notes de papa.

Pendant que je traversais le pont et remontais vers l'hôtel, le ciel gris clair révéla devant moi l'image de la petite ville. La lumière descendait du ciel sans un bruit. L'éclairage de rue pâlissait. Le talus de neige le long de la route passait du blanc au gris sale. Le chasse-neige envoya un jet de neige boueuse sur une voiture abandonnée après la station Esso. En haut de la côte, trois chiens se disputaient un sac déchiré. La crevasse dans la glace sur la rivière s'élargissait de jour en jour.

*

— On est quel jour, aujourd'hui ?

Le portier de l'hôtel leva des yeux étonnés de son écran d'ordinateur.

— Le 21 ? lança-t-il méfiant, s'imaginant sans doute être l'objet d'un canular.

— Mais quel jour de la semaine ?

— Mardi. Mardi 3 mars.

L'air dubitatif, il vérifia sur son ordinateur.

— Oui, mardi 3 mars.

J'étais là-haut depuis bientôt trois semaines. Kerstin s'était occupée de mes jours de congé restants, de mon arrêt maladie et du congé compensatoire. Lundi matin, je devais être de retour à mon poste. On attendait de moi que je sois assise à mon bureau à huit heures quatorze. De préférence habillée dans une tenue stricte ou un tailleur sombre. C'était huit heures quatorze et non huit heures trente, précisément, parce qu'on terminait plus tôt l'été. Je n'avais jamais bien compris comment ça fonctionnait.

Pour arriver à temps au travail à Stockholm, lundi, il faudrait que je parte samedi matin. Au plus tard samedi soir. Je pourrais peut-être aller directement à l'aéroport de Gällivare ? Ou à celui de Kiruna ? On pouvait rendre la voiture de location dans ces deux endroits. En comptant une pause en route, j'aurais environ cinq heures de trajet jusqu'à l'aéroport.

Le portier me remit des messages téléphoniques et quelques lettres, vérifia que ma note était payée et regarda une fois encore sur l'ordinateur quel jour on était.

J'achetai une eau minérale, m'installai dans la salle de restaurant, me connectai à internet et ouvris les lettres.

Peter m'écrivait une lettre sur papier pour entériner ce que j'avais refoulé, à savoir que, la semaine dernière, je l'avais plus ou moins prié d'aller se faire foutre. La lettre était présentée comme un contrat d'affaires. Il proposait une répartition du mobilier commun. Je ne lus pas la liste en détail, remarquai cependant que j'allais devenir propriétaire de la chaîne Hi-Fi Bang & Olufsen dont la porte du lecteur de cassettes était cassée.

J'ignore combien de temps je restai à regarder par la fenêtre, la lettre à la main. Essayant de sentir si j'étais contente ou triste. Ce qui détermine notre vie, notre vie elle-même, change d'un seul coup, et l'on n'identifie pas vraiment la nature de nos réactions. Éprouve-t-on de la douleur ou du soulagement ? Peut-être les deux à la fois. Il faut chercher quel nerf est atteint. Où cela fait le plus mal.

Je ne suis pas du tout sûre, mais je crois que je ressentais un soulagement.

Il m'avait peut-être sauvé la vie, là-bas, dans la montagne. La vision de son sourire ironique m'avait donné les forces nécessaires pour extraire le scooter de la soupe de glace. Un jour je lui en parlerai. Il appréciera mon récit. J'imagine déjà son sourire indulgent et ses airs d'obséquiosité condescendante. Qu'il se les garde, la chaîne Hi-Fi et la collection d'opéras.

Siri avait appelé. Ailie également, plusieurs fois. Jörgen, le pathologiste de Karasjok, avait envoyé une copie de son rapport sur Vidar.

Tante Sara Marit était en train de coudre des mocassins. Elle devait en livrer avant Pâques un lot destiné à la vente dans la boutique d'artisanat.

— Tu en veux une paire ?

Elle fit un signe vers le carton contenant les chaussures terminées. Confectionnées dans des peaux sélectionnées de têtes de rennes. Bien choisir les morceaux pour chaque partie de la chaussure était considéré comme un art. Veiller à ce que les poils soient orientés dans le bon sens afin que l'on ne glisse pas sur la glace. Coudre les mocassins pour la communion solennelle dans de la peau de faon blanche, évidemment.

— Non merci, j'en ai.

J'en avais en effet une paire, pour enfant, accrochée à un clou dans la cuisine. Chaque fois qu'on les effleurait, les mocassins libéraient un nuage de poils de renne qui s'accumulaient peu à peu dans le filtre de la hotte aspirante.

— Nils Mattis est rentré ?

— Il est dans la montagne. Ils doivent réparer l'enclos de triage.

— J'ai vu les parents de Karen Margrethe. Ils ont signé l'accord et retirent leur plainte. Je vais envoyer tous les documents aux autorités d'Alta avant de partir. Si jamais j'avais oublié quelque chose, vous n'avez qu'à m'appeler en Suède.

Elle ne voulait pas aborder ce sujet. D'une certaine manière, j'avais toujours le sentiment que c'était moi l'accusée. En éludant ainsi, elle m'amenait à me sentir coupable. J'avais mal compris leur demande. Je n'étais que la prolongation des souffrances que ma mère avait imposées à la famille en se mariant avec un *daza* et en émigrant vers le sud.

— Les dommages-intérêts, qui va les régler ?

— Des dommages-intérêts ? Quels dommages-intérêts ?

— La famille a droit à des dommages-intérêts. Qui va payer ?

— Combien ?

Pendant un instant, j'envisageai de dire ce qu'il en était, que les parents de Karen Margrethe ne voulaient pas d'argent. Mais un peu comme une gamine immature, je ne pus m'empêcher d'utiliser mon avantage.

— Dix mille.

— Mon Dieu, c'est beaucoup d'argent pour nous.

— Qu'est-ce que j'écris ? Qui va payer ?

— Ça, je me le demande. Tu leur as promis une si grosse somme comme dommages-intérêts ?

— C'était la condition pour qu'ils retirent la plainte.

— Eh bien, je ne sais pas trop.

— Ce n'est pas si difficile, pourtant. Est-ce que Nils Mattis va payer lui-même ou est-ce encore grand-mère qui paiera, cette fois aussi ?

Elle examina longuement le point qu'elle était en train de faire sur son antique machine à coudre avant de répondre.

— Je me doutais bien que ça irait de travers. Tu ne peux pas savoir ce que c'est.

— Si tu comptes sur moi pour payer, tu te trompes. Vous avez des scooters, des voitures et des maisons. Qu'est-ce que j'ai, moi ? Que dalle. Les rennes de maman sont bien les seuls sur tout le plateau du Finnmark qui n'aient pas réussi à se multiplier. Au contraire ils sont devenus de moins en moins nombreux d'année en année.

— Quand on ne surveille pas son bien, il ne faut pas s'attendre qu'il fructifie.

— Mais votre troupeau s'est accru, lui. Ce n'est pas parce que je viens du sud que tu dois me prendre pour une idiote. Comme si je ne comprenais pas ce qui s'est passé.

— Anna Marja ne se plaignait jamais.

— Non, bien sûr, comment se serait-elle plainte ? Elle envoyait à grand-mère tout l'argent qu'elle économisait, pour qu'ils puissent rembourser l'emprunt de la maison. Elle devait avoir tellement mauvaise conscience qu'elle trouvait légitime que vous abattiez sa part du troupeau.

— Elle savait comment ça se passe.

— Maman ne s'est jamais remise d'être partie d'ici. Et vous étiez toujours prêts à le lui rappeler.

— Elle savait de quoi il retournait. On ne peut pas abandonner comme ça toutes ses responsabilités et laisser les autres…

Elle piqua quelques points sur la chaussure de peau, comme pour montrer quelle vie dure elle menait. Avec son kolt de tous les jours, la coiffe des femmes et ses pompes de sport américaines. Nike Air.

— Je suis allée avec Addja chez Samuel Lehmet, dimanche après-midi.

Elle jeta un rapide coup d'œil dans ma direction pour voir si je bluffais. Se tourna à nouveau vers sa machine à coudre et termina la chaussure en silence. Vérifia soigneusement les coutures puis jeta la chaussure dans la boîte en carton.

— Un gars comme Samuel Lehmet n'a aucune idée de ce qui s'est vraiment passé à l'époque.

— C'est possible mais, vous qui savez précisément ce qui s'est passé, vous pouvez peut-être raconter comment vous avez forcé maman à partir ?

— Personne ne l'a forcée.

En fait, j'avais pensé descendre chez Ailie, mais j'étais trop secouée et en colère.

J'appelai grand-mère de la voiture quand je ne fus plus qu'à quelques kilomètres de chez elle. Le repas était déjà prêt. Les pommes de terre sur la table. Je regrettai déjà d'avoir répondu à la provocation de Sara Marit. J'aurais dû l'ignorer.

Mais le fait qu'ils aient attendu de moi que je sois soumise et docile me blessait.

Ils ne me connaissaient peut-être pas, mais ils avaient connu ma mère. Ils auraient donc dû comprendre que je ne me contenterais pas de jouer le rôle qu'ils m'assignaient. Que je n'allais pas prendre la place de maman comme brebis galeuse de la famille sans rien dire.

Je suis responsable de ma vie. Peut-être était-ce seulement de l'égoïsme, peut-être cela tenait-il à mon éducation et à mon environnement. On ne m'avait jamais demandé d'être responsable d'une autre personne que moi-même.

Quelque part, on est modelé par les espoirs et les attentes des autres. Cela ne signifie pas pour autant qu'il faille toujours y répondre.

Grand-père était dans le bûcher. Je l'aidai à porter le panier de bois dans la maison, où toutes les fenêtres étaient couvertes de buée à cause de la vapeur dégagée par l'énorme marmite de viande.

Grand-mère sortit son remède de chaman, traita ma brûlure et les égratignures sur ma joue, puis elle versa le bouillon dans les tasses à café et servit la viande.

Je relatai ma visite chez les parents de Karen Margrethe et leur dis que le procureur me semblait disposé à annuler l'inculpation.

— Rien n'a été dit sur des dommages-intérêts ?

Je compris que Sara Marit avait déjà appelé et rapporté notre conversation.

— Dix mille couronnes.

En entendant la somme, grand-père secoua la tête. Grand-mère, au courant grâce au compte rendu de tante Sara Marit, ne sembla pas surprise.

— Il y aura bien moyen de s'arranger.

— Moi je pense que Nils Mattis peut payer lui-même. Laissez-le payer, pour qu'il comprenne ce qu'il a fait.

— Il n'a pas d'argent. Où le prendrait-il ?

Son ton était ferme, elle ne voulait plus en parler.

— Je l'ai vu de mes propres yeux sur la route d'Avzi vendre pour plus de quatre fois leur prix des bêtes abattues illégalement.

— Il avait sûrement besoin de l'argent pour l'exploitation.

— Grand-mère. J'ai rencontré Ante Mikkel à Hætta. Il m'a raconté comment cela s'est passé quand tu as acheté la liberté de Nils Mattis, la fois d'avant.

— Il n'en sait rien.

— Il en savait pas mal. Peut-être trop. Est-ce pour cela qu'il ne voulait pas intervenir, cette fois-ci ?

— Pourquoi es-tu devenue si dure, Anna Marja ?

— Parce que je ne suis pas Anna Marja. Je suis sa fille et je ne veux pas être maltraitée comme elle l'a été.

— Tout n'est pas aussi simple que tu le crois.

Grand-père était assis, immobile, ses grosses mains noueuses sur la table. Le soleil rouge de l'après-midi se réfractait dans la buée sur la vitre et diffusait à contre-jour une gerbe de braise sur sa tête et ses épaules. Le kolt usé aux rubans décolorés qu'il mettait pour travailler au bûcher lui pendait sur les épaules. Sur la toile cirée fatiguée, ses mains tremblaient. Ses cheveux blancs clairsemés rayonnaient telle une auréole autour de sa tête.

Il pleurait en silence. Les larmes coulaient sur ses mains épaisses. Je me levai, fis le tour de la table et l'embrassai. Je sentis son corps maigre dans mes bras.

— Ne t'en fais pas, Anna Marja, dit-il, ce sont seulement des larmes. Ce n'est rien. Le bois dur pourrit de l'intérieur.

Grand-mère fixait son assiette et épluchait sa pomme de terre avec des gestes nerveux. Mais lorsqu'elle leva les yeux sur grand-père et sur moi, ce fut avec de la chaleur dans le regard.

— Vous vous ressemblez tant, dit-elle. À ton âge, ta mère était pareille.

— Je sais, taillée dans le même cuir.

Elle fit un mince sourire et grand-père me tapota la main.

— Tout va s'arranger, ma petite Anna.

Je dormis quelques heures sur le canapé. Quand je m'endormis, grand-père était assis à la table près de la fenêtre, ses lunettes sur le nez et le journal devant lui.

Il était toujours à la même place quand je me réveillai. J'avais le sentiment qu'il était resté là à me regarder sans interruption.

Siri n'était pas joignable sur son portable. Ni chez elle ni au travail. Je l'appelai plusieurs fois de la voiture en retournant en ville. Au commissariat de Tromsö, on ne savait pas non plus où elle était.

Le guichet allait fermer, les lumières commencèrent à s'éteindre dans le bureau pendant que je payais mon courrier recommandé pour le « Parquet d'Alta ». C'était l'accord des parents de Karen Margrethe pour retirer la plainte ; il arriverait à destination vendredi matin, m'assura la fille à la caisse.

La porte en verre était déjà fermée à clé, le chef du bureau de poste en personne se tenait à côté et rouvrit pour nous laisser sortir, moi et un homme avec un déambulateur.

Ici, on fermait à la seconde près. Cet excès de zèle bureaucratique, habituel ici et qui consistait, en toute situation, à tirer parti des consignes et des règlements, était certainement un héritage de l'époque de l'autorité norvégienne. Les Sames sous-développés du Nord devaient apprendre à respecter les horaires, à s'adapter à la vie norvégienne moderne. L'autorité dominante devait se manifester, afin que les sujets comprennent qui avait le pouvoir. Le premier devoir de la bureaucratie était d'avoir des exigences envers les citoyens.

Lorsque, avec la plus grande bienveillance, on me congédia du bureau de poste éteint, j'eus l'impression de faire partie de cette grande campagne d'éducation du peuple.

Jon Arne sortit du commissariat juste avant six heures. Il était déjà habillé pour l'entraînement et avait ses skis à la main. Je suppose qu'il les avait fartés dans le garage pendant son temps de travail, ou bien qu'il les avait gardés dans son bureau pendant le service.

Il marchait sur les talons, afin que la neige ne colle pas à ses chaussures, et avait mis une combinaison moulante ridicule. Semblable à celle du Fantôme dans la bande dessinée. À ceci près que celle-ci était aux couleurs du drapeau norvégien, avec un motif vraisemblablement dessiné par un hippie sous LSD après une longue hibernation. Quand il se pencha pour chausser ses skis, les éclairs et les étoiles s'animèrent, tel un feu d'artifice du jour de l'An.

— Joli costume.

Il me regarda sans comprendre.

Nous convînmes de nous retrouver à l'hôtel, le soir à onze heures.

Il partit sur ses skis derrière le talus de neige, je restai un moment à le regarder s'éloigner sur la rivière en direction de la piste éclairée, en dessous de l'ancienne décharge publique.

Les succès des skieurs de Kautokeino tenaient vraisemblablement au fait qu'ils avaient l'habitude de s'entraîner devant un public constitué de corbeaux des environs, postés sur la clôture grillagée de la décharge désaffectée. Si l'un des skieurs tombait sur la piste éclairée, les corbeaux auraient le temps de lui becqueter les yeux avant qu'apparaisse le concurrent suivant.

Je reconnais toutefois volontiers que j'étais un peu impressionnée par la souplesse de son allure. Le rythme de ses mouvements. Il se dilua dans l'obscurité grandissante. Mais cette combinaison…

Les skieurs norvégiens n'étaient-ils pas censés porter une vareuse en laine foulée ? Des bonnets pointus rouges et des knickers ? Des chaussettes de laine tricotées main ? C'est comme ça que je me souvenais les avoir vus sur les photos, dans les livres de sport reliés de papa. Avec des noms curieux d'une époque révolue. Vebjörn Opdahl, Vegar Ulvang, Gjermund Eggen, Oddar Brå et Björn Daehli.

Des gars qui se mouchaient dans leurs doigts quand ça grimpait, et qui n'avaient jamais entendu parler de stéroïdes anabolisants, d'EPO ou de dopage sanguin.

J'allai à ma voiture et essayai de joindre Siri. Pas de réponse. Je fis demi-tour et partis en direction de Bulletjavhre.

*

Un homme d'un certain âge en costume traditionnel de Karasjok était assis sur le perron, son bonnet enfoncé sur les oreilles. Les quatre pointes sur sa tête ressemblaient à un champignon en train de fermenter.

Il essayait désespérément d'allumer un mégot de cigarette qui ne faisait pas un centimètre de long. Les allumettes consumées s'entassaient à ses pieds. Le chien blanc du pub gambadait autour de lui, suivant du regard chaque nouvelle allumette.

— Si j'ai vu Nils Mattis ?

Il me regarda, les yeux vides. Non, il ne savait pas qui c'était. Nils Mattis, non. Personne de ce nom-là n'avait franchi cet escalier, il pouvait le garantir.

Il fit une nouvelle tentative avec son mégot et se brûla le doigt.

— *Voj heleviti !*

Une fille jeune aux cheveux blonds décolorés sortit à reculons des toilettes avec un seau en plastique et un balai à franges. Elle s'essuya les mains sur une serviette tachée et me barra le chemin avec le manche de son balai.

— Vous avez eu mon numéro de téléphone.

Je n'arrivais pas à me souvenir. J'étais presque sûre de ne l'avoir jamais rencontrée.

— C'est Ante Mikkel qui vous l'a donné. En Finlande. À l'hôtel à Hætta. Il me l'a dit.

Elle me regarda l'air dubitatif, et d'un coup je me rappelai le numéro qu'il avait noté sur la carte postale.

— Irene, n'est-ce pas ?

— Vous avez une minute ?

Elle rangea le balai à franges et nous entrâmes dans l'arrière-salle déserte, utilisée uniquement à l'occasion de grandes fêtes ou pendant les semaines de Pâques. Elle alla chercher une Farris dans le réfrigérateur et remplit deux verres d'eau pétillante. Sortit son tabac, du papier, et se roula une clope. Ongles roses, écaillés. Du sol en ardoises montait un courant d'air froid, et une odeur d'ordures oubliées s'échappait de l'évier.

— Je ne sais absolument pas pourquoi il m'a donné votre numéro.

— C'est à cause de la plainte.

— Quelle plainte ?

— Je lui avais dit que j'avais porté plainte à la police pour viol. Je lui ai demandé ce qu'il fallait faire.

— Nils Mattis ?

Elle secoua la tête et alluma sa cigarette.

— Lui, c'était Karen Margrethe. Non, celui-là il est plus haut placé. Il fait partie du conseil municipal. J'en ai d'abord parlé au skieur, il m'a dit que je devais porter plainte. Mais quand j'y suis allée, c'était le commissaire lui-même qui était à l'accueil. Eliassen, vous savez qui c'est, hein ? Il m'a fait entrer dans son bureau, je suis restée près de la porte et j'ai essayé d'expliquer ce qui s'était passé. Ensuite il m'a engueulée, m'a dit que j'avais été complètement idiote. Que je l'avais bien cherché.

— Comment ça, bien cherché ?

— Que je m'habillais comme une pute et que j'avais bu.

— Vous étiez soûle quand ça s'est passé ?

— Oui, j'étais peut-être un peu bourrée, on m'avait payé quelques verres, des trucs qui shootent. GHB et pastilles à la menthe, vous voyez quoi.

— Et qu'est-ce qui s'est passé ensuite ?

— Après Eliassen ? Rien. Le skieur ne pouvait rien faire, il a dit.

— La plainte n'a pas été enregistrée ?

— Bien sûr que non, tiens, le commissaire est au conseil municipal dans le même parti que celui que je voulais dénoncer.

— C'était quand, ça ?

— C'était avant l'histoire avec Karen Margrethe. Le skieur, là, Kristi… son.

— Kristiansen ?

— Oui, à ce moment-là il était nouveau, avant lui il y avait eu une femme, une stagiaire. Je croyais qu'elle était encore là, c'est pour ça que j'y suis allée.

— Vous vous souvenez de quand c'était ?

— L'automne dernier. Début septembre ? Dans la semaine après le festival de musique.

Elle jeta sa cigarette éteinte dans l'évier, avant d'y verser l'eau sale du nettoyage. Mit sa doudoune et ses bottes. Nous allâmes ensemble jusqu'à la porte extérieure. Le bonhomme avec son bonnet de Karasjok était toujours assis sur le perron et parlait au chien blanc.

Je ne savais pas vraiment quel usage je ferais des informations d'Irene. Il existait probablement une série de plaintes qui n'avaient jamais été suivies d'enquête.

— Me soutiendrez-vous si je vais plus loin ?

— Bien sûr, vous avez mon numéro.

Elle se faufila près du bonhomme sur l'escalier et s'éloigna sous la neige en direction du parking.

Nils Mattis était à l'intérieur du café, à la même table que quand je l'avais rencontré la fois précédente. C'était peut-être là qu'il traînait, au lieu d'être avec le troupeau de rennes dans la montagne.

Il portait un gros pull et un anorak de ski, bien que la température à l'intérieur du café approchât les trente degrés. La marque de l'anorak avait dû être chic à l'époque où le vêtement était neuf. À présent il était sale et usé, rapiécé aux coudes avec du tissu orange.

— *Bures, bures, mo manna ?*

Il leva les yeux de son verre de bière, manifestement pas tenté par une rencontre ou une conversation avec moi. En tout état de cause insensible à toute intonation ironique ou commentaire enjoué. Et en plus, il m'avait ignorée pendant trois semaines. Avait dédaigné nos rendez-vous. Prétendu être en montagne, alors qu'il était au café.

— Tu es un connard, Nils Mattis, tu entends ? Cette fois-ci, tu ne vas pas t'en tirer comme ça.

Je ne pourrais même pas affirmer qu'il écoutait, il avait les yeux plongés dans son verre de bière à moitié vide, semblait attendre qu'un nuage de gaz s'élève de son demi et m'emporte.

— Tu profites de tout le monde, mais tu ne donnes jamais rien en échange. Tu as escroqué grand-mère et grand-père. Tu as trompé tes parents. Tu as abusé de Karen Margrethe. Mais si quelqu'un te demande quelque chose, tu disparais dans la montagne. Ou alors tu es là à picoler.

— Tu ne sais pas de quoi tu parles.

Il faisait tourner son verre de bière et regardait le tourbillon. Sur ses mains gercées, rouges, il y avait des crevasses noires dans lesquelles la suie et l'huile avaient séché.

— Tu te prends pour qui à t'imaginer que tu peux débarquer ici et jouer les emmerdeuses, engueuler les gens à droite, à gauche. Rentre chez toi et fous-nous la paix.

Il n'y avait rien d'agressif dans sa voix. Il était seulement fatigué. Parlait si doucement que je dus me pencher au-dessus de la table pour entendre ce qu'il disait.

J'allai au bar acheter un Solo. C'était bien la première fois qu'ils vendaient un soda le soir, dans cet établissement. L'homme derrière le comptoir me regarda comme si je venais d'atterrir sur le lac dans une soucoupe volante.

— Vous voulez une paille ? demanda-t-il.

— Un verre suffira, s'il est bien lavé.

Nils Mattis couvait sa bière et fit semblant de ne pas me voir quand je revins à sa table. Je lui envoyai un coup de pied dans la jambe, essayant de capter son regard.

— Maintenant tu vas m'écouter très attentivement. Je suis venue ici parce que grand-mère me l'a demandé. Elle m'a appelée moi parce qu'elle trouvait gênant de toujours devoir s'adresser à Ante Mikkel. Que ce soit toujours lui qui mette de l'ordre dans tes exploits. En plus, il coûtait de l'argent, lui. Moi, je ne coûte rien. Quelqu'un de la famille, on n'a pas besoin de le payer.

— C'est toi qui dis ça, tiens. Quelle surprise. Tu vois, je travaille depuis que j'ai dix ans, et je n'ai jamais eu de salaire. Jamais vu d'argent. Jamais entendu parler de rémunération. Le mot n'a pas été prononcé.

— Tu étais où, toute cette semaine ?

— J'étais avec le troupeau de femelles. Ils essaient de nous pousser hors de notre pâturage d'hiver. On a ce pacage-là depuis toujours. Déjà avant l'époque de grand-mère. Maintenant, les autres ont tellement de bêtes, là-haut, qu'on ne peut pas se protéger. Ils amènent leur troupeau de plus en plus près du nôtre. Cette nuit j'ai découvert un endroit où ils avaient abattu au moins dix rennes à nous. Ils avaient juste enfoui les peaux dans la neige, même pas coupé les oreilles. Même pas essayé de dissimuler le lieu d'abattage. C'était seulement pour nous provoquer.

Il se redressa sur sa chaise, se pencha au-dessus de la table et me saisit le bras. Ses yeux étaient cernés de rouge et fatigués. Ses cheveux ébouriffés, graisseux. Il resserra inutilement sa main sur mon bras. Comme s'il voulait me retenir, me faire comprendre que ce dont il parlait était sérieux.

— Je suis allé jusqu'à leur cabane avec un fusil de chasse chargé. Tu sais ce qu'ils ont fait ?

Je secouai la tête, il relâcha mon bras et finit son verre.

— Ils ont rigolé. Ils se sont fichus de moi parce que je ne pouvais rien faire contre eux. Ils abattent des animaux, nous piquent pour peut-être cent mille couronnes de viande juste sous nos yeux, et ils nous rient au nez. Eux, ils ont plus de dix mille bêtes, là-haut. Six, sept hommes qui peuvent se relayer pour les surveiller. Nous, on est deux, trois avec papa. Mais il n'en peut plus. Il prend des médicaments pour les nerfs et veut qu'on se retire de l'exploitation.

Il fit signe à l'homme au comptoir, montra son verre vide.

— Papa est là-haut avec le troupeau de mâles. En ce moment, c'est un des neveux, Aslak Isak, qui reste avec les femelles. Il a quatorze ans, et c'est la première fois qu'il est tout seul dans la montagne. Moi-même j'ai à peine dormi la semaine passée. Qu'est-ce que tu veux que je fasse, bon sang ? Que je me coupe en deux ?

On lui apporta son demi et il réussit à allumer sa cigarette cabossée.

J'essayai de lui expliquer que je sentais le vent de la mauvaise conscience me souffler dans le cou, que rien de ce que j'avais fait ne suffisait. Je devais en permanence faire les frais du départ de maman.

Il écoutait, mais je ne suis pas sûre qu'il comprenait ce que je voulais dire. Il n'avait peut-être pas la force de compatir. Il se leva pour aller aux toilettes. Quand il revint, son visage était propre.

J'allai chercher un deuxième Solo et tentai de rallumer ma cigarette mal roulée. Nils Mattis poussa son verre et se pencha vers moi.

— J'ai arrêté l'école avant d'avoir terminé la troisième. N'ai même pas passé le brevet. Ils avaient besoin de moi dans la montagne. Tout ce que je sais, je l'ai appris là-haut. Les animaux, le temps, le vent et la neige. Qui pourrait s'intéresser à ces connaissances-là, à ton avis, si nous abandonnions l'exploitation ? « Non, je n'ai pas de diplôme de l'école, mais j'en connais un rayon sur la neige. » On ne trouve pas de boulot avec ça, on ne peut pas se former à autre chose. Tu sais, j'en ai vu qui ont arrêté l'élevage. Dans le meilleur des cas, ils reçoivent de l'argent, alors ils peuvent se soûler à mort.

Il avait les yeux baissés, l'air renfrogné, et faisait tourner son verre dans ses mains. L'homme qui était assis sur l'escalier à mon arrivée s'installa à notre table, me demanda de lui payer une bière. Fouilla de son doigt sale dans le cendrier fumant, en quête de mégots.

— Va te faire ! Tu peux te l'acheter toi-même, ta bière.

Il déposa son bonnet moisi par terre, semblant vraiment réfléchir à ma suggestion, mais il resta assis à table, la tête dans sa main.

— Tu sais ce que je regrette ?

Nils Mattis écarta son verre de bière et me saisit fermement le poignet.

— Tu sais ce que j'ai regretté quand je suis parti et que ces salauds se foutaient de moi dans mon dos ?

Il me regarda avec ses yeux cernés de rouge.

— J'ai regretté de ne pas en avoir descendu un. Mes deux canons étaient chargés. J'aurais pu en avoir au moins trois avant qu'ils m'aient. Franchement, je regrette de ne pas l'avoir fait.

— Tu veux une bière ? Je t'invite.

Le bonhomme au bonnet des quatre vents se réveillait et voulait se montrer galant. Il tira de sa poche une poignée de pièces de monnaie.

— Tu vois, j'ai de l'argent, faut pas croire. Je te paie une bière.

— Garde ton argent, je ne veux pas de ta bière !

— T'es peut-être trop distinguée pour boire une pils avec nous, sale *rivgu* !

Je ne sais pas pourquoi ce fut précisément ce pauvre type qui écopa pour tout ce qui s'était accumulé les derniers jours. Je combinai toutes les insultes que je connaissais en same, en composai quelques nouvelles de mon propre cru et lui envoyai une bordée d'injures dans mon dialecte maison, pendant qu'il lançait des regards égarés à la ronde.

— Je t'interdis de m'appeler *rivgu*, je suis autant same que toi. Une espèce de sale petite bite comme toi ça ferme sa gueule, un connard de…

À l'instant même où mes connaissances linguistiques furent épuisées, je regrettai.

Pour la première fois depuis mon arrivée, j'aperçus un peu de vie dans les yeux de Nils Mattis. Un sourire amusé éclaira son visage fatigué. Le pauvre bonhomme, qui ne comprenait pas bien pourquoi c'était lui qui s'en était pris plein la poire, jetait des regards perdus autour de lui tandis que j'allais lui chercher une bière au comptoir.

Quand je revins, on lui avait visiblement expliqué qui j'étais.

— J'ai connu ta mère, dit-il.

— Je sais, tous les vieux ici l'ont connue. Pas besoin de me débiter le couplet de notre ressemblance.

Il but d'un trait la moitié de son verre et me regarda avec un petit sourire.

— C'est extraordinaire que deux personnes puissent se ressembler à ce point.

*

Je ramenai Nils Mattis au village. Il ne voulait pas rentrer chez lui ni que je le dépose dans le centre. Alors je l'emmenai chez Ailie. Cette fois-ci, elle était à la maison et ne s'étonna pas le moins du monde que Nils Mattis soit avec moi.

— Vous avez regardé les informations ? *Oddasat*.

Nous n'avions pas regardé. Mais, visiblement, le

commissaire avait montré des peaux provenant d'un abattage délictueux et déclaré qu'au cours d'une enquête sur un meurtre dans la montagne, on avait mis au jour des vols de rennes de grande ampleur. Il était question d'intrusion dans une zone de pâturage, on supposait que le mort avait été mêlé aux querelles concernant le pâturage d'hiver.

— Qu'est-ce qu'a dit le reporter ? demanda Nils Mattis.

— Rien, il s'est contenté de faire « oui oui » à toutes les belles paroles du commissaire. Pas étonnant, c'est son neveu.

— Ils ont dit quelque chose, après ? Dans le studio. Personne n'a fait de commentaire ?

— Rien.

Nils Mattis, qui était en train de retirer son manteau, s'assit à la table de la cuisine et regarda par la fenêtre obscure.

— Qu'est-ce que ça signifie, tout ça ?

— Qu'on nous soupçonne, non seulement d'avoir tué Vidar, mais aussi d'avoir volé des rennes et pénétré sur leur zone de pâturage. Aslak Isak est tout seul là-haut avec le troupeau de femelles, pauvre gosse.

Il se rhabilla, mais nous parvînmes à le convaincre qu'il ne pourrait rien faire pendant la nuit.

— Après un bulletin d'informations pareil, notre troupeau, c'est du gibier, là-haut. Ce salaud d'Eliassen n'avait qu'à dire carrément « je vous en prie, servez-vous », ç'aurait été la même chose. Et ce foutu reporter qui opine à tout ce qu'il dit.

— Il a mis en garde contre la viande. Les bêtes viennent d'être vaccinées. Leur chair pourrait être toxique.

Nils Mattis eut un rire ironique.

— Espérons que c'est vrai. Le journal disait qu'ils voulaient sponsoriser notre équipe nationale de cuisiniers en leur donnant de la viande de renne. Ça ne serait pas la première fois qu'on enverrait un abattage au noir aux stars d'Oslo.

Nils Mattis descendit à la cave pour dormir. Ailie et moi mangeâmes un craque-pain avec du saumon fumé et de la mayonnaise. Je lui racontai ce qui s'était passé les derniers jours, essayai de lui faire part de mon sentiment de désarroi.

— Quand repars-tu ?

— Samedi, ou dimanche matin au plus tard. Je recommence à travailler à Stockholm lundi.

— C'est aussi bien que tu prennes de la distance par rapport à ce qui s'est passé là-haut. Tu y verras peut-être plus clair avec un peu de recul.

Nils Mattis dormait sur un matelas à la cave. Il avait gardé son anorak et son pull, mais retiré ses bottes. Je le réveillai pour lui dire que je souhaitais l'accompagner au pâturage d'hiver le lendemain. Il me regarda et fit oui de la tête. Nous convînmes de nous voir chez grand-mère. Je n'étais pas tout à fait sûre qu'il ait compris. Mais il approuva et se pelotonna sous la couverture entortillée. En remontant l'escalier, je l'entendis ronfler.

Ailie n'avait dégagé qu'un chemin étroit jusqu'à la maison, alors je m'étais garée sur la route, avec deux roues dans le talus de neige. Sa voiture à elle serait ensevelie jusqu'à la mi-mai, disait-elle.

Toute la journée, la température était remontée, il ne faisait plus que quatre ou cinq degrés au-dessous de zéro quand nous descendîmes au centre-ville. Si le temps s'adoucissait, je ne pourrais pas sortir la voiture du talus. Les roues s'enfonceraient dans la neige et elle resterait bloquée sur le châssis.

Près de la Maison de la culture, nous vîmes le chasse-neige arriver vers nous et dûmes grimper sur la congère haute d'un mètre pour ne pas risquer de nous faire écraser. J'eus une pensée pour ma voiture sur le bord de la route, mais pas le courage de m'en soucier outre mesure. À notre retour, elle serait seulement ensevelie sous la neige, dans le meilleur des cas.

— J'ai trouvé un trousseau de clés dans la voiture, je crois que c'était celui de Vidar.

Quand il nous aperçut, perchées en haut du talus, le chauffeur du chasse-neige ralentit. Nous fit signe en passant. Nous pûmes redescendre. J'avais l'impression qu'elle ne m'avait pas entendue.

— Tu as trouvé les clés de Vidar, et alors ?

— Elles n'étaient pas dans ma voiture, mais dans celle de Karen Margrethe. Quelqu'un les avait perdues là. L'une d'elles ouvre ta porte d'entrée.

Nous étions sur la route, en bas du talus, et vidions la neige de nos bottes. Je ne vis pas sa réaction, ne lui dis pas non plus que c'était le gars de la dépanneuse qui avait trouvé les clés.

— C'était quand ?

— Après sa mort. La voiture était dans le garage de la police à Karasjok.

Je renfilai mes bottes. Mes chaussettes étaient mouillées et j'avais les pieds gelés.

— Tu en es absolument sûre ?

— J'ai essayé la clé dans ta porte. L'autre ouvre sa boîte postale.

Nous reprîmes notre chemin vers le village. En augmentant, la température rendait l'air humide et lourd. À cause du vent qui venait de la vallée, nous dûmes passer devant l'école presque en courant, puis continuer à l'abri derrière la banque et la Maison communale.

— C'était sûrement les clés de Vidar. Il les avait perdues ?

— C'est ce qu'il avait dit, mais cela ne change pas grand-chose, nous fermons rarement à clé.

Cette histoire de clés l'avait plus surprise que je ne m'y attendais.

Il y avait quelque chose, dans son intonation, que je ne reconnaissais pas. J'avais effleuré un point qu'elle ne voulait pas aborder.

Le vent dans le dos, nous continuâmes à monter la côte, entre Coop et le commissariat. Le vent humide rendait la neige aussi glissante que du verglas. Sur la plate-forme d'un pick-up garé en bas de la station-essence, des chiens de traîneau étaient enfermés dans des cages. Ils s'agitaient, impatients dans leurs boxes, tout le véhicule était secoué et craquait. Ils aboyèrent et hurlèrent à notre passage.

— Quelques jours avant sa disparition, il avait râlé parce que la porte était fermée à clé, lorsqu'il est rentré à la maison.

— Rentré à la maison ?

— Oui, il habitait chez moi quand il était là.

La piste de scooter était défoncée, on risquait à tout moment de passer à travers. Ailie me montra comment placer les pieds pour éviter cela : comme si on faisait du ski, mais sans les skis. En traînant légèrement les pieds, nous franchîmes les hautes congères devant l'hôtel.

En équilibre au sommet de la plus élevée, nous regardâmes à l'intérieur par la fenêtre du bar. Personne que nous connaissions. Si, Ovla !

Impossible, il était au dispensaire, avec une clavicule cassée. Cela faisait moins de trois jours qu'il avait failli mourir de froid.

Pourtant, c'était bien son scooter, devant l'hôtel. Deux rennes de course étaient attachés à son traîneau chargé. Leurs bois étaient sciés au ras de l'os frontal. Ils nous regardaient avec des yeux inquiets et tiraient sur leurs licous tressés. Ovla avait placé devant eux un énorme tas de fourrage.

Lui-même était au bar et buvait de la bière, le bras droit en écharpe et une minerve jaune autour du cou.

— J'ai déplacé la poignée d'accélérateur du côté gauche. Un peu inhabituel, mais ça marche.

Il montra comment il mettait désormais les gaz avec le pouce gauche.

— Beaucoup font ça, c'est plus facile ensuite avec le lasso.

La serveuse m'informa que j'avais des messages à la réception.

Siri Kvenviik : elle avait appelé plusieurs fois. Un message de Jon Arne également.

On lui avait demandé d'être remplaçant dans une course de relais importante à Trondheim et il avait pris la route en toute hâte. Il était désolé de ne pas pouvoir venir à notre rendez-vous, écrivait-il. Bises ! En Suédois. J'étais un peu déçue qu'il soit parti. Nous n'aurions peut-être plus l'occasion de nous revoir avant que je rentre en Suède.

J'appelai Siri.

Elle regardait une vidéo, chez elle, installée dans le

canapé avec les enfants, des chips et du Coca. Je lui rapportais ce qui s'était passé dans la montagne et j'entendais les pas lourds d'Arnold Schwarzenegger dans le film. En tirant sans plus s'appliquer que cela, il avait sûrement déjà abattu une dizaine de personnes pendant le laps de temps où je racontais comment nous avions trouvé Ovla sous son scooter.

Pour Siri, le travail était terminé. Elle avait déposé son rapport au commissariat d'Alta, ils prendraient la suite de l'enquête. Elle pouvait toutefois dire que Vidar avait été tué avec un fusil de chasse, à quelques mètres de distance. Il était probablement venu sur le même scooter que le meurtrier. Il y avait une seule trace à proximité et, avec ses bottes de cow-boy, il n'aurait guère pu marcher bien loin dans la poudreuse. On n'avait pas trouvé d'autres traces de scooter.

— Mais il y avait quelque chose là-bas, dont je ne suis pas très sûre. Une empreinte. Quelques pas, seulement. À trois ou quatre mètres de l'endroit où l'on a trouvé le corps. Des bottes en caoutchouc finlandaises, je crois. Est-ce qu'il pourrait s'agir de tes empreintes ?

— Je ne porte pas ce type de bottes. J'ai des Lundhags, ou un truc du genre. Avec des étoiles sous la semelle.

— Celles-là sont différentes. Il me semble qu'une des semelles est brûlée. On l'a mise trop près d'un feu ou d'une cheminée.

Je lui parlai de la carte postale adressée à Karen Margrethe.

— Tu l'as lue ?

— « Jeudi ! Salut. Roger. » Le cachet de la poste datait de la semaine précédente. Jeudi, c'était le jour où j'ai aidé un Russe en panne à ramener sa voiture jusqu'à

Kautokeino. Il se lamentait sans arrêt, disait qu'il n'arriverait jamais à la frontière avant la date d'expiration de son visa. Mais il voulait quand même venir ici plutôt qu'à Karasjok, qui est plus près de la frontière.

— S'il a fait une demande de prolongation de son visa, ses coordonnées devraient se trouver au bureau de la police à Kautokeino.

— Si je comprends bien, il connaissait Vidar.

Je ne mentionnai pas Ailie. Ne dis pas que je l'avais vue parler avec le Russe au bar de chez Maras.

— Lorsque nous avons contrôlé Roger, nous présumions qu'il envoyait de la drogue et des pastilles à Vidar ou à Karen Margrethe. Cela devait être l'inverse. Ils recevaient de la marchandise en provenance du côté russe et l'expédiaient par la poste à Tromsö.

— Vous pouvez faire quelque chose ?

— Rien, en fait. Karen Margrethe et Vidar sont morts tous les deux. On peut toujours interroger Roger une nouvelle fois. Mais il est probable qu'il ne connaisse pas le type russe.

Nous convînmes que je lui ferais signe à mon prochain passage dans le Nord.

J'entendais Arnold sur sa moto, en bruit de fond, on aurait dit que quelqu'un lui tirait dessus avec un lance-grenades. Dans le canapé, les enfants exultaient devant quelque cascade périlleuse.

— *Hasta la vista, baby !*

Siri retourna à ses biscuits apéritifs au fromage et à ses meurtres en série.

Ailie avait réussi à convaincre Ovla de ne pas retourner en montagne cette nuit. Il était en arrêt maladie pour deux semaines et devait rester chez lui. Au lit, de préférence.

Elle avait de l'autorité, il l'écouta. Ne se contenta pas de l'écouter, d'ailleurs, mais obtempéra et fit comme elle avait dit. Nous l'emmenâmes avec nous au pub, afin qu'il ne se débine pas en douce. En descendant jusqu'à l'entrée du pub, au sous-sol de l'hôtel, je demandai à Ailie comment il se faisait que les femmes fortes aient un tel ascendant dans cette société.

— Il se peut que, dans les sociétés où les femmes sont fortes et indépendantes, la fierté des hommes vis-à-vis de leur femme contrebalance leur besoin de s'affirmer. Ou peut-être les hommes s'affirment-ils en montrant qu'ils ont une bonne femme comme il faut. Qui les mène à la baguette. Une femme mariée peut venir récupérer son homme au bistrot, lui passer un savon et l'embarquer dans la voiture. L'admiration des copains ira en premier lieu à la femme énergique, mais une petite partie de la gloire rejaillira aussi sur l'homme. Il a beau être une pauvre andouille, il a quand même réussi à mettre la main sur une vraie matrone.

— Ça me rappelle cette bande dessinée qu'on lisait dans les vieux hebdomadaires, quand on était petits, *Li'l Abner*, ça parlait de hillbillies quelque part dans les Appalaches.

— Tu sais très bien que les archétypes sont internationaux.

Elle dit cela sur le ton de la plaisanterie, mais elle semblait y croire.

Quand nous passâmes devant les rennes de course d'Ovla, ils tirèrent sur leur harnais, effrayés. Quelqu'un les emmènerait en Finlande cette nuit. Dimanche, ils participeraient à une course de rue à Rovaniemi. Ils eurent droit à quelques poignées de granulés nutritifs, et leurs yeux agités s'apaisèrent dès qu'Ovla leur parla d'une voix étrangement envoûtante.

Quand nous entrâmes chez Aja, le *joïk* qui venait du pub produisait quelques décibels de moins que les martèlements sourds de la discothèque.

Un homme d'un certain âge passa faire une démonstration de fausses dents achetées à bas prix en Russie.

— De l'or véritable.

Il retira la prothèse supérieure et cogna le dentier en alliage contre le radiateur pour montrer la bonne affaire qu'il avait faite. Il renfourna ses dents et se dirigea, avec sa mâchoire de cheval, vers une nouvelle fille à épater.

— C'est vous l'avocate ?

L'homme faisait la queue à côté de moi au bar. Robuste, la bonne quarantaine, veston gris et cheveux noirs en bataille. Il transpirait et avait du mal à respirer. Il venait sans doute de la piste de danse.

— L'avocate de Nils Mattis ?

— Oui, c'est moi.

Nous avançâmes plus près du comptoir. Derrière le type en sueur, je vis l'homme au dentier faire claquer sa prothèse sur le bord de la table des touristes.

— Nous devrions avoir une conversation. Vous restez combien de temps ici ?

— Je pars samedi.

— Vous avez un manteau ? Je crois que nous serons plus au calme dehors pour parler.

Sa voiture était garée derrière l'hôtel. Je m'installai à l'intérieur et il démarra, mit le chauffage.

— J'étais aussi impliqué dans le procès, quand Vidar

a été condamné, il y a quatre ans. On savait depuis le début qu'ils n'avaient pas envoyé la bonne personne en prison. Tout le monde était au courant. Tout le monde savait que c'était Nils Mattis le coupable.

— Quel a été votre rôle ?

— Partie civile. C'est mon frère, mon petit frère qui a été tabassé. Et qui en est mort.

— Quelle était la cause de la bagarre ?

Il tourna son regard vers la porte d'où les gens commençaient à affluer pour rejoindre les voitures qui les attendaient.

— Vous savez comment c'est. Pour que l'élevage de rennes soit rentable, il faut avoir de l'argent. Investir. On fait croître les troupeaux. On se pousse les uns les autres hors des anciennes zones de pâturage. Les vieilles unités familiales comme la vôtre se retrouvent prises en tenaille. Il est impossible de tirer profit d'une si petite unité d'exploitation de nos jours.

— Ça, je le sais. Mais que s'est-il passé ? Cette fois-là.

— Parfois c'est le Far West, là-haut, dans la montagne. Vous avez déjà lu des livres de cow-boys ? *Bill et Ben* ?

Il baissa la vitre de quelques centimètres. Par l'étroite ouverture, une odeur fraîche pénétra dans la voiture. Un parfum de vent du sud et de printemps.

— Non, je n'ai jamais lu de livres de cow-boys.

— Vous avez peut-être vu des films ? Ils en repassent des vieux à la télévision, de temps en temps.

— J'en ai sûrement vu.

— Alors vous savez qu'il y a des hommes avec des revolvers, dans ces films. Des gangsters qui louent leurs services. On les paie, et ils foutent la trouille à ceux qu'on leur indique. « Pour une poignée de dollars », vous en avez entendu parler, hein ?

— J'en ai entendu parler.

— Il était comme ça, Vidar. Pour nous, il valait mieux que ce soit lui qui aille en prison, plutôt que Nils Mattis.

— Pour que vous puissiez continuer à pousser nos bêtes hors de notre zone de pâturage ?

— J'ignorais que vous-même aviez votre propre pacage, ou des rennes dans ce troupeau ?

Il me regarda l'air narquois, passa les doigts dans sa chevelure noire rebelle et contempla le résultat dans le rétroviseur.

— Ma mère avait pas mal de bêtes. Ce sont les siennes qui ont disparu les premières.

— Ça, vous en parlerez à Nils Mattis. Enfin, si vous avez envie de jouer à l'éleveuse de rennes, allez-y. Mais, dans ce cas, vous devrez accepter de suivre les règles qui existent.

— Je croyais qu'il n'y avait aucune règle.

— Bien sûr, on peut le formuler de cette manière. Alors disons qu'il faut accepter de jouer sans les règles qui figurent dans votre livre de lois.

Il descendit complètement la vitre et fit signe à une fille qui sortait du pub, manteau de cuir noir et cheveux clairs flottant au vent. Elle arriva vers nous, me regarda avec curiosité, puis fit le tour de la voiture. Je lui cédai ma place. J'étais en train de retourner au pub, quand il me héla. Il sortit de la voiture, s'avança vers moi, posa une main sur mon épaule.

— Je voulais seulement que vous sachiez que notre famille n'est pas mêlée à ce qui s'est passé avec Vidar. Si c'était le cas, je vous l'aurais dit.

En arrivant chez Ailie, nous vîmes que ma voiture était complètement emmurée dans le talus levé par le chasse-neige. Celui-ci avait eu le temps de faire plusieurs allers-retours pendant notre absence. On n'apercevait plus du véhicule que l'aile arrière et le verre cassé du feu.

Un jour de plus, et la voiture aurait complètement disparu dans la congère.

Dans une espèce d'hilarité nerveuse, nous la dégageâmes. Cela nous prit plus d'une heure et, quand nous eûmes enfin remis la voiture sur la route, nous étions tout en sueur et trempées jusqu'aux os.

Je courus dans la maison emprunter des vêtements secs et me changer, pendant qu'Ailie montait la garde. Si le chasse-neige repassait, il faudrait tout recommencer.

Mes bottes et mes chaussettes étaient mouillées. Je descendis à la cave et empruntai des chaussettes sèches, mis les bottes de montagne d'Ailie et eus la sensation d'être quelqu'un de nouveau, une personne un tantinet meilleure. Décrochai du porte manteau une veste sèche, trop grande, qui avait dû appartenir à Vidar. Quand je la retirai pour la raccrocher, un téléphone portable tomba de la poche. Un banal Nokia. La batterie était presque déchargée, mais je pus l'allumer. Je trouvai sept appels en absence provenant de mon téléphone. La date concordait. C'était le mobile de Karen Margrethe.

Je déclinai l'invitation d'Ailie à rester dormir, puis nous décidâmes de trouver le temps pour faire une sortie à skis ensemble avant mon départ. Elle connaissait un bon endroit, me dit-elle, là-haut, près de Biedjovággi. Je repris ma voiture et traversai la localité déserte. J'avais toujours sur moi la clé de l'appartement de Jon Arne.

Ce n'est qu'après m'être garée, alors que j'étais devant sa porte et cherchais la clé dans ma poche, qu'il me vint à l'esprit que cette histoire de course de relais n'était peut-être qu'un faux-fuyant.

Et s'il n'était pas du tout parti comme remplaçant pour une quelconque compétition de ski, mais voulait seulement se débarrasser de moi ? En ce moment même, il était peut-être chez lui, avec sa copine de Hammerfest, de Berlevåg, de Mehamn ou d'un autre coin perdu, dans son grand lit dur comme du bois ? Ou avec son épouse cachée, la star russe du ski, Svetlana Dimitrinova ? Il était peut-être en pleine action, en train d'enduire son corps musclé *à elle* de liniment ?

On ne sait jamais, avec les skieurs. Il faut bien que toutes ces hormones artificielles et cette testostérone qu'ils s'injectent ressortent quelque part. J'écoutai à la porte, mais n'entendis aucun bruit humain, alors j'ouvris et entrai.

Il n'y avait personne. Seulement un tas de vêtements de sport mouillés par terre, dans la petite cuisine. La housse à skis n'était plus là. Si Jon Arne s'adonnait à un massage intime au liniment, c'était donc dans une autre partie du pays.

Je mangeai un peu du poisson fumé qui se trouvait dans le frigo et goûtai prudemment à unc mystérieuse boisson énergétique, dans unc bouteille en plastique pourvue d'un tuyau. Le goût de la boisson correspondait à peu près à l'odeur du tas de vêtements sur le sol.

Je fis du thé et emportai ma tasse dans le séjour. Sur la table, il y avait une chemise contenant un rapport étiqueté « confidentiel ». C'était l'enquête sur le meurtre de Vidar.

La partie la plus détaillée était le compte rendu de Siri sur l'examen technique du lieu du crime. Les photographies étaient intéressantes. Les angles indiqués avec précision sur le plan d'ensemble. Visiblement, tout avait été réalisé de manière très professionnelle. Les rapports de police que je lisais habituellement étaient rarement de cette qualité.

Le compte rendu d'autopsie n'était pas très complexe. La victime avait été à moitié décapitée par un coup de feu, tiré par en dessous, de côté, avec un angle d'environ vingt degrés. Il n'y avait pas grand-chose à ajouter.

J'allai à la cuisine, fouillai dans le placard mais ne trouvai rien de mangeable. Je repris donc un peu de poisson fumé.

J'avais pensé à quelque chose, mais je ne me souvenais plus quoi. Juste avant, au cours de la soirée. Je balançai les vêtements d'entraînement pleins de sueur dans l'entrée. Bus mon thé et essayai de me remémorer ce que j'avais fait depuis mon réveil, ce matin.

La conversation avec grand-père et grand-mère ? Nils Mattis ? Ma visite chez Ailie ? Le coup de fil avec Siri ? Que s'était-il passé au pub ? Mon entrevue avec tante Sara Marit ? Le téléphone portable de Karen Margrethe dans la veste de Vidar ?

Il était avec elle quand elle était morte de froid, mais n'avait rien fait pour la sauver.

J'avais encore le goût du poisson dans la bouche, je me fis une nouvelle tasse de thé. J'allai à la salle de bains, me brossai soigneusement les dents avec la brosse de Jon Arne. Gardai mes chaussettes, grimpai dans le lit et éteignis la lumière. Mes pieds ne voulaient pas vraiment se réchauffer depuis mon hypothermie près de la crevasse dans la glace. Déblayer la neige avec des chaussettes mouillées m'avait frigorifiée. Et la neige dans mes bottes, quand j'étais passée à travers la trace de scooter. La trace de scooter !

J'allumai et allai chercher la chemise contenant le rapport d'enquête. Siri avait mesuré très précisément l'épaisseur de neige qui était tombée après que Vidar avait été tué, et vérifié en comparant avec le rapport de la station météo. Il y avait une description détaillée des traces de pas sur le lieu du crime. Ainsi que de la profondeur à laquelle on les avait trouvées.

Sur l'une des photos, la neige recouvrant les traces de scooter avait été brossée. Les empreintes de Vidar étaient signalées depuis l'endroit où il était descendu du véhicule. Avec ses bottes de cow-boy étroites, il s'était enfoncé dans la neige presque tous les deux pas.

Contrairement à celui qui avait tiré, bien qu'il eût reculé d'une dizaine de mètres dans la même trace. Le meurtrier devait donc être beaucoup plus léger. Ou avoir l'habitude de marcher dans les sillons des scooters.

J'allai dans le vestibule. Les bottes que j'avais empruntées à Ailie étaient sous les affaires de sport de Jon Arne.

La semelle gauche était fendue et le motif, en dessous, était brûlé. Il y avait un cliché de l'empreinte dans le rapport. Je comparai la photo et la botte. Aucun doute, l'empreinte dans la neige venait de cette botte-là.

Nils Mattis était assis dans la cuisine, chez grand-mère, et mangeait une bouillie de flocons d'avoine. Il s'était lavé les cheveux et rasé, avait mis des vêtements propres.

Grand-mère était allée chercher plus d'airelles pour le porridge à la réserve, elle revint avec un pot plein qu'elle posa sur la table.

Je mangeai seulement la moitié de la part qu'elle me servit. Nils Mattis mit dans son sac la viande séchée que grand-père avait prise dans la cloche grillagée sur le toit.

Je sortis pour démarrer le scooter de grand-père. Nils Mattis lui avait dit que je l'accompagnerais dans la montagne, et grand-père s'était levé tôt pour faire chauffer la machine.

Nous chargeâmes sacs à dos et peaux de rennes sur la remorque de Nils Mattis. Grand-père sortit avec son vieux Krag-Jörgensen et une boîte de cartouches. Nils Mattis me vit regarder l'arme.

— La police est venue prendre mon fusil de chasse. Pour le tester, ils ont dit.

Il ouvrit la culasse et palpa le mécanisme de la vieille arme usée. Regarda à travers la lunette de visée.

— Je l'ai ajusté. Il tire un peu bas, ça fait des années que je ne l'ai pas utilisé.

Grand-père donna la boîte de cartouches à Nils Mattis qui la fourra dans la poche de son blouson.

— Eliassen n'est pas venu poser de questions ? Sur Vidar ?

Nils Mattis regardait grand-mère sur le perron. Elle secoua la tête.

Grand-père m'aida à démarrer le scooter.

Quelques kilomètres plus loin dans la montagne, les nuages se dissipèrent d'un seul coup et la croûte de neige, tel un mille-feuille de glace immaculée sur une couche plus granuleuse, faisait étinceler tout le haut plateau.

Nils Mattis allait trop vite, je suivais loin derrière. Quand il arriva en bas du versant, il s'arrêta et m'attendit. Mes lunettes de soleil étaient très mauvaises, il alla en chercher de meilleures dans son sac à dos sur la remorque. Pendant que nous faisions une pause, il chargea le vieux fusil de grand-père. Visa quelque chose, très loin dans le blanc infini, et tira. Un coup sec et dur, qui s'évanouit sans écho ni amplification sur le plateau montagneux.

Ce n'était pas du tout le même bruit que lorsqu'on tire des coups de feu au cinéma ou à la télévision.

— Je n'ai jamais tenu d'arme de ma vie. Quand on était petits, on nous a appris à avoir peur de ces trucs-là.

Il me tendit l'arme sans dire un mot. Si j'avais bien compris, c'était un vieux fusil de chasse ordinaire, sans raffinements ni subtilités particulières.

L'impression de l'avoir si naturellement en main me choqua un peu. D'un seul coup, il faisait partie intégrante de mes gestes. Je soulevai l'arme et visai l'étendue enneigée.

— Fais attention à ce que le viseur ne soit pas trop près de ton œil. Le recul pourrait t'ouvrir le sourcil.

Nils Mattis me montra comment tenir le fusil, et je tirai deux fois dans la neige.

En le reposant, j'essayai de garder un air impassible, mais je sentais les battements de mon cœur, et mes mains tremblaient encore du choc de la détonation. Curieusement, pouvoir maîtriser une telle puissance était excitant. Je ne voulais pas admettre, en fait, que cela avait un tel impact sur moi. Je ne l'aurais jamais imaginé. J'étais bouleversée d'avoir réagi de manière si primaire. Si nue.

Nils Mattis me roula une cigarette. Nous étions assis sur son scooter et regardions le paysage plat et blanc. Je réalisai que nous nous trouvions dans la même situation que quand nous étions enfants et allions chercher des mûres polaires. Comme sur la photo du pêle-mêle de maman. Cette fois-là, j'avais cru qu'il écraserait dans ses doigts la petite perdrix des neiges, juste pour me montrer que je n'étais pas chez moi ici.

— J'avais dix ans seulement, la première fois que je suis resté seul dans la montagne avec le troupeau de la famille. Quelque chose s'était passé, et papa avait été obligé de redescendre au village. C'était à une dizaine de kilomètres par là-bas.

Il désigna les montagnes basses vers l'est, tira une orange de la poche de son blouson, la malaxa dans sa main pour que la peau se détache facilement.

— À dix ans : l'entière responsabilité de toute la fortune de la famille. Pas loin de mille bêtes, peut-être. Il y en avait pour des millions de couronnes. Le soir, près de Luopajahvre, je suis passé à travers la glace. Je me suis relevé, mais il restait encore quelques kilomètres jusqu'à notre cabane de berger, au campement. J'ai essayé de courir sur la croûte de neige, mais ma combinaison avait gelé. Alors, avec mon couteau, j'ai coupé une jambe du pantalon pour pouvoir redescendre à la cabane. C'est sans doute ce qui m'a sauvé la vie. Après, j'ai pris une rouste parce que j'avais abîmé mes vêtements.

Il rit, comme pour s'excuser de ce qu'il venait de raconter. Partagea l'orange, m'en donna la moitié et jeta la peau dans la neige.

— Tu sais, je n'ai encore jamais confié ça à personne. Mais j'y pense souvent : il aurait peut-être mieux valu rester bloqué dans la montagne cette fois-là. Moins de soucis.

Nous mangeâmes l'orange sans plus rien dire, puis je retournai à mon scooter, et il attacha le fusil sur le paquetage du traîneau. Nous poursuivîmes notre ascension vers le pâturage d'hiver. Peut-être son récit signifiait-il la même chose que lorsqu'il avait serré la petite perdrix dans sa main ? Que je ne pourrais jamais comprendre la vie là-haut.

Que je n'avais rien à faire ici.

Nous eûmes beaucoup de mal à franchir la crête. La piste de scooter était défoncée ; là où la neige était la plus profonde, on pouvait à peine avancer. Nous dûmes contourner des congères en corniche qui avaient commencé à se désagréger sous les effets conjugués du vent du sud et de l'intensité du soleil.

Dans l'enclos de triage près de la cabane de chasse,

la neige était piétinée. Il y avait une multitude de traces de scooter et de pas. On avait trié le troupeau de femelles. Les oiseaux et les prédateurs avaient nettoyé le terrain d'abattage. Les policiers avaient laissé un ruban de plastique bleu et blanc qui flottait au vent, esseulé.

La cabane était glaciale. Nous fîmes du feu et mangeâmes en silence autour de la table épaisse. Nils Mattis troqua son blouson contre un *päsk* et un *luokka*, mit le lasso sur son épaule et partit sur son scooter chercher le troupeau et le garçon qui le surveillait. J'attisai le feu pour augmenter la chaleur dans la cabane et restai un peu à table à regarder la pâle lumière du soleil couler dans la longue vallée.

Dans quelques jours, je serais de retour à mon bureau. Cela me semblait irréel, d'une certaine manière. Irréel et très lointain.

La neige s'était accumulée contre la resserre, je dus me frayer un chemin jusqu'à la porte, en déblayant avec la pelle que grand-père avait attachée au scooter. Les bidons d'essence étaient tout au fond, sous un tas de peaux de rennes brutes. Les sacs en plastique avec les oreilles de rennes qu'Ovla m'avait montrées avaient disparu.

Je déchargeai le bidon d'essence et versai de l'huile dans le réservoir, comme grand-père me l'avait montré. Fis le plein, rentrai dans la cabane et préparai du café. Il commençait à faire sombre. Nils Mattis ne revenait pas.

En fouillant dans le placard, je trouvai des piles neuves pour la lampe torche, je réussis également à allumer la lampe à pétrole au-dessus de la table, mais me brûlai sur le verre qui avait chauffé plus vite que je ne pensais. Je restai ensuite un bon moment assise à table, à regarder mes mains. Non, ceci n'était pas ma vie.

La cabane crasseuse, délabrée. Le jeu de cartes graisseux sur la table grossièrement rabotée. Le calendrier avec les femmes nues. Tout ceci était à des années-lumière de ma vie.

Pourtant, je croyais avoir une sorte de lien avec cette vie-là. Il ne s'agissait pas d'un sentiment romantique des origines et de l'appartenance. Ce truc pour les touristes et les bourgeoises éprises de nature, qui veulent protéger les carnassiers et trouvent les Sames exotiques et charmants dans leurs kolts aux couleurs vives.

Je pris le savon fendu dans la soucoupe près du fourneau et sortis me laver les mains dans la neige. Il faisait presque nuit quand je retournai chercher la lampe dans la cabane.

Un mince rayon de lumière jaune dans un néant noir. Je posai la lampe sur l'escalier, pris de la neige dans mes mains et me lavai le visage avec le morceau de savon vert.

Tandis que je me tenais là, laissant fondre la neige sur ma figure, il me revint à l'esprit que j'avais ramassé un objet dans la neige, le jour où nous avions trouvé Vidar sur le lieu d'abattage. Un bloc de glace congelé autour de quelque chose qui ressemblait à un os gravé d'un motif.

L'eau glacée de la neige qui fondait sur mon visage coulait le long de mon cou. Je pris la lampe et commençai à chercher dans la resserre.

Le bloc de glace était dans l'un des seaux en plastique utilisés pour recueillir le sang. Au fond du seau, le morceau d'os était pris dans le sang gelé. J'emportai le seau à l'intérieur et le déposai sur le banc près du poêle.

La chaleur dans la cabane avait attiré une mouche solitaire qui effectuait une sortie vacillante dans les airs, autour de la lampe à pétrole. Je me versai le reste de café et obtins une tasse à moitié remplie de marc.

La femme du calendrier m'adressa un sourire équivoque lorsque je m'installai à table avec ma tasse fumante. La mouche revenue à la vie voleta vers le fourneau, je laissai promener mon regard dans la cabane rudimentaire.

L'élevage des rennes est la base même de la civilisation same, il est la clé de la langue same. Le fondement même de l'identité same. Je ne sais pas combien de fois j'avais entendu affirmer cela, ou l'avais lu dans divers articles de journaux.

Peut-être ne pense-t-on pas en premier lieu à ceux qui travaillent dans l'élevage, justement. Ils ne sont pas toujours très représentatifs. Sans doute un peu trop mal dégrossis pour convenir à un tableau culturel éclatant. Sur les photos dans les enclos de triage, ils sont d'un bel effet, il faut en convenir. Courent volontiers en tous sens, lasso en main, pour marquer les jeunes rennes de l'année, pendant que les touristes prennent des photos.

Il n'en demeure pas moins que les véritables porteurs de la culture sont les hommes qui vont travailler là-haut, dans la montagne. Ce sont eux qui font le boulot.

Combien de Sames du dessus du panier ne voit-on pas voyager de par le monde, pour parler de traditions et de culture dans des séminaires sur les peuples autochtones ? Ceux-là se sont octroyé le monopole de la représentation des *indigenous people* dans tous les contextes possibles et imaginables.

Combien, parmi tous ces experts en culture same, ont une expérience de cette vie ? Que savent-ils des vêtements mouillés, des nuits de garde à peler de froid, du café amer et de la bouillie d'avoine brûlée, des vingt-quatre heures d'affilée sur les scooters et de la surveillance du troupeau durant les nuits glaciales où il gèle ? Connaissent-ils la douleur qui envahit les doigts blanchis quand le sang s'en retire, ou les articulations raides ?

Peut-être ne sont-ils là que pour l'image romantique ?

Alors mieux vaut en effet parader au parlement same dans un kolt immaculé. Une classe supérieure toujours plus nombreuse de gens qui travaillent dans l'administration et ne pourraient jamais vivre de l'élevage ou de ce qu'ils produisaient, mais qui dépendent totalement de la bienveillance de la société majoritaire.

Ou bien se pouvait-il que l'on veuille seulement exposer à l'extérieur une façade lisse ? Une minorité revendique-t-elle toujours son droit à donner d'elle-même une image positive ?

La mouche réussit à virevolter une fois encore autour de la lampe, se heurta au verre et tomba sur la table. Je l'écrasai avec le manche du couteau à viande.

Le sang dans le seau commençait à fondre. Je parvins à détacher le morceau d'os au motif pyrogravé, versai dans une boîte de conserve un peu d'eau chaude du faitout posé sur le fourneau et nettoyai l'os gelé.

C'était un étui à couture. Un *nállogoahti*.

Je pris la serviette suspendue à la corde à linge pour

l'essuyer. Ce n'était pas n'importe quel étui à couture, c'était celui de Sara Marit. L'étui que je lui avais emprunté le deuxième soir à Kautokeino, pour réparer l'accroc dans mon manteau.

Je le rinçai dans l'eau chaude, le fis sécher au-dessus du poêle et m'assis à la lumière de la lampe. Examinai le motif. Sortis les aiguilles, le fil de tendons. Pas de doute, c'était bien l'étui de ma tante. Sur l'une des aiguilles était toujours accroché un reste du fil rouge avec lequel Sara Marit avait raccommodé mon manteau.

Nils Mattis ne réapparut pas ce soir-là. Je sortis sur l'escalier et tendis l'oreille vers les parois montagneuses, mais n'entendis aucun bruit de scooter ou de cloches provenant du troupeau de rennes.

J'allai chercher plus de bois dans la remise, me fis une tasse de soupe en sachet et rentrai le fusil que Nils Mattis avait laissé près de la porte, dans le sas d'entrée. Je le déposai sur la table et regardai le mécanisme. Ne sachant pas si l'arme était chargée ni où se trouvait le cran de sûreté, je l'emportai dehors, sur l'escalier.

Un fin croissant de lune s'était levé au-dessus de la crête et répandait une pâle lumière sur la neige.

En reprenant le fusil, mes doigts avaient trouvé automatiquement le cran de sûreté ; je tirai à la verticale vers la lune terne. Le bruit s'enfuit à travers la vallée, tel un écho terrifié, et, quand je reposai l'arme, il y avait une odeur de poudre dans le sas.

Je déroulai mon sac de couchage sur le grabat qui sentait le moins mauvais.

Quand je me réveillai, il faisait déjà jour derrière la fenêtre sale. Je restai un moment couchée dans la chaleur du duvet, puis me levai, sans m'en extraire. Ça sentait férocement la fumée, les vêtements humides et le renfermé. L'étui à couture de Sara Marit était sur la table.

La veille au soir, j'étais fermement convaincue que c'était Ailie qui avait tué Vidar. Les empreintes, dont les photographies figuraient dans l'enquête de Siri, provenaient sans aucun doute de ses bottes. Mais qu'est-ce que Sara Marit était venue faire ici ? Il était impensable qu'elle ait prêté son étui à couture à qui que ce soit.

Cela ne pouvait pas être Nils Mattis qui l'avait égaré. Un homme comme Nils Mattis n'aurait jamais sur lui un tel objet. Sara Marit s'était forcément trouvée là en même temps que Vidar.

Je bus une tasse de café de la Thermos et, sans même me préoccuper de faire du feu dans le poêle, j'enfilai mes vêtements et vérifiai que la carte et la boussole étaient dans la poche de ma combinaison.

Dehors, à la lumière du petit matin, j'arrimai le paquetage au scooter, allai chercher le fusil ainsi que la boîte de balles posée sur l'étagère dans le sas d'entrée. Enveloppai l'arme avec une vieille couverture militaire dénichée dans la remise et la fixai au sommet du chargement. Retournai à l'intérieur prendre l'étui à couture sur la table et le fourrai dans la poche poitrine de ma combinaison.

Il n'était pas tombé de nouvelle neige pendant la nuit, je pus suivre la trace de Nils Mattis pour monter sur le plateau. En haut, la neige chassée par le vent avait effacé la piste, mais Nils Mattis m'avait indiqué la direction des sommets où le troupeau paissait, si bien que je pus poursuivre mon chemin sans problème.

La lumière du jour était grise. La blanche étendue neigeuse semblait infinie. L'horizon se fondait dans les nuages et le brouillard laiteux.

En descendant la petite ravine d'un ruisseau, le scooter pencha sur le côté. Je roulais trop lentement, n'avais pas assez de puissance pour le redresser. Il s'enfonça et je restai coincée dans la poudreuse.

La mince croûte de glace – Nils Mattis l'avait appelée *ruhtta* – crissa quand je remontai sur le bord de l'étroite trouée.

À l'aide de la carte, j'essayai de m'orienter d'après les sommets que je voyais devant moi.

Un scooter déboucha au loin sur le plateau. La lumière du phare reflétée dans le brouillard givrant formait un rayon qui s'élevait droit vers le ciel. J'aperçus la lumière bien avant d'entendre le bruit du moteur. Visiblement, quelqu'un allait vers la cabane.

Je retournai à mon scooter, détachai le fusil et attendis dans la ravine. Le scooter s'arrêta, le conducteur retira ses lunettes de soleil et son masque de protection.

Ce n'était qu'un jeune garçon. Il descendit de sa

machine et ne parut pas vraiment surpris quand il m'aperçut.

— Où est Nils Mattis ?

Il fit un geste vers l'arrière pour indiquer d'où il venait et secoua le givre de sa chapka.

— Quelqu'un a essayé de disperser notre troupeau de femelles, Nils Mattis a suivi les traces. Il veut voir qui c'était.

— C'est loin ?

— Vingt, trente kilomètres peut-être. Là-haut, vers Buoljesvarri.

— Comment t'appelles-tu ?

— Aslak Isak.

— Tu sais qui je suis ?

Il approuva de la tête, quitta son scooter et retira ses gants. Me tendit une main molle, comme s'il était embarrassé ou ne savait pas trop ce que j'attendais de lui.

— Nous sommes de la même famille, en fait. Mon père est Biera Niilas.

Je n'avais pas songé que nous étions parents, pourtant Nils Mattis avait bien dit que c'était son neveu. Il lui ressemblait. Avait les traits du Nils Mattis de l'époque où nous étions enfants. La même force embarrassée, contenue. Tristesse et colère à la fois, reflétées sur un visage d'enfant. Il était mon petit cousin, donc.

Aslak Isak s'occupa de mon scooter. Il donna juste quelques coups de pied dans le trou, mit le moteur en marche et, debout sur un des marchepieds, remonta l'engin.

Nous ramassâmes un peu de petit bois et fîmes un feu. Aslak Isak réchauffa un mélange indéfinissable et le mangea à même la boîte de conserve avec une cuillère qu'il tira de sa poche de poitrine.

Pendant que j'attendais près de mon scooter, il descendit à la cabane chercher les bidons d'essence.

Nous fîmes le plein et suivîmes la trace du scooter à travers le plateau montagneux pour rejoindre Nils Mattis et le troupeau de femelles éparpillé.

Tout paraissait normal. Les bêtes paissaient paisiblement sur le versant. Nils Mattis était assis sur son scooter devant la hutte, les jumelles à la main.

— Combien ont disparu ?

— Pas facile de savoir. Une trentaine, je dirais. Elles peuvent être plus bas dans la vallée. Je vous attendais avant de continuer à chercher.

Aslak Isak resta près du troupeau, tandis que moi et Nils Mattis descendions dans la vallée. Le sol avait beaucoup été piétiné récemment, ce qui rendait la conduite malaisée ; nous ne vîmes aucun animal.

En arrivant au lac, nous aperçûmes un grand troupeau sur les hauteurs, plus loin vers le sud. Mais ce n'était plus notre pacage, dit Nils Mattis. Nous continuâmes. Les troncs des bouleaux étaient plus épais. Il devenait plus difficile d'avancer dans la neige poudreuse.

Nils Mattis arrêta le scooter et observa les hauteurs à la jumelle.

— Impossible de repérer où nos bêtes sont allées, le terrain est complètement piétiné. Ils comptent sur le changement de temps à venir et défoncent notre pacage. Ensuite, quand il gèlera, nos animaux ne pourront plus creuser le sol.

— Ils ont un *lavvu* ou une cabane, là-haut ?

Il désigna la montagne, là où nous pouvions apercevoir le troupeau de rennes se déplacer le long de la pente. Je lui empruntai les jumelles, mais ne pus distinguer ni hommes ni scooters. Pourtant, un mince filet de fumée s'élevait en volutes telle une fine brume sur la neige.

— On y va. Toi, tu te tiens tranquille. Tu me laisses causer.

La cabane était assez grande, comportait plusieurs réserves à provisions disséminées autour d'un terrain clos par un grillage et des piquets traités contre l'humidité. De la fumée sortait de la cheminée en tôle, quelques rennes au poil ébouriffé se promenaient dans un enclos provisoire entouré d'un filet en plastique.

Il y avait plusieurs scooters devant la cabane. Un renne vivant était attaché sur l'une des remorques. Du bois, ou peut-être des piquets de *lavvu*, était entassé devant l'escalier. Nous fûmes accueillis par quelques chiens agités. Quand nous nous arrêtâmes devant l'escalier, ils tournèrent autour de nous, aboyèrent, curieux, et se roulèrent dans la neige.

Des garçons assez jeunes sortirent de la cabane pour voir qui venait. Ils ricanèrent au nez de Nils Mattis.

— Tiens, mais c'est toi qui nous rends visite ? Tu t'ennuies tout seul, chez vous ?

Nils Mattis ne répondit pas. Se contenta de s'asseoir de biais sur le siège du scooter et me fit un signe de la tête.

C'est qui le patron, ici ? demandai-je.

— « C'est qui le patron, ici ? » m'imitèrent-ils, railleurs. Alors comme ça tu as amené du renfort, Nils Mattis. C'est la remplaçante de Vidar ? Les filles sont toujours les bienvenues. Les filles suédoises, on en a entendu parler.

— Ferme-la, rentre là-dedans et va me chercher celui qui a eu son brevet des collèges !

Je jetai un œil vers Nils Mattis, sous le coup de l'énervement j'avais oublié ce qu'il m'avait raconté sur sa scolarité.

Il fit une petite grimace, mais n'avait pas l'air en colère.

— Merci pour l'autre jour, si j'avais su que nous nous reverrions si vite.

C'était le gars avec qui j'avais discuté dans la voiture, devant chez Aja. Il portait une veste de scooter impeccable et un pantalon de cuir noir. Avait encore l'air de transpirer un peu, avec ses cheveux noirs en bataille.

Plusieurs jeunes types sortirent de la cabane. Ils devaient être en train de jouer aux cartes quand nous étions arrivés. Certains portaient juste un tee-shirt. L'un d'eux, sans aucune gêne, se mit à pisser contre le mur de la maison.

— Nils Mattis et moi, on est dans la montagne et on joue aux éleveurs de rennes. Toi et moi, on a pas mal de choses à se dire.

— Pas de problème. Qu'est-ce que tu as sur le cœur ?

— À toi de choisir : tu préfères que nous parlions tranquillement tous les deux ou que tout le monde ici nous entende ?

— C'est si foutrement important ?

— Oui, ça l'est. C'est foutrement important. Plus important que tu ne te l'imagines.

— Bon sang, qui c'est cette pie qui vient la ramener ici ?

Un des jeunes types en tee-shirt en avait marre et voulait rentrer au chaud jouer aux cartes.

— Allons à l'intérieur. Vous autres, vous attendez ici. Nils Mattis, tu viens avec nous ?

Nils Mattis sauta du scooter, passa au milieu des saisonniers sur l'escalier et nous suivit dans la cabane.

— Vous voulez quelque chose ?

Il regarda à la ronde, cherchant ce qu'il pourrait nous offrir. Ne trouva rien et fit un geste résigné.

Nils Mattis et moi nous assîmes du même côté de la table. Il avait l'air tendu, mais m'adressa un signe de tête encourageant. L'homme au pantalon de cuir sortit sur le pas de la porte et cria quelque chose. Revint s'asseoir à table en face de nous.

— Je suis Josef Ante.

Nous nous serrâmes la main.

— Maintenant, tu vas m'écouter, Josef. Avant de commencer avec les détails pratiques, il faut que tu saches que j'ai porté plainte contre le commissaire pour partialité, donc incompétence juridique, dans les questions relatives à l'enquête sur la mort de Karen Margrethe et de Vidar, aux accusations de vol de rennes et à l'intrusion sur notre zone de pacage. Je suis en contact avec le chef du district de police du Finnmark occidental et avec le procureur Inge Amundsen. Ils semblent d'accord avec moi sur le fond de ma démarche. Ils vont examiner les informations selon lesquelles le commissaire aurait mis de côté certaines plaintes sans procéder à aucune audition de témoins ni à aucune enquête. L'affaire sera vraisemblablement transmise à la police judiciaire de Hammerfest.

Josef Ante me regarda l'air dubitatif, ne sachant pas

si ce que je disais était vrai. La majeure partie était du bluff, mais autant continuer.

— Ils enverront des experts qui consulteront les plaintes écartées. On lui retirera toutes les enquêtes sur les irrégularités en matière d'élevage de rennes. L'administration de ce secteur se verra contrainte de faire appel à des contrôleurs impartiaux.

— Ça, ça n'existe pas.

— Peut-être, mais, avant que quelqu'un puisse être contrôleur, on examine ses liens de parenté et la situation de sa famille.

— Ne me dis pas que tu y crois.

— Je ferai en sorte que tu n'aies aucune chance de continuer à te foutre du droit de pâturage de notre famille. Les bêtes qui nous appartiennent et qui se trouvent dans votre troupeau vont être triées par la police des rennes. Nous serons aidés par des membres impartiaux de cette zone de pacage. Nous allons demander un dédommagement pour le pâturage d'hiver piétiné. De plus vous devrez payer pour le tri des rennes et les représentants neutres.

Un des gars entra avec un morceau de viande séchée et un pack de six bières finlandaises dans un seau en plastique rempli de neige. Il déposa sur la table la viande emballée dans du papier brun et regarda Josef Ante, qui lui fit signe de s'en aller.

— Qu'est-ce qu'on peut négocier ?

Nils Mattis se coupa un bout de viande séchée. Josef Ante pêcha une bière dans le seau et l'ouvrit sur le bord de la table. Il me tendit la bouteille et en attrapa une autre pour Nils Mattis. Devant la cabane, quelqu'un démarra un scooter et partit sur la piste.

— J'ai une proposition, fis-je en goûtant la bière.

— Qu'est-ce que c'est comme proposition ?

— Vous séparez nos bêtes de votre troupeau. Celles que vous ne trouvez pas maintenant restent jusqu'au moment du marquage des faons. Il y aura quelqu'un pour nous représenter dans votre enclos. Vous vous retirez sur votre ancien pâturage d'hiver et cessez de pousser notre troupeau de femelles.

— Tu es une femme dure, Anna. On a une alternative ?

— Je ne pense pas.

— Putain, Nils Mattis, tu l'as trouvée où ?

Je regardai Nils Mattis. Il avait une petite lueur dans les yeux que je n'avais jamais vue auparavant.

— C'est ma cousine, dit-il en mâchant sa viande séchée.

Josef Ante rit, but une gorgée de bière et secoua la tête.

— Eh ben, c'est pas de la tarte de jouer aux éleveurs de rennes avec une bonne femme comme toi.

Nils Mattis arrêta le scooter sur la crête et regarda le troupeau de femelles à la jumelle.

— C'est vrai que tu as dénoncé Eliassen pour incompétence juridique ?

— Pas encore, mais je le ferai avant de partir.

— Alors c'était du bluff ?

— Pas vraiment, en fait, je crois que j'ai tous les documents nécessaires pour déposer une plainte. Il faut que tout cela soit terminé quand je partirai.

— Qu'est-ce qui va se passer maintenant, à ton avis ?

— Ne te fais pas trop d'illusions. Il ne se passera peut-être rien, mais cela ne fait jamais de mal de donner un coup de pied dans la fourmilière.

Le vent avait tourné. Il commençait à souffler plus fort du nord-ouest. Les nuages gris disparurent après que j'eus laissé Nils Mattis dans la montagne avec le troupeau de rennes. Une fois en bas, le ciel était bleu clair. La neige étincelait à contre-jour. La rivière s'étirait, indolente, à travers la large vallée, tel un ruban blanc brillant.

Grand-père réparait un traîneau en bois dans le bûcher. Il alla chercher une grande enveloppe kraft qui était posée sur le billot.

— Issat Levi a apporté cette lettre. Il a dit que tu avais parlé de ça avec lui. Je ne voulais pas que grand-mère la voie. Elle se fait tout de suite du souci et s'imagine que ça vient de l'administration.

C'était les extraits des carnets de son père, méticuleusement recopiés. Issat Levi avait noté toutes les dates, le jour et l'année. Il m'avait dit que son père était mort au début des années quatre-vingt-dix. Mais là, il y avait des indications jusqu'à l'automne dernier.

Il avait surligné certaines informations au marqueur jaune. Les plaintes pour viol et délits de mœurs. En tout, neuf plaintes avaient été inscrites au procès-verbal. Aucune n'avait donné lieu à une enquête ou à une action judiciaire.

Toutes les affaires de ce genre avaient été systématiquement classées pendant plusieurs années. Le fait que Jon Arne ait mené son enquête après la plainte de Karen Margrethe relevait du pur hasard.

Grand-mère faisait cuire de la viande sur la cuisinière à bois. Écumait la graisse grise dans le faitout à l'aide d'une tasse à café. J'allumai l'ordinateur, mais la batterie était à plat. Après quelques branchements de rallonges sur de vieilles prises de courant, grand-père réussit à faire fonctionner tout ça. Je saisis les renseignements de Levi dans l'ordinateur et m'attelai à mes courriers officiels au district de police et au procureur.

Vendredi matin. Grand-mère mit sur la table de la cuisine des gaufres avec du fromage brun et du *römme*. D'après mon agenda, lundi matin à cette heure-ci, je serais dans le métro sur le chemin du travail. Dans trois jours, donc.

Dehors le ciel était gris et les sommets les plus proches étaient couverts de légers nuages, mais il ne faisait pas très froid. Ma petite imprimante portable ne résista pas au nombre de tirages. Elle refusa d'absorber davantage de papier, et une petite lampe rouge se mit à clignoter furieusement en signe de protestation. Après avoir mangé les gaufres et bu mon café du matin, j'appelai Ailie. Elle était en train de faire le ménage chez elle. Elle promit de m'aider à imprimer mes documents.

— Tu pars quand ?

Je lui dis que je rentrerais en Suède le dimanche matin tôt. Nous aurions le temps de faire notre balade à skis avant. Ailie proposa que nous montions en voiture jusqu'à Biedjovággi. De là, nous pourrions continuer à pied sur la neige croûtée avec nos planches et nos bâtons sur le dos, et ensuite redescendre à skis jusqu'à la voiture par le même chemin.

Je répondis que c'était une bonne proposition.

Grand-père dénicha une paire de skis en bois qui n'avaient pas l'air trop anciens. Au moins, ils avaient de vraies fixations modernes. Pas seulement des lanières pour le bout du pied, comme la plupart des vieux skis rangés sous le toit de la remise. Après avoir un peu cherché, nous trouvâmes des *piäksos* qui s'adaptaient aux fixations. Les vêtements et les bottes que j'avais empruntés à Ailie étaient déjà dans la voiture.

Après avoir quitté le bourg, nous eûmes du soleil. Cela faisait bientôt deux mois, maintenant, qu'il était revenu au-dessus de l'horizon. Et là, en pleine journée, il était haut dans le ciel. Plus que quelques degrés en dessous de zéro, mais toujours un vent de nord-ouest, pas le temps idéal pour une excursion.

La route venait d'être dégagée, elle traversait le paysage en ligne droite. Elle avait été construite quand on avait ouvert la mine, dans les années soixante-dix. Un de ces projets ratés de développement local qui sont mis sur pied avec force belles paroles, mais périclitent ensuite, sans que personne ne se souvienne à quoi ils auraient servi.

Une bande de bruants des neiges traversa la route, dans la dernière montée avant l'orée de la végétation, au niveau de Staluvarri. Les oiseaux gris et blancs virevoltaient sur la croûte neigeuse. S'élançaient contre le vent en battant des ailes. Ils avaient l'air de jouer avec les rafales qui balayaient le col.

Le panneau indicateur disparaissait presque dans la neige profonde. « Kautokeino 30 » : il n'en émergeait que la moitié. Quelqu'un avait tiré plusieurs coups de feu dans la plaque de tôle, avec un fusil de chasse à gros calibre.

Dans le col, les pare-neige étaient complètement ensevelis sous d'énormes congères. Les nuages descendaient bas sur les montagnes devant nous. Hormis quelques scooters abandonnés et un pick-up recouvert de neige près de l'enclos à rennes de la famille Eira dans la vallée, il n'y avait aucun signe de vie humaine. Les petites maisons de berger étaient désertées. Une caravane était prise dans une congère. La porte avait été arrachée et jetée dans le talus.

Le chasse-neige avait fait demi-tour à quelques centaines de mètres, sur le versant de la montagne, nous nous garâmes dans le cul-de-sac. Nous prîmes nos provisions, fixâmes les skis à nos sacs à dos et commençâmes notre ascension.

Le vent montait de la vallée de Raisa dans un cliquetis de flocons granuleux qui roulaient sur la croûte de neige. Malgré la chaleur du soleil, de petits cristaux de glace presque invisibles, portés vers la montagne par le vent glacial, nous cinglaient le visage.

En nous aidant de nos bâtons de ski, nous franchîmes la première crête et nous retrouvâmes à l'abri du vent. Dans l'ascension de la petite ravine, le vent nous fut favorable et nous pûmes continuer pendant plusieurs centaines de mètres, avant de nous arrêter pour souffler et contempler la vallée derrière nous. Seul repère dans la nature immense, la voiture me permit de constater que nous étions parvenues étonnamment haut. Elle était aussi petite qu'une boîte d'allumettes. Nous devions nous trouver à quelques centaines de mètres au-dessus de la limite des arbres.

Je réalisai soudain que nous devrions redescendre tout cet escarpement à skis. Rien que d'y penser, j'en avais des frissons. Mais je chassai ces pensées et me concentrai sur la montée.

Ailie avait des skis de télémark larges, une tenue impressionnante : knickers, et guêtres sur ses *piäksos*.

— Comment va-t-on redescendre ?

— On descend de l'autre côté de ce sommet, c'est moins abrupt et la neige est plus poudreuse.

Elle leva son bâton vers les nuages au-dessus de nous. J'avais espéré que nous ferions demi-tour avant d'atteindre le sommet.

Nous fîmes une pause, mangeâmes une orange et des biscuits au chocolat gelés, durs comme du bois, juste au-dessous de la chape de nuages. Il faisait beaucoup plus froid, là-haut. La neige craquait sous nos grosses chaussures, crissait sous les bâtons.

Comme d'habitude, j'avais fait l'erreur de mettre des sous-vêtements trop fins, je dus ôter manteau et chandails pour me débarrasser de mon maillot en coton trempé de sueur.

Le vent avait faibli mais, quand je retirai mon tee-shirt, l'humidité froide des nuages au-dessus de nous me transperça la peau comme des centaines d'aiguilles. Une fois que j'eus renfilé mon pull de laine à même le corps, la chaleur revint lentement.

Avant de poursuivre notre ascension dans les nuages, nous bûmes une tasse de chocolat de la Thermos d'Ailie.

— On aurait dû emporter une corde.

Au bout d'une cinquantaine de mètres, Ailie se retourna. Vus de la vallée, les nuages n'étaient qu'une brume légère mais, quand on se retrouvait dedans, on perdait le sens de l'orientation.

L'unique possibilité était de monter la pente. La lumière du soleil, au-dessus, transformait la brume en un mur jaunâtre complètement opaque. L'air humide et glacé collait les sourcils et les cils, se déposait sur les vêtements et les bonnets en traînées de givre cotonneuses. Le nez piquait quand on respirait.

— Tu n'as pas de corde ou de ficelle sur toi ?

Nous nous arrêtâmes et déposâmes nos sacs à dos. On ne voyait pas à plus de quelques mètres devant soi. Le cerveau refusait cette nouvelle perception. Par habitude, il essayait désespérément de traduire la moindre trace ou irrégularité dans la neige selon un mode qui lui était familier. Un instant, je crus voir jusque dans la vallée, mais ce n'étaient que nos propres empreintes, à quelques pas derrière nous.

Dans la poche latérale de mon sac à dos, il y avait une cordelette de nylon jaune. Ailie noua l'une des extrémités à sa ceinture, j'attachai l'autre à ma taille.

— Ça ira mieux quand nous aurons traversé ça.

Ailie montra le haut de la montagne tandis que je m'asseyais dans la neige pour pouvoir remettre le sac sur mon dos. Je haletais, et le givre collait à mon visage. Nous continuâmes. Soudain, la neige devint plus molle, je m'enfonçai plusieurs fois dans la croûte de surface.

Nous avions fait quelques centaines de mètres quand les nuages se dissipèrent subitement, et le soleil apparut.

D'un coup, le vent tomba et, autour de nous, le soleil scintillait dans la neige. Tout était uniformément blanc. Les reflets du soleil pénétraient derrière les lunettes comme les étincelles d'une flamme de chalumeau.

Nous marchâmes jusqu'à ce qui, vu d'en bas, ressemblait à un sommet; mais, lorsque nous y fûmes, il en apparut un nouveau. Trois, quatre nouvelles cimes émergeaient des nuages devant nous. Plus loin sur les vastes étendues, nous voyions la couverture de nuages se dissiper, la lumière brillante vibrait sur le haut plateau nu, jusqu'au village, quarante kilomètres plus bas.

— Ici, ça suffira.

Ailie posa son sac à dos, détacha la cordelette de nylon. Nous tassâmes la neige avec nos pieds, fîmes de la place pour nous asseoir sur la peau de renne.

L'ascension avait été plus difficile que ce à quoi je m'attendais. J'eus du mal à reprendre mon souffle, alors qu'Ailie avait l'air à peine fatiguée. Pourtant, je croyais être bien entraînée. Peut-être que mon séjour ici avait détraqué ma condition physique.

— Sais-tu que Siri a trouvé des empreintes de tes bottes ?

Je déballai les provisions de mon sac à dos. Les oranges étaient dures, presque gelées. La bouteille de Solo était remplie d'une purée de glace orange.

— Trouvé quoi ?

Ailie paraissait surprise. Évidemment qu'elle était surprise, elle ne pouvait pas savoir à quoi j'avais pensé toute la matinée.

— La police a pris tes empreintes en photo près de l'enclos à rennes où nous avons trouvé Vidar. C'est toi qui l'as tué ?

Elle me considéra comme si elle ne savait pas de quoi je parlais, puis se retourna et regarda au-delà des nuages qui se déplaçaient lentement sur le versant au-dessous de nous. Malgré l'absence totale de vent dans les hauteurs, le soleil ne réchauffait pas. La lumière bleue semblait tout aussi irréelle qu'un puissant projecteur. Une lumière artificielle qui brûlait toutes les ombres et toutes les nuances autour de nous, dans la neige étincelante.

— Pourquoi me demandes-tu ça ?

— J'ai vu les pièces dans le rapport d'enquête. Les photographies de Siri. J'ai comparé avec les bottes que je t'avais empruntées.

Ailie sortit la Thermos de chocolat et une boîte en verre avec des sandwiches gelés. Me tendit un mug en plastique.

— Oui, cela aurait pu être moi. Sache que j'aurais presque souhaité l'avoir tué.

Elle laissa planer son regard sur les nuages en contrebas, but du chocolat chaud et réchauffa son sandwich à l'intérieur de sa veste avant de mordre dedans.

— Tu veux savoir pourquoi ?

— Je ne sais pas. Cela n'a peut-être pas d'importance ?

— Pour moi cela en a.

Elle avait un air grave, se chauffait les mains sur la tasse en plastique jaune.

Nous étions bien restées silencieuses dix minutes à regarder le banc de nuages, plus bas, avant qu'elle commence à parler. Coupées du reste du monde, dans une sorte d'irréalité. Le silence, les sommets blancs étincelants dans notre dos, les nuages gris qui se déplaçaient lentement devant nous.

— Je m'étais décidée. N'aurais pas regretté.

Elle semblait s'être répété cela de nombreuses fois. Un mantra pour écarter les mauvaises pensées.

— Il était mon frère. Mais c'était un monstre. Une personne méchante. Tu as déjà rencontré une personne vraiment méchante ? Je dis bien « méchante ».

Ce n'était pas une question. Elle n'attendait pas de réponse. Je compris que tout son récit avait d'abord pour but de clarifier les choses pour elle-même.

— Il a détruit ma vie. M'a amenée à me mépriser moi-même. Pendant les années qu'il a passées en prison, j'ai eu une chance de redevenir un être humain. La vie est revenue, j'ai commencé à croire que j'aurais la force de vivre.

Un coup de vent glacial monta de la vallée, je retirai ma veste et attrapai le pull en laine de Jon Arne dans mon sac à dos. L'enfilai et pris mes gants de rechange dans la poche latérale.

— Quand il est rentré de prison, cette terreur paralysante est revenue elle aussi. On dit que la peur vide l'âme de sa substance. Il y avait un film avec un titre de ce genre, mais ce n'est pas vrai. La peur épuise l'être tout entier, jusqu'à ce qu'il ne soit plus qu'une enveloppe vide. Une mince pelure d'impuissance douloureuse. Je pensais pouvoir résister, puisque je m'étais préparée à son retour. Pourquoi avais-je honte, pourquoi me méprisais-je du fait qu'il abusait de moi ? C'était lui que je devais mépriser. Je sais que tu ne peux pas me comprendre, mais j'avais décidé de le tuer parce que c'était la seule chose que je pouvais faire. Mon ultime défense.

Je me rapprochai d'elle, mis mon bras sur ses épaules. Elle était crispée, comme paralysée par une crampe. Tous les muscles de son corps étaient noués. Elle tremblait, se dégagea de mon bras. Quand j'essayai de la toucher, elle eut un mouvement de recul, comme pour éviter un coup.

Je ne sais pas combien de temps nous sommes restées assises là, dans cette curieuse lumière stérile, au moins une demi-heure, sûrement. Je sentais le froid de la neige, mes pieds s'engourdissaient et mes jambes devenaient raides. Ailie parlait de viol et d'abus sexuel. De la déformation qu'avait subie sa propre échelle de valeurs. À la fin, on ne sait plus ce qui est juste ou pas, on se bat seulement comme un animal se bat pour sa vie, pour son droit de vivre.

— As-tu essayé de raconter cela à quelqu'un d'autre ?

Elle secoua la tête, le regard vide.

— À qui parler ? Personne ne me croirait.

— Les tiens. Ta famille, les autres frères et sœurs ?

— On ne parle pas de ces choses-là. Quand on n'en parle pas, ça n'existe pas.

— Il doit bien y avoir un psychologue ou un médecin au centre médical, avec qui on peut parler ?

— C'est que des touristes, là-bas. Comment peuvent-ils savoir ?

Sa question resta en suspens dans les airs. Qu'est-ce que je savais ou comprenais, moi ? Puis-je décider ce qui est juste ou pas ? Mes années d'université me donnent-elles le droit de juger quelqu'un ? J'ai appris à interpréter la loi, à en tourner et retourner les articles. Cela m'a-t-il pour autant donné le droit moral de trancher sur ce qui est juste ou ne l'est pas ?

— Ovla avait promis de m'aider. Il m'a emmenée à la cabane de chasse, ce jour-là. Mais quand on est arrivés, il était déjà mort. Quelqu'un d'autre l'avait tué. Peut-être Nils Mattis qui ne le supportait plus ?

— C'est toi qui as fait suivre les paquets du Russe après la mort de Vidar ?

— Je le faisais aussi avant. Sans me poser trop questions. Mais là, c'était la dernière fois. Comme si j'avais tiré un trait. C'était fini. Il ne pourrait plus jamais se servir de moi. Je voulais commencer une nouvelle vie.

Le soleil commençait à décliner quand nous rassemblâmes notre équipement et nous préparâmes pour la descente. Pas de danger qu'il fasse nuit avant que nous soyons en bas. À cette période de l'année, la lumière bleue de l'après-midi persistait longtemps après le coucher du soleil. Mais ce serait une balade difficile, je me rendis compte que mes skis en bois ne convenaient pas du tout pour ce genre de descente.

Ailie voulait que nous échangions nos skis, mais je refusai. J'allais essayer de descendre le plus lentement possible. Si cela allait trop vite, ou que je n'arrive pas à freiner, je me laisserais tomber dans la neige.

— Les nuages sont plus épais, maintenant.

Ailie sortit la corde en nylon et nous la fixâmes entre nous.

Les skis aux pieds, nous passâmes la crête pour avoir une pente plus longue, un peu moins abrupte, jusqu'à la voiture. Le soleil colorait le ciel en rouge, et de minces nuages laissaient filtrer une faible lumière rose sur les sommets derrière nous. Nous ajustâmes notre paquetage et nous lançâmes.

Au début, j'essayai de freiner en faisant du chasse-neige. Mais je n'avais pas de prise sur les plaques de glace lisses. Mes skis dérapaient sans cesse. Ailie, qui skiait devant moi, se retourna et vit mes difficultés. Elle voulut dévier la trajectoire pour que nous ayons une pente moins raide.

En virant derrière elle, je perdis l'équilibre et dus me jeter sur le côté pour ne pas foncer tout droit.

— Tu es sûre que tu ne veux pas qu'on échange nos skis ?

Je secouai la tête et me relevai tant bien que mal, embarrassée par mon sac à dos. Nous fîmes quelques pas vers la lisière des nuages en essayant d'éviter les plus grosses plaques de glace.

Sur la neige rainurée bien tassée, les skis accrochaient mais, dès que j'arrivais sur les plaques de glace balayées par le vent, je n'avais plus aucune prise. Nous nous arrêtâmes à une dizaine de mètres de la barrière de nuages.

— Allons vers l'ouest, la neige sera peut-être meilleure là-bas.

Ailie vérifia la corde et nous arrangeâmes nos sacs avant de nous enfoncer dans les nuages.

La neige était plus molle, les skis accrochaient à la pente et je sentais ma vitesse augmenter.

La corde était tendue, mais je ne voyais pas Ailie devant moi. Elle allait trop vite pour moi. J'essayai de freiner en chasse-neige, mais mon ski aval dérapa et je faillis tomber. Mon sac à dos se mit à ballotter, il me fut impossible de rester dans la trace. Je dévalai la pente en ligne droite.

Ailie apparut sur ma droite dans les nuages et je sentis à ma taille qu'elle essayait de freiner.

Je me précipitai dans la neige, mais continuai à glisser sur une dizaine de mètres avant qu'Ailie réussisse à m'arrêter.

— On va peut-être descendre à pied ?

Ailie m'aida à me relever. Nous reprîmes notre chargement.

— Non, on aura bientôt passé les nuages.

Nous avions grimpé tout ce chemin dans la montagne dans le seul but de redescendre sur des skis.

— On y va à skis, c'est clair. Ça ira mieux après, quand on pourra voir la neige.

Nous prîmes plus vers l'ouest et descendîmes en chasse-neige aussi lentement que possible. Autour de nous, la couche de nuages s'éclaircissait. J'avais l'impression que la vue était meilleure. Quand nous nous arrêtâmes au bout d'une centaine de mètres, nous sentîmes le vent qui venait de la vallée.

— Nous sommes allées trop loin vers l'ouest. Il faudrait peut-être reprendre plus vers la voiture.

Je plantai les bâtons devant moi pour me retenir et réussis à changer de cap.

La brutale tension de la corde se produisit presque exactement au moment où les nuages se déchirèrent. L'espace d'un instant j'entrevis le paysage dans la vallée, et en même temps je fus projetée en avant. Je parvins quand même à garder l'équilibre et essayai de freiner en plaçant mes skis de biais.

Ailie n'était pas tombée. Elle s'était seulement accroupie sur ses skis et descendait maintenant droit dans la pente. Sans se retourner, sans se préoccuper de mes appels, elle fonçait directement vers la ravine devant nous.

L'été, c'était sans doute juste un cours d'eau peu important mais, au fil des ans, les crues de printemps avaient creusé une gorge aux parois à pic. Elle faisait peut-être une dizaine de mètres de large, en certains endroits elle était surplombée d'une voûte de neige.

Mais nous ne pourrions jamais passer cette gorge. La calotte neigeuse ne supporterait pas notre poids.

Je me jetai dans la neige pour freiner. Mais la pente était si raide que cela ne servit pas à grand-chose. La tête la première et les skis en vrac, je glissai et dérivai sur la plaque de neige polie par le vent.

Je sentais la croûte neigeuse me griffer le visage. J'essayai désespérément de me protéger avec mes skis. La fixation de mon ski droit se détacha, au dernier moment je réussis à me redresser en faisant une torsion et à bloquer mon pied dans la congère devant moi. Je vis Ailie disparaître par-dessus le bord de la paroi, et mon ski s'envola dans la ravine. Le coup sec sur la corde me tira quelques mètres en avant dans la neige, puis je trouvai une nouvelle prise avec mon pied. La fine corde me coupait la taille, je pouvais à peine respirer.

— Ailie ! Ailie !

Je ne sais pas si je criai ou si je crus seulement le faire. Je n'entendis pas ma propre voix. Il me semble pourtant que j'appelai de toutes mes forces.

— Ailie !

Quand bien même j'aurais crié, ma voix n'eut aucune portée, elle s'évanouit seulement dans le sifflement de la neige et du vent qui balayait la vallée en contrebas.

Je me jetai violemment en arrière et pus me débarrasser de l'autre ski, toujours avec le poids d'Ailie sur la corde autour de ma taille. Du pied gauche, je donnai des coups dans la neige pour m'assurer un appui et réussis à entortiller le ski dans la corde jaune.

Avec mes dernières forces, me servant du ski comme levier, je hissai Ailie centimètre par centimètre. Le dernier mètre fut le plus difficile. La corde s'enfonçait dans la neige et il me fallut glisser le sac à dos dessous pour pouvoir tirer Ailie suffisamment et l'attraper par ses vêtements. Elle avait toujours un de ses skis au pied. Je le lui ôtai, ainsi que le sac à dos. La traînai sur le versant de la montagne pour que le bord de la ravine ne s'écroule pas sous notre poids.

Pendant que je bataillais pour la remonter, Ailie n'avait pas prononcé un mot. Elle était à présent allongée, les yeux fermés, sa respiration était courte et saccadée. Quand je voulus l'aider à s'asseoir, elle se mit soudain à vomir, se recroquevilla, poussa des râles. Comme si elle était à bout de souffle.

J'essayai de lui faire boire du chocolat. Elle n'en voulait pas. Réchauffai le Solo sous mon pull. Elle en but quelques gorgées. Refusa de se couvrir avec la peau de renne, mais tremblait apparemment de froid.

Nous restâmes un long moment assises dans la neige, sans rien dire. Le soleil s'était couché et, plus bas, la lumière était d'un bleu de plus en plus profond. Le vent se fit plus vif, les nuages au-dessus de nous s'élevèrent le long des parois de la montagne. Ailie avait les yeux fermés, mais respirait plus normalement. Quand je lui demandai si nous pouvions commencer à redescendre, elle acquiesça de la tête.

Je l'aidai à se relever, lui donnai un de mes bâtons, et nous commençâmes à descendre lentement.

La voiture était glaciale. Le vent avait soufflé sur le talus et de la neige s'était accumulée autour des roues, en quantité toutefois assez peu importante, si bien que je pus la dégager avec mes pieds.

Je démarrai, mis le chauffage à fond, puis j'aidai Ailie à s'installer sur le siège avant. Peut-être aurait-il mieux valu jeter les skis dépareillés, mais je les chargeai quand même sur la galerie et balançai les sacs à dos dans le coffre.

De l'endroit où nous étions garées, on ne voyait pas la gorge, je levai les yeux vers la frange des nuages que le vent du soir effritait lentement. J'entrevis, au milieu du ciel gris clair, le sommet où nous avions fait une pause.

À quelques kilomètres du village, Ailie se mit à pleurer. Elle se pencha en avant vers le tableau de bord et sanglota, la tête dans les mains.

Quelqu'un avait dégagé le parking devant sa maison, je l'aidai à entrer.

— Vas-y, maintenant ! Je préfère rester toute seule.

Mais je l'aidai à se déshabiller, fis du thé et la mis au lit.

— N'oublie pas tes papiers, les tirages.

Je rassemblai mes documents, qui étaient tombés par terre près du bureau. Portai la tasse de thé dans la chambre d'Ailie.

— Je peux faire quelque chose ?

— Ça va maintenant. C'est passé. Tu peux y aller.

— Tu veux que j'appelle quelqu'un ? Ta sœur ?

— Non.

C'est tout ce qui fut dit. Il était près de minuit quand je partis. Ailie dormait. Tout était silencieux. Je vérifiai que les plaques de cuisson étaient bien sur le zéro, éteignis la lumière et partis.

C'était fini.

Je déposai le ski d'Ailie devant l'escalier, puis rentrai à l'appartement de Jon Arne.

Il n'était pas chez lui. Je rangeai quelques vêtements

et remis son rapport d'enquête exactement là où je l'avais trouvé en arrivant dans l'appartement. Je posai la clé sur la table, avec mon numéro de téléphone en Suède.

Grand-mère et grand-père étaient couchés. Mais grand-mère se rhabilla et sortit la pommade à l'urine, m'en enduisit selon les règles de l'art, avec versets de psaumes appropriés et litanies guérissantes.

Grand-père arriva et réchauffa du bouillon. Je bus docilement, obligeai les deux vieux à retourner au lit et me déshabillai pour examiner les écorchures dans mon dos.

Rien de grave.

Je rassemblai mes affaires, triai quelques notes. Il faisait froid dans la pièce, mais je ne voulais pas allumer le poêle, je me contentai d'enfiler la polaire de grand-père, m'enroulai dans la couverture et entrai dans le lit glacial.

C'était fini. Je m'endormis avant que ma tête touche l'oreiller.

Sur la terrasse, à l'arrière de la maison, tante Sara Marit ficelait la viande qui allait être suspendue dans le séchoir sur le toit. Ses mains étaient rouges, de sang et de froid, elle avait du sang séché sur la joue, portait un kolt de tous les jours et des mocassins.

— Maman m'a dit que tu allais partir.

— Demain matin tôt, je pense prendre le vol de midi à Kiruna.

— Tu es restée plus longtemps que prévu ?

Je ne répondis pas, montai sur la terrasse et m'assis sur la balustrade instable.

Tante Sara Marit tira de la saumure un travers de côtes, entailla le haut de la côte la plus épaisse, passa le fil et fit une boucle. Déposa la viande dans un baquet en plastique sur le banc.

Tandis qu'elle sondait le tonneau de saumure en quête d'un nouveau morceau, je sortis de ma poche intérieure l'étui à couture que j'avais trouvé près de la cabane de chasse.

— Tu as perdu ceci ?

Elle regarda l'étui, retira ses mains du tonneau et fit un pas vers moi pour s'en saisir. J'écartai ma main.

— Où l'as-tu trouvé ?

— En haut, près de la cabane. Là où Vidar a été tué.

— Ça ne prouve rien.

— J'ai bien peur que si, justement, si on apprend où je l'ai trouvé. Un objet spécifiquement féminin comme celui-là, ce n'est pas si courant sur un terrain d'abattage. La police pourra voir à la marque familiale à qui il appartient.

Elle retourna à son travail avec la viande sans m'adresser un regard.

— Il était près de la piste de scooter derrière le terrain d'abattage. Là où on a trouvé Vidar. Je l'ai pris avant que la police n'arrive sur les lieux.

— J'étais montée chercher les boyaux et le sang après l'abattage. J'ai dû le perdre en m'occupant des peaux.

— Les déchets d'abattage se trouvaient bien plus en profondeur. La police a mesuré la quantité de neige tombée ce jour-là.

Sara Marit descendit l'escalier et s'essuya dans la neige. En prit une poignée et frotta ses mains rougies. Remonta sur la terrasse, ouvrit la porte de la cuisine et rentra se laver les mains au robinet de l'évier. Elle secoua la bouteille Thermos et mit la bouilloire électrique en marche.

— C'est vrai. J'étais là-haut pour m'occuper des boyaux quand il est arrivé.

Elle fouilla dans le placard, en sortit des filtres et une boîte en fer contenant du café.

— Áhkku l'avait déjà envoyé balader. Il réclamait plus d'argent. Sinon il révélerait ce qui s'était passé, pourquoi il était allé en prison à la place de Nils Mattis. Elle lui avait dit que nous n'avions pas d'argent.

Sara Marit s'assit à table, balaya la cuisine d'un regard absent et s'essuya les mains à une serviette usée jusqu'à la trame.

— Il m'a menacée, m'a dit que je devais payer. Que Nils Mattis lui avait demandé de s'occuper de cette femme, celle qui avait porté plainte pour viol contre lui. Que c'était réglé, maintenant, elle était morte et ne poserait plus de problème. Il avait seulement fait ce que Nils Mattis lui avait demandé de faire. Maintenant il voulait être payé pour ça. En argent. Sinon il raconterait tout à un journal d'Oslo.

Elle se leva, se dirigea vers la paillasse de l'évier, mit la mesure de café dans le filtre et alla chercher l'eau bouillante.

— Je n'avais pas le choix. Si j'avais payé, il serait revenu dans quelques mois. J'ai compris seulement à ce moment-là que c'était lui qui avait tué cette femme.

Elle essuya la paillasse pendant que le café passait, prit un paquet de biscuits dans le placard et mit des tasses sur la table.

— Tu as faim ?

Je secouai la tête, mais elle sortit quand même du frigo pain, beurre et viande en tranches.

— Qu'est-ce que je pouvais faire ? Si nous avions cédé, nous aurions tout perdu. Toute notre activité repose sur Nils Mattis. Sans lui, c'est comme si nous abandonnions l'œuvre de plusieurs générations à des voleurs et à des vagabonds. Comme si nous crachions sur le travail des parents et des ancêtres. Tout ce pour quoi ils se sont échinés.

J'allai chercher la bouteille Thermos. Elle prit le lait dans le frigo, le sentit puis le vida dans l'évier.

— Dès notre plus jeune âge, on nous a appris qu'on

hérite du troupeau de rennes de ses parents et qu'on le transmet à ses enfants. Tant que c'est toi qui en as la charge, tu dois faire de ton mieux. Tu lègues ton travail en héritage à ceux qui viennent après toi. Mais c'est peut-être vieux jeu, cette manière de penser ? De nos jours, tout semble se résumer à gagner le plus d'argent possible, de préférence sans rien faire.

Le café avait le même goût misérable que d'habitude. Nous étions assises à la table, mais ne nous regardions pas. Je me fis une tartine de viande salée. Sara Marit soupira, se leva, arracha d'une bûche une bande d'écorce et la mit dans la cheminée. Souffla sur la braise jusqu'à ce que l'écorce s'enflamme.

— Quand tu es arrivée, tu as parlé de loi et de droit. Mais si la loi telle qu'elle est écrite ne permet pas que la justice soit rendue, alors quel genre de loi est-ce ?

— On ne peut pas raisonner ainsi. Une société doit avoir des lois communes à tous. On doit s'entendre pour protéger ceux qui sont les plus fragiles.

— Tu veux dire que ta loi est faite pour protéger les plus faibles ? Ne me dis pas que tu y crois. La justice, il faut la conquérir en permanence, ne compte pas l'obtenir gratuitement des autorités.

— Et tu penses qu'il est plus juste que la police protège sa propre famille ?

— C'est peut-être l'autorité la plus proche qui voit le mieux ce qui est juste ou non.

— Mais ça, c'est une société maffieuse, Sara Marit, un système clanique qui protège ceux qui l'approuvent.

— Appelle ça comme tu voudras.

Un de ses petits-enfants entra en courant. La plus jeune des fillettes. Ma petite cousine. La sœur d'Aslak

Isak, celui qui était près du troupeau de rennes dans la montagne, avec Nils Mattis.

Je réalisai que je ne lui avais jamais demandé son nom. Maintenant j'étais gênée d'avoir ignoré ma propre famille, de ne même pas avoir pris la peine de demander le nom des enfants.

Elle s'appelait Aino Risten, déclara-t-elle d'un ton sérieux, et elle avait cinq ans. Elle venait essayer le nouveau kolt, qui serait prêt pour Pâques. Sara Marit avait terminé les franges du châle en soie la veille.

Nous hissâmes Aino Risten, bouillant d'impatience, sur un tabouret au milieu de la cuisine et l'aidâmes à enfiler le kolt rouge. Avec précaution, parce qu'il y avait encore des épingles là où les rubans devaient être cousus.

Le châle en soie blanc était bordé d'un ingénieux motif tressé, les franges retombaient élégamment sur le costume. Sara Marit alla chercher une broche pour fixer le châle. La fillette trépigna d'enthousiasme sur son tabouret lorsque nous tendîmes le miroir devant elle. Une poupée sur un tabouret, dans la cuisine sombre.

Une véritable petite poupée same vivante, fragile et sans défense, et en même temps avec les joues en feu d'espoirs et d'attentes. J'en aurais presque pleuré.

Quand je repartis, j'avais encore l'étui à couture de Sara Marit dans la poche. Nous n'en parlâmes pas. Échangeâmes seulement un regard sur le perron. Une sorte d'entente tacite.

Elle savait aussi bien que moi ce que cela signifiait. Tant que je détenais la preuve qu'elle avait tué Vidar, c'était moi qui posais mes conditions à la famille.

Je ne sais pas si c'était le cas, mais j'avais l'impression d'avoir réhabilité maman, en quelque sorte. D'avoir repris sa place dans la famille. Que, maintenant, c'était moi qui contrôlais la situation.

La maison d'Ailie semblait vide et abandonnée. La porte était fermée à clé. Ses nièces, qui jouaient avec un chiot devant chez le voisin, me dirent qu'elle était allée à Tana.

— Pour voir son mec, pouffa une des gosses.

Le chiot grognait doucement quand elles essayaient de lui arracher le bâton qu'il mâchonnait. Je donnai aux enfants l'enveloppe avec les clés de Vidar, en leur expliquant qu'ils devaient la remettre à Ailie quand elle rentrerait.

Le véhicule personnel d'Eliassen, un SUV Toyota bleu, stationnait sur le parking derrière le garage. Il y avait de la lumière dans le bureau. Je me garai à côté de la voiture de police et poussai la porte du garage. Elle était ouverte. J'avançai en tâtonnant dans la pénombre, ouvris la porte coupe-feu et pénétrai dans le couloir.

Eliassen était assis à son bureau. Quand je franchis la porte, il leva les yeux de ses papiers.

— Ah, c'est toi.

Il n'avait pas l'air particulièrement étonné. Feuilleta quelques documents dans le classeur devant lui, avant de reculer son fauteuil et de se tourner vers moi.

— Comment va ta mère ?

— Elle est morte.

Il parut vraiment surpris.

— Elle n'était pas si vieille, nous… nous avions…

Je n'en appris pas plus sur ses souvenirs de maman. La phrase lui échappa.

Il regarda notre reflet dans la vitre noire. Une radio crépitait quelque part dans le couloir.

— J'ai l'intention de porter plainte contre toi pour incompétence, partialité, comme on dit en Suède.

— Josef Ante m'a dit que tu l'avais menacé de cela. Tu peux toujours essayer. Si tu penses que ta parole pèse plus lourd que la mienne.

Il se tourna vers moi et me fit signe de m'asseoir. J'enlevai un manteau posé sur le fauteuil des visiteurs et m'approchai du bureau.

— Tu sais, ta mère aussi croyait pouvoir faire mieux que les autres. S'imaginait en savoir plus que nous, être supérieure à tout le monde. Mais ce n'était quand même qu'une gamine issue d'une modeste famille de l'enfer des moustiques, là-bas, où ils vivent de lavaret et de viande séchée. J'en connais qui ont été soulagés, quand elle est partie.

Que pouvais-je répondre ? Il poussa un soupir de lassitude, se tourna à nouveau vers son bureau et ses papiers. Son pull en laine bleu était troué au coude. Ses bottes en caoutchouc étaient posées sur un journal devant la porte.

— Et Kristiansen ?

— Il revient lundi matin. Il va courir le championnat de Norvège de relais en deuxième relayeur, ce week-end. Nous encourageons son activité sportive.

Je n'avais pas la moindre idée du genre de course que Jon Arne allait disputer, mais je commençais à comprendre que c'était sa manière d'échapper aux décisions désagréables et aux tâches qu'il préférait éviter. Il fuyait les confrontations avec Eliassen en invoquant ses compétitions de ski et ses entraînements.

Je comptais abandonner là Eliassen à ses papiers et à ses bottes en caoutchouc mouillées. Mais quelque part j'avais l'impression que cela reviendrait à faire la même chose que Jon Arne : se défiler devant la confrontation. C'est pourquoi je me levai, fis le tour du bureau et vins me placer juste derrière Eliassen. Tout près. Si près qu'il remua, inquiet.

— Maintenant tu vas bien m'écouter.

Il se retourna, me lança un regard étonné et commença à rassembler ses papiers.

— Je considère que tu es complice de la mort de Karen Margrethe. Tu n'as pas donné suite à sa plainte. N'as tiré aucune conclusion de l'enquête de Kristiansen.

— J'ai mal compris quelque chose ? Ne t'a-t-on pas appelée pour représenter Nils Mattis ?

— Le fait de défendre quelqu'un ne signifie pas qu'on ferme les yeux sur les infractions qui ont été commises. J'ai une liste de plaintes pour des délits qui n'ont jamais été étudiés ni tirés au clair dans ce commissariat. Des affaires que tu as toi-même classées, ne les considérant pas dignes d'être examinées plus avant. De nombreuses plaintes pour viol ou autres abus. Beaucoup sont dirigées contre des membres de ta famille ou du parti pour lequel tu sièges au conseil municipal.

— Tu racontes n'importe quoi. Il n'existe aucun document de ce genre. Du pur baratin, tout ça. Dans un petit village comme celui-ci, il circule en permanence toutes sortes de rumeurs.

— J'ai comparé les plaintes enregistrées avec les enquêtes archivées. C'est flagrant.

Il balaya des yeux la pièce dépouillée, comme s'il cherchait des arguments à opposer à mes accusations.

— Ne t'imagine pas que tu puisses me faire peur. Ou que tes connaissances des textes ont une quelconque pertinence pour nous ici. Ta mère…

— Laisse ma mère en dehors de ces histoires ! Elle est morte et n'a rien à voir avec ça.

— Ta famille aussi a bénéficié de soutien, quand elle était dans le pétrin. Eux aussi, ils sont venus me demander de les aider à arranger au mieux certaines choses.

Je partis. Avais-je peur qu'il m'entraîne dans une discussion insoutenable où je ne pourrais plus continuer à afficher mon ingénu pathos juridique ? Où je serais contrainte d'admettre le fait que la notion de droit est communément bafouée.

En traversant le garage sur le chemin du retour, j'entendis quelqu'un chanter un *joïk* dans la cellule de dégrisement. Furieux et rebelle. Je m'arrêtai quelques secondes pour écouter, la main sur l'étui à couture de Sara Marit, dans la poche de ma veste. Le gage de ma place dans la famille.

*

Le samedi soir avait été relativement tranquille. J'avais fait mes bagages. Jon Arne m'avait appelée et demandé comment j'allais, quand je partais. La conversation fut tendue, je l'accusai de se défiler devant ses responsabilités en courant sans arrêt d'une compétition de ski à l'autre. Une accusation injuste, bien sûr. Enfin, Eliassen l'avait bien dit : mieux valait que Jon Arne se consacre davantage au ski et ne se mêle pas trop du travail de la police. Il ne l'avait peut-être pas formulé de cette manière, mais j'avais compris que c'était le fond de sa pensée.

J'entendis que mes propos attristaient Jon Arne, mais il ne chercha pas à se défendre. Ce n'était sans doute pas du tout le moment de parler de cela. Il était trop occupé par les préparatifs pour sa course du lendemain. J'étais moi-même très déstabilisée, j'avais l'impression d'être à un tournant essentiel de ma vie, et j'avais beaucoup de mal à m'imaginer ce que cela me ferait de repartir d'ici. Je lui dis qu'il me manquait.

Nous ne voulions pas nous disputer et convînmes de nous appeler dans le courant de la semaine. Après cette conversation, je me sentis de fait plutôt heureuse qu'il soit là. Qu'il pense à moi.

Après le dîner, je regardai la télévision avec grand-père. Une émission sur la nature, un truc sur la vie misérable des lézards dans les régions désertiques d'Australie. Une fois que grand-père et grand-mère furent couchés, je m'assis à la table de la cuisine et triai les feuilles qu'Ailie m'avait imprimées. Les pages n'étaient pas numérotées et s'étaient mélangées en tombant par terre, je dus tout relire pour les remettre dans le bon ordre. Ma plainte était adressée au procureur général du district de police du Troms et du Finnmark ; j'y exposais pourquoi je considérais le commissaire de Kautokeino comme incompétent dans l'enquête sur la mort de Vidar et de Karen Margrethe. J'y joignais l'accord signé par les parents de Karen Margrethe, selon lequel la famille n'avait pas l'intention de donner suite à sa plainte et d'intenter une action en justice.

J'ajoutais également en annexe qu'il faudrait examiner les enquêtes de police suspendues et abandonnées par le commissariat, en particulier celles qui concernaient des dépôts de plaintes pour viol et délits de mœurs. Je joignais un relevé des informations qu'Issat Levi m'avait communiquées. Attirais l'attention sur le fait qu'il existait un certain nombre de plaintes non recensées, qui avaient atterri au fond d'un tiroir, sans qu'il y ait eu ni audition de témoins ni autre investigation.

Je fis des copies pour Siri, Inge Amundsen et le chef du district de police du Finnmark occidental.

Tout à coup, je ne fus plus du tout sûre, restai longtemps assise à regarder le tas d'enveloppes sur la table, dans la cuisine de grand-mère. De quel droit pouvais-je accuser quelqu'un dans un système dont je ne comprenais pas les codes ? Un système dont je ne faisais pas partie.

J'avais encore hésité, le dimanche matin, avant de poster les lettres. Étais restée un instant à les soupeser dans ma main, à la lumière jaune des réverbères. Mais après les avoir glissées dans la boîte, je me sentis bien. Je n'avais rien à regretter et comprenais qu'il me fallait assumer tout ce que j'avais affirmé dans ma plainte.

Je vis les premières lueurs de l'aube sur la route de Finlande à Suopotjavri. Le panneau près du camping désert, qui promettait piscine, café et chambres à louer, dépassait à peine de la neige granuleuse. La curieuse bâtisse en forme d'étoile paraissait froide et abandonnée.

L'été et la baignade semblaient infiniment lointains.

Quand j'avais traversé le bourg, il faisait complètement nuit, mais à seulement quelques kilomètres du centre, maintenant, le jour se levait. Juste au-dessus de la route, le mince croissant de la lune pâlissait.

À l'est, vers la frontière finlandaise, le soleil levant jetait des reflets rouges et dorés sur les nuages clairsemés. Une lumière violette se répandait progressivement sur la couverture de neige, dessinant des ombres et des silhouettes tirant sur le bleu sombre. Jamais la même lumière ni le même temps deux jours de suite.

Quand j'atteignis les hauteurs après Áidejávri, le soleil était déjà au-dessus de l'horizon.

Je m'arrêtai sur la plus haute butte et retirai ma doudoune. Troquai mes bottes contre des chaussures plus légères, afin que la conduite soit plus confortable. Grand-mère m'avait donné des provisions, je me versai une goutte de café dans le gobelet de la bouteille Thermos et restai quelques minutes dehors à regarder le plateau du Finnmark que je laissais derrière moi.

Il n'y avait personne sur la route en ce dimanche matin tranquille. Aucun signe de vie humaine aussi loin que la vue portait. Peut-être apercevait-on la fumée des maisons d'Áidejávri, plus bas, mais elle se mêlait au brouillard givrant au-dessus de la rivière à découvert.

Pas un mouvement. Juste un paysage blanc immobile, paisible, dans lequel la chaleur du soleil levant effaçait la gelée blanche sur les bas bouleaux. Les empreintes des perdrix des neiges au milieu des bosquets dessinaient des traînées d'ombre dans la lumière rasante. Des figures étonnantes et compliquées, là où les oiseaux avaient cueilli des chatons aux ramilles gelées des bouleaux. La chorégraphie d'un ballet inconnu à la signification mystérieuse. Incompréhensible. Intraduisible.

Qu'avais-je espéré ? Avec quelles attentes étais-je donc venue ici ?

Pour être honnête, à ce jour je n'en avais aucune idée. Pas moyen de m'en souvenir.

Peut-être était-ce seulement un désir inconscient d'aider grand-mère et grand-père. De soutenir la famille. Il s'agissait d'une affaire simple. Lire un rapport d'enquête, tenter de dégager ce qui ne collait pas dans l'accusation. Cela nécessitait uniquement que je sacrifie quelques jours de vacances.

Maintenant que je repartais, j'avais le sentiment de laisser quelque chose derrière moi. Quelque chose de vague, que je n'aurais pas su définir. Ni même qualifier de bon ou de mauvais. Face à quoi j'ignorai quelle attitude je devais adopter. Ou encore ce que cela entraînerait pour moi à l'avenir.

Ces semaines avaient changé ma vie à maints égards. J'avais été forcée de prendre position sur ce que j'essayais d'esquiver. Peut-être sur la vie en général. Pourquoi demeurons-nous toujours enracinés dans les mêmes raisonnements, les mêmes sentiments, les mêmes concepts ?

Par sécurité, naturellement. Savoir ce que l'on doit penser, faire ou ressentir. Des valeurs immuables. Savoir ce qui est bien et ce qui ne l'est pas.

Le gobelet de café refroidissait dans mes mains, le froid de la route striée de verglas passait à travers les fines semelles de mes chaussures. Mon dos était raide et douloureux. Mon épaule blessée me faisait mal. Je finis le café froid, il avait un arrière-goût amer.

Quand je retournai à la voiture, quelques perdrix des neiges au bord de la route s'envolèrent soudain, poussant leur cri caractéristique. Elles s'enfoncèrent en battant des ailes dans le bois de bouleaux de l'autre côté du parking. Disparurent dans la blancheur du brouillard de givre. J'étais bien installée et au chaud dans la voiture, à l'abri du froid désert de neige derrière le pare-brise.

J'amorçai le voyage de retour chez moi. Si tant est

qu'on puisse appeler « chez soi » un deux-pièces en sous-location où le frigo est vide et les plantes en pot fanées.

Je m'en allais, mais j'avais l'impression que je ne serais absente de Kautokeino que pour une courte durée. Que ce qui venait de se terminer était le début de quelque chose de nouveau.

La route après Karesuando était pleine de trous et d'ornières. J'essayais de rouler le plus prudemment possible, le bus de Kiruna me dépassa dans la ligne droite en dessous d'Idiovouma. Sur le plateau, je vis plusieurs carcasses de rennes au bord de la route. Les corbeaux qui becquetaient les lambeaux de chair s'envolèrent de mauvais gré quand j'arrivai à leur hauteur. Les sacs-poubelle noirs qui recouvraient le haut des piquets de neige battaient mollement au vent du sud.

Je fis une pause près du camping, juste avant Vittangi, devant le pont sur le Torne. Quelqu'un, sans doute un pêcheur, avait fait du feu au bord du fleuve ; je pris ma bouteille Thermos et descendis jusqu'à l'aire de repos. Il y avait encore de la braise et des bûchettes de bois sec. Après avoir rassemblé les braises, je retournai à la voiture chercher quelques journaux qui étaient restés sur la banquette arrière.

Je réalisai seulement au moment où les journaux s'enflammèrent autour des bûchettes que c'étaient ceux de grand-père. Ceux qui contenaient les articles sur la condamnation de Vidar à six ans de prison pour violences et homicide.

Cela n'avait pas d'importance. Il était peu probable que grand-père ait besoin de ces journaux-là précisément. En ce qui me concernait, je n'en avais plus l'utilité, ma mission était terminée. L'affaire était close.

J'ajoutai du bois dans le feu, mangeai les sandwiches de grand-mère et bus mon café. Quelques voitures passèrent sur la route, mais je ne vis aucun pêcheur. Des traces de scooter partaient sur la rivière Vittangi, longeaient le cimetière sur l'île et bifurquaient vers le nord. On pêchait sans doute, plus en amont. Le soleil chauffait, j'avais le temps. Il restait encore plusieurs heures avant que je doive me présenter pour l'enregistrement à l'aéroport. Jon Arne venait peut-être tout juste de commencer sa course de relais. Curieusement, l'image de lui glissant si souplement sur la neige s'était ancrée dans mon esprit. « Le pas combiné », avait-il dit, cette technique s'appelait le « pas combiné ». Mais cette tenue d'entraînement, quelle horreur !

Je retournai à la voiture, ouvris le coffre et en sortis les bottes d'Ailie. La bouteille d'alcool à brûler était près de la roue de secours. Je dévissai le bouchon et versai un peu d'alcool dans chaque botte.

Les flammes prirent une teinte jaune et le feu faillit s'éteindre quand j'y jetai les bottes. Le caoutchouc synthétique se rida et elles enflèrent de manière grotesque, tels des pieds gorgés d'eau. Quand elles éclatèrent, des flammes hautes d'un mètre jaillirent du feu, la fumée noire monta à la verticale dans le ciel bleu.

Les bottes brûlèrent en quelques minutes. Aucune voiture n'était passée. Pas un pêcheur n'était apparu. Quelqu'un avait peut-être aperçu la fumée, mais personne ne ferait le lien avec une paire de bottes consumées.

Quand je remuai les cendres, il ne restait plus qu'une

boule noire de caoutchouc fumant. J'ajoutai encore du bois et allai chercher une orange dans ma voiture.

Les maisons sur l'autre rive du fleuve semblaient inhabitées et désertes. Pas âme qui vive dans les environs. Les chalets du camping étaient presque ensevelis sous la neige. Dans le lointain, au bord du fleuve, on entendait un scooter isolé.

Durant un instant, je songeai à brûler également l'étui à couture de tante Sara Marit.

Il constituait certes une preuve, mais seulement associé à mon témoignage sur l'endroit où je l'avais trouvé. Personne ne pouvait m'accuser de dissimulation de preuves.

Mais tant que je le conservais, j'avais une plus grande influence au sein de la famille. Il n'était plus possible de prendre de décisions importantes sans d'abord me consulter. Bien sûr, on pourrait toujours justifier cela en disant que j'avais rétabli le rôle de maman dans la famille. Dans la *siida*. Je choisis intentionnellement le terme same qui désigne une communauté de familles dans l'élevage des rennes. On pourrait aussi bien appeler cela un clan. Encore que, là, cela revêtait peut-être une autre signification.

J'épluchai l'orange en essayant de dresser mentalement la liste de ce que j'aurais à faire à mon retour au travail, le lendemain. Il faudrait peut-être que j'appelle l'hôpital, que je leur montre ma brûlure à la joue et les éraflures dans mon dos. Bien sûr, grand-mère m'avait donné sa pommade de chaman. Mais mon dos était encore tout endolori, mon épaule droite raide et paralysée.

Grand-mère avait palpé mes muscles et articulations. Aucune blessure sérieuse. Il ne serait sans doute pas inutile, quand même, de prendre rendez-vous pour une radiographie.

Je ne m'étais pas posé la question auparavant, mais se pouvait-il que ma confiance dans les connaissances médicales de grand-mère diminue avec la distance ? Plus je m'éloignais, moins ses pouvoirs de guérisseuse étaient fiables.

Cette distance n'existait probablement que dans ma tête. C'était ma manière de vivre la réalité qui changeait à mesure que je m'éloignais de grand-mère et du reste de la famille.

Mon téléphone portable sonna. L'écran m'indiquait que c'était Peter. L'espace d'un instant, je voulus répondre, m'imaginant qu'une fois que j'aurais décroché tout serait à nouveau comme avant. Avant que j'aille à Kautokeino. Que tout ce qui était arrivé ces dernières semaines s'estomperait, à l'instar de ma confiance dans le savoir médical d'Áhkku. Que ce que je quittais était un autre monde, et que maintenant je retournais à mon existence à moi. Si je répondais, tout serait restauré.

Je laissai les sonneries du téléphone s'éteindre sur la rivière, ne répondis pas.

Rassemblai mes affaires et quittai l'aire de repos. Non, au diable la radiographie et l'hôpital de Huddinge. J'accrochai l'étui à couture à la ceinture de noces de ma mère, jetai la peau d'orange au feu et remuai prudemment mon épaule douloureuse.

De retour à la voiture, j'enlevai mon manteau. Un court instant, je me dis que je n'aurais pas dû mettre le kolt de maman. Il pourrait se froisser pendant le trajet. À l'aéroport, les gens auraient peut-être les yeux rivés sur moi.

Eh bien, qu'ils regardent !

Dans une sorte de bravade enfantine, je passai le pont au-dessus du Torne et traversai le village. Que m'importait qu'ils me regardent ? Je n'avais pas à avoir honte.

À la station-service, j'achetai le journal de la veille et un hot dog. Je mangeai mon hot dog près des poubelles, derrière le garage. Je n'ouvris pas le journal. Plus bas, vers les maisons, quelqu'un sciait du bois.

Il y avait une odeur de terre humide et d'herbe brûlée. De l'autre côté de la route, près du hangar de stockage de la scierie, la neige fondait. De l'eau gouttait du toit. Le printemps progressait lentement vers le nord.

Mon téléphone sonna, je l'éteignis sans regarder qui appelait.

J'arriverais largement à temps pour prendre l'avion à Kiruna.

DU MÊME AUTEUR

Aux Éditions Gallimard

Dans la collection Série Noire

LA LOI DES SAMES, *2014 (Folio Policier n° 817).*

Composition: APS-Chromostyle
Impression Novoprint
le 15 octobre 2016
Dépôt légal : octobre 2016

ISBN 978-2-07-079382-2/ Imprimé en Espagne.

304811